A ÁRVORE DE GERNIKA

Coleção Jornalismo Literário — Coordenação de Matinas Suzuki Jr.

41 inícios falsos, Janet Malcolm
A sangue frio, Truman Capote
Anatomia de um julgamento, Janet Malcolm
A árvore de Gernika, G. L. Steer
Berlim, Joseph Roth
Chico Mendes: Crime e castigo, Zuenir Ventura
Dentro da floresta, David Remnick
Elogiemos os homens ilustres, James Rufus Agee e Walker Evans
Esqueleto na lagoa verde, Antonio Callado
Fama e anonimato, Gay Talese
A feijoada que derrubou o governo, Joel Silveira
Filme, Lillian Ross
Hiroshima, John Hersey
Honra teu pai, Gay Talese
O imperador, Ryszard Kapuściński
O livro das vidas, org. Matinas Suzuki Jr.
O livro dos insultos de H. L. Mencken, seleção, tradução e posfácio de Ruy Castro
A milésima segunda noite da avenida Paulista, Joel Silveira
Na pior em Paris e Londres, George Orwell
Operação Massacre, Rodolfo Walsh
Paralelo 10, Eliza Griswold
Radical Chique e o Novo Jornalismo, Tom Wolfe
O reino e o poder, Gay Talese
O segredo de Joe Gould, Joseph Mitchell
Stasilândia, Anna Funder
O super-homem vai ao supermercado, Norman Mailer
Tempos instáveis, org. Fernando de Barros e Silva
A vida como performance, Kenneth Tynan
Vida de escritor, Gay Talese
A vida secreta da guerra, Peter Beaumont
O Voyeur, Gay Talese
Vultos da República, org. Humberto Werneck
O xá dos xás, Ryszard Kapuściński

G. L. STEER

A árvore de Gernika
Um estudo de campo da guerra moderna

Tradução
Claudio Alves Marcondes

Copyright © G. L. Steer, 1938

Grafia atualizada segundo o Acordo Ortográfico da Língua Portuguesa de 1990, que entrou em vigor no Brasil em 2009.

Título original
The Tree of Gernika: A Field Study of Modern War

Créditos das imagens
pp. 6 e 7 © Robert Capa/ ICP/ Magnum Photos/ Latinstock
p. 8 © Indalecio Ojanguren/ GureGipuzkoa

Capa
Alceu Chiesorin Nunes

Foto de quarta capa
© Succession Pablo Picasso/ AUTVIS, Brasil, 2017

Preparação
Lígia Azevedo

Índice onomástico
Luciano Marchiori

Revisão
Huendel Viana
Thaís Totino Richter

Dados Internacionais de Catalogação na Publicação (CIP)
(Câmara Brasileira do Livro, SP, Brasil)

Steer, G. L., 1909-1944.
   A árvore de Gernika : Um estudo de campo da guerra moderna / G. L. Steer; tradução Claudio Alves Marcondes. — 1ª ed. — São Paulo : Companhia das Letras, 2017.

   Título original: The Tree of Gernika : A Field Study of Modern War.
   ISBN 978-85-359-2849-5

   1. Espanha – História – Guerra Civil, 1936-1939 2. País Basco (Espanha) – História I. Título.

16-08955   CDD-946.08

Índices para catálogo sistemático:
1. Espanha : Guerra Civil, 1936-1939 : História   946.08
2. Guerra Civil Espanhola : História   946.08

[2017]
Todos os direitos desta edição reservados à
EDITORA SCHWARCZ S.A.
Rua Bandeira Paulista, 702, cj. 32
04532-002 — São Paulo — SP
Telefone: (11) 3707-3500
www.companhiadasletras.com.br
www.blogdacompanhia.com.br
facebook.com/companhiadasletras
instagram.com/companhiadasletras
twitter.com/cialetras

Para Margarita, *arrebatada*

Bilbao, maio de 1937. Mulheres e crianças esperando para fugir da cidade.

Bilbao, maio de 1937. Pessoas correm em direção a um abrigo assim que soa o alarme antiataque aéreo.

Front em Córdoba, setembro de 1936. O assassinato de um militante republicano em célebre foto de Robert Capa, conhecida como "The Falling Soldier".

*Gernika depois do bombardeio, 1937.
Igreja de San Juan de Ibarra.*

Sumário

Introdução 11

A ÁRVORE DE GERNIKA:
UM ESTUDO DE CAMPO DA GUERRA MODERNA 17

Posfácio — Nicholas Rankin 499
Índice onomástico 515

Introdução

Os bascos, cuja supressão é o tema deste livro, são uma raça de indivíduos religiosos, que apreciam um bom copo e abominam a blasfêmia, e vivem no montanhoso litoral sudeste da baía de Biscaia. Eles são arraigadamente náuticos; balançam e pescam na baía sem jamais enjoar. Graças a eles o princípio da liberdade nos mares foi originalmente estabelecido, em um tratado naval firmado em 1351 com Eduardo III da Inglaterra.

As províncias bascas de Biscaia e Guipúzcoa estão entre as mais ricas e são de longe as mais progressistas da Espanha. Espanha? Poucas coisas tiram tanto a calma do basco quanto a sugestão de que é espanhol. Para ele, mais vale ser chamado de ibérico, um termo que quase transmite a ideia dessa antiguidade e desse crepúsculo peninsular nos quais reconhece sua origem: muito fria, cingida de rochas, em vales glaciais escalavrados, remota, pré-mediterrânica, em meio às pedras. *Ao contrário de todos os outros povos da Europa Ocidental, o basco nunca passou pela etapa feudal.* Sempre foi dono de sua terra, e jamais conviveu com uma classe de despossuídos, seja de escravos, seja de vilãos. Sempre foi membro de uma democracia plena, na qual todo homem vota. Portanto, não faz sentido o conflito de classe, a ideia de um capitalismo agressivo ou de um proletariado agressivo. Sua civilização é antiga demais para que dê conta do choque de interesses ocasionado pelo feudalismo que jamais conheceu. Tão antiga é ela que os termos para "faca", "arado" e "machado" ainda derivam da raiz basca *aiz*, que significa "pedra"; tão apegado à terra são os bascos que seus sobrenomes ainda significam Encosta, Vale Quente, Macieira, Ameixa Nova, Rocha e Corredeira. A língua e o povo, assim como as leis democráticas e igualitárias, têm sua origem em alguma montanha enevoada e intocada pelo empenho atrofiante da nossa ciência nova. E por que deveria o mundo moderno, tão interessado em distinguir arianos de não arianos e na evidente supremacia de romanos sobre negros, dar-se ao trabalho de explorar um berço de civilização assim insignificante e estranho? O que tem o basco a ver com o progresso?

Nada que valha a pena, evidentemente. No mundo moderno, o basco só representa a liberdade entre as classes, o companheirismo e a sinceridade, o humanitarismo em tempos de guerra, a relutância em defender qualquer doutrina extremista e violenta; a confiança em si, a tenacidade, a retidão e a simplicidade, o enfado com a autopublicidade e a sinceridade absoluta diante do inimigo. Naturalmente metódico, o basco não se adapta a nenhum esquema de ordem mais elaborado. De físico robusto e gracioso, pouca consciência ele tem da própria força e beleza.

Nenhuma dessas qualidades vale grande coisa no século XX, e a pior delas é a liberdade. Por esta o basco lutou — e foi derrotado. Lutou em condições de grande inferioridade. E embora hoje esteja mais na moda cortejar o outro lado, creio que o homem comum — ao ler este relato — verá, mapeada nas verdejantes montanhas recobertas de pinheiros entre Ochandiano e Bilbao, Irún e San Sebastián, o campo de batalha como majestoso protótipo de seu próprio combate em prol da liberdade. Talvez ele tenha a esperança, como eu, de que seja mais bem-sucedido; mas de maneira nenhuma pode ter a expectativa de que seja menos honrado.

Tal como o homem comum, o basco lutou contra ambos os extremos. Não lhe convinha ser arregimentado de um modo ou de outro. Estava perfeitamente feliz, e queria apenas viver em paz. As forças modernas de sistematização, as saudações e os slogans despropositados, e a disciplina partidária o assediaram por todos os lados. De tudo isso tentou se libertar.

O âmago da sua resistência nessa luta foi a grande diferença que o separava daqueles que o atacavam e o solapavam: a língua antiquíssima, de raízes singulares na pré-história, as práticas de posse fundiária e de governo local, as canções melancólicas e os esportes homéricos, a simplicidade contra os ardis da Espanha.

Os bascos são diligentes, ao passo que os espanhóis são indolentes. Os bascos são todos pequenos proprietários rurais, enquanto os espanhóis querem todos ser fidalgos. Para os espanhóis, os bascos são brutos e *bestias*; e, para estes, os espanhóis são intrigantes, desonestos e parasitas políticos, que vivem do trabalho alheio, e sempre arrumam maneira de não saldar suas contas antes da bancarrota. Essas diferenças locais eram os pontos de discórdia visíveis para os bascos; na realidade, porém, a investida espanhola contra eles representou algo menos paroquial e costumeiro. Ocorreu à guisa de um fascismo militar externo, e de uma pressão proletária interna. De um modo ou de outro, foi um ataque contra as liberdades bascas, e o organismo basco resistiu o quanto pôde antes de desmoronar.

Nesse conflito, o basco lutou a favor da tolerância e da livre discussão, da cortesia e da igualdade. Este livro conta como foi derrotado. Foi uma tragédia de cariz demasiado humano: o da destruição do homem por um sistema, do espírito pela rotina.

Tive a oportunidade de observar os bascos combatendo em quatro momentos: de agosto a setembro de 1936, na fronteira franco-espanhola; durante janeiro de 1937, em Bilbao; na derradeira e feroz ofensiva de Mola, nos meses de abril, maio e junho, de que trato extensamente neste livro; e, por fim, em agosto de 1937, pouco antes de serem forçados a se render. Foi nesses meses que as ideias estrangeiras e seus instrumentos recaíram com mais força sobre os bascos e acabaram por destruí-los.

Ao longo desse ano, durante o qual os bascos existiram como povo semiautônomo, é possível rastrear o desenvolvimento das forças mobilizadas contra eles — desde seus primórdios como sublevação espanhola regional e classista até desembocar em uma ditadura militar fascista. Pois também entre seus inimigos o elemento moderado e o natural foram aos poucos se extinguindo; seus inimigos, que em agosto investiram contra eles, jubilosos com boinas vermelhas e fuzis adornados com as flores da montanhosa província setentrional de Navarra, agora avançavam pouco a pouco, arrastando-se sob as esquadrilhas aéreas da Alemanha e da Itália, diante do fogo da artilharia desses países, e flanqueados à direita e à esquerda por tropas italianas. Um comando internacional os impelia para diante, e no centro, perdidos em meio ao embate dos sistemas, estavam as últimas brigadas restantes de Navarra — agora envergando capacetes de aço fabricados no estrangeiro.

A imensa maioria das coisas descritas neste livro foi testemunhada por mim. Em agosto e setembro, como mostra o livro, desfrutei de uma perspectiva muito íntima da guerra: tive a visão de um árbitro. Durante a grande ofensiva final, de abril a junho, as autoridades bascas em Bilbao permitiram-me total liberdade de movimento e manobra em seu território. Podia visitar sem impedimento ou escolta qualquer trecho da frente de combate, em qualquer ocasião. A outros jornalistas foram concedidas as mesmas facilidades: o fato de que não as tenham aproveitado tanto quanto eu não se deve a uma falha deles, pois tinham mais a perder do que eu na linha de fogo.

Na parte final desta narrativa, uma vez que é quase toda em primeira mão, emprego os termos "nós" e "nosso" para me referir aos bascos. Faço isso porque vim a conhecer bem a milícia basca, e por ser um recurso jornalístico usual, quando estava na Espanha, referir-se de tal modo ao lado no qual se estava trabalhando. Do uso desses termos não se deve inferir que participei de algum modo do conflito. Tampouco que, devido à minha simpatia pelo povo basco, esmagado como muitos de nós entre os dois extremos, eu fosse incapaz de detectar suas deficiências, os movimentos tantas vezes reumáticos de suas tropas, a teimosia e a ocasional relutância em cooperar, a extraordinária inépcia para organizar a retaguarda de maneira adequada a absorver os choques psicológicos da guerra. Por outro lado, este livro está repleto de uma "crítica rasteira", da espécie oxfordiana mais abominável. É até possível que seja banido pelos bascos assim que retornarem a Bilbao.

Mas não creio que cheguem a tal ponto. Sempre enfrentaram a crítica livre e ecoaram o riso alheio, mesmo quando este se fazia à custa deles. Por isso, mesmo eu, que tanto os aprecio, lamento que os bascos tenham se eclipsado de modo tão intempestivo, e espero pela ressurreição dessa que é a mais antiga e honesta democracia da Europa.

A ÁRVORE DE GERNIKA:
UM ESTUDO DE CAMPO DA GUERRA MODERNA

1.

No norte da Espanha, algo parecido com estabilidade reinava desde o início da revolta.

As províncias bascas de Guipúzcoa (capital San Sebastián) e Biscaia (capital Bilbao) haviam se declarado a favor do governo, que prometeu autonomia para os bascos: o sonho dessa raça de pescadores, com suas elegantes boinas e calças azuis listradas, era restaurar a antiga República basca — sem classes, rude e endinheirada — sob a copa do carvalho tribal em Gernika. Católicos até o último homem — mas não até a última mulher, como em outras regiões da Espanha —, mesmo assim prezavam de tal modo sua liberdade diante da tradição classista e excessivamente retórica de Castela que estavam dispostos a entrar em acordo com a agnóstica Madri. O Estatuto! Essa era a conclusão divina de suas coalizões. O Estatuto; a língua basca, tão amarfanhada e antiga como o carvalho sempre verdejante; como a vida rústica livre; como os impostos e tributos próprios: eles não queriam nada mais que isso, e nada mais profundamente.

No princípio tudo correu bem. Em Biscaia e no grande porto de Bilbao, não houve resistência à República. Em San Sebastián, a revolta, mal improvisada, surpreendida pelo súbito levante de Mola, logo foi contida.

No entanto, quão pequena era a distância entre a revolta e o triunfo em San Sebastián.

Você conheceu San Sebastián no verão, sob a República? Quando a Espanha era dominada pelos Habsburgo-Bourbon, ali era o balneário mais elegante da península. As famílias mais ricas da Espanha tinham mansões em Zarauz. Afonso XIII, após breve estadia por Santander, costumava passar agosto e setembro no palácio de verão de Miramar, acima da majestosa Concha, cujas areias reluzentes cobriam-se de barracas e para-sóis listrados de centenas de veranistas da classe média. Estes, com os olhos sonolentos pousados no plácido oceano acentuado pelo *aigu* ou *grave* das brancas velas enfunadas pelo vento de uma centena de iates, inflavam-se tão suavemente quanto os nativos com o prazer contemplativo do verão, quando descansa a porção da Europa dotada de meios para tanto.

Primo de Rivera proibira as mesas de jogo e, para jogar ou desfrutar de um clube noturno, era preciso cruzar a fronteira até o lado francês. Mas as diversões vegetativas mais simples continuavam a atrair muitos espanhóis a San Sebastián: as festas no Club Nautico, as danças ao crepúsculo aveludado na praça em Zarauz, onde os pescadores tratavam informalmente a aristocracia desde a infância e participavam de suas danças, atraídos pelo brilho da beleza dessas feições, dessas formas e desses movimentos. Pois a aristocracia espanhola, com todas as suas falhas, era de uma elegância superior a todas as outras.

A República herdou o legado de San Sebastián; o tímido presidente Alcalá de Zamora costumava veranear no Miramar na companhia tranquilizante de setecentos *guardias de asalto*. Nas festividades, cada vez mais predominava o elemento republicano burguês na capital de Guipúzcoa. A Concha ficava apinhada: menos barracas, maior circulação de pés com chinelos baratos. Na Perla, mais bailes e mais concursos de beleza: Miss Avila, Miss Santander, Miss Dax, Miss Biarritz eram, cada uma por sua vez, aclamadas por loiras republicanas concorrentes com maiô de corte mais ousado e voz um pouco mais estridente do que antes. As autoridades municipais instalaram potentes alto-falantes em toda a praia, mesmo acima da seleta angra do Ambassadors (em cujas águas, nos dias mais límpidos, notavam-se os canos da prisão emergindo logo atrás). De modo alternado, os alto-falantes atroavam músicas dançantes e martelavam anúncios publicitários na consciência democrática. No mar, as beldades gritavam excitadas quando a água fria nova elevava-se perigosamente acima da virilha. O extraordinário alarido ecoava nos céus, onde pequenos aviões sobrevoavam frenéticos a praia de San Sebastián, lançando reclames coloridos e, mais raramente, uma das capas de chuva locais como brinde. Crianças e homens adultos, berrando em uníssono, em desabalada carreira, disputavam afoitos os valiosos pacotes. Os sossegados presidentes monarquistas do Aero Club e do Club Nautico foram substituídos por bascos mais notavelmente associados ao regime.

Para resumir, San Sebastián tornava-se no verão magnificamente vulgar; a gritaria era espantosa, e o gosto, diligentemente democrático. As jovens se vestiam como suas estrelas de cinema prediletas e, quanto mais aéreas, mais doces. Como as crianças estavam sempre se perdendo na praia, os pais aproveitavam ao máximo a oportunidade de berrar nome e descrição pelos alto-falantes.

Os bascos estavam contentes: isso conferia um ar de modernidade a San Sebastián, fazia desta a *plage* das classes liberadas, enriquecidas e de repente confrontadas com a Necessidade de Férias pela revolução de 1931. Os partidários da antiga Corte ainda frequentavam a costa, pois não podiam abandonar ali suas propriedades, mas os bascos, em sua dureza e rigidez, consideravam efeminada essa gente menos rica, mas ainda titulada e bela. Era a gente agradável e ruidosa que lhes ia conceder o Estatuto.

Ombro a ombro, continuaram a rebater bolas nas quadras de pelota, a beber o vinho rústico e a transpirá-lo em exercícios físicos, esperando que o Estatuto chegasse um dia, que caísse do céu como as capas de chuva gratuitas.

Quando, por vingança, Calvo Sotelo foi assassinado pelos agentes secretos da República, seus amigos — e havia muitos deles descansando tranquilamente à beira-mar — assistiram a uma cerimônia em sua homenagem em San Sebastián. Que acabou dispersada pela polícia.

Quando Mola anunciou o levante em Pamplona, o comandante da guarnição no Quartel Loyola, nos arredores de San Sebastián, também reuniu os oficiais e proclamou a lei marcial. E fez disso uma extraordinária confusão espanhola. Pois, antes de tudo, alertou o governador civil do passo que pretendia dar, e ele armou a população civil para a defesa do governo.

Muitos partidários da direita até então mantinham a discrição em San Sebastián, e aderiram com armas aos conspiradores no Hotel María Cristina — o mais elegante da cidade —, no velho Club Nautico e no Casino. Mas não eram em número suficiente para defender esses edifícios dispersos.

Tivessem sido mais ousados e saído às ruas, os soldados teriam tomado San Sebastián no primeiro dia da revolta. A despeito de suas armas, todos entraram em pânico. Ninguém, com exceção dos extremistas, foi capaz de se organizar: os bascos, por mais que desprezem Castela, são um povo de escassa presença de espírito. Bandeiras brancas ergueram-se por todos os lados. Os veranistas estavam convencidos — não apenas naquele momento, mas nos dias seguintes — de que outros rebeldes se congregavam aos milhares nas colinas.

Ao contrário de Queipo de Llano em Sevilha, em San Sebastián os líderes da revolta não souberam aproveitar a consternação pública. Permaneceram em seus prédios, perguntando-se o que fariam a seguir. As bandeiras brancas, às quais ninguém parecia dar importância, foram vergonhosamente removidas. O povo ficou agressivo. Um jornal chamado *Frente Popular* foi fundado, e o comitê representante da coalizão assumiu a administração de San Sebastián, com alto-falantes e tudo. No rádio, vozes ordenavam rispidamente aos rebeldes que cedessem. Barricadas tomaram o lugar das bandeiras brancas.

Era uma questão de dias fazer com que os amotinados abandonassem o María Cristina e o Club Nautico, esfomeados. O avião de propaganda, naturalmente propenso a inverdades, sobrevoou o Quartel Loyola, derramando panfletos: "Rendam-se e serão poupados". No dia 30 de julho, o coronel Carrasco e vinte outros oficiais que haviam liderado a revolta no quartel, após se entregarem, foram poupados... de outras indignidades ao serem encostados a um muro e fuzilados.

É nisso que dá querer tomar um quartel.

Então a Frente Popular em San Sebastián recobrou o ânimo e deu início à busca dos suspeitos, casa por casa. Armas foram distribuídas a cidadãos considerados confiáveis. Os bascos do interior, como os moradores do vilarejo de Azpeitia nas colinas ao sul, ainda não eram merecedores dessa confiança. A base da milícia era claramente urbana e proletária, e não nacionalista basca, e é a isso que atribuo seu fracasso em Guipúzcoa.

Claro que, nessa altura, ainda não havia nem sombra desse fracasso. Jubilosos, apropriaram-se de todos os luxuosos automóveis da aristocracia visitante, neles assinalaram enormes letras uhp (*Unidos Hermanos Proletarios*) e os pintaram conforme as cores dos partidos — vermelho para os socialistas ou comunistas, vermelho e preto para os anarquistas, e a bela cruz escarlate e verde para os nacionalistas bascos. Com os novos brinquedos, corriam de um lado para o outro. Começou então um magnífico feriado para todas as classes, exceto para os direitistas de Castela.

Pouquíssimos levavam a sério a rebelião, mesmo quando o suprimento de água de San Sebastián foi cortado nas montanhas de Pamplona.

Raros faziam ideia do que era a guerra moderna — não fazia diferença, pois nunca a experimentariam —, ou do que poderia ser um combate comum, com fuzis e metralhadoras, em suas próprias colinas. Eles tinham de ser ensinados até mesmo a disparar com os fuzis. Para eles, a vida era uma longa tarde cálida no Hyde Park, e sem a censura moral do policial londrino. Amantes uniformizados de macacão ocupavam todas as trincheiras. Preservativos, por tanto tempo impedidos pela Igreja de fazer parte do arsenal dos pobres, agora eram encontrados por todos os milicianos. De repente, a eugenia foi alçada a um lugar de honra entre os ramos da ciência militar proletária.

É esclarecedor notar o quanto a técnica deles fora moldada pelo cinema: pelos velhos e bons faroestes, e não pelas cenas em primeiro plano de uma classe efeminada. Enquanto, para os espanhóis, a casquete com borla no topo era o quepe militar mais natural, eles preferiam um chapéu desabado, que dava um ar mais despreocupado. Mesmo quando tinham de lutar em campo aberto, mantinham os flamejantes lenços rubros e combatiam com um cigarro na boca. As *canadianas*, porém, eram o traje de combate mais popular em Guipúzcoa.

Uma canadiana é uma espécie de jaqueta de lã xadrez, que os espanhóis supõem que os peões do Velho Oeste usam ao juntar o gado e ao assediar desesperadamente a filha do xerife. Todos os principais oficiais da Frente Popular usavam canadianas.

Os revólveres, as mais dramáticas e inúteis de todas as armas, eram vistos pendurados no cinto de toda a hierarquia militar.

O comitê de San Sebastián, que logo estabeleceu contato com o de Irún, tentou impor a essa nova massa de feriado um mínimo de ordem militar.

Desde o início, aparentemente, surgiu o consenso de que não havia como levar adiante uma invasão da província vizinha, Navarra. Guipúzcoa deveria se concentrar em sua defesa e aguardar a arremetida de Navarra.

Uma guerra fratricida: seria assim a luta entre Guipúzcoa e Navarra. Uma guerra entre irmãos, travada com o mesmo afeto como aquela entre Caim e Abel. Pois os navarreses também são bascos.

Suponho que, devido ao fato de estarem voltados para o interior e para Castela, e não na direção do mar e dos peixes, os navarreses acabaram por abandonar a língua e os costumes bascos, com exceção da teimosia. Mas a diferença entre as duas raças fraternas é tão assombrosa que tal motivo parece antes uma desculpa esfarrapada. Não só eles não têm nenhuma ambição regional a satisfazer com a aprovação de um Estatuto, como os camponeses de Navarra positivamente odeiam aqueles que manifestam tal ambição, como seus irmãos guipuzcoanos.

Com tanto fanatismo quanto o dos bascos de Biscaia que almejam uma Espanha federalista, os navarreses jamais ficarão contentes até que a península volte a ser a monarquia absoluta centralizada que foi sob os reis católicos. O amigo das províncias marítimas, o governo da Frente Popular, era o principal demônio para Navarra.

Entusiasticamente católicas, as formações de *requetés* de Navarra haviam se adornado não só com a engomada boina escarlate do carlismo: em seu coração, preso talvez com santinhos de lata, e ele mesmo um pobre e periclitante estandarte de papel, traziam aquilo que mais amavam — o Sagrado Coração de Jesus. Para eles, Madri e todos os seus amigos eram anticristãos; o medonho materialismo republicano. Odiavam, cada um deles, a própria ideia de educação secular: os professores enviados por Madri para ensinar seus filhos eram monstruosos agentes a ser erradicados. Até mesmo as professoras foram fuziladas, ou obrigadas a marchar de cabeça raspada pelas ruas de Pamplona. Por mais inteligentes que sejam os navarreses, o extremismo de sua paixão única deixa atônitos os estrangeiros. Eram servidos por um clero que, para a Espanha, não era desprovido de educação nem mal esclarecido intelectualmente. Esses sacerdotes, com compridas borlas dependuradas das boinas, combateram os colegas religiosos de Guipúzcoa, que dispensavam o Sacramento aos milicianos tombados, prontos para consolá-los e facilitar sua partida desta terra fratricida. Ou, se fossem capturados, esses padres, de ambos os lados, eram fuzilados como traidores. Ai, ai, pobre Yorick!

A iniciativa foi lançada e sustentada pelos carlistas de Navarra. Foram eles que aclamaram Mola no dia da sublevação em Navarra e, antes de cair a noite, proporcionaram-lhe milhares de homens selecionados, que fizeram tremer a praça de Pamplona com canções bélicas. Havia muito os clubes carlistas estavam preparados para a derradeira defesa do catolicismo ibérico: seus homens, deliberadamente escolhidos pelo porte físico, pela capacidade militar, confiança política e até pureza moral, estavam bem equipados e responderam ao chamado em poucas horas. Logo martelavam chapas de ferro para transformar caminhões e ônibus em veículos blindados — curiosas armas para tradicionalistas tão inflexíveis.

Como material militar, eles eram muito superiores às milícias urbanas de San Sebastián e Irún. Estavam mais bem organizados, armados e comandados; e contavam mais tropas. Em duas colunas principais, foram despachados contra a província de Guipúzcoa: uma seguiu pelo caminho de Vera rumo à divisa do Bidasoa e de Irún; a outra, pela estrada que ligava Vitoria a San Sebastián. Flores estivais pendiam de seus fuzis quentes enquanto avançavam em caminhões através dos lariços, subindo pelos vales dos rápidos rios de montanha.

Eles tinham de apoiar em ambos os lados, a leste e a oeste, a única infiltração que os rebeldes haviam sido capazes de manter em Guipúzcoa: as poucas centenas de voluntários carlistas de Beorlegui que tomaram o vilarejo montanhoso de Oyarzun já na eclosão da revolta.

Oyarzun é um pequeno conjunto de casas bascas rodeado de plantações de milho, situado a cerca de três quilômetros ao sul do ponto intermediário entre Irún e San Sebastián. Embora ligado por estradas a essas cidades, não era servido por nenhuma outra via originária do sul. Beorlegui, portanto, só podia receber suprimentos por meio de tropas de muares, que penavam por entre as pedras dispersas das trilhas montanhosas de Três Coroas — a principal rota de volta a Navarra. Apesar da precariedade inicial da posição de Beorlegui, esta nunca foi seriamente ameaçada em Oyarzun.

Não sei se é o caso de atribuir isto mais à rematada ineficiência da milícia ou à maneira brilhante com que Beorlegui aproveitou suas oportunidades. O fato é que a manutenção de Oyarzun foi crucial para a tomada de Guipúzcoa.

Beorlegui dispersou seus setecentos homens pelas duas estradas a noroeste e a nordeste de Oyarzun. Mantiveram um fogo contínuo, e moviam-se com alarmante velocidade de um ponto a outro; assim Oyarzun, que a Frente Popular supunha estar sendo defendida por vários milhares de homens, jamais foi atacada. E, em qualquer momento, o vilarejo poderia ser tomado em um único dia.

A guerra, vista pela maioria como heroica ou amedrontadora, é feita de incidentes como este de Oyarzun — oportunidades perdidas por um lado, exploradas ao máximo pelo outro, e com frequência cruciais para o objetivo maior. Toda guerra pode ser descrita como uma série de parvoíces colossais que culminam em derrota, e se as guerras sempre fossem perdidas pelos militaristas valeria a pena desmascará-los segundo esse modelo.

Em vez de atacar Oyarzun, a Frente Popular assestou seus canhões contra o vilarejo.

Entre San Sebastián e Irún, o litoral basco está salpicado de fortalezas erguidas após as guerras carlistas: Urgull e Ulia, na capital; San Marcos, mais adiante; e o forte de Nuestra Señora de Guadalupe, entre Irún e o mar. Os obsoletos canhões de 155 milímetros destas últimas duas agora estavam apontados para Oyarzun. Costumávamos apreciar a vista das baterias de Nuestra Señora em ação, desde o Hotel Euskalduna, na *plage* de Hendaye, no outro lado do ancoradouro, onde pescavam os plácidos moradores de Fuenterrabía.

Não havia dúvidas de que Nuestra Señora era uma base de artilharia. Cada temível explosão desde a crista era acompanhada de espessa nuvem de névoa opaca, que se espalhava pelo monte Guadalupe. Nunca antes tinha visto canhões expelir gênios tão volumosos. O oficial da Frente Popular, que os comandava, tinha de esperar que a neblina se dissipasse para fazer o disparo seguinte.

Recordo que Victor Schiff, do *Daily Herald*, foi entrevistar esse cientista. Encontrou um indivíduo de aparência letrada, ombros caídos, e magro como o professor Piccard — lembrando mais um tabelião do que um oficial de artilharia. Ouso dizer que de fato era um tabelião e, no que dizia respeito a Beorlegui, estavam apenas disparando títulos de festim, pois, embora atingissem Oyarzun, mal provocavam danos em suas fileiras. Veterano do Marrocos, corpulento e de cara chupada, vestindo macacão sujo, com bastão e óculos sovados, o coronel logo ensinou aos recrutas a não se preocupar com um mero bombardeio de obsoletos canhões costeiros, descarregando seus obuses contra um vilarejo vazio.

Essa era a situação no princípio de agosto. Desde Hendaye, através da baía na foz internacional do rio Bidasoa, era possível avistar, no ameno clima de verão, os pescadores trabalhando em barcos a remo. Mais adiante, o despido monte Jaizquibel, no mesmo nível da costa e, acima dele, entre Fuenterrabía e Pasajes, o porto de San Sebastián. Fuenterrabía: um punhado de casas de veraneio, um pesado e pardo convento acastelado à beira-mar na ponta mais próxima de Jaizquibel, a cruz em homenagem a Nuestra Señora, e a névoa ocasional indicando ação. Mais ao sul, ligada à França por duas pontes ferroviárias e uma rodoviária, fica Irún, com imensos pátios de trens, serrarias e uma fábrica de chocolate, agora sob o controle de um comitê da Frente Popular. Junto à falda meridional de Jaizquibel passava a estrada e a ferrovia que levavam ao outro centro da Frente Popular, San Sebastián.

Ao sul da estrada, uma crista de colinas protegia Irún do interior. Essas colinas começam em Puntza, à beira do Bidasoa, pouco além do vilarejo fronteiriço espanhol de Behobia. Com o cume coberto de pinheiros, as colinas se estendem através de Zubelzu até a posição mais vantajosa de San Marcial, onde uma ermida caiada, com alta torre azulejada, erguia-se dominante sobre o interior e o mar de bosques escuros. Em seguida, as encostas cascateavam até Oyarzun, protegida de Irún por outro morro densamente recoberto de pinheiros.

Além de Oyarzun, sempre oculto por essa cerca elevada de pinheiros, a majestosa Peñas d'Aya, ou monte das Tres Coronas, erguia-se a 760 metros de altura. Os três cumes agrestes ainda estavam luxuriantemente esverdeados, e refletiam o calor nos profundos vales pirenaicos. Dessa vez, com a ajuda do binóculo, era possível divisar um pequeno acampamento perto do pico mais a leste, com as silenciosas e mesquinhas plumas de fumaça indicando que o local estava sendo bombardeado desde algum lugar.

Ali ficava o acampamento de apoio de Beorlegui.

Ao longo da fronteira, a leste de todas essas elevações e cristas florestadas no interior, corria o Bidasoa, em meio a campos de milho que começavam a amadurecer e farfalhar como papel semiqueimado — uma correnteza estreita e rasa. No lado espanhol, a cada duzentos metros, surgia um pequeno posto aduaneiro de tijolos vermelhos, diante do qual via-se de pé — ou deitado, dada a preguiça mais provável — um guarda fronteiriço espanhol, entretido a fumar um charuto. Por trás dessa barreira pouco convincente e além do milharal infinitamente mais desperto, corriam os trilhos da ferrovia de bitola estreita e a estrada que levava, via Enderlaza e Vera, à hostil Pamplona. Ambos acompanhavam o rio faiscante até os Pireneus, onde deixava de assinalar a fronteira; e, a partir dali, o curso deles não nos preocupava, pois seguia por território carlista, onde a guerra não despontara.

No lado francês da divisa, todo mundo passou a alugar binóculos, lunetas e quartos com vista propícia. Grupos se reuniam pelas colinas, e os especialistas em estratégia pregavam sua versão do Sermão da Montanha. Não havia notícia mais agradável para os franceses do que uma guerra a se desenrolar diante de seus olhos, com os comentários incessantes adquiridos por dois francos de quem quer que tivesse feito o serviço militar e soubesse o nome das montanhas sob o firmamento espanhol.

Em Enderlaza, na divisa entre Guipúzcoa e Navarra, a Frente Popular explodiu a ponte pela qual a estrada de Pamplona passava para a outra margem do Bidasoa. E de Erlaitz, uma pequena fortificação arruinada da época das guerras carlistas, situada a três quilômetros e pouco no topo de uma colina à beira do rio, fustigavam o hiato nas comunicações carlistas com dois canhões pequenos. Ali se deram os primórdios de uma bela guerrinha. Nessa etapa, contudo, a hora do almoço e a *siesta* eram rigorosamente observadas entre o meio-dia e as cinco e meia da tarde, e os ataques noturnos eram vistos por ambos os lados como covardes e mesquinhos.

Por causa de uma repentina violação desse acordo, que só posso atribuir a um golpe de gênio, a crista de Pikoketa — próxima a Erlaitz — foi ocupada pelos carlistas durante a noite de 10 para 11 de agosto. Ao mesmo tempo, a segunda coluna deles entrou em Tolosa, ao sul de San Sebastián, onde a linha da Frente Popular, 3 mil metros distante da cidade, após resistir a três investidas diurnas, foi surpreendida e rompida. Esses dois êxitos foram os elementos que colocaram em movimento a frente basca, e fizeram com que, no lado francês, as mulheres atrás dos binóculos se preparassem para algo mais violento do que uma tourada.

Larrañaga, o jovem e vigoroso comunista que era o comissário de guerra de San Sebastián, correu até Tolosa a tempo de retirar os milicianos. Os rapazes de boina vermelha avançaram pela brecha, liderados por uma cavalaria amadora. Um veículo blindado de San Sebastián, que cruzava apressado por Tolosa sem se dar conta de que estava perdido, teve o interior transformado em polpa rubra por uma bomba.

O comandante carlista dirigiu-se à casa do prefeito, onde topou com os restos da refeição feita pelos oficiais da Frente Popular. Cerca de uma centena de homens foram capturados, mas duvido que tenham sido mantidos à espera por muito tempo. No dia 12, os carlistas ocuparam Villabona, mais de seis quilômetros ao norte. A ofensiva geral contra Irún-San Sebastián parece ter sido prevista para coincidir com a chegada do exterior de equipamento novo de aviação, algo que não só foi motivo de vanglória para a Radio Castilla (Burgos), mas que Mola logo usou para bombardear Pasajes.

Também no mar os rebeldes preparavam-se para tomar a iniciativa. O cruzador *Almirante Cervera* (com 7850 toneladas e oito canhões de seis polegadas) deslocou-se para leste de Gijón, que vinha bombardeando sem resultados. O couraçado *España* (15 452 toneladas e oito canhões de doze polegadas), o cruzador *Canarias* (10 mil toneladas e oito canhões de oito polegadas) e o pequeno destróier *Velasco* (três canhões de quatro polegadas) entraram em ação no porto naval de El Ferrol.

Então veio a prova de fogo para San Sebastián. No dia 13, cinco dos novos aviões italianos bombardearam a cidade: ao largo da Concha, no mar calmo e translúcido, ficavam as duas chaminés baixas do "barco pirata", como berrava a rádio de San Sebastián. A mira de seus canhões estava fixada, através do oceano pintado, sobre o forte Urgull, cujas velhas peças de artilharia replicaram, visando o *Almirante Cervera* desde o alto de um promontório rochoso na extremidade do semicírculo da Concha. O ultimato do *Almirante Cervera* expirava à meia-noite: se San Sebastián não se rendesse às forças terrestres, seria devastada.

A resposta foi que os prisioneiros, feitos entre as famílias que veraneavam em San Sebastián, seriam executados caso a cidade fosse atacada. O que levou o *Almirante Cervera* a reconsiderar.

No dia 14, lá chegaram o *España* e o *Velasco*, retomando-se o jogo do ultimato, enquanto panfletos lançados por aviões rebeldes conclamavam à rendição imediata. Diante disso, o tenente Ortega, o carabineiro que governava San Sebastián, ameaçou fuzilar cinco prisioneiros para cada pessoa que morresse por causa de bombardeios aéreos ou navais. Todo mundo ria dessa guerra de ameaças e contra-ameaças, menos os prisioneiros.

Bem estranha estava agora a cidade de veraneio de San Sebastián. A água foi racionada nos hidrantes das ruas, e metade das lojas estava de portas fechadas. Nos hotéis atrás da Concha (em cuja praia, contudo, todos ainda gritavam e remavam com otimismo), o nervosismo era geral. Todos os dias ocorriam novas detenções, mas aqueles que ficavam para trás ainda ouviam abertamente a rádio rebelde de Burgos. Os prisioneiros direitistas foram levados ao Casino; em Irún, como precaução contra o bombardeio, foram colocados nos porões do forte Nuestra Señora de Guadalupe.

A pressão sobre Irún foi intensificada pelo repentino cerco e captura de Erlaitz e seus dois canhões no dia 15. Erlaitz estava condenada desde a queda de Pikoketa, e nesse intervalo os carlistas aproveitaram para colocar em prática um esquema engenhoso.

Como disse, a estrada para Irún estava bloqueada — e muito bem bloqueada — pela destruição da ponte em Enderlaza. Mas isso não desconcertou o comando dos carlistas. Eles arrancaram os trilhos por 4 mil ou 5 mil metros ao sul de Enderlaza, onde a estrada de ferro seguia pela margem do rio Bidasoa, tal como a estrada ao norte de Enderlaza. Perto de Vera, a ferrovia podia ser alcançada a partir da estrada na outra margem do Bidasoa por uma ponte em perfeito estado, a qual, tal como estava, ligava a estrada a uma estação rural. Tudo o que precisaram fazer foi afastar para os lados os trilhos e os dormentes, obtendo assim uma estrada irregular e sacolejante, mas transitável por caminhões. Um longo túnel fornecia proteção ideal contra as bombas (pois em San Sebastián, a Frente Popular contava com três aeroplanos antigos que vez por outra faziam incursões ao vale do Bidasoa).

Em Irún, foi grande o alarme com a perda de Erlaitz, que significava um reforço do flanco direito dos rebeldes entre Oyarzun e o Bidasoa. Os aviões, com faixas escarlates nas asas, sobrevoaram o enevoado vale do Bidasoa ao entardecer a fim de lançar bombas — e acabaram atingindo Biriatou, na França, com três ou quatro pequenas cargas explosivas. *Attraction!* O proprietário da casa passou a cobrar dois centavos para mostrar o buraco no teto.

Um trem blindado, resultante da reforma de uma locomotiva e de um resistente vagão fechado usados em épocas mais felizes para o transporte de touros às touradas, foi trazido de Irún pela linha de Pamplona. A locomotiva exibia, em letras vermelhas, "UHP". O primeiro maquinista encarregado de conduzir o Trem Especial do Povo disse "Não", e foi encaminhado aos porões do forte de Guadalupe. O segundo convenceu-se de que seria mais confortável dirigir o trem, e assim disparou fumegando Bidasoa acima, abriu fogo com as duas metralhadoras contra os atônitos carlistas e, antes que estes replicassem, tomou o caminho de volta a fim de descansar em Gastinaldia, um casario na outra margem da Biriatou francesa e diante de Puntza, onde foi recebido como herói. Na minha opinião, porém, o primeiro maquinista também era um sujeito excepcional. Quando o arrancaram da cela para ser executado, ele chutou o comandante do pelotão de fuzilamento, saltou um muro, cruzou o rio nadando até a França, e ali deu uma entrevista para o *Temps*, que pareceu a todos notável por sua imparcialidade.

Foi nessa altura que a Frente Popular em Irún decidiu abandonar a tática de escaramuças nas colinas, nas quais todos os dias levavam uma surra dos navarreses. Os instrutores franceses e belgas que haviam chegado pela Ponte Internacional, enviados pelo Partido Comunista francês, começaram a organizar uma linha defensiva ao alcance do forte de Guadalupe. O posto quadrado dos carabineiros junto a Puntza, à margem do rio Bidasoa, tornou-se um reduto fortificado. A partir de então, todos os dias víamos a linha avançando através de posições marcadas com sacos de areia ao longo de Puntza, sob os pinheiros na crista de

Zubelzu, através da brecha no vale onde um caminho esburacado ligava Enderlaza a San Marcial. Este foi reforçado com artilharia e, desde o morro em frente, a linha descia até as trincheiras de Oyarzun, abertas no início da luta.

Os franceses e os belgas ensinavam os pupilos milicianos a usar as metralhadoras, e uns poucos canhões trazidos de alguma parte. O dia 15 de agosto celebrava-se a Assunção: feriado importante e *fiesta* tanto na França como na Espanha. Enormes e apáticos grupos burgueses franceses se juntaram diante da Ponte Internacional em Hendaye e rio acima. Em Tolosa, os *requetés* brandiam os fuzis enquanto dançavam pelas ruas com crianças pequenas com asas de anjo prateadas, aos acordes de bandas militares. Assim os franceses e os espanhóis celebraram uma das grandes festas católicas — na expectativa e preparação da guerra, adoçadas por infantes vestidos como mensageiros da graça, nada ameaçadores.

Tolosa e Erlaitz eram agora o centro de comando avançado das duas alas que iam atacar Guipúzcoa. Encerrada a procissão, os carlistas partiram rumo à frente, e tomaram Andoain, quase dez quilômetros ao sul de San Sebastián.

Seria de imaginar que, nessa altura, a ofensiva contra San Sebastián e Irún ia se desencadear por terra, mar e ar. Na verdade, porém, foi lançada apenas pelo mar, talvez na expectativa de calar as fortalezas costeiras, cujos canhões, laboriosamente manejados por equipes amadoras, agora lançavam obuses de seis polegadas para o interior, além da linha da Frente Popular. No dia 13 de agosto, cabe lembrar, terminava o ultimato lançado pelo *Almirante Cervera*; no dia seguinte, os ultimatos um tanto repetitivos por parte do *Almirante Cervera*, do *España* e do *Velasco* também expiraram. Tal jogo dificilmente poderia continuar para sempre. Para se ter uma ideia do cronograma da guerra, na manhã de 17 de agosto, o *España* e o *Almirante Cervera* estavam não só decididos, como prontos para o bombardeio.

A ofensiva teve início com toda a intensidade quando a névoa se dissipou sobre o mar, precisamente às nove da manhã. Meu posto de observação era uma varanda, em Hendaye, diante de um doce mar azul: a uma distância de oito quilômetros pairava imóvel uma grande forma cinzenta, cuja chaminé rígida parecia fixá-la no horizonte esbatido. O *España* permaneceu ali. Dois pontos conflagrados reluziram com brusquidão horizontal ao longo de seu lado estreito. Após um longo intervalo, veio a trovoada da dupla detonação, e todas as janelas do hotel estremeceram como uma discreta sineta anunciando que o jantar estava servido. Todas as cabeças se aprumaram. Um bum estentóreo! Bum!, e duas grandes massas de fumaça elevaram-se em torno do forte de Guadalupe.

Ao mesmo tempo, o *Almirante Cervera* abriu fogo contra as fortalezas, e também contra a Concha em San Sebastián. Eu ouvia a detonação surda dos seus canhões durante as longas e cautelosas pausas do *España*, parado no lado oposto.

Até o meio-dia, o *Almirante Cervera* fez vinte disparos contra a cidade. *Siesta*. Outros trinta tiros, agora com a mira regulada, até as quatro da tarde. Os alvos eram os fortes do monte Urgull, San Marcos, Monpás e Choritoquieta. Ingleses presentes ao bombardeio afirmam que a população demonstrou muito *sang froid*: nas ruas, as mulheres não deixaram de fazer filas para a água e continuaram as compras diárias com os vales da Frente Popular, as esculturais espanholas de cabeça descoberta.

Às quatro, diante de Guadalupe, o *Almirante Cervera* juntou-se ao *España*. Este vinha bombardeando sem cessar a fortaleza, mas com longos intervalos silenciosos para correção da mira. O forte agora era uma floresta de fumaça à direita e à esquerda, e os obuses por vezes passavam por cima da crista, alcançando os belos jardins acima de Fuenterrabía. Todos os barcos de pesca haviam se afastado, e a baía deserta tremia em obediência às finas pontas de lápis de chamas. Até as sete prosseguiu o ataque ao forte, fumegando constantemente entre dois pontos. É assombroso que não o tivessem silenciado ao cair da noite, quando se voltaram para o oeste e para casa, o sol baixo engolindo em sua fornalha dilatada os ferozes lampejos matemáticos da artilharia.

O forte de Guadalupe deve ter sido atingido por quase oitenta obuses. E, quando caiu a noite, acabou lançando dois de seus próprios obuses sobre a devastada Oyarzun.

No dia seguinte, o *Almirante Cervera* abriu fogo contra o forte de Guadalupe, e o *España* contra a sinuosa Concha em San Sebastián. Sozinhos, os canhões do primeiro eram pouco impressionantes. Já os do *España* haviam feito de nossas janelas um gongo de jantar; com os do *Almirante Cervera*, elas apenas tremiam e mal se mexiam. Guadalupe replicou, cada disparo de seis polegadas ecoando outro de seis polegadas; e a bateria do Calvário acima do forte — local de devoção da Nossa Senhora por quilômetros ao redor — foi estilhaçada em meio a uma nuvem de insubstancial poeira amarelada. À tarde, o *Almirante Cervera* afastou-se, tomando o rumo de San Sebastián, onde o *España*, a uma distância altiva e solene da praia, vinha lançando potentes granadas sobre toda a cidade.

Naquele dia, o *España* fez bem oitenta disparos com os canhões de doze polegadas contra o povoado desafortunado. Soaram as sirenes, nesse dia não se formaram filas e os mais velhos correram a se abrigar nos porões. Somente as crianças — as crianças espanholas sempre em enxame — continuaram a brincar nas ruas. Nos porões, até os agnósticos viravam religiosos e descobriam um rosário para manter ocupadas as mãos. Santa Maria Mãe de Deus... um obus atravessa dois pisos da maternidade... outro derruba a fachada da casa de um ricaço na Concha.

Na Calle San Martín, uma mulher é morta em um porão, pois os obuses de doze polegadas penetram fundo. Os relâmpagos se dispersam pela avenida de Francia, pela Calle Ronda, perto da estação ferroviária. Caem sobre Urgull, que replica de forma nítida. E quando o *Almirante Cervera* aproxima-se descuidado do *España* naquela tarde, Urgull consegue atingir sua lateral.

O navio tomou o rumo oeste e, às oito e meia, estava diante de Gijón, que agora, com exceção do quartel de Simancas, caíra nas mãos dos asturianos. Bastante inclinado a bombordo, e exibindo um rombo acima da linha d'água, ainda fez disparos aleatórios contra a cidade antes de telegrafar a El Ferrol comunicando que ia retornar para os reparos. Só muito depois voltei a vê-lo.

Em San Sebastián, era o momento de contar os mortos. Duas jovens de 21 e 22 anos, uma mulher de cinquenta, e um velho de setenta anos; 38 feridos. Por isso, oito prisioneiros foram executados, creio que sem julgamento, assim como, após corte marcial, um capitão de infantaria e quatro oficiais dos carabineiros. Haviam prometido que fariam execuções: a guerra de ameaças e consumações tinha de continuar se arrastando, mesmo que aos trancos e barrancos, tanto em Guipúzcoa como no restante da Espanha.

No dia seguinte, 19, o *España* voltou a fustigar San Sebastián, mas a população já se livrara do medo paralisante. Há dúvidas quanto à eficácia desses bombardeios navais: não silenciaram nenhum forte, e a desmoralização que provocavam era apenas temporária. As forças terrestres nem mesmo aproveitaram o embaraço de Guadalupe e San Sebastián para lançar uma ofensiva geral. Ainda aguardavam reforços de homens e artilharia a fim de preencher o centro e, de tanta cautela, acabaram deixando passar uma oportunidade única.

No dia 20, Guadalupe e os fortes da capital voltaram a disparar contra o interior, e o esforço da Marinha foi retomado pela força aérea rebelde, que a partir de então passou a bombardear Irún e San Sebastián todos dias, com cargas cada vez mais potentes.

Também começaram a atacar San Marcial com os monoplanos italianos Caproni 101. Ao sul, nas colinas recobertas de fetos e pinheiros, as cristas agora eram ressaltadas pelo vermelho-amarelo-vermelho da Velha Espanha. Cada posição nova era assinalada com a jovial bandeirola de tempos mais românticos de guerra, cada qual com uma imagem da Virgem no centro. Os olhos divinos e desprovidos de emoção fitavam as montanhas sinuosas de Guipúzcoa, onde a guerra, quase invisível, disseminava-se por todos os cantos. Alguns trechos de arame farpado; a nova marca pardacenta sobre uma colina, onde haviam empilhado sacos de areia para um ninho de metralhadora. Mas não se via ninguém: que diferença cruel das guerras para as quais foram inventados os estandartes, quando jovens garbosos e veteranos jactanciosos se dispunham em fileiras rubras numa bela encosta, e o oficial, após requintada mesura, anunciava o pedido absurdo: "*Que Messieurs les Anglais tirent les premiers*" [Que os cavalheiros ingleses disparem primeiro].

Diante de Biriatou, a Frente Popular escava sob a linha ferroviária para instalar uma derradeira mina. Já explodiram a estrada ao lado. O trem encouraçado está duzentos metros atrás, no vilarejo de Gastinaldia, umas poucas casas caiadas em meio aos plátanos com raízes encharcadas nas águas do Bidasoa. Durante o dia todo, ecoam as réplicas das metralhadoras no vale além de Gastinaldia, onde os montes espanhóis sobem e descem até no pico dominante das Peñas d'Aya. E na manhã seguinte, no morro baixo da outra margem do rio, onde um pomar de macieiras adorna o perfil junto ao céu, na curva do Bidasoa, consigo ver a olho nu as boinas vermelhas em movimento, a apenas seiscentos metros da linha defensiva da Frente Popular.

Do dia 23 ao 25, o cruzador *Canarias* bombardeou San Sebastián e Guadalupe sem fazer nenhuma vítima fatal. Projéteis de cinquenta quilos foram lançados sobre a estação de Irún, onde chegavam especialistas em dinamite das Astúrias e anarquistas de Barcelona. Estes últimos vieram em grupos pequenos pela França e por Hendaye. A polícia francesa assegurou que passassem da maneira mais discreta possível, e só recebiam armas em Irún. Nos instantes de calma, dava para ouvir a aproximação da tempestade. Fomos até o pequeno restaurante que alugava quartos em Biriatou, de onde, em uma plataforma sob parreiras na colina francesa, era possível acompanhar ambos os lados ocupando as posições.

Atrás do morro com macieiras, onde o Bidasoa fazia uma curva fechada para o leste da Espanha e a elevação tornava a estrada invisível para a Frente Popular, as tropas de Beorlegui haviam instalado uma bateria de artilharia, perto da estrada, camuflada com o verde alegre dos ramos de plátanos. Mais à frente na estrada viam-se caminhões parados, e centenas de soldados agachados e enrolados em cobertores no solo estéril, à espera do rancho noturno. No vale, o inimigo estava bem próximo, e ecos de tiros esparsos percorriam o melancólico circuito das colinas. Nenhuma fumaça saía das pequenas e solitárias casas rústicas.

Os desertores relataram a chegada de um batalhão da Legião Estrangeira em Erlaitz. Pembroke Stephens os viu em Oyarzun: era o veterano batalhão marroquino de Beorlegui, tropa de assalto de elite, setecentos homens no total. Quase todos espanhóis, mas também alguns alemães.

Contaram a Stephens que haviam voado sobre o estreito de Gibraltar em quinze daqueles grandes aviões fabricados pela Junkers, que podiam tanto voar comercialmente quanto transportar tropas ou bombardear um local. Eram pilotados por alemães e carregavam 25 homens cada. Já haviam lutado em Badajoz.

A situação ficou muita tensa em Irún. Canhões de seis polegadas foram instalados em Fuenterrabía, em terrenos baixos perto da água. Peças de artilharia mais ligeira foram posicionadas em uma propriedade rural entre Behobia e Puntza. A alta barricada de sacos de areia no posto de carabineiros na encosta de Puntza foi guarnecida. O pequeno trem blindado permaneceu parado duzentos metros adiante, em Gastinaldia, sob a copa dos plátanos, pronto para entrar em ação. Os milicianos feridos da Frente Popular deixaram de abater as pombas brancas nos telhados vermelhos do vilarejo de Gastinaldia e foram levados para a retaguarda.

A tempestade se desencadeou às seis da manhã seguinte, na quarta-feira, dia 26 de agosto. Começou de maneira equilibrada em termos numéricos, cerca de 3 mil homens de cada lado, mas com os rebeldes em grande vantagem no que se referia à artilharia, aos fuzis e ao poder de fogo das armas automáticas.

Foi uma noite de disparos desconexos; às seis da manhã, porém, as metralhadoras começaram a matraquear furiosamente através do Bidasoa, e tivemos de pular da cama. Falavam aos rebeldes desde a colina com a macieira no topo, e a conversa que mantinham era com o vilarejo de Gastinaldia, de onde, com um pouco menos de força, replicavam as armas da Frente Popular. Trezentos metros de fetos e a ondulação suave no terreno separavam os combatentes.

Na estrada sob a colina da macieira, de repente ouvi o rangido baixo de esteiras. A névoa do rio cobria a estrada com esparsa rede de invisibilidade, na qual se destacava um vago perfil movendo-se com lentidão: um carro de combate leve com torre, do qual vinha o gaguejar constante de outra metralhadora. Com cuidado, parando e avaliando a distância que o separava do trem blindado, espirrava os projéteis contra a couraça resistente. Pouco a pouco foi avançando até a brecha na estrada: um após o outro, seis veículos blindados se arrastavam atrás dele. Em todos, enormes letras rabiscadas com giz diziam *Viva España!*

Imagine a cena, com o sol que acabava de surgir, a névoa se dissipando. Aos nossos pés, a 150 metros, o rio; mais além, farfalhando com precária rigidez, uma estreita plantação de milho, alternada com faixas desimpedidas de pousio. Adiante do milharal, a pequena e reta ferrovia e a estrada seguiam lado a lado. Atrás e acima delas, a Colina das Macieiras; além desta, o pano de fundo do palco, uma magnífica cortina manchada com o verde dos pinheiros e o cinza das rochas das montanhas, o azul-água do céu espanhol, com as cores realçadas a cada instante sob as novas e ofuscantes luzes da ribalta do sol meridional. A névoa se desfaz, a luz concentrada delineia a batalha com toda a nitidez; um milhar de fuzis entoam uma canção feita de pausas. É dia claro.

À direita, o maquinista do trem blindado dispara a metralhadora, detrás dos sacos de areia empilhados na estação de Gastinaldia. À esquerda, rodeando a curva suave da Colina das Macieiras, oculto no milharal, surge o pelotão inicial da infantaria fascista. Apenas as pontas amarelas curvam-se rigidamente e tremulam os escalpos secos enquanto passam. No meio, o carro de combate para, disparando furiosamente, antes da brecha na estrada.

A mina que ficou para trás não detona. O aparato elétrico foi desativado em ousado raide noturno dos carlistas. Um jovem sai correndo de detrás do veículo e desaparece na sebe à beira da estrada. Empunhando a bandeira branca, faz sinais ao pequeno castelo fora da estrada, para uma passagem segura de ida e volta pelo campo. Ela se arroja para o alto. Outros, com capuzes sombrios, capacetes de aço de um cinza-esverdeado muito opaco, empurram o carro blindado. Volta a subir, circunda a brecha, some de novo. Muito, muito lentamente, a bandeira aproxima-se de Gastinaldia.

Leva uma hora e meia. Na guerra, são comuns esses avanços e recuos vacilantes. O carro de combate está diante do trem blindado: quem vai piscar primeiro? Às sete e meia, o maquinista sobe na locomotiva quando vê o adversário a uma centena de metros. Com toda a dignidade, como se fosse a única coisa cavalheiresca a fazer, começa a recuar. O carro blindado medita por um momento, e então segue em frente rumo a Gastinaldia, levantando nuvens de pó ao disparar contra os ponderosos telhados vermelhos e o reboco branco das paredes esburacadas por balas — sem atingir ninguém. O casario fora abandonado.

A infantaria avança pelo milharal, em grupos sorrateiros, à beira do rio. A plantação estremece e se divide. Dela sai um grupo com macacões azuis e cáqui, boinas escarlates, bonés militares e capacetes de aço, sacudindo com estrépito fuzis, baionetas, metralhadoras, granadas, cobertores, panelas, caçarolas e canecas de alumínio. Quando irrompem do milharal, com toda a calma eles se jogam de cabeça sobre a faixa maninha, completamente estendidos como se estivessem mortos atrás da próxima semeadura de milho. E disparam sem parar suas armas. Depois, assim que chegam outras seções, voltam a se levantar titubeantes e seguem adiante. Às oito, espalham granadas no último trecho amarelo crepitante antes de Gastinaldia: bolas de fumaça branca, teias penugentas pendentes do topo dos pés de milho. Em seguida, correm para o vilarejo.

O jovem de boina que carregava uma bandeira vermelha-amarela-vermelha tombou junto à primeira casa, os braços em torno do ventre. Tentou se erguer e voltou a cair. Alguns outros são abatidos por uma metralhadora oculta no bosque em formato de T com pinheiros novos, na colina à direita, além de Gastinaldia. No topo, os baluartes da Frente Popular agora reluzem sob o sol, quadrados, nítidos e desafiadores. Contei oito posições abrindo fogo sobre o vilarejo conquistado. Ali, granadas foram atiradas pelos carlistas, e, em uma casa, retiraram a cobertura no telhado para posicionar atiradores contra o reduto mais abaixo, à beira do rio.

Com a cabeça descoberta, o jovem alto que os comanda berra ordens; podemos ouvir todas as sílabas em meio ao tiroteio. Seus homens, agachados à espera atrás de paredes, gritam "*Viva España*" e "*Mañana a San Sebastián*".

A inteira linha da Frente Popular desencadeia uma fuzilaria tremenda. Todas as metralhadoras despertam para o bulício da vida, e dava para ouvir a antifonia do ligeiro e do pesado no coro da batalha. A artilharia pesada dos rebeldes começa a lançar cargas explosivas nos leitos de brotos em Zubelzu, sob a crista e os baluartes. Cogumelos pardos de fumo e terra se erguem e sujam o céu. A Frente Popular replica com peças ligeiras e munição de choque, que muitas vezes tomba sem explodir, entre a colina da macieira e Gastinaldia.

Dois aviões de asas vermelhas vindos de San Sebastián tentam atingir a estação do vilarejo, os carros blindados ainda parados atrás da brecha aberta, a artilharia selvagem no cotovelo do Bidasoa. Sobre San Marcial e Irún, voltam a reluzir os Capronis, despejando bombas e panfletos: RENDAM-SE. A aviação ainda não me impressiona muito.

E assim foi até as nove da noite. Depois de Gastinaldia, não houve mais avanço contra as defesas da Frente Popular. Todavia, incessantes pelotões de infantaria rebelde passaram por Gastinaldia, atravessando o milharal e assumindo posições em meio aos fetos, ao longo da base da encosta de Zubelzu. Grandes quadrados de lariços densamente entrelaçados estendem-se em diagonal até o topo, com os fetos pardo-violáceos da encosta e as sinuosas trilhas de muares prometendo também uma cobertura eficaz.

E o que se passava em outros locais?

De Biriatou, eu podia avistar pequenos tufos pardos de distantes explosões de obuses nas montanhas, além da colina da macieira que ocultava as Peñas d'Aya. Era Guadalupe visando a artilharia de Beorlegui, que por sua vez não disparou contra San Marcial, seu objetivo, pois temia atingir a França. Em vez disso, atingiu o trecho à esquerda, sobre o setor diante de Oyarzun, onde se travava uma violenta batalha.

Beorlegui comandava tudo a partir de Erlaitz. Nesse dia, seu avanço maior, no vale central que conduzia a San Marcial, foi de 2500 metros. Pretendia atacar San Marcial diretamente, desde o flanco esquerdo, mas os legionários que destacara para a esquerda acabaram se afastando do objetivo. Foram necessárias várias horas para preencher a linha e corrigir o erro.

Com a chegada da noite, mortos e feridos foram levados para o acampamento, de cabeça para baixo, em mulas. Trincheiras rasas foram cavadas diante de Zubelzu. O comando de Irún anunciou a morte de duzentos adversários na linha de frente, que não chegou a ser rompida. Imagino que jamais será possível saber o número exato de baixas, pois nessa guerra apenas a Legião Estrangeira fazia a contagem dos mortos e feridos — e a mantinha sob sigilo. Sem dúvida, na tropa de Beorlegui, as baixas foram bem mais altas do que entre os defensores de Irún: no primeiro dia dos combates pela cidade, nenhum dos baluartes foi atingido pela artilharia.

Dois postos avançados, Gastinaldia, à margem do Bidasoa, e uma colina na extrema esquerda haviam caído nas mãos dos rebeldes.

No dia seguinte, os combates prosseguiram com intensidade bem menor. Houve os costumeiros bombardeios aéreos pelos rebeldes nos bosques de pinheiros de San Marcial e em Irún — e, por parte da Frente Popular, sobre a artilharia rebelde. As tropas de Beorlegui conseguiram avançar um pouco por áreas protegidas na extremidade mais distante da crista de Zubelzu, onde esta assoma em uma calma recoberta de pinheiros sobre o vale que leva a San Marcial. Todavia, um ataque frontal a Puntza, na extremidade mais próxima, sem prévia barragem de artilharia, causou várias baixas. Ao meio-dia, as cornetas soaram o cessar-fogo e os feridos foram retirados em macas.

Era evidente que Beorlegui ainda pretendia romper a linha da Frente Popular pela frente e pelo flanco, bem ali onde ela fazia uma curva diante de San Marcial. Em seu ponto mais frágil. Mas, embora contasse com a superioridade da artilharia, ainda não dispunha de poder de fogo suficiente para romper a linha.

Então solicitou reforços a Pamplona e a Burgos. Enquanto isso, na frente de Behobia, os canhões da Frente Popular arremessavam obus após obus ao longo do Bidasoa. Depois do meio-dia, o fogo arrefeceu. Em Biriatou, dava para sentir o cheiro acre da batalha, e tornava-se evidente a proliferação de latas e entulho da guerra.

Os desertores descreveram a força mista que estava investindo contra San Marcial na encosta montanhosa: a ala esquerda do exército de Beorlegui; 550 legionários, 450 carlistas, 440 guardas-civis, quatrocentos falangistas (fascistas) e seus oficiais — no total, quase 2 mil homens. Era uma bela e representativa seção transversal, até mesmo nas proporções, das forças que apoiavam a rebelião na Espanha. Primeiro, as próprias tropas de Franco, a ponta de lança, indo de uma frente a outra, pronta para todos os esforços desesperados; depois os navarreses, o profundo entusiasmo regional por trás do movimento; a Guardia Civil, símbolo da lei e da ordem, com sua dignidade espanhola um tanto impensada, seu conservadorismo sólido e respeitoso de si; por último, os novos fascistas, um estranho órgão da guerra de classes enxertado de modo um tanto artificial na vida espanhola, reunindo milhares de adeptos, poucos dos quais em condições de lutar. Foi o amor da *fiesta* que atraiu para as fileiras tanta gente das classes inferiores, nas cidades do interior de Castela, como Burgos e Palencia, Valladolid e Salamanca. Qualquer escória social era arregimentada pelos líderes da Falange Espanhola: isso mantinha satisfeitas as pessoas, fazendo com que marchassem de um lado para o outro em camisas azuis, ao som de uma banda estridente, e os espécimes mais aguerridos sempre podiam ser aproveitados nas trincheiras.

Na sexta-feira, o terceiro dia da investida, Beorlegui continuou a pressionar San Marcial, a despeito das perdas sofridas pelos legionários. Fazia muito calor. Estavam desanimados e cansados demais. Mas ele estava decidido a extrair o máximo de seus homens. A artilharia de Fuenterrabía concentrou-se toda neles, deixando a frente de Gastinaldia-Puntza aos cuidados dos canhões de Behobia.

A própria Gastinaldia sofreu pesado bombardeio, e os dois carros de combate e os veículos blindados, camuflados com folhagem de verão, foram obrigados a deixar o casario sufocante, agora tomado pela fumaça. Retiraram-se pelo tórrido vale no momento em que mais uma vez a infantaria era forçada a recuar na encosta íngreme que conduzia ao baluarte de Puntza. Falhara o terceiro ataque frontal em Puntza: a artilharia rebelde, embora a apenas mil metros do alvo, não conseguira localizá-lo e pulverizá-lo.

Homens vestindo macacões azuis eram vistos descendo apressados, buscando abrigo nos pinheiros. Uma metralhadora foi retirada. Todos procuravam nervosamente se proteger.

No fundo do vale, onde os fetos ficavam esponjosos e densos contra a relva vergada da colina da macieira, as trincheiras haviam sido aprofundadas e ampliadas, e parapeitos, erguidos. Os rebeldes estavam se entrincheirando.

Assim, eles se estabeleceram na crista mais distante de Zubelzu. Ali, durante a noite, enquanto a silhueta negra dos pinheiros cintilava com pontos luminosos azulados, rompendo monotonamente a tranquilidade do campo com a solene explosão de bombas e morteiros, haviam se instalado no interior da linha da Frente Popular. Suportaram um dia de contra-ataque feroz, em um combate acalorado e inclemente sob o sol da montanha.

Para se contrapor a essa ameaça, a Frente Popular improvisou dois outros baluartes rasos no meio de Zubelzu.

Enquanto a escuridão caía sobre a cena, a densa extensão negra dos montes foi se conflagrando em pontos sucessivos, onde as faixas de pinheiros palpitavam rubras sob os obuses incendiários lançados de Fuenterrabía. Manchas irregulares de vermelho vivo salpicavam o triste e imóvel horizonte. Bem na outra margem do rio, que refletia as estrelas de verão em um contorno menos bárbaro e menos humano, uma casa rural atingida desde Behobia lançava ao céu atormentadas labaredas de fogo. Eles continuavam a cavar e a conversar em meio a sombras sacudidas para a frente e para trás pelo crescente bruxuleio quando, às onze da noite, toda a área de Zubelzu explodiu na geometria cintilante da batalha sob o luar fresco e claro.

O confronto durou quatro horas. Uma batalha noturna na floresta é um espetáculo magnífico. Os detalhes desagradáveis da luta são apagados pela noite. Não há homens exaustos nem feridos suados, tampouco mortos estirados pesadamente na relva seca e desconfortável. Somos poupados da visão de caixas de munição destroçadas, canecas descartadas e sujeira acumulada em acampamentos temporários. Trincheiras rapidamente cavadas não rasgam as encostas de fetos, e nos campos não se veem horrendos buracos irregulares de obuses sob um manto de poeira. A guerra é idealizada em uma sinfonia de luzes azuis e amarelas destacando-se do opaco pano de fundo das explosões: granadas e obuses assumem a parte das cordas e dos portentosos sopros em uma orquestra incansável.

Etérea: assim é a guerra noturna. Lá no alto, onde os bosques de Zubelzu voltam-se perfilados para Erlaitz, a floresta escura reluz com milhares de relâmpagos espalhafatosos, irrupções niveladas de chamas fantasmagóricas que iluminam os troncos das árvores como rígidos filamentos verticais. No centro de Zubelzu, onde a sombria abóboda de uma colina interrompe a luz e as estrelas do céu noturno, ouropéis cintilam em resposta. Entretanto, os morteiros disparam rubros ornamentos refletores, e obuses explodem como velas de luz amarelada. Ouropéis, penduricalhos, velas, lantejoulas sobre o fundo preto: o que é isso senão uma gigantesca árvore de Natal em chamas, ora ocultando, ora revelando em sua ramagem as decorações da nossa infância, superfícies que captam e estilhaçam o fogo em belas centelhas, em escarlates e azuis elétricos e raios dourados frágeis demais para serem tocados?

Um espetáculo arrebatador para mim, vestido de pijama e tomado de maravilhamento infantil, contemplando tudo da outra margem do rio que corre sinuoso sob o luar. E ouço o crepitar inofensivo desse jogo de esplendor falso, como penduricalhos que raspam com nitidez metálica nos ramos da árvore de Natal sacudida quando os presentes são retirados. E as explosões mais ruidosas — são as bombinhas detonadas em torno das velas festivas de Zubelzu.

Nenhuma matança, mutilação, sede, fome e dor a serem enfocadas com esses curiosos binóculos. Apenas a beleza da guerra, sob o luar e contra o fundo sóbrio da montanha e do pinheiral.

Ainda que à custa de muita gente corajosa, nessa noite os legionários empurraram para trás a linha da Frente Popular, até cerca de duzentos metros de San Marcial. No domingo, antes de alvorecer, já estavam entrincheirados e ressurgiram todos os penosos detalhes.

Sábado e domingo, o quarto e o quinto dias do ataque a Irún, foram tranquilos. Como é lenta a guerra — em plena luz do dia. Beorlegui estendeu sua linha desde Zubelzu, descendo pela encosta até Gastinaldia, e tentou penetrar a linha adversária à direita de San Marcial, mas se viu outra vez repelido. Tirou então os carros de combate da estrada para Gastinaldia e os enviou pelo caminho frontal a San Marcial; um oficial italiano presente ficou assombrado com a habilidade que demonstraram ao subir o morro.

Pouco a pouco, a artilharia estava sendo mobilizada de outras áreas da Espanha rebelde. Os canhões e o pânico urbano acarretariam a queda de Irún, e de toda Guipúzcoa. O pânico primeiro.

No fim de semana, os aviões rebeldes jogaram panfletos anunciando que, caso não se rendesse, Irún seria bombardeada desde o céu e canhoneada desde a terra e o mar. Eu soube, ainda que não tenha podido confirmar, que a mesma ameaça fora feita contra San Sebastián. O efeito dessa propaganda foi assombroso.

No domingo, por volta das dez da noite, começou a vaga humana sobre a Ponte Internacional, em Hendaye. Até a meia-noite, 1500 mulheres e crianças a haviam cruzado, vindas de Fuenterrabía, cuja evacuação fora ordenada pelo *alcalde*. Mais tarde, na mesma noite, vieram outras 2 mil pessoas de Fuenterrabía e Irún, de repente também tomadas pelo medo; e às oito, na manhã da segunda-feira, ainda havia uma grande massa clamorosa na ponte, esperando pela vez de apresentar os documentos e passar pela barreira. Todos, incluindo simpatizantes direitistas disfarçados ou servidores leais daqueles que já haviam escapado, estavam vestidos da maneira mais pobre possível e levavam presentes esquerdistas para conquistar a simpatia dos guardas fronteiriços. (Essa raça de homens ociosos e sedentários, que passam sua longa vida em cadeiras *al fresco* dispostas na célebre formação espanhola da *tertulia*, ou círculo de conversa, expelindo fumo de tabaco pelas narinas em monotonia centrípeta. Agora, porém, estavam exaustos com tanto trabalho.)

No decorrer do dia, ônibus atulhados com até cinquenta pessoas chegavam de San Sebastián. Outras caminhavam pelas colinas atrás da linha de fogo. Aqueles com bastante sorte para se apinhar nos vagões — com capacidade para trinta pessoas — relataram que a luz fora cortada nas casas e hotéis de San Sebastián, e que as mulheres faziam filas nas ruas para conseguir leite e água. Fazia um mês que não se achava pescado à venda, pois os navios rebeldes haviam apresado os barcos de pesca. Alimentos de toda espécie eram escassos e continuavam as detenções cotidianas, lotando o Casino e o castigado Club Nautico com partidários do centro e da direita.

Embora o bombardeio aéreo contínuo e os renovados ataques desde o mar estivessem sobrecarregando os nervos de todos, não se notava nenhuma propensão a ceder. Novos milicianos estavam sendo incorporados, até mesmo jovens das classes suspeitas.

Em Irún, houve o mesmo espetáculo de desafio naquela segunda-feira, quando a bandeira da cidade foi dada a um novo grupo de milicianos, o grupo Thaelmann, como reconhecimento de sua determinação de lutar até o fim.

À tarde, a quantidade de refugiados chegara a 5 mil. Na maioria, eram mulheres e crianças, ou homens idosos; mas era o começo da debandada em Irún.

As mulheres levavam bebês nos braços, com outras crianças agarrando suas saias pretas ou suas mãos, apavoradas. Quase ninguém tinha dinheiro: era gente do povo, do povo verdadeiro. Muitas choravam. Com elas vinha a bagagem, tudo o que tinham podido salvar; eram os homens que carregavam seus pertences, e esse foi o começo da debandada em Irún.

Pertences. Primeiro as roupas, velhas, bem lavadas e passadas, como as roupas de todos os espanhóis. Em fardos atados com cordas, ou em patéticas malas amassadas, feitas de material pardo parecido com cartão, despojos baratos para os pobres. Tocavam raros animais, se oriundos do campo. Camas de ferro e roupas brancas. Parcos retratos. Os homens corriam de volta a Irún para buscar essa ou aquela preciosa peça de mobília barata. Era evidente que aquilo era o começo da dispersão.

A milícia que defendia Irún era alimentada e mantida por um sistema baseado nos lares. Eram as mulheres, mães e irmãs que preparavam as refeições dos combatentes; eram elas e as namoradas que sustentavam a *morale*, que faziam os homens lutar com denodo. A milícia surgira com a rebelião: não surpreendia, portanto, que seus organizadores não tivessem, em escassos quarenta dias, conseguido reunir a partir do nada um oficialato perfeito, tampouco uma força de combate eficiente. Tiveram de se conformar com muitas coisas, entre as quais o abastecimento desde o lar espanhol.

A partir de agora os homens que defendiam o monte San Marcial não eram apenas mal alimentados: os estrangeiros, os entusiastas políticos franceses e belgas que perseveravam na linha de frente, não foram mais substituídos. Muitos jovens de Irún, sei bem, lutaram até o fim. Mas muitos outros permaneceram em casa para acompanhar a migração da família, da namorada e das crianças, a quem os espanhóis tanto adoram. Queriam salvar da catástrofe que se aproximava a poupança de toda uma existência humilde, os objetos cuidadosamente acumulados, poucos, mas preciosos para eles, já que desde que nasceram faziam parte do lar. Eles não fugiram, mas estavam ocupados na retaguarda.

Toda a organização militar, uma estrutura recente e de equilíbrio precário, agora cambaleava desde a base. Naquele início de noite, de maneira um tanto selvagem, o *España* cumpriu sua promessa e bombardeou Fuenterrabía. Ao sul de San Sebastián, quando todos os olhos estavam voltados para a fronteira, ao amanhecer os rebeldes tomaram de surpresa o monte Buruntza, a última barreira natural que os separava da capital de Guipúzcoa.

Durante o dia todo, as estradas que iam do sul até Irún tremeram com a avanço da artilharia pesada mobilizada por Beorlegui para destroçar a Frente Popular e arrancá-la de seus últimos baluartes na serra. Assim chegou ao fim o sexto dia.

Quando escureceu, os adversários, nas linhas de frente, gritavam ou entoavam xingamentos uns para os outros. Os católicos de Navarra eram "curas bastardos"; os da Frente Popular, "canalha marxista". Também se chamavam de "covardes", e no dia seguinte íamos ver o quanto ambos os lados mentiam.

Às sete da manhã de terça-feira, um dia límpido e agradável, cinco aeroplanos rebeldes sobrevoaram Irún e lançaram trinta bombas de 45 quilos, das quais apenas duas não explodiram. Três homens idosos, uma criança e dois funcionários do Centro Republicano, diretamente atingido, foram dados como mortos. Os bombardeios anteriores haviam se concentrado na estação ferroviária, mas este foi generalizado, visando destruir, provocar danos e aterrorizar a população. Irún ficou toda amarelada com a fumaça nauseabunda, que depois seguiu para o mar.

No trajeto de volta, os aviões bombardearam San Marcial e atearam fogo a um grande pinhal em frente. Esse era o sinal para a mais amarga e determinada ofensiva sobre a linha governamental de Zubelzu-Puntza que havíamos visto, e para o mais pesado bombardeio de artilharia de toda a Guerra Civil até o cerco de Madri.

De imediato, uma bateria de 155 milímetros, trazida pelos rebeldes à noite até a curva do Bidasoa e instalada na colina da macieira, disparou sobre o centro de Zubelzu. Sobre Puntza e mais embaixo, no íngreme ombro da crista até o posto dos carabineiros, os obuses de outra bateria de 155 milímetros caíram em devastadora sequência matemática. Uma terceira bateria mais para o interior visou a área leste de Zubelzu. Três outras concentraram-se no próprio monte San Marcial. No total, cinquenta peças abriram fogo contra a serra silenciosa e ensolarada, conforme relato dos rebeldes a Pembroke Stephens, e acredito que tenha sido assim.

Foram usados obuses de alta potência. A intenção de Beorlegui era explodir para sempre esses baluartes e destroçar em uma centena de pedaços rubros e encharcados todos os metralhadores que lá estavam. E agora, afinal, não faltavam recursos ao velho e duro soldado.

Quatro obuses explodiam regularmente de cada vez e quatro nuvens pardas erguiam-se no centro de Zubelzu. Quatro sobre Puntza. Uma espessa nuvem de fumaça atrás dos pinheiros na extremidade de Zubelzu indicava onde um obus após o outro sacudia San Marcial.

Uma beleza de tiroteio. Não demorou para que os obuses reduzissem a margem de erro, tombando mais perto do alvo, fazendo jorrar a terra da encosta sobre as metralhadoras reluzentes, que se sacudiam em disparos rápidos desde cada um dos redutos ainda alinhados logo abaixo da linha do céu.

À medida que os disparos ficavam mais acurados, vi pelo menos dois dos redutos da Frente Popular sendo evacuados. Em particular, abandonaram o maior e mais avançado baluarte em Puntza, que, projetando-se sobre o bosque em forma de T, repelira muitos ataques frontais na semana anterior, e empurrara encosta abaixo os aguerridos carlistas até Gastinaldia. O último homem a sair, e bem tranquilo estava, carregava uma bandeira vermelha. Deve ter incomodado bastante. Enquanto saía, um obus, lançado por um tiro aparentemente perfeito, mandou pelos ares o interior do baluarte.

No ponto central de Zubelzu, sob os pinheiros, uma batalha feroz com morteiros de trincheira e, depois, com granadas de mão eclodiu entre as trincheiras na linha de frente, apenas a duzentos metros de San Marcial. Os canhões se calaram. Os baluartes pareciam vazios. A infantaria, protegida por metralhadoras levadas até a metade da escarpa de Puntza, foi lançada no ataque contra Zubelzu, a três quartos do caminho ascendente pela encosta. Eles buscaram abrigo nos fetos avermelhados que recobriam a vertente, avançando depressa rumo ao rio e aos baluartes abandonados. Na relva corriam em formação aberta, aparentemente empunhando fuzis automáticos. Mas era tarde demais.

Assim que terminou a barragem de fogo, esgueirando-se por rasas trincheiras de comunicação, os milicianos voltaram aos baluartes danificados. Nenhum de nós os viu retornar. Porém, desde o centro de Zubelzu, dispararam de enfiada contra as pequenas figuras tremeluzentes de cáqui e azul que se distinguiam das samambaias, e o zunir das balas do baluarte avançado sobre Puntza fez recuar uma de suas metralhadoras de apoio. A infantaria rebelde acabou se refugiando em um espesso bosque de abetos. Mas conseguira ganhar terreno.

Eles haviam se saído bem em toda a vertente deste lado da encosta com pinheiros até quase a metade de Zubelzu, assegurando o avanço com a captura de toda a crista leste.

Ao longo da vertente, protegida por arbustos, o posto de comando da ala de ataque continuou a subir, empunhando uma enorme bandeira vermelha-amarela-vermelha, seguido por uma tropa de muares carregada com dois canhões de montanha. Perto do topo, uma pequena casa rústica foi ocupada, e a bandeira foi pendurada na janela; uma hora depois, saía da chaminé a fumaça enovelada para o rancho de meio-dia dos oficiais.

As mulas tateavam o caminho colina abaixo, passando por sete arredondados montes de feno amarelado, guardados no vale, rumo a Gastinaldia. A investida rebelde seguinte foi na extrema direita, pela estrada no vale do Bidasoa que passava por Gastinaldia aos nossos pés. Seu objetivo era o posto dos carabineiros na curva do rio mais adiante.

De repente, de uma curva na estrada de Pamplona surgiram quatro carros blindados, que entraram no casario de Gastinaldia. Ali reduziram a velocidade e começaram a atirar — eram blindados improvisados feitos em Navarra, de um tipo inusitado. Por vezes, através de suas fendas incomuns projetavam-se canos de fuzis, que, em outros momentos, eram retirados impulsivamente e substituídos por metralhadoras. A uma centena de metros do posto dos carabineiros, estacaram, manobraram para a esquerda de modo a ficarem todos em posição de tiro e continuaram com os disparos ininterruptos de armas automáticas.

Atrás da colina da macieira, as duas baterias rebeldes abriram fogo ao mesmo tempo sobre Puntza e o terreno que descia inclinado até o rio. Eram disparos perfeitos, de uma precisão que se repetia sem cessar. O baluarte avançado de Puntza foi atingido cinco vezes, e os sacos de areia se esboroaram pela encosta. É impossível que tenha sobrevivido algum dos milicianos que o haviam retomado. Explosões posteriores arrebentaram cadáveres no ar diante de nossos olhos.

No posto dos carabineiros, inacessível aos obuses, os defensores resistiram com impávida coragem. Os carros blindados lançaram uma saraivada de tiros contra os sacos de areia e fizeram em pedaços a maciça fachada de reboco do edifício. Logo os sacos de areia mais altos ficaram todos destroçados. Nem sequer um obus de seu próprio lado veio em ajuda, pois a artilharia de Irún fora intimidada para sempre: viam-se apenas os projéteis inimigos, fustigando o íngreme ombro de Puntza acima das cabeças, lançando poeira no rio mais embaixo. À distância de uma centena de metros, observei pelo binóculo os defensores desse gargalo do rio. Atiravam com toda a calma, limpando os fuzis e voltando a disparar desde as cadeiras em que estavam acomodados, fumando. Os desafiadores lenços vermelhos assinalavam as cabeças e os pescoços. Eles se mantiveram impassíveis, atrás dos sacos de areia varejados, enfrentando os blindados durante uma hora. Chacotas e insultos eram ouvidos desde o posto dos carabineiros.

Durante a tarde, o baluarte avançado em Puntxas, por duas vezes destruído, acabou reocupado pelos milicianos.

Por volta das cinco e meia, a terceira barragem de artilharia da jornada concentrou-se sobre Zubelzu e Puntza. Agora irreconhecível, o reduto avançado, que não mais exibia sacos de areia, e sim uma pilha desordenada de terra e troncos, foi outra vez lançado aos ares. Um grupo republicano com padiola aproximou-se do posto e de lá retirou dois corpos, antes de se afastar aos tropeços. Em seguida, um obus explodiu os últimos, dispersando-os em milhões de pedaços pelo horizonte.

Os outros redutos não foram atingidos, e repeliram uma débil tentativa de avanço da infantaria. Alguns obuseiros de fragmentação vieram de Fuenterrabía para ajudar os milicianos encurralados.

Às oito da noite, pela terceira vez eles entraram no reduto avançado. No lusco-fusco, outros cinco obuses caíram ao redor do reduto, já alvejado 47 vezes desde as sete da manhã. Talvez a pequena guarnição tenha sido aniquilada de novo, mas às nove da noite os pequenos lampejos de tiros de metralhadora no escuro mostravam que Puntza permanecia nas mãos da Frente Popular. Deviam ter perdido dúzias de homens, mas se mantinham firmes.

Porém, em San Marcial, Beorlegui conseguira agora penetrar fundo em suas defesas. Três quintos das encostas estavam sob seu controle. E a noite foi de descanso para ele, após uma das jornadas mais exaustivas da guerra.

A manhã de quarta-feira, o oitavo dia da ofensiva, trouxe um céu sem nuvens, descortinando as mesmas posições anteriores. Mas a linha da Frente Popular, a cavaleiro do Zubelzu e do alto cume arredondado de Puntza, parecia precária. Do alto, tiros eram disparados contra os bosques próximos em ângulos canhestros. Os redutos haviam sido reparados, mas não completamente. Pequenos quadrados caídos, feitos de galhos e sacos empoeirados e esburacados, davam a impressão de que não aguentariam mais bombardeios. Mas a manhã passou tranquilamente, apenas com breves rajadas nervosas de metralhadoras abafadas pelos pinheiros.

Ao meio-dia o calor era escaldante. Um carro de comando, todo reluzente, passou pelo caminho que vinha de Enderlaza rumo à artilharia rebelde à beira da estrada. Sua carapaça preta de besouro avançava aos arrancos, colada ao chão, completando uma curva após a outra, até parar junto aos canhões camuflados e os paióis subterrâneos de munição. Enquanto a poeira se consolidava e se dissolvia no ar límpido, os reflexos no rio refletiam a cena — carro preto, canhões cinzentos, sob os plátanos farfalhantes, destacando-se no verde intenso da colina das macieiras. Rio reflexivo, céu contemplativo. Desde as rochas, a uma altura de sessenta metros, eu observava. Após uma ordem brusca, a munição jorrou do solo.

Ao meio-dia e meia, três canhões em frente ao forte Erlaitz, mais além nas montanhas, abriram fogo contra Zubelzu. Uma bateria no cruzamento da estrada de Pamplona-San Marcial e da direta entre Pamplona e Irún replicou. Logo abaixo de mim, a bateria na curva do Bidasoa retomou a melodia terrível. Disparando granadas explosivas e de fragmentação, varreram a crista desde o ponto em que terminava o bosque de pinheiros até o baluarte avançado em Puntza, uma distância de cerca de quatrocentos metros. Da esquerda para a direita, e depois da direita para a esquerda, metodicamente. Explodiram o reduto avançado pela quinta vez em dois dias seguidos, e destroçaram outra posição atrás do estreito milharal a cavaleiro de Zubelzu. A crista foi lanhada e lacerada pela guerra, dos cortes pardacentos jorrava sangue de areia, com a pele de Puntza sendo perfurada vezes sem conta.

A infantaria, após a lição do dia anterior, estava próxima o suficiente.

À 1h20, mais de duzentos obuses haviam fustigado a crista de Zubelzu-Puntza. Deixando os aglomerados de pinheiros jovens e fetos, a infantaria subiu, anunciada por quatro homens que lançavam granadas, até a posição avançada em Puntza. Estava vazia. Entraram no baluarte caminhando por uma trilha e, sobre os refugos sanguinolentos, um oficial fez tremular o pavilhão monárquico. Ao meu lado, jornalistas italianos gritaram "*Viva España*" e, mais embaixo, as reservas de legionários em Gastinaldia entoaram a canção de marcha do regimento. Mulas arrastando peças de artilharia ligeira tropicavam adiante.

Dois pelotões da infantaria rebelde irromperam dos ferrujosos leitos de fetos sob a selada de Zubelzu, à esquerda. Lançando bombas, os raios do sol ladeando suas baionetas, penetraram na posição mais ensolarada da Frente Popular. A crista de Zubelzu, com montes de feno e pequenas casas rústicas em cinzas calcinadas, agora estava inteira nas mãos deles, e as bandeiras moveram-

-se adiante como alfinetes nas guerras travadas sobre um mapa na sala de casa.

A artilharia, que nessa tarde disparou com uma intensidade que eu jamais vira antes na Espanha, voltou-se de novo com um rugido para a extrema direita, um ombro a leste de Puntza, onde a posição em um pico mais baixo ainda resistia, bem acima do posto dos carabineiros à beira do Bidasoa. Depois de vinte minutos de combates aguerridos, a bandeira monarquista passou a tremular no baluarte. A batalha prosseguiu em ritmo de tirar o fôlego: a linha da Frente Popular estava desmoronando diante de nossos olhos.

Por último chegou a vez do posto dos carabineiros à beira do rio, sob o paredão. Resistiu tenazmente por mais duas horas, atacado de frente por duas metralhadoras, por outra instalada no baluarte mais acima, que cobria o flanco de seus sacos de areia. E afinal fora circundado por trás desde Puntza. Homens se arrastavam pelas velhas trincheiras de comunicação e valas rasas em busca das melhores posições de tiro.

O trem blindado foi levado às quatro, sendo valioso demais para que o perdessem. Os defensores, trinta ou quarenta homens, se espremeram atrás dos sacos de areia dianteiros para evitar os disparos vindo dos flancos, e abriram fogo à frente, contra os adversários ocultos em Gastinaldia, até o cano de suas armas fumegar atrás da barricada. Outros se postavam em todas as janelas esburacadas de balas do edifício. Às cinco, os quatro veículos blindados, obrigados a recuar no dia anterior, retornaram ao combate e o decidiram.

Trezentos homens com capacetes de aço, granadas e fuzis vinham atrás deles, trotando em grupos, exclamando *"Viva España"* e gritando. Enquanto se moviam, centenas de balas se achatavam ou ricocheteavam nos carros blindados. Estes avançaram diretamente até a barricada de sacos e assestaram os canhões contra os defensores. Bastões de dinamite eram detonados com o toque da brasa de cigarros. A infantaria despejou granadas sobre os sacos de areia, e o baluarte tornou-se um inferno de fumo, gritos e explosões.

Quinze minutos de luta corpo a corpo em torno dos sacos de areia e do posto, e a defesa mais desesperada da linha de Irún foi vencida; os sobreviventes fugiram apressados pela estrada avermelhada ou saltaram pelas janelas para mergulhar no rio. Arrastando-se de volta sob a impiedosa varredura das balas, muitos deles seguiram na direção do milharal atrás do reduto; outros ficaram tombados sem vida. A luta continuou dentro do posto por meia hora: os que foram surpreendidos no interior não tinham a menor intenção de se render. Atrás dele, três veículos virados na direção de Irún que levavam o pavilhão vermelho foram tomados pelas chamas quando os tanques de gasolina foram atingidos pelas balas. No milharal, os homens afastaram-se, arrastando-se de bruços pelos luxuriantes córregos esverdeados que irrigavam os campos de Behobia, gratos por essa fumaça e pelas espessas tranças pendentes, os caules de rigidez militar e a folhagem impenetrável dos pés de milho. Desde a crista, as metralhadoras disparavam sem parar na direção dos campos, ferindo alguns deles.

Nesse dia, todos os velhos, mulheres e crianças de Behobia atravessaram correndo a pequena ponte, pela verdejante ilha dos Faisões, onde certa vez Luís XIV buscou uma esposa, até a Behobie francesa. Ali, tudo estava fechado, balas zuniam e acariciavam os muros, as mulheres e crianças francesas atemorizadas em abrigos. Toda a margem francesa foi fustigada com o fogo dos rebeldes.

Agora, a artilharia deles estava concentrada em San Marcial.

Às sete daquela noite, alguns sobreviventes, ensurdecidos e sangrando devido à barragem de fogo, se esgueiraram pela estrada de abastecimento que, ainda no dia anterior, fora percorrida por caminhões vindos de Irún com destino ao convento branco.

Sua torre alta, rodeada de pinheiros, que dominava Irún e Fuenterrabía como um dedo erguido em alerta, já não pertencia a Irún. Desceu a noite. Toda a linha estava agora em mãos inimigas. A Frente Popular prometera a eles um duro combate de rua em Irún. Mesmo agora sabia-se que, vendo os homens agachados no milharal, atirando de volta contra algum alvo desesperado, ou contra nenhum alvo, contra a crista amaldiçoada, traiçoeiramente acariciada pelo crepúsculo de verão, mesmo agora sabia-se que já não havia mais como remediar o moral ferido. Enquanto puderam, lutaram com heroísmo. Era uma batalha desigual que deixou Irún desguarnecida, conquistada pelo lado que contava com a artilharia. Em resposta às incessantes e implacáveis salvas de tiros das baterias treinadas de Beorlegui, a Frente Popular respondeu com exatos dez obuses, cinco dos quais não detonaram e nenhum dos quais fez qualquer estrago.

Agora que era tarde demais, descida a noite, os canhões de Fuenterrabía dispararam mais alguns obuses contra a colina de San Marcial.

Perto do meio-dia da quinta-feira, os rebeldes deslocaram sua artilharia ao longo do Bidasoa. Peças ligeiras foram arrastadas pela ensolarada crista de Puntza. Cerca de vinte caminhões e meia dúzia de carros de comando circularam de um lado para o outro. Até as quatro e meia da tarde, os moradores de Biriatou, de boca aberta em sua colina na margem francesa, acompanharam a passagem mais embaixo de 1500 novos soldados, tropas para a investida direta contra Irún. Viram todo tipo de uniforme, pois a força era das mais heterogêneas — tropas regulares, *tercios*, carabineiros, guardas-civis, guardas de assalto, *requetés*, falangistas e membros da Renovación Española monarquista.

Um milhar desses homens posicionou-se à esquerda ao meio-

-dia, na íngreme encosta de Zubelzu que levava a San Marcial — como estava calma após a batalha! Às quatro e meia, duzentos dos restantes estavam posicionados e de prontidão ao redor do antigo reduto avançado acima do bosque em T de Puntza, ouvindo a arenga de seu comandante, enquanto a Frente Popular bombardeava desorganizadamente o campo mais adiante. O resto das tropas estava reunido no castigado posto dos carabineiros junto ao Bidasoa, com os quatro carros blindados e uma peça de campanha. Estes receberam a ordem de avançar de imediato.

O terreno, um prado nivelado com plantações de milho entre a ferrovia e o rio por todo o caminho até Behobia, alçando-se a pouco e pouco até as encostas de Puntza e Zubelzu, fora totalmente vasculhado durante a noite por patrulhas. Estas haviam ocupado algumas das casas dispersas ali onde Behobia começava a se confundir com a zona rural. A manhã toda fora marcada por uma monótona troca de tiros pontuais tanto na divisa do vilarejo, onde tudo estava trancado e com chaminés sem fumaça, como no milharal. Por um momento o bombardeio de San Marcial reanimou a milícia de Behobia, que incluía duas mulheres e vários garotos de paletó.

Muitos haviam fugido em pânico pela ponte na noite anterior. Aqueles que ficaram se revezavam nas metralhadoras, enquanto seus amigos iam tomar algo e descansar um pouco em um bar com marcas de balas na Behobie francesa. Sujeitos excelentes e corajosos, alguns deles; depois de um trago, voltavam para a metralhadora, cumprimentando amistosamente os gendarmes franceses. Ou então ajudavam a salvar coisas esquecidas em meio ao pânico do dia anterior, arrastando pela ponte camas, máquinas de costura, galinhas aturdidas, porcos perplexos, e até duas magníficas cadeiras de barbeiro de mármore, ainda com o rolo de papel no encosto e se desenrolando como serpentina.

Nessa tarde, eles responderam ao avanço inimigo pela estrada e às metralhadoras rebeldes que, de longe, tamborilavam nos telhados. Os carros blindados foram mantidos pelos *dinamiteros* escondidos no milharal. Duas metralhadoras da Frente Popular fizeram o que podiam desde o escritório de quarentena espanhol na extremidade da Ponte Internacional, e um velho muro de pedras à beira do rio. Ao cair da noite, nenhum progresso fora feito na estrada, mas os rebeldes haviam descido de San Marcial e começavam a cercar Behobia.

Nessa noite, uma fábrica de fósforos à margem do Bidasoa pegou fogo. Na estranha e precária luz, a milícia de Behobia, de novo nervosa e enregelada, podia ser vista à medida que um após o outro se esgueirava até o lado francês. Garoava e o mundo todo tiritava. Um após o outro foi se esgueirando nas sombras, até que duas centenas deles haviam entregue suas armas aos policiais franceses.

Às duas da manhã, um fogo devastador despejou-se sobre o vilarejo por todos os lados. O trem blindado — desafortunado brinquedinho — recuou até Irún. Na cabeça da ponte, os metralhadores mantiveram a posição até esgotar a munição. Às quatro, dezenove deles fugiram para a França; o vigésimo ficou onde tombara morto. As tropas de Beorlegui tomaram Behobia, alçaram a bandeira vermelha e amarela na ponte e cumprimentaram gravemente os franceses.

Entre as quatro e o amanhecer, os postos dos milicianos no caminho para Irún foram tomados e seus ocupantes, mortos. Uma ou duas trincheiras apressadamente abertas na estrada para Irún foram desobstruídas, assim como os escombros da fábrica de fósforos, que impediam o tráfego dos blindados. Tudo foi feito de maneira muito rápida, em meio a débil resistência.

Um tiro casual fez queimar em chamas a oficina de dinamite perto da estação de Irún, com uma tremenda explosão.

O pânico deve ter tomado conta do comitê de governo em

Irún após essa explosão... após a tomada de Behobia... após o retorno do trem blindado... após o colapso de toda a organização de defesa, diante da completa inviabilidade da tarefa. Segundo seus seguidores, os membros do comitê que governavam Irún foram os primeiros a partir — às quatro da manhã. Restaram apenas os estrangeiros e os líderes anarquistas. Uma fração tradicional da esquerda mostrou a tradicional obstinação espanhola.

Irún então enlouqueceu por completo.

Foi antes do amanhecer. Os milicianos começaram a atravessar o mais rápido possível a Ponte Internacional entre Irún e Hendaye, onde rodovia e ferrovia cruzam o Bidasoa em três estruturas distintas. Primeiro eram poucos, depois vieram às centenas. Ponte ferroviária ou rodoviária, não fazia a menor diferença, e em ambas voavam as balas dos terríveis rebeldes, terrivelmente perto de Irún.

Alguns corriam, a maioria se agachava e se arrastava. Era um espetáculo constrangedor. Contaram que não tinham mais munição, nem líderes — estavam amargurados com os líderes. E traziam consigo todos os seus pertences — as camas e os guarda-roupas tão queridos, as galinhas e os porcos tão queridos. Durante o dia todo, 2 mil passaram pelas pontes. Carros ainda pintados com as cores dos partidos de esquerda seguiam para a França; e voltavam à Espanha de marcha a ré, tão apavorados estavam de retornar a Irún. Colchões abandonados na lama.

Hendaye estava abarrotada. Aqueles que queriam continuar lutando — quinhentos homens — foram agrupados na estação, à espera de um trem especial que os levaria a Barcelona. Quem não aguentava mais — três quartos desses destroços desmoralizados — foi enviado em carros e caminhões aos campos de Pau, Bordeaux, Angoulême e Poitiers. Mas não haviam abandonado suas concepções políticas. Passavam pelo vilarejo com os punhos cerrados, exibindo fitas vermelhas, encarapitados em fardos enormes.

Enquanto se precipitavam pela ponte, uma companhia de soldados franceses foi enviada para ajudar a sobrecarregada *gendarmerie*. Era preciso recolher e guardar as armas, dar orientações. Durante a manhã, outro tipo de evacuação ocorria em Fuenterrabía. Muitos veranistas do centro e da direita, ali surpreendidos e semidetidos após a supressão da revolta militar em San Sebastián, estavam fugindo através do Bidasoa em barcos de pesca. Mesmo alguns do reféns no forte de Guadalupe escaparam nesse dia. E ainda que Larrañaga, o comissário de guerra de San Sebastián, ameaçasse com um revólver os milicianos que não mais se dispunham a lutar em Fuenterrabía, não podia impedi-los de embarcar. Os pescadores de Fuenterrabía, uma raça generosa, mobilizaram seus barcos a vela e botes a remo para transportar de graça a mescla de refugiados de todos os partidos até a França. Em Hendaye, podiam ser vistos, sentados em malas impregnadas de maresia, vestidos com roupas grosseiras, sem gravata, chapéu e banho, todo o tipo de gente, do mais humilde até uma marquesa espanhola com papada. Alguns poucos dias de sofrimento haviam embaralhado muitas das distinções exteriores de classe.

Pais e mães desconsolados percorriam todos os hotéis de Hendaye. "O senhor pode me dizer o que aconteceu em Guadalupe? Mataram todos? Meu filho está lá. O senhor sabe de algo?"

Enquanto isso, os anarquistas, sob a bandeira preta e vermelha, assumiram o controle de Irún, de Fuenterrabía e do promontório de Guadalupe. Um punhado de comunistas decididos instalou um posto com metralhadora na Ponte Internacional e passou a disparar na direção de Behobia.

Primeiro, os anarquistas destruíram duas peças de artilharia para as quais não tinham mais munição, e em seguida dispararam ao acaso alguns obuses. Então dinamitaram e demoliram as casas por onde as tropas de Beorlegui ameaçavam entrar em Irún. Incendiaram a maioria dos carros nas garagens e, com a gasolina restante, atearam fogo às casas próximas às entradas da cidade, que ficou rodeada pelas chamas. Em seguida, voltaram-se para o centro.

Atearam fogo ao clube de jogos, ao Hotel Paris, à fábrica de chocolate, à estação ferroviária, a todo o Paseo de Colón e a muitas outras ruas do centro. Despejaram gasolina sobre esse e aquele telhado. Cerca de quarenta carros foram trazidos em segurança ao posto aduaneiro; mas os tanques de gasolina daqueles que restavam nas ruas foram alvejados pelos anarquistas e explodiram em chamas. Durante o dia todo, desde o amanhecer até o pôr do sol, derramaram gasolina e detonaram dinamite por toda a pequena cidade de Irún, antes o lar de 16 mil espanhóis.

Quando o sol se pôs no décimo dia, Irún tinha se tornado uma bela substituta, tomando o lugar dele no céu. Uma centena de locais ardia em tons lúgubres de vermelho, tornando sufocante a escuridão. Ao longo da avenida de Francia, onde os carros eram uma fileira de candeias acesas, labaredas enormes tremulavam pelo caminho até Irún, onde uma fornalha voraz e pulsante devorava toda a vida individual, obliterando as existências mais frágeis, sensíveis e voláteis em uma conflagração universal. Ela própria recobriu o horizonte noturno, e a fumaça subiu em novelos, obscurecendo as estrelas. Em meio às sombras, por vezes dava para distinguir os atormentados e violentos indivíduos que haviam provocado tudo isso.

Na manhã do sábado, Beorlegui ocupou a pequena cidade com um regimento de infantaria mista, quatro blindados e duas companhias de *tercios*. O restante de suas tropas permaneceu fora da cidade, que ainda queimava. As ruas principais agora eram uma casca rachada e esfumaçada, emitindo por suas fendas brasas e um calor intolerável. Quase todas as fábricas haviam sido consumidas pelo fogo, assim como os hotéis e parte da estação, dentro da qual cinco homens ainda resistiam, mas logo foram despachados com granadas. Dois ou três carros que cruzavam velozmente a cidade foram alvejados até que parassem ou explodissem em chamas. Alguns homens foram feito prisioneiros e fuzilados. Algumas mulheres idosas, para surpresa de todos, foram achadas morando pacificamente na Irún conflagrada. Como era um território basco, as igrejas haviam sido poupadas.

Os homens que afinal escaparam pela ponte ao meio-dia estavam mentalmente prostrados. Batiam na cabeça com os punhos, mascavam o tecido dos casacos e choravam amargamente sem parar. Dois deles exibiam horríveis ferimentos no ventre.

Foi ao meio-dia que os carros blindados se aproximaram do posto aduaneiro na ponte e eliminaram o derradeiro ninho de metralhadoras em Irún. Dois homens da pequena guarnição foram atingidos pelas balas que fustigavam as traves da ponte ferroviária, a meio caminho da salvação, e se voltaram convulsivamente para os trilhos, esguichando sangue e agonizando lentamente. Os vitoriosos os arrastaram de volta, e eles morreram na estrada enquanto o estandarte monarquista era erguido acima da pobre caixa de munições vazia e das cápsulas dispersas. Os navarreses cobriram o rosto e dançaram em um círculo ritual, celebrando a conquista de uma saída para o mar.

Esses dois homens que resistiram até o fim eram estrangeiros. De um deles, um jovem francês, guardei o cartão de seguro-desemprego do Partido Comunista.

Foi uma dura vitória, a de Beorlegui nesse dia. Seu espírito obstinado, implacável e persistente se impusera desde o princípio, quando manteve os carlistas firmes sob o fogo da artilharia em Oyarzun. Ele cometeu erros, sobretudo nos primeiros dias da investida contra o monte San Marcial, ao avançar sem o prévio bombardeio da artilharia. Mas foi um excelente e intrépido soldado: a ele apenas se deve a conquista de Guipúzcoa.

Enquanto observava os derradeiros combates na ponte, uma bala da metralhadora daquele jovem francês acertou a panturrilha de Beorlegui. Ele fez pouco do ferimento, foi a Vera para ser tratado e voltou para liderar as tropas até San Sebastián. Mas acabou morrendo dali a um mês, quando o ferimento gangrenou.

Fico curioso em saber o que conversou com o jovem francês quando se encontraram, trocaram impressões e compararam ferimentos no outro mundo. Apesar das diferenças superficiais, creio, eles tinham muito em comum. Ambos falavam a mesma língua materna: a da coragem.

A primeira notícia que recebemos do forte de Guadalupe e de seus prisioneiros naquela tarde veio por um pequeno barco a remo visto ao largo de Hendaye às sete e meia. Os quatro tripulantes erguiam o remo solitário, em cuja ponta haviam amarrado lenços, como sinal de apuro. O vento soprava do golfo da Gasconha, e o mar estava encapelado e picado ao crepúsculo; logo o barco virou. Vinte minutos depois, um nadador solitário chegou exausto à praia. Os outros foram recolhidos por um pescador basco nas trevas animadas pelo som da arrebentação. Todos eram reféns originários de Guadalupe.

Enquanto isso, na ponta de Hendaye, onde uma língua de areia estreita a foz do Bidasoa, outra tripulação podia ser vista através do rio, sob a ruidosa ventania setentrional que sacudia e açoitava o cais de pesca. Os defensores de Fuenterrabía estavam incendiando todos os carros que encontravam, ou conduzindo-os alegremente até o cais, a fim de lançá-los nas ondas frias e rumorosas. Um contraste emocionante: o vento e a água gélidos, os carros incandescentes, demônios se afogando. Ao largo, uma pequena traineira subia e descia com as ondas, e pouco a pouco encheu-se de milicianos desgrenhados, além de três mulheres e dois meninos. Um homem mergulhou no rio ao lado de um bote a remo que ajudava a traineira. Nessa mesma noite ele jantou comigo em Hendaye. Era o sr. Casadevante, um jovem espanhol, filho de um membro da Diputación (o conselho municipal) de San Sebastián, e que estivera detido em Guadalupe desde meados de agosto.

Contou que havia mais de duzentas pessoas lá, das quais treze foram fuziladas.

Eram mantidas nos porões da fortaleza, que ficavam às escuras e rodeavam um pequeno pátio, no qual os prisioneiros não podiam se exercitar. Embora recebessem comida com certa regularidade, não contavam com arranjos sanitários.

No início da semana, quando Fuenterrabía foi evacuada, ocorreram quatro fugas da prisão, entre elas a do sr. Manuel Blanco, o ferroviário individualista que demonstrara pouca disposição para conduzir o trem blindado governista até a linha de frente. Os quatro outros foram fuzilados.

Não houve mais fuzilamentos até a sexta-feira, contou Casadevante, embora os prisioneiros tivessem sido reunidos várias vezes no pátio e ameaçados. Na sexta, manhã em que Irún entrou em pânico, os guardas fugiram. Só aos poucos eles se deram conta de que a prisão estava desguarnecida, e alguns de ânimo mais ousado saíram. Enquanto o restante combinava um plano de fuga, chegaram os caminhões da CNT. O comitê da Frente Popular havia jogado a toalha e estava sendo substituído pelos extremistas.

O pessoal da CNT fez uma chamada dos prisioneiros, e da lista selecionaram os nomes de Honorio Maura e Joaquín Beunza. Maura era deputado e líder da Renovación Española, o grupo monarquista nas Cortes. Era filho de conhecida família de políticos, pois o pai, Antonio Maura, fora líder do Partido Conservador sob a monarquia, e o irmão, Miguel, fora o primeiro ministro do Interior da República. Maura também era autor de comédias e correspondente político do *ABC*. Já Beunza era deputado e líder dos tradicionalistas bascos, uma pequena fração da direita que se opunha aos nacionalistas bascos.

Os dois foram levados para fora e ouviu-se o crepitar de uma metralhadora. Os corpos foram saqueados e atirados em buracos abertos pelos obuses dos cruzadores rebeldes *España* e *Almirante Cervera*.

À tarde e no início da noite de sexta, quando a CNT parecia a ponto de perder o controle, a FAI, principal organização anarquista espanhola, assumiu a guarda da prisão. Voltaram a convocar os prisioneiros e tomaram uma decisão punitiva.

Leopoldo Matos, que fora ministro sob Antonio Maura e o general Berenguer; o engenheiro Félix Churruca; Miguel Ayesteran, pároco de Fuenterrabía; Saez, da Guardia Municipal de Irún; Galarza, capitão dos guardas-noturnos; o marquês de Elosegui; o conde de Llobregat; um ex-oficial que fora ajudante de ordens do príncipe das Astúrias — todos foram levados para fora e ouviu-se de novo a metralhadora. Então os prisioneiros foram convocados uma terceira vez, indagados se haviam feito suas orações, e receberam ordem de se virar para o muro... Nesse momento os guardas riram e os enviaram de volta para as celas.

Na sexta-feira, a noite foi de terror para os prisioneiros, que a passaram ajoelhados. Na manhã seguinte viram os abutres sobrevoando com as asas estendidas e mergulhando de repente sobre os cadáveres. A mesma encenação voltou a ser feita com eles... Ninguém foi fuzilado.

Os prisioneiros se perguntavam o que ia lhes ocorrer quando, às cinco da tarde, notaram que os guardas, cujas cabeças mal se viam acima das janelas das celas, haviam sumido. Todos menos um, que os incitou a sair. Eles correram pelos corredores em zigue-zague da prisão e pelos buracos abertos pelos obuses até chegar ao ar livre. Então se dividiram, pois se tornaram alvo de tiros assim que foram vistos. Lá embaixo, os últimos anarquistas começavam a abandonar Fuenterrabía.

Quatro dos reféns tomaram um bote, outros buscaram abrigo em cabanas de pescadores. Casadevante correu para o cais de Fuenterrabía e saltou na água sem tirar a camisa e a boina. Levado pelas correntes marinhas, aproximou-se perigosamente de um vapor no qual embarcavam anarquistas armados. Um pescador em um bote a remo o recolheu e o aconselhou a permanecer deitado no fundo com a boina sobre o rosto, como se estivesse afogado. O velho e calmo pescador então remou até a França ao lado do vapor anarquista, conversando afavelmente com eles a respeito do aristocrático "cadáver".

Nesse início de noite, os sinos do pardacento convento de Fuenterrabía, junto ao maciço e arruinado muro do castelo de Carlos v, soou uma melodia animada e, enquanto o sol sumia no horizonte, içaram o pavilhão vermelho-amarelo-vermelho da velha Espanha. Foram os fugitivos de Guadalupe que ocuparam o vilarejo. Na manhã seguinte, em meio à histeria de brados e canções, deram as boas-vindas aos militares e foram por eles erguidos nos ombros.

Por que encompridar essa história? A queda de Irún levou à queda imediata de San Sebastián, para a qual Larrañaga recuou.

A única coisa que os nacionalistas bascos de San Sebastián não iam tolerar era o incêndio da cidade. Eles tomaram armas contra os anarquistas, pouco numerosos, e, com as mulheres de San Sebastián, exigiram a rendição sem luta da cidade.

Trinta mil partiram rumo a Bilbao, aterrorizados por causa dos mouros — ainda não vi nenhum nessa frente. No frenesi de escapar, não abriam, mas simplesmente serravam os *coffres forts* dos bancos de San Sebastián, amontoando-os em caminhões que seguiram para Bilbao.

Os homens de Beorlegui entraram em San Sebastián sem disparar um único tiro. Desde a janela, acomodado em uma cadeira, o velho coronel passou em revista as tropas, depois retirou-se para morrer.

A nova linha da Frente Popular estendia-se entre Eibar, a fábrica de armamentos e o mar — logo atrás da divisa da província de Biscaia. Toda Guipúzcoa, com seu esplêndido acesso ao mar, agora estava nas mãos dos rebeldes. E essa posição não se modificaria de maneira substancial nos seis meses seguintes.

Todos os esforços agora se concentravam em Madri, pois assim ordenara Franco, e porque Bilbao, sob um governo de moderados, havia afinal encontrado os meios para se defender.

2.

San Sebastián agora ficou para trás. As boas famílias direitistas já estão de volta para retomar e avaliar o estado das propriedades, e para ver se determinadas pessoas têm a coragem de defender a República contra o glorioso Movimiento Nacional Salvador. A mão deste caiu com especial severidade sobre os membros do Partido Nacionalista Basco — sobre aqueles, na verdade, que haviam cuidado para que a evacuação de San Sebastián ocorresse com decência e ordem, e, portanto, haviam permitido àquelas famílias desfrutar de uma pequena proporção de seus bens terrenos, e viver em casas intocadas pelo fogo.

Um Conselho de Guerra decidiu tais casos — depois de a Falange Espanhola ter realizado certo número de assassinatos, sem julgamento prévio, ao estilo dos *pistoleros*. Entre aqueles executados de maneira mais formal estavam dezessete padres que simpatizavam com os nacionalistas bascos. Um governador militar cobriu a cidade de cartazes, alertando a todos que ficassem calados, pois havia espiões à solta. No início, o uso da língua basca foi visto com má vontade, depois foi proibido por decreto. Logo os mendigos estavam de volta às calçadas, e as classes superiores e os engraxates, em altitudes distintas, aos cafés. Havia muitas bandeiras permanentemente hasteadas nos prédios das ruas principais, e muitos resmungos em basco pelas vielas.

Os padrões morais foram ligeiramente melhorados para satisfazer à Igreja católica. As mulheres agora se banhavam com saiotes curtos e a população não mais podia sair andando da praia para a cidade em penhoares ou trajes de banho cobertos por saídas de praia. Essa última medida caiu no agrado das classes altas, que notaram que San Sebastián parecia menos populosa e mais bem-vestida do que nunca desde a fundação da República.

Mas vamos deixar San Sebastián para trás e visitar a burguesia basca, os socialistas e os anarquistas de Pasajes em Bilbao, a mais importante cidade basca e o terceiro centro industrial da Espanha. E ver o que estiveram aprontando desde o início da rebelião no dia 19 de junho.

Bilbao é o coração do País Basco. Para se entender os bascos é preciso saber algo da história de Bilbao.

A cidade fica cerca de catorze quilômetros adentro no vale do Nervión, um rio todo navegável. Colinas íngremes acompanham ambas as margens do rio: a leste abrigam os subúrbios mais ricos de Las Arenas e Algorta; a oeste, a indústria pesada e as reservas metálicas das minas de ferro que fizeram Bilbao mais rica, proporcionalmente ao seu tamanho, que qualquer outra cidade na Espanha. Há pelo menos quatro décadas, os pinheirais recobrem essas colinas.

Antes disso, outra árvore prosperava em Biscaia — o carvalho. E é sobre o valor da madeira dessa árvore e do ferro, e dos barcos construídos com ambos, que se baseava a prosperidade inicial de Bilbao.

Na cidade foram construídos muitos barcos para a Invencível Armada e para o comércio com o Novo Mundo. O renome dos seus marinheiros remonta à época do biscaíno Juan de la Cosa, o grande capitão da frota de Colombo; de Elkano, o navegador basco que conduziu a frota de Fernão de Magalhães ao redor do mundo; e da descoberta dos bancos de pesca de bacalhau na Terra Nova pela frota de barcos oceânicos bascos.

Madeira e ferro: organização econômica. Em seu *Sylvae* (1664), John Evelyn escreve no capítulo 23, parágrafo doze:

> O rei da Espanha possui perto de Bilbao dezesseis vezes mais acres de madeira de capoeira do que o necessário para ser cortada e virar carvão em um ano; de modo que, quando está pronta para ser abatida, um encarregado primeiro assinala aquelas que podem ser usadas no madeirame de navios, e estas são poupadas, assim como muitas árvores sagradas e dedicadas. Todavia, por esses meios, as oficinas metalúrgicas são abastecidas com abundância no mesmo local, sem que haja diminuição do estoque de madeira. Em seguida, também em Biscaia, todo e qualquer proprietário planta três novas para cada uma abatida; e a Lei que os obriga a isso é executada com todo o rigor. Na verdade, as capoeiras são raras ou inexistentes; todas têm vegetação nova; cuja retirada (me garantiram) de fato supre as oficinas metalúrgicas em quantidade suficiente para mantê-las.

A madeira das capoeiras já não serve mais de combustível para a fabricação de ferro, nem para a construção de navios. Mas as minas de ferro e os estaleiros continuam sendo a base da economia de Bilbao, e as florestas foram conservadas com o mesmo cuidado. A economia e as estatísticas ainda guiavam o cálculo dos obstinados bascos, mesmo daqueles jovens entusiastas que logo viriam a governar Biscaia.

Com o liberalismo econômico da década de 1880, Bilbao elevou-se a novas alturas. O setor de construção naval crescera a ponto de se tornar o primeiro em toda a Espanha. E o capital ali gerado difundiu-se por todo tipo de empreendimento no país: eletricidade, fosfatos, estradas, ferrovias, explosivos e as novas minas de ferro no Rif.

A cidade sempre manteve estreitos laços comerciais com a Inglaterra, na outra margem do mar Cantábrico, e agora passou a tomar emprestado dos ingleses muitas de suas ideias sociais e políticas. Talvez seja mais exato dizer que algo familiar no sistema inglês a levou a reexaminar as próprias tradições e a redescobrir seu próprio fundamento democrático.

Nas décadas de 1880 e 1890, foram erguidos os maciços e sólidos edifícios clássicos no centro comercial de Bilbao — os bancos, que exerciam o controle financeiro de toda a Espanha, as seguradoras e as caixas de poupança, as companhias de navegação, as corporações siderúrgicas, a prefeitura, os clubes. Toda a Cidade Nova a oeste do Nervión foi reconstruída nesse estilo plutocrático e colossal, mas o acelerado envelhecimento e encardimento, obra da garoa local, conferiu a Bilbao a benigna aparência unitarista de uma Liverpool menor.

Os clubes foram decorados com madeiras pesadas, expansivos candelabros de bronze, escadarias imponentes, e sofás e poltronas de couro macios e aconchegantes; seu interior era penumbroso, como o dos clubes ingleses decentes. Os filhos das famílias ricas, e mesmo das modestas, muitas vezes recebiam sua formação na Grã-Bretanha.

O futebol tornou-se o esporte da burguesia, e nove ou dez jogadores da seleção nacional espanhola costumavam ser bascos.

Todavia, no delineamento dessa classe média industrial segundo padrões ingleses, notava-se uma linha mestra tipicamente basca, e que não se via em nenhuma outra parte do mundo. Era uma linha tingida de azul-escuro, a cor da boina usada por todas as classes, e símbolo do igualitarismo da sociedade basca. Os bascos detestam os títulos. Para eles, todos são apenas senhores e, de preferência, dirigem-se a estranhos completos usando apenas o sobrenome, sem qualquer título. Não veem com bons olhos a elegância das maneiras e a complexidade da hierarquia adotadas pelos castelhanos. Em Bilbao, embora houvesse acentuadas diferenças de riqueza, não se admitiam as diferenças de classe. Os milionários bilbaínos procuraram se manter isolados em prol do monarquismo, porém mesmo suas fileiras estavam divididas pela generalizada concepção social de que todos os homens honestos se equivalem, e, em um país tão moral e bem-ordenado como o basco, todos poderiam ser tidos como honestos.

Tal concepção baseava-se no fato de que, no fundo, os bascos eram camponeses, passionalmente devotados à terra. Não eram uma burguesia plena, e jamais o seriam, tanto na acepção inglesa como na continental do termo: eram uma raça industrial com raízes na terra, pequenos proprietários individuais com interesses financeiros na cidade. Mesmo entre a classe operária nas minas (na medida em que era basca), o ideal era poupar um pouco de dinheiro e retornar à terra ou a seu equivalente aquático, o mar. Porém, grande parte dos mineiros era mão de obra barata vinda de fora, da Galícia, de Múrcia, das Astúrias. Criado para uma existência familiar em propriedades rurais autônomas, o basco não aprecia ligar-se demais à indústria em troca de um salário baixo, mesmo quando teme ser expulso da terra. Ele desfrutava de um padrão de vida mais alto do que aqueles que acabaram nas cidades para se juntar ao proletariado.

Por esse motivo, era resistente e insensível aos argumentos socialistas, e tal sentimento impregnava até mesmo os trabalhadores mais mal remunerados nas fábricas e minas bascas. Estes não se tornaram extremistas, como a força de trabalho em outras partes da península Ibérica. Não havia em Bilbao, antes que os refugiados começassem a afluir de Pasajes e das Astúrias durante o conflito, nenhuma organização anarquista ou comunista digna desse nome. A Unión General de Trabajadores (UGT), o sindicato socialista, era predominante na indústria pesada e no setor de transportes — e em Bilbao predominava sua ala mais moderada. Era uma força poderosa e disciplinada. Seu relacionamento com os patrões era tipicamente basco e obstinado, mas não necessariamente hostil. E, com o tempo, as condições da classe trabalhadora chegaram a ser melhores que no restante da Espanha, pois em todos os bascos reinava um espírito democrático que permitia a conciliação.

Quando se viajava pela região, além das estradas excelentes, era possível constatar quão independentes eram os bascos, e a diferença que havia em relação às outras províncias espanholas. Isso não se devia apenas à língua misteriosa e inclassificável que só eles falam, mas também à maneira como viviam.

Era evidente que, para o basco, o fundamento da existência era a propriedade rural e o barco de pesca. A forma de cultivo da terra e a vida rústica não parecem com nada mais na península. Basta percorrer a velha Castela: a cada dez quilômetros há um vilarejo apinhado, em tom de terra lavada pelo sol, agrupado em torno da igreja com ar de fortaleza e uma torre de onde se vê cada pulsação no âmago do povoado. De um vilarejo a outro, a empoeirada e ilimitada planície cerealífera estende-se até o horizonte, para além das mesetas isoladas, dos baixos e nivelados tabuleiros com topo esfolado pela erosão até ficar escalvado e alvacento. Pouca água. Por todos os lados, a luz feroz ou a sombra intensa, sem gradação intermédia. Algumas raras figuras curvadas na imensidão límpida: o castelhano sai em demanda de suas terras distantes pela manhã, sob o látego do sol, e volta à noite a um vilarejo apinhado e sujo para dormir em uma morada humilde, desprovida de vista ou do sentimento de liberdade proporcionado por um andar superior. Emblemas do Estado central, antigo e moderno, o mantêm sob rígido controle há séculos. As velhas torres, hoje ocas, vigiam de uma meseta a outra meseta plana: nos vilarejos foram substituídas por centrais telefônicas, pelo pároco e pelo *cuartel* dos guardas-civis, que, sob os tricórnios de couro polido e com fuzil no ombro, caminham aos pares pela interminável estrada ladeada por acácias, espreitando por crimes na paisagem imensa.

O basco também é homem do campo, mas acaba aí a semelhança. Ele é dono da sua terra. Cultiva milho e legumes em verdes vales montanhosos, sempre animados pelo som de águas correntes. Bosques de lariços, carvalhos, bétulas e pinheiros sempre tornaram menos agreste a borda do céu; eles amenizaram a dura crueza das silhuetas de Castela e proporcionaram-lhe variedades de cor e sombra impossíveis de encontrar sob o sol castelhano. Mas, acima de tudo, o basco vive isolado. Os povoados são pequenos, e exceto ali, onde a indústria os transformou em vilarejos rústicos, parecem existir sobretudo para jogar pelota, beber vinho e cantar em grupo. A típica casa basca é o *caserío* solitário, ou *basetxe*, como se diz em *vascuence*. Espessas e largas telhas vermelhas, beirais achatados, uma varanda imensamente ampla, delineada por um arco Tudor, sob o primeiro piso de uma construção com muitos aposentos. Os implementos agrícolas ficam no vestíbulo fechado, e a impressão que ressalta em todos os detalhes é de uma prosperidade sólida e independente. Em geral, o quintal da casa rural é mantido sujo, para mostrar que o basco não se incomoda com os odores do campo. O respeito por si mesmo do proprietário manifesta-se no grande brasão em forma de voluta entalhada em pedra sobre a porta, e a família toda se identifica pelo nome da casa. Esta é batizada em referência a uma característica simples do local — Mendiguren, por exemplo, que pode ser traduzido como "encosta da colina". Assim, em junho de 1936, havia em Bilbao o jovem d. Bruno Mendiguren, 25 anos, membro proeminente do Partido Nacionalista Basco, do qual se tornaria o responsável pelos Assuntos Externos. Basco ardoroso, estudara engenharia em Bruxelas, na mesma universidade frequentada por Léon Degrelle. Agora trabalhava no negócio de cimento de seu cunhado Gamboa, em uma rua estreita de Bilbao, mas o que mais gostava era de ficar em seu *caserío* em Munguía, um povoado quinze quilômetros a leste de Bilbao, na estrada para Gernika. Ali as trepadeiras recobriam o *basetxe*, e estavam bem abertas as janelas que um dia iam ser destruídas pelos obuses. Na língua do país, seu nome é Mendiguren 'tar Bruno — colina, encosta do sr. Bruno. O sobrenome deve vir antes.

Ou os peixes bascos, que correm grandes riscos nessa baía turbulenta: dos vilarejos de pescadores, onde se apinham casas altas de fachada envidraçada, junto aos antigos cais de pedra. As janelas são altas e estreitas, com frequência há cinco pisos, e o porão é abrigo de barco entalhado em rocha sólida. As próprias casas parecem adorar o mar, tão de perto pressionam contra a margem de granito e entortam o pescoço para espiar a imensidão cinzenta. De tanto em tanto, entre elas, as velhas sentam-se em meio a cestos com anchovas prateadas, consertando as redes cor de chocolate. Um som caro aos bascos, o de todas as janelas retinindo em uníssono devido ao vento norte, e o do choque das ondas no cais de pesca. É algo que os une. E por isso, com os homens que nas traineiras de cores vivas partem em busca de atum, sardinhas e anchovas, vai se formar um batalhão de pesos pesados nas hostilidades que se avizinham, com o nome de Itxas-Alde, a "Costa".

Para se divertir e se manter saudáveis, os bascos contam com um dos melhores jogos do mundo: a pelota ao ar livre sob os plátanos. Na península Ibérica, só eles apreciam a ideia de mesclar diversão e exercício. Um jogo de pelota para fortalecer as mãos e alargar o peito, a transpiração profusa, e depois uma conversa com o *curé* e, ao lado da quadra, uma grande taça de vinho que vai ser eliminado em outra partida de pelota. Essa é a receita basca nos dias quentes e sem trabalho, no verão ou no inverno. As danças e os saltos comunais, aborrecidos para o forasteiro, começam ao cair da noite, e as bebidas e cantorias avançam muito além da meia-noite, com cada poeta rústico estendendo-se em improvisos homéricos, e encerram os dias de festejos. O basco não se embriaga dissimuladamente, mas o teor de álcool que impregna os principais bebedores acaba ficando evidente. Durante os combates que se seguiram, eu costumava passar perto de Derio, logo a leste de Bilbao, e me parecia ser uma cidade modelo de bom tamanho, ainda não terminada. "Pois é", comentou um jovem basco ao meu lado, "esse vai ser nosso novo asilo para loucos. Vai ficar cheio de velhos que beberam demais." A providente Bilbao, sempre cuidando dos serviços sociais, ia assim acolchoar os muros da geração mais velha. Naquela altura, porém, os andares inferiores do manicômio estavam repletos de máquinas para a fabricação de morteiros de trincheira.

À parte a bebida, o basco sempre foi extremamente moral e obediente às leis. Sua concepção do direito fundiário conferiu-lhe forte senso de propriedade. Para ele, o que vale é a palavra, e não lhe ocorre que esta possa estar sujeita a interpretações. Homens e mulheres são católicos devotos e praticantes, com marcado traço puritano que os leva a separar os sexos na igreja. Tanto podem ficar divididos pela nave como as mulheres podem ficar embaixo enquanto os homens seguram as boinas na mão e cumprem as devoções no balcão, que, somente nas igrejas bascas, estende-se por toda a parede interna, maciçamente suspenso em marcenaria de carvalho.

A igreja não é, como em Castela, simplesmente o lugar onde

se transmite a lei religiosa, mas também é o centro da vida cívica. Nos povoados rurais, em geral se vê um amplo alpendre na lateral da igreja. Depois da missa, o conselho local ali se reúne e toma as decisões para os próximos seis dias mundanos, o *curé* participando de igual para igual.

Até 1936, o gênio dos bascos concentrou-se em melhorias locais, pois eles são administradores públicos admiráveis. As melhores estradas da Espanha, o mais elegante local de veraneio à beira-mar, excelentes hospitais, escolas e creches infantis — tudo isso foi construído com recursos locais. Porém, como o País Basco desenvolveu-se graças à riqueza acumulada por Bilbao nas décadas de 1880 e 1890, aqueles dotados de índole mais política na nova burguesia e na elite rural passaram a se queixar de que estavam transferindo mais recursos a Madri do que recebiam em melhorias; de que os costumes e a língua basca eram menosprezados pela polícia, pelo Judiciário e pelas universidades centrais; de que as Cortes, sobretudo após a perda do Império espanhol, eram corruptas e interferiam nos negócios a fim de se locupletar. A Espanha, para os bascos, era muita conversa e poucos resultados práticos.

Uma expressão desse sentimento das elites burguesas e rurais foi o fundador do Partido Nacionalista Basco, Sabino Arana Goiri, muitas vezes preso sob a monarquia: no fundo, um tradicionalista democrático que procurou se refugiar da ditadura de Castela nas atividades intelectuais e políticas, e no estudo da língua, das leis e da poesia bascas.

O ideal do Partido Nacionalista Basco era fazer da índole basca algo mais do que um competente sentimento municipal, conferindo-lhe reivindicações mais amplas. Sua doutrina estabeleceu vários princípios a serem alcançados: o retorno dos *fueros*, ou privilégios locais, de Biscaia, Guipúzcoa e Álava, dos quais essas províncias haviam sido despojadas após as guerras carlistas;

uma administração pública e um sistema educacional bilíngues; o controle dos impostos e do uso dos recursos; a devoção à Igreja Católica Romana.

Em essência, tratava-se de um partido democrático de classe média que fazia acenos à esquerda, pois se comprometia com certas reformas industriais e reparações sociais, tais como o salário-família, a participação nos lucros e até na administração das empresas. O partido logo organizou seus próprios sindicatos e suas escolas nacionalistas e católicas, sob uma bandeira atraente e de grande força estética — cruz branca e sautor verde em fundo escarlate. O partido conquistou a juventude, que logo lhe forneceu líderes, pois a organização era extremamente democrática, e até mesmo o presidente do partido tinha de ser substituído a cada três anos para evitar o crescimento do personalismo, que é o flagelo da política espanhola. E cresceu com rapidez após a criação da República, assegurando grandes maiorias em Biscaia, Guipúzcoa e Álava. Em troca da promessa do estatuto que tornaria as províncias bascas autônomas sob muitos aspectos, o partido juntou-se à coligação da Frente Popular nas eleições de fevereiro de 1936. E, com essa adesão à esquerda, conquistou sua primeira grande vitória constitucional na Espanha.

Era de esperar que os bascos cumprissem suas promessas. Embora houvesse muito que os desagradasse nos aliados durante a guerra que agora estava prestes a se desencadear, sobretudo nas perseguições à religião, os bascos não os abandonaram. Em vez disso, escolheram perder tudo o que lhes era mais caro: o lar, a região, a propriedade e os companheiros. O general Franco foi acusado de não ter feito nenhuma tentativa de afastá-los de seu comprometimento, mas foi precisamente isso que, em 1937, fizeram os aliados alemães dele, por duas vezes, em Paris. No entanto, aos bascos repugnava o fascismo militarista e, se tivessem de optar entre os dois lados, prefeririam aquele que, mesmo à esquerda, ainda era democrático e constitucional.

Em 1936, a cidade de Bilbao estava em boa situação. A navegação retomara os níveis normais e era grande a demanda por ferro, por conta dos programas de rearmamento na Europa. Todos estavam muito ocupados, embora se soubesse do intenso contrabando de armas através dos Pireneus, entre a França e Navarra, onde os *requetés* vinham preparando algo contra o Estado. Mesmo assim, a proclamação do estado de beligerância em toda a Espanha rebelde encontrou Bilbao desarmada e despreparada.

No dia 17 de julho, o rádio anunciou o início do levante do Exército da África, sob o comando do general Franco, governador das Canárias. Os nacionalistas bascos encontraram-se na sede de seu jornal, o *Euzkadi*, de onde ligaram para o Ministério do Interior, em Madri, e ouviram como resposta: "A situação está sob controle".

Uma agitação de carros e bicicletas pertencentes a membros dos partidos de direita foi notada na Gran Vía e em outras ruas centrais de Bilbao.

Com muita presença de espírito, Aldasoro ordenou que todas as ligações nos telefones conectados aos militares em Bilbao fossem transferidas para a central telefônica do governador civil, o *señor* Echevarría. Aldasoro conhecia os métodos do Exército espanhol. Importante membro da Esquerda Republicana e um dos fundadores da República, esse homem vigoroso e muito bem-apessoado fora governador de Guipúzcoa, era amigo dos bascos e sabia como devia agir enquanto estes ainda deliberavam.

Uma sineta soou no Gobierno Civil. Aldasoro, imponente e dominador, estava com Echevarría. Este era uma velha raposa política, pronto para a conciliação, pouco disposto a incomodar ou ser incomodado, nervoso, rabugento e empenhado sobretudo em resguardar a própria tranquilidade. O telefonema era um incômodo, mas ele atendeu.

"*Aqui general Mola*", ouviu abruptamente, "*hay que sublevarse!*"

"Aqui é o general Mola", foi a introdução brusca, "vocês precisam se rebelar!"

"Como?", perguntou Echevarría, incrédulo, sobressaltado e tremendo.

"Quem é?", indagou Aldasoro, impaciente diante desse tremelicante monumento à indecisão.

"É o general Mola em Pamplona", explicou Echevarría, tampando o bocal do aparelho com a mão úmida, enquanto as descargas elétricas do chefe rebelde estrilavam na outra extremidade. "Ele diz que temos de nos revoltar."

"E você perguntou a ele como?", gritou Aldasoro, antes de perder a paciência e soltar uma gargalhada gutural, pois tinha um senso de humor espanhol. "Ora, homem, dê um brado de *Viva la Republica!*"

"Não estou entendendo, general", prosseguiu Echevarría, tentando prolongar a conversa e recobrar a frágil estrutura da confiança em si mesmo. "O que o senhor quer que eu faça? Do que se trata? Rebelar-se contra quem?"

Então, as duas vozes se elevaram ao mesmo tempo, uma em Pamplona e a outra em Bilbao, e ambas em tons que deixavam claro que sabiam estar tratando com um imbecil.

Pronunciando cada sílaba lentamente, o general Mola disse: "O senhor tem de declarar o estado de guerra".

Aldasoro agarrou o ombro de Echevarría e disse em alto e bom som: "Grite *Viva la Republica!*". Em seguida, ocorreu-lhe algo. Tomou o aparelho da mão muito úmida de Echevarría, berrou um *Viva la Republica!*, e disse em seguida "Agora você", sorrindo de modo paternal enquanto lhe devolvia o aparelho.

"*Viva la Republica*", ouviu-se debilmente dos lábios de Echevarría.

"Isto é suficiente", disse Aldasoro, e tomou outra vez o aparelho da mão de Echevarría, colocando-o suavemente sobre a base. O dado estava lançado. O governador civil olhou pela janela taciturno e tirou do bolso o lenço. Adeus ao conforto.

Membros de todos os partidos que integravam a Frente Popular reuniram-se no gabinete do governador para formar uma Junta de Defesa. Para a função de primeiro-secretário, elegeram o jovem nacionalista basco Baldasúa, uma criatura alta e morena de expressão melancólica, boa figura e com capacidade de guardar segredos. Tiveram sorte de encontrar uma guarnição complacente. O tenente-coronel Vidal, um sujeitinho afável de compleição fresca e barbeada, míope, cabelo tingido e ralo emplastrado sobre um rosto coloquial, apreciava o ambiente dos cafés políticos e era um aliado confiável da esquerda. No passado fora um bom soldado teórico e ensinara trigonometria a Franco na Academia Militar, no Alcazar de Toledo. Sua época de participação ativa já havia passado quando foi assim bruscamente reiniciada. Não que fosse desprovido de coragem, mas em Vidal estavam ressequidas as fibras nervosas que fazem um homem passar da coragem à decisão. Ele ainda se mantinha extraordinariamente animado e otimista. Era um bom anfitrião, de conversa interessante, sobretudo quando se aventurava a falar em francês.

Nessa altura, como comandante da guarnição regimental do quartel Garellano, Vidal era valioso para o governo, e a espada dele foi posta a seu serviço. Todavia, a atitude de alguns oficiais subalternos o obrigava a passar noites em claro, protegido por uma escolta de soldados com baionetas caladas. Os capitães rebeldes foram identificados e fuzilados.

Em seguida, teve início uma intensa busca por armas, pois não se conheciam os objetivos do inimigo, e acreditava-se que poderia estar se dirigindo a Bilbao desde Vitoria. Vidal somente podia contribuir com quinhentos fuzis. As formações regionais paramilitares do Partido Nacionalista Basco estavam armadas apenas de revólveres, e os sindicatos contavam com pouco mais do que pistolas e espingardas.

A Guardia Civil, soube-se mais tarde, havia enterrado o estoque de fuzis em seus jardins, e o comandante José Anglada, encarregado das reservas do regimento de Garellano, também mantinha um arsenal secreto. Mas no momento estava fazendo o jogo da lealdade, e generosamente entregou cinquenta fuzis, lamentando não poder oferecer mais.

Basaldúa tomou um carro e seguiu na segunda noite para Eibar, vilarejo onde havia uma fábrica de armas na divisa de Biscaia e Guipúzcoa. Fez uma rápida coleta de armas no escuro, lotando seu carro e dois outros com pouco mais de quinhentas pistolas automáticas prontas para serem vendidas e retornou a Bilbao. A praça diante do Hotel Carlton estava repleta de homens clamando por armas, e o feliz grupo recém-chegado de Eibar as entregou de mãos abertas. Esse era o método usado na mobilização inicial em Bilbao. Quanto à munição — bem, aí era outro problema. Havia exatamente doze cartuchos para cada pistola automática, e os bascos tiveram de abandonar a ideia bombástica de manter uma reserva. Distribuíram tudo o que havia e então passaram uma noite excitante nas colinas ao redor de Bilbao, esperando que o inimigo investisse contra a cidade...

Durante o dia, patrulhas formadas por todos os partidos circulavam pelas esquinas, e a busca por passaportes era incessante. Os anarquistas, inexpressivos em Bilbao, tentaram destruir propriedades, mas foram duramente reprimidos pelo Partido Nacionalista Basco.

Uma igreja foi incendiada. Cerca de quinhentos membros da direita foram detidos e enviados para a prisão de Larrinaga. Em

Bilbao, ao contrário de Madri, de Barcelona e do restante do território republicano, houve poucos assassinatos; no máximo, três dezenas em uma população de 300 mil pessoas. E, ao contrário do que se passou no território rebelde, não houve execução judicial de ninguém em função de opiniões políticas; os únicos fuzilados foram os oficiais militares que se levantaram contra a República. A massa de refugiados do terror vindos da província de Santander, a oeste de Biscaia, chegavam em grande número a Bilbao. Eram perseguidos por um grupo de seis policiais santanderinos, cuja missão era caçá-los, prendê-los e levá-los para um passeio sem volta — um método de lidar com os adversários que deixou chocados os bascos.

Um dia, três desses policiais foram garroteados em um vilarejo basco na estrada costeira para Santander. Os bascos afirmaram tranquilamente que os moradores locais haviam sido responsáveis; e a polícia de Santander jamais voltou a entrar no território de Biscaia.

Logo a ordem foi restaurada em Bilbao e os piquetes deixaram as ruas, às quais retornou uma polícia municipal expurgada. Após alguns dias de incerteza, as igrejas reabriram e os fiéis acorreram a suas portas.

A divisa sul, contudo, ainda era a grande preocupação dos bascos. Poucos dias após o início da rebelião, um pequeno grupo de socialistas, carregando dinamite nos bolsos, seguiu pela estrada para Vitoria até uma ponte perto da divisa com Álava, na localidade de Orozco. Ao explodir a ponte, imaginaram que cortariam em definitivo o caminho do inimigo. Os explosivos estavam sendo instalados e o trabalho corria bem quando, vindo da direção de Vitoria, apareceu um cavalheiro militar, por certo de patente não inferior à de coronel, pelo comprimento e pela magnificência do seu capote, e pelo esplendor das estrelas sobre a testa imponente.

O galante coronel vinha acompanhado de três outros oficiais, de aparência vaga e depauperada. Ninguém poderia ter ficado mais sobressaltado do que eles ao ver a ponte de Orozco voar pelos ares e, diante de seus olhos, um grupo de socialistas assustados.

Essa foi a primeira escaramuça. De volta a Bilbao, os socialistas informaram que um batalhão inteiro, comandado em pessoa por um general, estava a caminho de Biscaia, e que apenas o sangue-frio deles interrompera a marcha do inimigo. Sem hesitar, o governador civil lançou um apelo à população para que pegasse em armas e marchasse até Orozco a fim de derrotar o general e seu batalhão, e os fizesse pagar caro.

Em Orozco, não havia nada. O capote e as estrelas haviam recuado para Vitoria, supõe-se que com a mesma precipitação. Nesses primeiros dias, ambos os lados na Guerra Civil estavam se movendo nas asas de seu próprio vento, com as sobrecasacas enfunadas. Os momentos de contato eram aflitivos e hesitantes. O sobressalto da população só se dissipou quando um jovem basco de grande talhe, tanto na altura como na cintura, dedicado alpinista e pescador de trutas, veio caminhando através da alta serra divisória de Gorbea com a notícia que nada ainda estava pronto no outro lado. Jovem e corpulento, o advogado Antonio Irala, que se tornaria, ao lado de Baldasúa, um dos secretários do presidente Aguirre, estava presente em Vitoria quando foi proclamado o estado de beligerância. Abandonara sem hesitar o carro, conhecido dos adversários políticos, assim como o paletó e a gravata, que o faziam parecer alguém importante. Agarrando a primeira bicicleta que viu, saiu em disparada como uma flecha pela estrada que conduz a Bilbao. Certa noite foi detido por mera suspeita, mas liberado a seguir. Passou alguns dias com a família em um vilarejo de Álava; soube que os *requetés* haviam sido informados de seu paradeiro, montou de novo na bicicleta, abandonando-a à sombra do conhecido monte Gorbea, e entrou em Biscaia pulando o muro.

Em Bilbao, ele disse à Junta de Defesa que os socialistas estavam falando bobagens e que não havia tropa nenhuma em Vitoria. A Junta voltou a respirar aliviada, e de maneira mais viril, agora que o jocoso Irala tornara-se um de seus conselheiros.

Vidal foi incumbido de levar um amálgama de tropas e milicianos de sindicatos a Ochandiano, o grande vilarejo basco a leste de Gorbea, e ali montar guarda à estrada de Vitoria. A coluna partiu em meio a cenas de entusiasmo desabrido.

Em Ochandiano, caiu vítima de um truque engenhoso. Enquanto metade da tropa estava reunida na praça do vilarejo, tagarelando feliz com as jovens locais ou descansando depois da exaustiva e sacolejante viagem de caminhão, um aeroplano com as cores da República, vermelho, amarelo e roxo, veio desde as montanhas. Circulando cada vez mais baixo sobre a praça, o piloto afinal ficou visível, acenando e exibindo o punho cerrado, a saudação da Frente Popular. Despreparados, os milicianos ergueram-se e bradaram em uníssono; foi então que o ardiloso aviador despejou meia dúzia de bombas pequenas, rumando para o sul antes que pudesse ouvir as imprecações.

Os bascos então organizaram uma vingança. Não tinham bombas, mas havia em Bilbao um aparelho Puss-Moth, desde muitos anos usado em voos comerciais. O piloto, Yanguash, levou, com toda a rapidez de que era capaz, o pequeno avião até o povoado inimigo de Villareal, ao sul de Ochandiano. Ao avistar um grupo grande de *facciosos* (como os rebeldes estavam começando a ser chamados em Bilbao), deixou cair sobre eles um saco de pedras, que arrebentou as entranhas de um membro de *requeté*, provocando em seus companheiros surpresa e choque momentâneos.

Em agosto, contudo, o conflito adquiriu uma seriedade até então inexistente.

Não houve revolução social em Bilbao. Poucas fábricas, pertencentes a gente que se declarara favorável aos rebeldes, foram tomadas pelo Estado e transferidas a um conselho de administração no qual os empregados estavam representados, sem no entanto controlá-lo. Uma reforma direta e imediata foi a redução pela metade de todos os aluguéis. Porém, como disse, as execuções políticas e a destruição de propriedade (cuja própria ideia era abominável para a elite burguesa e rural basca) foram reprimidas desde o princípio. A vida e as indústrias estavam seguras em Bilbao.

Apesar disso, as Marinhas britânica e francesa faziam visitas frequentes à foz do Nervión em suas longas excursões pelo litoral da Espanha, e insistiam que todos os cidadãos britânicos e franceses deviam ser evacuados. A cada visita, o mesmo alerta, talvez o último; e, com as cores das labaredas infernais, pintavam a horrível perspectiva de a esquerda chegar ao poder em Bilbao.

É provável que de fato acreditassem no que diziam.

Tais concepções deviam-se a quatro fatores principais: o ambiente social em que circulavam, as instruções do Almirantado, o tipo de jornais que liam e o contato que haviam tido na Espanha com os círculos oficiais britânicos.

O ambiente social deles era naturalmente o da direita, que na Inglaterra manifestou desde o início um afeto instintivo pelo general Franco. Lembro-me de ter sido tomado de certa melancolia ao chegarem os primeiros relatos de que Franco estava bloqueado no Marrocos, sem poder se movimentar. O que me deixou mais animado foi a comprovação de que aviões militares italianos, do mesmo modelo Savoia 81 que eu vira realizar bombardeios na Abissínia, estavam juntando-se a ele no Marrocos ou caindo em território francês no caminho para lá. Mas revelações desse tipo não afetavam a Marinha — ainda não.

As instruções do Almirantado eram para que todos os britânicos deixassem o quanto antes a Espanha republicana.

Nos jornais que liam, vinha descrito o violento fim dos oficiais navais que tentaram se rebelar em Cartagena. Depois de fuzilados pelas tripulações, o que bem configura um motim, seus corpos foram tratados de maneira ainda mais desrespeitosa. Em vez de cumprirem o regulamento de serviço para o sepultamento no mar, os marinheiros broncos telegrafaram ao ministério da Marinha: "O que fazemos com os cadáveres?", patenteando assim a sua total falta de etiqueta. O ministério da Marinha telegrafou de volta: "Lancem-nos pela amurada", e foi o que fizeram os boçais mercenários, sem sequer enrolar os mortos decentemente em uma bandeira. Corriam outros relatos de insubordinação e desleixo semelhantes, e a atitude oficial naval diante da Guerra Civil foi pitorescamente resumida na *Official Gazette* de Gibraltar, que descreveu o governo republicano espanhol, com o qual suas próprias autoridades mantinham relações diplomáticas normais, como "os vermelhos".

Na Espanha, o serviço consular britânico consistia sobretudo em ingleses ali empenhados em negócios, e cuja reação normal a qualquer tipo de problema trabalhista tornara-se a mesma dos espanhóis, ou seja, achavam que os extremistas deviam ser encarcerados o quanto antes. Para eles, Azaña era o sinônimo ibérico do anátema. A política simplória das cores, opondo o vermelho ao branco, brotava com facilidade de seus lábios, ainda que sem recorrer muito ao branco, um termo que lhes parecia um tanto esquivo.

Assim, a colônia britânica em Bilbao, que era significativa, no começo ficou apavorada e, depois, foi evacuada por mar. Restaram alguns, mas foi grande o impacto no ambiente de negócios de Bilbao. Grande parte dos especialistas nas minas era estrangeira, e era britânica uma boa parcela do capital. As indústrias pesadas — como a Construcción Naval, à margem do Nervión, na qual a Vickers tinha participação — contavam muitos técnicos britânicos. A debandada geral dos estrangeiros ocasionou um dano irreparável ao sistema econômico de Bilbao, do qual só muitos meses depois começaria a se recuperar, apenas para atender aos requisitos bélicos.

Em Guipúzcoa, a ameaça era mais imediata. Os carlistas estavam se aproximando de Tolosa, e o Comitê da Frente Popular apelou por ajuda.

Basaldúa nada tinha a oferecer além dos cinquenta fuzis que Anglada havia se disposto a entregar. Mesmo assim, ele os levou de carro a Tolosa pouco antes de o vilarejo ser tomado.

Telesforo Monzón foi a Barcelona encarregado de conseguir armas.

Um dos raros bascos com título de nobreza, o jovem Monzón vinha de uma abastada família de proprietários rurais de Guipúzcoa, onde tinha uma bela *casa señorial* no vilarejo de Vergara, que, antes de acabar a guerra, seria usada para abrigar italianos. Monzón era deputado do partido nacionalista basco nas Cortes, o mais bem-vestido deles e o mais odiado pelo outro lado. Os espanhóis são um povo vingativo, e é contra o aristocrata esclarecido que o restante de sua classe afia as presas. Monzón não tinha a força de caráter de Aldasoro ou de outro basco que começava a sobressair em Bilbao, o advogado Leizaola, mas era um jovem cativante, de trato fácil, sempre receptivo a um argumento humanitário.

Agora estava em busca de armas, e teve um choque: Barcelona e o governo central só podiam ceder mil fuzis para a defesa de Irún e San Sebastián. Estavam dispostos a comprar armas no exterior, mas o envio sempre era adiado. Pela primeira vez na Guerra Civil, os bascos ficaram exasperados com a morosidade dos aliados, e decidiram agir por conta própria.

Confiscaram todo o ouro nos cofres do Banco da Espanha e de outros bancos em Bilbao e o transportaram em oito barcos pesqueiros — rompendo o bloqueio imposto por *Almirante Cervera, España, Canarias* e *Velasco*, então empenhados em bombardear a costa basca — até a segurança de Bayonne. Assim equipados, Monzón e Irala viajaram primeiro a Paris, depois à Alemanha, a fim de comprar armas usando os recursos próprios de Bilbao.

Havia um pirata basco, um indivíduo muito forte e coberto de pelos e sorrisos chamado Lezo, que deu um pulo em Bordeaux, onde, desde o início da Guerra Civil, muita prestidigitação vinha sendo feita com os vagões ferroviários.

No dia 19 de julho, estava estacionada no pátio ferroviário de Bordeaux uma composição de dez vagões, carregados de material bélico, encomendado e pago pelo governo republicano à França. Embora os cheques tivessem sido descontados, as autoridades francesas passaram a pôr obstáculos para a liberação da carga. Diziam que estavam negociando um acordo de não intervenção com a Itália, a Alemanha e a Grã-Bretanha e, por isso, não queriam fazer nada que prejudicasse etc.

A Espanha protestou. O Partido Comunista francês, com a desculpa de manobrar locomotivas no pátio ferroviário de Bordeaux, desengatou três vagões e os enviou com a maior rapidez possível a Hendaye. Um deles cruzou a fronteira; o segundo foi parado. Os amigos de Franco na França entraram no jogo, o vagão foi levado de volta a Bordeaux e, após dois outros ataques simulados aos Pireneus, acabou em segurança nas mãos dos rebeldes.

O Acordo de Não Intervenção já havia sido assinado e aplaudido quando Lezo surgiu na cena francesa com um pequeno barco de pesca, exalando malícia. Dois distintos defensores bascos que cheguei a conhecer haviam acabado de surrupiar três metralhadoras e munição do quartel de Bordeaux, mas Lezo estava de olho em presas maiores. Antes de ser surpreendido, conseguiu esvaziar um vagão com quarenta metralhadoras pesadas e munição para duas semanas; em seguida, o sorridente mestre das escapadas lançou-se a alto-mar — dessa forma possibilitando que Bilbao por fim obtivesse armas automáticas pesadas.

Irún caiu, defendida por apenas 1500 fuzis, doze metralhadoras, dez peças de artilharia e espingardas de caça contra os arsenais secretos longamente acumulados de Navarra e Castela. Pouco a pouco, os bascos tiveram de recuar para Biscaia.

Prestes a ser ocupada pelos *requetés*, Eibar já estava sob bombardeio. Pela primeira vez, aviadores alemães, parte de uma força de bombardeio e combate inteiramente alemã, foram deslocados para a frente setentrional. Os dezoito pilotos de combate ficaram alojados no Hotel Fronton, em Vitoria, onde, diante do triunfo que parecia próximo, embriagavam-se com frequência. Em um dia glorioso, o piloto de um Heinkel 51 (o caça mais avançado da Força Aérea alemã), quase a ponto de chorar de tão bêbado, levantou voo e fez evoluções sobre a tranquila cidadezinha até se estatelar na torre da igreja paroquial. Em seguida, após receber honras militares, foi levado de volta à Alemanha em um caixão oblongo.

Nos dias 25 e 26 de setembro, os alemães bombardearam Bilbao, que não tinha como se defender. Os bascos não contavam com aviões de interceptação, nem com canhões antiaéreos; não tinham nada, exceto refugiados em pânico vindos de San Sebastián, que mal sabiam onde se alojar, onde conseguir alimento e, nesse momento terrível, onde se esconder, pois não existiam abrigos à prova de bombas.

Esses bombardeios alemães, realizados pelos velhos e lentos trimotores Junker 52, foram os primeiros do tipo na Espanha. Eram parte de um ensaio da ofensiva contra Madri, prevista para o final de outubro. Surgiram pela primeira vez na manhã de 25 de setembro, voltaram à tarde, de novo à noite e, pela quarta vez, na manhã do dia seguinte. Tais bombardeios foram um ataque deliberado e evidente contra a população civil, que corria apavorada pelas ruas; as bombas não foram direcionadas para as indústrias de material bélico, mas para o próprio centro administrativo da populosa Bilbao.

Isso provocou uma reação das mais violentas. Liderados por membros da CNT, os refugiados correram para as docas quando os atacantes fizeram o caminho de volta para Vitoria. E lá massacraram 68 dos prisioneiros encarcerados nos navios ali fundeados, e ainda se consideraram misericordiosos, pois, do lado deles, os mortos se contavam às centenas.

À leste, a infantaria inimiga continuava a pressionar e a avançar. A chamada Esquadra Vermelha chegou a Bilbao para ajudar na defesa: o encouraçado *Jaime Primero*, os cruzadores *Libertad*, *Mendez Nunez* e *Miguel de Cervantes*, e cerca de dez destróieres. No entanto, pouco fizeram.

Bilbao perdera a esperança. Surgiu então um navio, pouco maior que uma mão humana. Aproximou-se. Trazia armas de Hamburgo. E entrou pelo Nervión.

Os estivadores caíram sobre ele como lunáticos. Ficou aceso com lamparinas e rostos suados a noite toda, enquanto os homens empilhavam as caixas no cais e as abriam com formões e machados, correndo para cima e para baixo aos magotes, trabalhando sem parar.

Carros saíram apressados com as metralhadoras de Lezo rumo a Eibar e Elgueta, onde, na escuridão, foram distribuídas para mãos trêmulas.

Na manhã seguinte, os *requetés* atacaram ambos os locais. Foram recebidos com disparos furiosos e tiveram uma sanguinolenta derrota. As colinas ficaram salpicadas de boinas vermelhas. Quando o relógio bateu meio-dia, Bilbao havia sido salva, pela Alemanha e pela esperteza de um contrabandista.

3.

Com o destino de Bilbao na balança, as extraordinárias — e, cabe reconhecer, tristemente reduzidas — Cortes da República, sediadas em Valência, decidiram saldar o compromisso com os bascos: no dia 1º de outubro de 1936, o Estatuto de Autonomia Basca foi votado e aprovado pelos deputados espanhóis.

Aguirre, o jovem líder do Partido Nacionalista Basco, fez um discurso no qual agradeceu ao Parlamento por satisfazer, "ainda que em parte", o anseio de liberdade latente que havia entre o povo basco.

> Somos contra esse movimento, que subverte a autoridade legítima e é repugnante à vontade popular, porque a tanto nos impelem nossos princípios, honrados e profundamente cristãos. De tais princípios voltaremos, talvez em muitas ocasiões, a falar diante dos senhores [...]. Mas neste momento estamos com os senhores por dois motivos: primeiro, porque Cristo não pregou a baioneta nem a bomba nem o explosivo para a conquista das ideias e dos corações, e sim o amor; e, segundo, porque no movimento proletário e

nas comoções sociais dos senhores não nos assusta, pondo-se de lado as diferenças, o quanto há neles de justiça e de verdade. Por que Cristo veio a este mundo? Cristo veio à terra para ajudar o poderoso ou para levantar o humilde? Nós, entre o poderoso e o humilde, estamos ao lado do humilde, do povo, porque dele viemos; nascemos para o povo e por ele estamos lutando.

Lembro-me daquele caso contado por Montalembert, segundo o qual, estando ele em Paris, viu uma igreja na qual as esporas e o brilho dos sabres reluziam em cruel contradição com a humildade que devia ter a cerimônia religiosa que se celebrava; e comentou: "Eis aí uma igreja rica, mas um povo pobre de fé". Foi à Irlanda e lá topou com uma ermida humilde, humílima, onde um sacerdote celebrava o sacrifício da missa diante de uma magnífica multidão de humildes, homens da heroica Irlanda, e disse: "Eis aí uma igreja pobre, mas um povo rico de fé".

Nós, entre essa igreja pobre da Irlanda e aquela igreja magnífica de Paris, reluzindo com capacetes, espadas e esporas, ficamos com a humilde igreja da Irlanda, pois achamos que assim servimos melhor nosso espírito cristão e a causa da liberdade, que é, ao mesmo tempo, a causa da fraternidade.

Nós, que condenamos, pois não temos mais remédio do que condenar, ainda que muitas vezes compreendamos os excessos próprios das multidões, tudo aquilo que implicou a queima de nossas igrejas, a morte de pessoas pelo único motivo de terem certo caráter e determinado significado, nós dizemos aos senhores com toda a lealdade: até que o fascismo seja derrotado, o patriotismo basco, o nacionalismo basco, permanecerá firme em seu posto.

E após pronunciar esse discurso, mordaz para ambos os lados, e com toda a sinceridade de que é capaz um basco, Aguirre voou de volta a Bilbao, levando no bolso o Estatuto de Autonomia, que virou lei em 5 de outubro.

Todavia, a matança de seres humanos — por espanhóis, e não por bascos —, pelo único motivo de que tinham certas opiniões e posições políticas conhecidas, repetiu-se em Bilbao no mesmo dia em que Aguirre discursou. A Esquadra Vermelha, como era chamada pelos moradores de Bilbao, assestara um solitário golpe em prol da liberdade na baía de Biscaia, e pela única vez derramara sangue.

Foi uma vingança pelo afundamento do destróier republicano *Almirante Juan Ferrandiz* no final de setembro. Após o massacre dos prisioneiros em um dos navios atracados em Bilbao naquele mês, os barcos-prisão haviam sido levados para o porto externo e ancorados em águas profundas, distantes do cais.

Um grupo de marinheiros do encouraçado *Jaime Primero* baixou ao mar uma lancha e seguiu até o costado do *Cabo de Quilates*, cujas escadas de acesso estavam permanentemente instaladas para o aprovisionamento do navio. O pequeno plano de campanha dos marinheiros fora urdido em segredo, e não havia ninguém de vigia.

Os marinheiros subiram pela escada, dominaram a guarda e entraram no navio empunhando revólveres. Nessa altura, os prisioneiros já estavam sabendo da chegada deles, enquanto os marinheiros, embriagados e sujos, com semanas de barba no rosto, corriam pelas passagens e pelos corredores tentando alcançá-los. Não buscavam ninguém em particular. Assim que encurralaram um dos prisioneiros, o levaram para cima, e seus companheiros apavorados ouviram uma saraivada de disparos e o baque do corpo no convés. Em seguida, os marinheiros desceram de novo, e os prisioneiros começaram a correr para cima e para baixo, escapando de um par de mãos tenazes para cair em outro. E sempre o ruído das alpargatas, o calçado com sola de corda, correndo atrás deles. Quarenta e dois foram fuzilados, um a um, e depois jogados pela amurada, antes que os marinheiros notassem que os bascos estavam chegando pelo rio, embarcassem de novo na lancha e voltassem apressados para o abrigo seguro do *Jaime Primero*. Em Bilbao, a impopularidade marcava os marinheiros de Cartagena, que foram polidamente convidados a partir. Biscaia, na opinião dos bascos, podia se defender sem a ajuda deles; e Prieto, ministro da Marinha e bilbaíno por adoção, mostrou-se disposto a enviá-los de volta à sua base no Mediterrâneo. Os grandes canhões do *Jaime Primero* logo seriam desmontados e usados na defesa de Madri.

Gernika, na cabeceira do agradável esteiro ao sul de Bermeo, é o centro histórico das liberdades bascas. Os representantes dos vilarejos e das paróquias de Biscaia vêm se reunindo ali desde tempos imemoriais, à sombra de um carvalho replantado toda vez que morre.

Sempre houve um carvalho de Gernika, ainda que, no princípio dos registros bascos, não fosse a única árvore venerada em Biscaia. Durango também tinha a sua, em Gerediaga, e os conselhos deliberavam à sua sombra até o dia em que toda Biscaia passou a juntar-se em Gernika.

As Juntas de Gernika, desde o início da história documentada dos bascos, reuniam-se a cada dois anos. Nas paróquias rurais, os procuradores eram eleitos pelo voto direto de todos os homens adultos; nos vilarejos, os *ayuntamientos*, ou conselhos, elegiam um ou dois representantes, com apenas um voto por cabeça — e a eleição era anulada sempre que havia desacordo. Não havia distinção de classes, tampouco sugestão de câmara superior. Por longa tradição, assim como por estipulação da lei local, todos os homens de Biscaia possuíam *nobleza* — ou seja, eram aristocratas; e tal condição era reconhecida pelos reis da Espanha quando os bascos viajavam para fora de sua região. A *nobleza* não era um título vazio. Por mais difícil que seja conceber isso na Idade Média, todos os bascos não só eram homens livres, como estavam desobrigados da vassalagem a qualquer outro homem. E, além de não haver servos entre eles, quase todos os bascos, em uma região de agricultores, eram donos de sua terra e de sua casa.

Em Gernika, as sessões das Juntas somente duravam de duas a três semanas. Os primeiros representantes a serem recebidos e ouvidos eram os do vilarejo pesqueiro de Bermeo, na foz do esteiro de Gernika. O título do vilarejo, Cabeça de Biscaia, sugere que toda a área de Gernika-Bermeo antes ocupava o lugar de Bilbao na comunidade basca, e que o esteiro era então a via de comércio que depois seria substituída pelo Nervión.

O juramento era feito pelo representante do rei de Castela e, com menos frequência, pelo rei em pessoa, na condição de mero *señor* de Biscaia, o qual se comprometia a preservar os direitos do local. Enquanto as Juntas se reuniam em público para estabelecer novas leis, trombetas soavam e fogueiras eram acesas nas mais altas montanhas de Biscaia: os cinco picos de Gorbea, Oitz, Sollube, Ganekogorta e Kolitza.

A mais antiga democracia do mundo não era conversa fiada. Ao término da breve sessão, elegia-se — por sorteio, e não por votação — um conselho executivo de quinze membros, que ficava incumbido de governar a região até a sessão seguinte das Juntas. Um Executivo forte, portanto, era fundamental para esse sistema antigo, e os jovens bascos que iam visitar Gernika nesse mês de outubro podiam citar a história para confirmar seus poderes.

Foi uma ocasião solene quando os bascos se reuniram em Gernika no dia 7. Tão solene que teve de ser mantida em segredo até a ocasião, pois os bascos modernos tinham de enfrentar perigos inimagináveis por seus antepassados. Os alemães teriam aproveitado ao máximo uma oportunidade de bombardear ao mesmo tempo todos os líderes da pequena República Basca; e não teriam esperado sete meses para arrasar o tranquilo vilarejo rural.

Sob o Estatuto de Autonomia, ficava estabelecido que, enquanto prosseguisse a Guerra Civil, Euzkadi seria administrada por um governo provisório, dotado de plenos poderes. E que o presidente desse governo seria eleito por todos os conselheiros dos *ayuntamentos*, ou conselhos municipais, em condição de votar livremente. Essa eleição devia se realizar sob a presidência temporária do governador civil, até então o responsável pela administração de Biscaia. O novo presidente em seguida nomearia os membros do governo provisório, que não seriam em número menor do que cinco. Assim, com muitas conversas sigilosas, os conselheiros foram convocados para a Casa de Juntas, em Gernika.

O sigilo foi preservado. Nenhum avião apareceu, embora o jovem na torre da igreja tenha apertado os olhos à espera da oportunidade de soar os sinos. Com casaca, colarinho de ponta virada e chapéu escuro, os líderes bascos se reuniram, seguidos pelo corpo consular; tomaram seus lugares no Salão do Parlamento, cujas cortinas foram abertas no lado leste para se divisar o altar. Desde os tempos mais remotos, o local de encontro havia sido uma igreja. E, por votação quase unânime, José António de Aguirre elegeu-se presidente.

Em seguida, seguiram todos até o pátio, onde ficaram ao sol junto à árvore, um carvalho de 77 anos cujas folhas começavam a cair. Em basco, Aguirre fez o juramento: "Diante de Deus, com toda a humildade, sobre a terra basca, de pé sob o carvalho de Gernika, lembrando daqueles que por aqui passaram, juro cumprir meu mandato com absoluta fidelidade".

O *señor* Echevarría, até então governador civil e representante da Espanha, disse por sua vez: "Neste momento, sob a árvore de Gernika, transmito a autoridade do País Basco ao seu legítimo representante, d. José António de Aguirre y Lecube".

As folhas outonais lentamente se dispersavam em torno do carvalho. Os bascos foram tomados de forte emoção. Ali, no sagrado coração de seu país, haviam recuperado a liberdade perdida, agora eram senhores de sua terra. Todo basco recobrara a *nobleza*. O presidente anunciou os nomes do gabinete.

Presidência e Defesa: José António de Aguirre, Partido Nacionalista Basco.

Interior: Telesforo de Monzón, Partido Nacionalista Basco.

Economia: Heliodoro de la Torre, Partido Nacionalista Basco.

Justiça e Cultura: Jesús María de Leizaola, Partido Nacionalista Basco.

Obras Públicas: Juan de Astigarrabia, Partido Comunista.

Trabalho e Comunicações: Juan de los Toyos, Partido Socialista.

Assistência Social: Juan Gracia, Partido Socialista.

Indústria: Santiago Aznar, Partido Socialista.

Agricultura: Gonzalo Nardiz, Ação Nacionalista Basca.

Saúde: Alfredo Espinosa, União Republicana.

Comércio e Abastecimento: Ramón Maria de Aldasoro, Esquerda Republicana.

Desse modo, naquele que seria o Conselho Executivo Basco, os nacionalistas bascos, cujo Estatuto haviam colocado em prática, dispunham de cinco dos doze votos. Além disso, sempre poderiam contar com Aldasoro e Espinosa, dos partidos republicanos moderados, e também com Nardiz, cuja Ação Nacionalista Basca era mais esquerdista e menos católica, ainda que mais basca do que marxista no coração. Os bascos não só estavam livres, também estavam no comando.

Estas páginas são o registro de como a bem disciplinada democracia basca suportou a tensão da guerra moderna — talvez o conflito moderno mais terrível já visto na Europa. Elas são a crônica dos seus êxitos e fracassos. Que lhes faltou sutileza e que não compreendiam o controle da população civil por meio da propaganda não resta dúvida; eram sinceros demais. Embora contassem com o melhor material humano, eram no fundo antimilitaristas e não se interessaram o suficiente pela direção da guerra para entender por que, e com que rapidez, era preciso que se livrassem de um Estado-Maior espanhol ineficiente e covarde. E foi assim que perderam a liberdade. Mas, da maneira mais tenaz, combateram armamentos superiores não só em quantidade, como em variedade, e somente foram vencidos por estrangeiros, não por espanhóis. E, quanto à humanidade e à decência pública, como moderados à frente de uma situação revolucionária, deixaram um nome que não será facilmente esquecido, assim como a lembrança de seu encanto e de sua amizade naturais, que apenas aqueles que conheceram Bilbao nesses dias mais trágicos terão o privilégio de guardar. Eles cantavam. Eram amistosos. Com eles era possível ser transparente.

O primeiro ato no governo foi pôr em liberdade todas as mulheres detidas: um ato unilateral, pelo qual esperaram reciprocidade de Franco — em vão. No dia 11 de outubro, os destróieres britânicos *Exmouth* e *Esk* evacuaram 113 dessas mulheres para a França, onde a gratidão da maioria por esse tratamento incomparável foi tão grande que conseguiram apenas se queixar, em alto e bom som, que haviam sido obrigadas a lavar os lenços sujos dos milicianos.

Os bascos não se limitaram a esse gesto inicial e propuseram a troca de todos os seus prisioneiros políticos — cerca de 2500 — por todos os bascos detidos pelo outro bando, que se acreditava fossem pouco mais de mil, pois tinham ocorrido muitas execuções. As negociações foram conduzidas sob os auspícios da Cruz Vermelha Internacional, cujo representante suíço, o dr. Albert Junod,[*] autor do relatório técnico sobre o uso de gás pelos

---

[*] Na verdade, Marcel Junod. (N. T.)

italianos na Etiópia (que foi suprimido por sua organização), e do embaixador britânico na Espanha. Julio de Jáuregui, deputado por Bilbao do Partido Nacionalista Basco, era o representante de seu governo, e o conde de Torrubia, o representante de Franco. As discussões se arrastaram sem conclusão, com longos intervalos de silêncio e ruptura. Os bascos haviam compilado uma lista dos seus prisioneiros, mas jamais aparecia a lista do outro lado. A questão do bombardeio da população civil foi levantada e descartada. E então, de maneira súbita e inexplicável, no dia 6 de janeiro, o governo de Salamanca, cujo representante acordara uma base de troca com os bascos, interrompeu as negociações, recusando-se a levar adiante qualquer tipo de troca significativa de prisioneiros, "porque isso configuraria um privilégio para o povo basco", ainda que não fizesse objeções à troca de indivíduos e pequenos grupos. Aos bascos, Junod explicou que o governo de Salamanca poderia estar disposto a considerar uma troca em grande escala com Valência...

Os bascos ficaram furiosos, assim como Junod, ainda que de modo mais diplomático. Para si mesmos, assim explicaram a questão: Torrubia, basco de San Sebastián, queria a troca, como bem sabiam, e estava penosamente decepcionado. Também achavam o mesmo do Serviço Diplomático de Franco, onde predominavam ricos monarquistas bascos, como Baraibar, Aznar e o chefe deles, Sangroniz. Mas os militares, que eram antibascos, fizeram valer sua posição.

As estações de rádio rebeldes iniciaram uma campanha contra Junod, dizendo que era maçom, entre outras acusações. Que havia secretamente apoiado o bolchevismo na Abissínia, e que era um vermelho — um VERMELHO. Nessa altura, a rádio insurgente estava caindo sob o controle dos italianos, e era provável que a Itália tivesse algo a ver com o apedrejamento de Junod. Mesmo assim, os rebeldes demonstraram uma curiosa falta de consideração pela segurança de seus amigos, ao romper as negociações com rapidez tão atordoante. Apenas dois dias antes, o último e mais terrível dos massacres em prisões havia ocorrido em Bilbao, com a morte de mais de duzentos simpatizantes rebeldes. E aí de repente decidiram não resgatar os restantes! Talvez esperassem que os massacres prosseguissem, e maculassem o nome de Bilbao ao redor do mundo; neste caso, tais cálculos foram escritos com giz, e logo seriam apagados.

4.

Uma das preocupações do governo recém-empossado em Gernika foi organizar de maneira mais abrangente o fornecimento de alimentos para a província de Biscaia. O trabalho do Departamento de Comércio e Abastecimento ficou nas mãos experientes de Aldasoro, o mesmo Ramón Aldasoro que enfrentara Mola ao telefone e meses antes, em julho, decidira o futuro de Bilbao.

Aldasoro defrontou-se com uma situação difícil. Antes de tudo, Biscaia não era uma região produtora de alimentos. No ano seguinte, suas propriedades rurais iam produzir certa quantidade de milho, mas não o suficiente para alimentar Bilbao; ao mesmo tempo, teriam de cultivar legumes e batata, que era importada em massa da Irlanda.

Tudo o que havia disponível em Biscaia era um enorme estoque de *garbanzos mejicanos*, ou grão-de-bico mexicano, pois em épocas normais Bilbao era a base principal do comércio desse alimento entre o México e a Espanha. À base de uma ração restrita a grão-de-bico, Bilbao poderia sobreviver por dois anos, mas Aldasoro (que sabia viver bem) buscou um modo de aliviar a monotonia da "ameaça amarela", como passamos a chamar as indigestas bolas pulverulentas que boiavam em nossa sopa.

O segundo elemento preocupante nos cálculos de Aldasoro era a presença em Bilbao de mais de 100 mil refugiados, quase todos vindos da província de Guipúzcoa. Desse total, excluíam-se aqueles que tinham amigos e eram capazes de se virar sozinhos; 100 mil homens, mulheres e crianças estavam sendo atendidos em abrigos e refeitórios organizados pelo conselheiro socialista da Assistência Social, Juan Gracia, e agora a tarefa de Aldasoro era fornecer-lhes alimentos de graça. O estômago deles não poderia ser apaziguado pelos vívidos retratos de Engels, Marx, Caballero e Prieto que adornavam as paredes dos refeitórios.

Com a necessidade de importar alimentos para essa multidão, e a escassa disponibilidade de pães e peixes, Aldasoro experimentou outra dificuldade não mencionada no Novo Testamento — teria de fazer com que os navios carregados de alimentos rompessem o bloqueio rebelde. Não demorou muito para descobrir que não poderia depender apenas de barcos espanhóis.

Embora o bloqueio naval ainda não tivesse sido organizado em San Sebastián, a Marinha franquista dispunha de superioridade de força no litoral norte da Espanha. Podiam contar com um encouraçado (o *España*), dois cruzadores (o *Canarias* e o *Almirante Cervera*) e um destróier (o *Velasco*) — em contraste com um único destróier, o *José Luis Diez*, e os dois submarinos do governo.

Para os bascos, portanto, era crucial organizar uma frota auxiliar própria e erguer defesas costeiras. Um basco que servira no Ministério da Marinha em Madri, e mais tarde como capitão do porto de Bilbao, foi nomeado por Aguirre para sua antiga função. Era Joaquín Eguía, que não apreciou muito a incumbência, aceitando-a com relutância e aguentando até a véspera da queda de Santander.

O encouraçado governista *Jaime Primero*, que aportara em Bilbao nos dias angustiosos de setembro juntamente com toda a Esquadra Vermelha, desembarcou um conjunto de canhões de 101 milímetros e os entregou a Eguía. Com alcance de cerca de 13 mil metros, essas peças de pouco serviam no encouraçado, já equipado com armamentos secundários mais poderosos.

Bilbao possuía uma esquadra de barcos de alto-mar que todos os anos saíam em busca do *bacalao* nos bancos de pesca de Terra Nova, uma tradição com mais de cinco séculos. Agora fundeadas no Nervión, essas traineiras eram de construção robusta, adequada para enfrentar qualquer mar ou tempestade. Além de estáveis e dotadas de cascos de aço, deslocavam-se a uma velocidade inusitada para esse tipo de embarcação. Eguía apropriou-se de quatro desses barcos, reforçou os cascos, que foram pintados de cinza, equipou-os com telégrafo e os batizou de *Bizkaya, Guipuzkoa, Araba* e *Nabara*, nomes das regiões bascas. Na proa e na popa dos cascos largos de cada um instalou os canhões de 101 milímetros em torres especialmente construídas em Bilbao. As traineiras foram usadas em comboios o tempo todo, e durante o conflito que se seguiu elas se furtaram ao dever tão pouco quanto ele próprio. As tripulações foram escolhidas entre os pescadores de alto-mar de Bilbao e os marinheiros refugiados de Pasajes e San Sebastián; jamais haviam entrado em combate, mas sabiam como ninguém conduzir uma embarcação. Eram absolutamente destemidos. Muitos foram escolhidos pela Nossa Senhora de Begoña, a rainha dos mares a quem os pescadores bascos fazem seus votos, para encontrar um fim heroico na baía cinzenta e incansável que fosse lembrado muitos anos depois por irmãos e filhos, enquanto iam de um lado para o outro com suas redes, entre Punta de Galea e Lequeitio, sobre as ossadas limpas, brancas e salgadas, e os cardumes prateados de sardinhas e anchovas.

Além desses quatro barcos, Eguía reformou 24 traineiras

menores vindas de Pasajes e as transformou em caça-minas. Diante de San Sebastián, os rebeldes poderiam usar um navio lançador de minas, o *Júpiter*, e era preciso se antecipar a essa eventualidade. À noite, cinco lanchas a motor patrulhavam a foz do Nervión e, até o início de janeiro, cinco baterias costeiras de artilharia haviam sido instaladas na entrada do porto, quase todas equipadas com canhões Vickers de 155 milímetros desse mesmo ano de 1936, fabricados sob licença nas Astúrias. Agora os bascos eram senhores de suas águas territoriais, e os governos vizinhos das províncias de Santander e Astúrias acertaram com Bilbao para que pudessem receber tudo de que necessitavam pelo Nervión. Suas próprias defesas litorâneas eram incomparavelmente mais débeis.

Apesar da rapidez e eficiência demonstradas por Egía, restava ainda um obstáculo importante a ser superado por Aldasoro: a questão dos alimentos. Como ia trazer comida pelo mar? Bilbao estava repleta de embarcações próprias ou registradas na cidade. Porém, fora do alcance dos canhões Vickers, ficavam à mercê de vários elementos hostis — alemães, italianos ou simplesmente rebeldes espanhóis. A Itália comportava-se de um modo que, em época menos exaurida por tais incidentes, teria atraído a atenção de todo mundo. No início da revolta, sete navios de Bilbao encontravam-se em seus portos — *Arxanda-Mendi, Maria Vitoria, Vizcaya, Cilurnum, Indauchu, Jupiter* e *Kauldi*. O governo italiano apresou sem dificuldade esses barcos e, após transferir as tripulações para a nova colônia italiana em Palma de Maiorca, passou a usá-los sob bandeira própria, graças a uma empresa italiana denominada Garibaldi, criada para o transporte de minérios entre o Marrocos espanhol e a Alemanha. Em outros tempos, isso seria considerado pirataria, mas o termo é tido como excessivamente desgracioso quando aplicado à Itália, e o incidente acabou sendo esquecido.

Recorrendo a métodos similares, a Alemanha decidiu que companhias de navegação de Hamburgo iam receber vinte navios de Bilbao, apresados em vários portos europeus sob controle dos fascistas. Eles agora navegariam sob a suástica. Tal como muitos outros navios bascos. Aparentemente, foi a saída encontrada por Franco para saldar suas dívidas com os alemães. Por exemplo, o *Azkaray-Mendi*, apreendido no porto de Melilla assim que estourou a revolta, passou a navegar sob a bandeira alemã e o nome de *Helen*. Em 30 de setembro de 1936, a Marinha franquista apreendeu o *Manu* ao largo de Bilbao. O navio passou pela mesma reforma dos outros, e começou a professar o antissemitismo com o nome de *Marion*, cumprindo missões totalitárias.

A única solução para Aldasoro era recorrer à bandeira britânica. Depois de novembro de 1936, foram usados quase que apenas navios da Grã-Bretanha. Uma dúzia de embarcações, cujo nome se repete vezes sem conta na história do bloqueio de Bilbao: *Seven Seas Spray, Thorpehall, Kenfik Pool* — foram eles que abasteceram de alimentos o norte da Espanha.

Sob a direção de Aldasoro, Bilbao estabeleceu representantes comerciais na França, em Bordeaux e Bayonne, e no leste da Espanha, em Barcelona, Valência e Alicante. As compras eram realizadas com recursos próprios e um subsídio proporcionado pelo governo central.

O trigo era importado de Valência, da Rússia e da França; o arroz, de Valência; as batatas, de Valência e da França; as favas, da França; o óleo de cozinha, de Valência; o leite, em pó e condensado, no início vinha da província vizinha de Santander, mas, depois, da França e da Holanda; o carvão mineral vinha primeiro da Inglaterra, mas no final era quase todo trazido das Astúrias.

Trigo, arroz, batatas, favas, óleo, leite, carvão — esses eram os elementos básicos com os quais Aldasoro tinha de lidar, e de modo parcimonioso. O mar às portas de Bilbao contribuía com o pescado da ração basca, e era grande a animação quando os barcos a remo subiam pelo rio até o centro da cidade, e as velhas de cabelos brancos e xales escalavam titubeantes os degraus levando às costas cestos repletos de peixes prateados, as *anchoas* se debatendo.

Os preços eram fixos, segundo a tabela de 18 de julho, o dia em que eclodiu a rebelião na Espanha. Havia distribuição de alimentos sempre que chegava um navio, e mantinha-se estoque suficiente para um mês, tanto para a população como para os combatentes.

O pão era assado nas padarias estatais — pão preto, de gosto muito amargo, mas não insalubre. Os bascos o chamavam de pão integral, pois, para completar o peso e colocar uma aparência aceitável na fome, eram aproveitadas as cascas e a palha, assim como o grão. Depois de um mês de adaptação, ninguém mais se importava em comer o pão integral, ainda que circulassem histórias a respeito de suas qualidades nocivas. Aqueles insatisfeitos com o regime se convenceram de que o pão provocava aborto num sexo e demência no outro; mas os refugiados continuaram a proliferar como nunca, multiplicando-se e trazendo mais problemas para a mesa de Aldasoro; e quanto aos lunáticos, não tinham os bascos abandonado o grande superasilo, o verdadeiro Wembley entre os manicômios que estavam erguendo em Derio, e usado o edifício para a fabricação de morteiros de trincheira? Mas as piadas sobre o pão integral continuaram, tanto em Biscaia como fora da província. Lembro-me bem da charge em um dos jornais rebeldes de San Sebastián, após a morte de Salengro, o primeiro ministro do Interior de Blum. Nele, um cadáver está deitado com os pés virados para fora, em um esquife ridículo — faz parte da tradição espanhola perseguir os inimigos mesmo depois de mortos —, e, em primeiro plano, um homem ingênuo pergunta ao médico: "Do que ele morreu?". "Do pão de Bilbao, é claro", responde o médico, elevando-se aos pínçaros da réplica ibérica.

Em muitos dias não havia pão. Segundo uma estimativa grosseira, cerca de dez por mês. E, como é natural na guerra, a parcela mais bem alimentada da população era o Exército basco, além das famílias dos soldados, que recebiam o soldo de dez pesetas por dia.

Nessa época, o Exército estava em processo de formação. Esperava-se a chegada de mais armas, a crise havia passado. Com a aproximação do inverno, Aldasoro constatou que estava destinando todos os dias às forças em campanha 5 mil litros de azeite, 5 mil litros de conhaque e 40 mil litros de vinho para que ficassem de barriga quente enquanto mantinham a vigília nas brancas montanhas do País Basco. Além disso, montou uma fábrica na qual todo tipo de alimento era acondicionado em latas para as tropas, e caixas de papelão marrom, caprichosamente fixadas com pinos metálicos, eram produzidas *en masse*, cada qual com ração militar para um dia. Os uniformes vinham por mar desde Barcelona; mas as botas eram feitas em uma fábrica nova, construída, como tantas outras, pelo Departamento de Comércio e Abastecimento de Aldasoro.

E, até o final, ele assegurou a exportação de ferro e minério de ferro das minas de Bilbao para a Grã-Bretanha, onde eram necessários em grande volume para o rearmamento britânico. No fim do ano, o sistema estava em pleno funcionamento. A população de Bilbao apertou os cintos e as bochechas caíram um pouco — o que ficava evidente, pois os bascos são uma raça de ossos grandes. Surpreendentemente foram poucas as reclamações, e não houve nenhuma manifestação pública de protesto. No começo da manhã, as filas de mulheres diante das padarias eram bem-ordenadas, e nunca foi preciso chamar a polícia para mantê-las sob controle. Bilbao e Biscaia, exceto quando aviões estrangeiros estavam lançando bombas sobre elas, mantiveram uma autodisciplina ímpar na Espanha, assim como a organização de Aldasoro não tinha equivalente entre os Pireneus e Gibraltar.

Ao longo de todo um ano, Bilbao ficaria desnutrida. Quando os setores que normalmente pagam por isso passam a produzir material bélico, a importação de alimentos torna-se dispendiosa. Carne e ovos, por exemplo, eram raridade, e toda a população de 400 mil habitantes tinha plena consciência de que sobrevivia com margem de apenas um mês entre o grão-de-bico e a fome. O menor problema na chegada regular dos navios com alimentos significava que a fome era sentida de imediato, não só em Bilbao, mas em Santander e nas Astúrias.

"Commercio y Abastecimiento"; "Assistencia Social". Estas eram as expressões que faziam sentido para os bascos, talvez mais do que a própria guerra. A assistência social, a ordem e a limpeza urbana eram para eles as palavras relevantes. Toda Biscaia estava repleta de sanatórios, escolas para crianças e hospitais que haviam sido erguidos com suas cautelosas poupanças. De fato apreciavam proporcionar mais conforto aos pobres e aos sofredores, e, quando mais tarde visitei a região, nunca os vi trabalhar com mais disposição e eficiência do que quando estavam suprindo as necessidades uns dos outros, levando os feridos por uma sequência de postos de enfermagem e hospitais impecáveis desde a linha de frente até a retaguarda, alimentando os refugiados, preparando rações iguais para todos. Os visitantes de tendências esquerdistas muitas vezes reparavam na inadequação de seus cartazes em comparação com os de Astúrias e Valência. Com efeito, a arte gráfica nas ruas de Bilbao não era ousada nem livre, e eles não pareciam capazes de inventar nenhum conceito novo de cor para o trabalho de assistência social. Talvez isso se explique pelo fato de que estavam mais interessados no fruto do que na sua pele: a indústria pesada fizera deles um povo eminentemente pragmático.

5.

O departamento de Defesa ficara sob a responsabilidade direta do presidente Aguirre; com isso, os nacionalistas bascos assumiram o controle total da condução da guerra. Ficaram nas mãos deles o recrutamento dos batalhões, a manufatura do material bélico e a construção de fortificações. Sem dúvida, havia o Estado-Maior nomeado por Valência, ao qual tinham de se reportar, mas na medida em que a influência política afetava o Exército, a influência de outros partidos era nula, exceto nas questões internas dos vários batalhões. Somente mais tarde os comunistas tentaram se firmar no Estado-Maior.

O recrutamento prosseguiu com um grande impulso quando chegou de Hamburgo o carregamento de armas, e soube-se que mais equipamentos, aviões, carros blindados, armas antitanques e fuzis deveriam ser enviados pela Rússia no final de outubro. Igualmente, a resistência em Eibar e Elgueta reanimara os bascos. Logo organizaram 56 batalhões de infantaria, cada qual com 660 homens.

Desse total, 27 foram mobilizados diretamente pelo Partido

Nacionalista Basco; em seguida, em termos de força, vinha o contingente de socialistas moderados da UGT, com seus oito batalhões. O restante foi formado equitativamente pela Esquerda Republicana, pelos comunistas, pela Juventude Unida Socialista--Comunista e pelos anarquistas. Com exceção de um batalhão de combate, o Malatesta, os méritos marciais dos anarquistas foram descartados pelo governo basco, que sempre alegou, explicitamente, que a participação dos anarquistas ao lado do governo e a dos falangistas ao lado de Franco eram intercambiáveis, e que no campo de batalha ambos não passavam de aves de arribação. Na parada, contudo, os anarquistas mais pareciam aves-do-paraíso. Envergavam vistosos bonés militares com as cores partidárias, as cores do anarquismo ibérico, vermelho de um lado e preto do outro. A fim de chocar os bascos devotos, colocaram à frente de cada batalhão namoradas, que marchavam com macacões azuis e lábios pintados de vermelho. Todos carregavam um estoque completo de bombas, que proliferavam em torno da cintura com uma fecundidade só comparável às bananas de Josephine Baker. Para mim, os anarquistas individuais eram as criaturas mais encantadoras, mas era melhor evitar encontrá-las nas noites escuras.

Somente no final do ano de 1936 é que os bascos tiveram condições de impor um exame médico às mulheres anarquistas e afastá-las da frente de combate. Tal é a força do ideal libertário entre os seguidores do movimento proletário nascido na Espanha. A terrível ideia de que a Autoridade Central ia enviar um médico para lhes dar ordens precisou de dois meses para ser absorvida pela curiosa massa que há na cabeça dos anarquistas. Quanto às mulheres, se quisessem lutar que lutassem; e houve sufragistas de aparência selvagem que mantiveram a saúde e a posição altiva nas trincheiras até o final da campanha.

Do material humano do novo exército, os melhores eram sem dúvida os veteranos batalhões dos nacionalistas bascos — o

Itxas-Alde (que significa "costa do mar" e era formado por pescadores), o Gordexola, o Kirikiño, o Otxandiano, o Marteartu. Diversos batalhões da UGT, formados de acordo com bases sindicais, eram de valor equivalente, e observadores militares franceses chegavam a considerá-los ainda melhores do que os nacionalistas. Certamente, os sindicatos se revelaram, na guerra basca, um fundamento militar de primeira classe: os homens da UGT lutaram com solidariedade e devoção extraordinárias e, no final do conflito, haviam acumulado um percentual de mortos maior do que qualquer outro grupo político. Todavia, minha impressão é de que não eram tão incisivos no ataque quanto os nacionalistas, e evidentemente eram bem menos familiarizados com o campo aberto.

Todos os tipos de sindicato ofereceram sua cota. A atmosfera era contagiante, e até os garçons dos cafés se reuniram para formar um batalhão, o Salsamendi. Não era um batalhão muito impressionante, ainda que tivessem pés lépidos e fossem ágeis nas manobras, mas proporcionou algo que fazer aos garçons, agora que o café e as bebidas haviam se tornado escassos em Bilbao.

De modo geral, o material humano da infantaria basca era bastante bom. É uma raça robusta, sólida e disciplinada por natureza; não excessivamente imaginativa; imbuída de resistência moral e física; dificilmente propensa a entrar em pânico. Sob o martelar dos golpes da artilharia e aviação estrangeiras, que ocorreria no verão seguinte, os bascos recuaram muito lentamente. Mesmo quando surgiram grandes lacunas em sua linha defensiva e parecia que Bilbao cairia em um dia, sempre ocorria o inesperado e o incompreensível. Sem qualquer ajuda explícita de um Estado-Maior derrotista, os gudaris, como se chamavam os membros da infantaria basca, se recristalizavam e se reorganizavam na linha natural seguinte de defesa. Eles podiam ser expulsos de uma posição após um dia de bombardeio pesado, mas nunca de duas.

A organização dos suprimentos bélicos era uma questão mais preocupante que a do recrutamento de combatentes. Antes da eclosão das hostilidades, Biscaia contava com uma indústria própria de armamentos. Em Eibar, eram produzidos fuzis e pistolas automáticas; em Gernika e Durango, armas leves e munições. A própria Bilbao dispunha de fábricas de granadas, e os bascos haviam aperfeiçoado um novo morteiro de trincheira, calibre 81 milímetros, que pretendiam vender no mercado internacional. Todas essas instalações foram confiscadas pela Junta de Defesa em julho, e depois transferidas ao Estado basco. Todavia, elas não estavam mais em condições de produzir: muitos de seus insumos, como níquel, explosivos e algodão, vinham do exterior — e dois fatores que tendiam a mantê-los lá eram o bloqueio franquista e o Comitê de Não Intervenção. Até o fim do conflito, os franceses não permitiriam nem mesmo que algodão para bandagens de uso médico fosse exportado para a Espanha republicana, pois poderia ser usado no preenchimento de obuses. Vindos da França, os únicos suprimentos militares que chegavam aos bascos eram os roubados ou contrabandeados. E o transporte de material bélico em navios britânicos era impossível. As únicas fontes nas quais Bilbao podia reabastecer seus estoques e garantir o funcionamento das fábricas eram o México e a Rússia. A República mexicana proclamara sua simpatia por Valência desde o princípio, e a Rússia, em outubro, decidira romper o Acordo de Não Intervenção que seus inimigos fascistas, a Alemanha e a Itália, vinham desconsiderando havia dois meses.

Para fazer justiça aos soviéticos, é preciso ficar perfeitamente claro que só em meados de outubro o primeiro carregamento de material russo chegou à Espanha republicana. As intervenções da Alemanha e da Itália vinham ocorrendo com regularidade desde antes da eclosão da revolta; não é de admirar, portanto, que tenha se esgotado a paciência de pelo menos uma das potências pacifistas.

Mesmo assim, ainda se passariam muitos meses até que as fábricas de armas de Bilbao estivessem em plena produção. As matérias-primas tinham de se esquivar dos navios franquistas e, de acordo com estimativas, uma em cada quatro embarcações transportando esse tipo de material era capturada no litoral norte da Espanha.

Enquanto isso, os bascos faziam experimentos. Com poucas amostras em mãos, o *señor* Delicado, chefe do laboratório de guerra, aperfeiçoou um novo detonador para obuses de morteiros e bombas, ambos incendiários, e obteve resultados que superavam em muito o produto alemão, que mais tarde veríamos em ação em Gernika e Amorebieta, Munguía e Lemona, assim como destruindo os densos pinheirais de Euzkadi.

Mais para o final de outubro chegaram os navios vindos do Báltico, que atracaram às margens do Nervión. A excitação em Bilbao era enorme: supostamente ninguém sabia que lá estavam os navios carregados de armas, mas o único lugar em que o segredo permaneceu guardado foi nos asilos bascos para surdos. Embora tenham sido necessários dias para descarregar os navios, os atacantes alemães não apareceram no porto; na época, o sistema de informação era bastante precário, mesmo em ocasiões tão públicas quanto essa.

Os primeiros armamentos a serem descarregados foram doze caças monopostos e biplanos, Boeings russos com quatro metralhadoras sincronizadas, do modelo conhecido como I.15. Com velocidade de quase 390 quilômetros por hora, eram aviões mais velozes do que os caças italianos (Fiat) ou alemães (Heinkel) que provavelmente teriam de enfrentar. Em relação aos últimos, podiam ter uma vantagem de cinquenta quilômetros por hora e continuariam a vencer; até março de 1937, quando os alemães enviaram novos bombardeiros bimotores, o Heinkel 111 e o Dornier 17, os caças russos eram os mais rápidos na Espanha. Vieram acompanhados de pilotos russos, homens mais velhos, com cerca de 36 anos, que se mantinham isolados e não bebiam nem fumavam. E com eles veio um grande fox terrier, seu mascote. O cachorro despertou a curiosidade dos bilbaínos, pois antes só haviam vistos cães mascotes em barcos, embora talvez seja mais razoável admitir que avaliavam com ansiedade o potencial do animal como substituto do grão-de-bico.

Todavia, o fox terrier sobreviveu, e logo ficou conhecido como Ruso. Os caças, que iam proporcionar segurança a Bilbao durante quatro meses, foram chamados de chatos, ou "narizes empinados", numa alusão às fuselagens curtas e à rotundidade dos motores. Bilbao acabou se afeiçoando muito a eles.

Em seguida, saíram da arca 25 carros blindados russos, cada qual equipado com um canhão de 47 milímetros e uma metralhadora pesada. Os motores Ford permitiam que se movessem a setenta quilômetros por hora, sobre seis rodas de borracha sólida, quatro das quais com revestimento duplo. Para uma região como Biscaia, que contava com mais estradas do que qualquer outra província espanhola, essas peças de artilharia ligeira móvel eram admiravelmente apropriadas, e seria grande a dívida dos bascos para com os blindados russos na campanha de abril-junho de 1937. Eles podiam se dispersar e voltar a se concentrar com grande rapidez; em uma região repleta de estradas, seus armamentos podiam dominar quase todas as posições — e que canhões maravilhosos eram aqueles, manobráveis, precisos, rápidos. De todo o material bélico russo que vi, este foi o que mais me impressionou: enquanto foram usados em Biscaia, nenhum deles foi abatido por armas antitanque, e um único foi atingido por ataque aéreo. Durante semanas fizeram frente a uma força de carros de combate inimigos três vezes mais poderosa.

Após o desembarque, uma dúzia de veículos pequenos foi despejada no cais; mais pareciam miniaturas de Austins blindados, também produzidos na Rússia. Eram muito, muito pequenos, e cada qual levava, em uma torre antiquada, uma metralhadora. Eram tão inócuos quanto eram efetivos seus irmãos maiores; depois de entrar em ação, foram despojados das armas automáticas e, de maneira um tanto pomposa, rebatizados de "veículos de ligação". Em outras palavras, transportavam munição e oficiais nervosos até a linha de frente quando se esperava um bombardeio, e em seguida eram levados de volta para casa com tanta rapidez quanto permitiam as pernas magras.

Depois vieram cerca de uma dezena de canhões antitanque, inferiores aos modelos alemães usados por Franco, e incontáveis engradados de armas leves, bombas pequenas e munição para fuzis.

Assim que as armas foram montadas, Bilbao desfrutou de uma magnífica *fiesta*. Os carros blindados, os Austins de campanha e os veículos anticarro desfilaram pela cidade, em longa procissão pelas ruas cobertas de cartazes convocando os bascos a prestar uma homenagem apropriada à Rússia soviética. E ainda que os bascos fossem instintivamente anticomunistas tanto quanto eram antifascistas, constituindo então o exemplo talvez mais refulgente de uma democracia burguesa humanitária no mundo, não tinham como não se mostrar gratos ao único país que lhes dera socorro *in extremis* e meditar com amargura sobre as democracias ocidentais, que tinham muito em comum com Biscaia, mas que a haviam abandonado por completo.

Em grupos de três, com os motores Cyclone superalimentados roncando jovialmente, passavam os caças russos que iam expulsar os alemães de Bilbao. Dificilmente seus dirigentes se sentiriam em débito com a Inglaterra, que lhes recusara a única substância que poderia municiar os canhões antiaéreos, deixando até então a cidade vulnerável aos invasores.

Mal sabiam que se reduzia a uma dúzia a quantidade máxima de aviões de combate que veriam cuidar da defesa de Bilbao. Eles e a população deviam ter imaginado que esse era apenas o princípio do armamento dos bascos. Na verdade, era quase o final. Certa quantidade de artilharia ainda chegaria nos seis meses seguintes, mas não viria mais nenhum outro tanque, carro blindado ou avião, exceto para substituir as perdas. Enquanto isso, do outro lado, a Alemanha e a Itália reforçavam seus compromissos e suas apostas. Novos aviões chegavam sem cessar, e o primeiro grupo de infantaria italiana estava sendo arregimentado para o serviço na Espanha. Mas não era isso o que se dizia aos jovens quando deixavam as terras empobrecidas a caminho dos centros de recrutamento: era a Abissínia, ouviam, o destino deles.

A despeito da morosidade na produção bélica, os bascos não desperdiçaram tempo no preparo das fortificações para a defesa da cidade. Foi então, enquanto o inimigo aumentava a pressão na frente em Eibar, que conceberam os primeiros delineamentos do famoso *cinturón*. A execução do plano foi colocada nas mãos de um basco, o capitão Goicoechea, e do mesmo major Anglada que, no início da revolta, se desculpara pela incapacidade de fornecer à Junta de Defesa mais do que meia centena de fuzis. Era um plano ambicioso: nada menos do que rodear Bilbao desde a costa a leste de Sopelana até a costa a oeste de Somorrostro, com duzentos quilômetros de trincheiras, arame farpado e ninhos de metralhadora em concreto. Os bascos começaram a abrir as trincheiras com entusiasmo verdadeiramente racial, mal se dando conta de que os indivíduos que os dirigiam eram ambos desleais; mas arame farpado e cimento e mão de obra para cavar podiam todos ser encontrados em Bilbao, e os bascos só precisavam de algo útil para fazer a fim de ficarem completamente satisfeitos.

Lançaram-se ao trabalho em meados de outubro e, durante

dois meses, cerca de 15 mil homens se empenharam diariamente na fortificação de Bilbao. Por todos os lados estavam abrindo trincheiras, derrubando árvores para conseguir madeira para os abrigos, eliminando florestas inteiras diante das linhas de frente a fim de garantir um declive suave e um campo de fogo desimpedido. Era trabalho de formiga. Para o olhar experimentado, o *cinturón* que vinha se delineando não parecia, é bem verdade, mal planejado no papel; mas a execução efetiva do plano foi deixada pelos militares a cargo de engenheiros civis que, independentemente do entusiasmo (e nisso superavam em muito os militares), pouco sabiam a respeito de camuflagem e organização em profundidade, os dois elementos cruciais na defesa moderna. Em outros termos, os militares a serviço do governo basco fracassaram redondamente em sua missão. Alguns se empenharam em realizar constantes sabotagens; outros, sem posições políticas determinadas, estavam mais do que dispostos a deixar que os civis fizessem o trabalho, se era isso o que queriam.

Perto do fim do ano, o general russo Gurieff e um pequeno Estado-Maior chegaram a Bilbao, onde foram recebidos amistosamente pelos bascos. Gurieff havia sido o responsável por organizar a primeira contraofensiva dos tanques russos em Madri no final de outubro, que sucumbiu à ala direita de Franco. A nenhum de nós ele parecia dotado de genialidade; os bascos se recusaram terminantemente a empregá-lo em outra função que não a de assessor, e seus conselhos quase sempre foram desconsiderados.
Embora me parecesse uma personalidade interessante, ele não tinha, como eu imaginava, muita experiência de combate.

6.

Além de tropas e alimentos, o terceiro requisito urgente para Bilbao era uma força policial confiável, capaz de impedir a repetição dos massacres de setembro e outubro, e manter sob controle os grupos anarquistas. Um nacionalista basco com um charuto e uma propriedade no campo, o jovem e elegante Telesforo Monzón, foi colocado à frente do departamento do Interior. E ele não tinha nada de marxista. No reverso da medalha da ordem, para os bascos, estava a Justiça, e essa pasta foi destinada a outro nacionalista basco, o maior deles quanto à inflexibilidade de objetivos: Jesús María de Leizaola, de expressão grave e roupas soturnas, cujo caráter vai se delinear com mais nitidez nas últimas páginas deste livro. Leizaola era uma força nos bastidores; colocou em funcionamento, das profundezas de seus conhecimentos jurídicos, um Tribunal Popular incumbido de julgar as ofensas contra o regime, e que não fosse sanguinário nem demagógico. Mais velho do que a maioria dos membros do Conselho, a voz pausada e firme, o raro sorriso desdenhoso e carregando o enorme peso de seus conhecimentos da jurisprudência constitucional e internacional, logo consolidou sua ascendência sobre os colegas. Quando as discussões se tornavam mais dispersas do que gostaria, ele puxava uma folha de papel e todos viam nervosamente que começava a anotar pequenos parágrafos, numerados 1, 2 e 3; pouco a pouco as vozes enfraqueciam até que Leizaola, encerrando as anotações, dizia: "Estamos reunidos para discutir isso, isso e isso. Bem, o que você acha de 1, Astigarrabia?". E, como prelúdio, uma bem disfarçada expressão de impaciência estampava-se no rosto de Leizaola, algo que sempre lhe pareceu muito mais efetivo do que a impaciência pura e simples.

Antes de tudo, a Guardia Civil e a Guardia de Asalto foram abolidas. Nas outras regiões da República espanhola, elas simplesmente mudaram de nome, mas os bascos não as apreciavam e as eliminaram. Tinham lembranças amargas dessas organizações policiais espanholas. O próprio Leizaola, quando estudante, fora levado algemado de Bermeo a Amorebieta, caminhando cerca de 25 quilômetros à frente de dois guardas-civis em um escaldante dia de verão. Seu crime fora se manifestar a favor do nacionalismo basco — em outras palavras, gritar, com outros jovens, "Deus e as leis antigas", o lema do partido. Em um local desolado da estrada, para dar um susto em Leizaola, os guardas atrás dele começaram a engatilhar os fuzis. A polícia espanhola foi a primeira a usar a frase "alvejado enquanto tentava fugir" — a *ley de fugas*. Leizaola jamais os perdoou. A Guardia Civil, com chapéus tricornes de couro encerado, mantos castelhanos e tradição de ferrenha lealdade ao governo central, sobretudo quando era de direita, recebeu ordens para ir passear. Descobriu-se que estavam comprando fuzis e munição.

A Guardia de Asalto, constituída de excelentes atiradores, um corpo de polícia de choque formado após a proclamação da República, também foi dissolvida. Muitos deles vinham de fora do País Basco, e agora fora estabelecida a regra de que a polícia tinha de ser bilíngue, falando tanto o *vascuence* como o *castellano*. Em Biscaia, a polícia foi reorganizada da seguinte forma:

1. *Ertzana*, ou Guarda do Povo, um corpo policial armado e selecionado dividido em duas seções, uma a pé e outra motorizada.
2. *Orden Publico*, com policiais armados para a manutenção cotidiana da ordem nas cidades.

A Orden Publico era composta sobretudo de homens de meia-idade, vestidos com uniformes azuis e boina, armados de fuzis. Estavam encarregados da prevenção de crimes corriqueiros; de certo modo, correspondiam à Guardia Civil, embora não fossem uma tropa de elite nem tivessem aquela tradição tão estimada por grande parte da antiga força policial espanhola.

A Ertzana era a inovação mais interessante, pois era constituída apenas de bascos e membros do Partido Nacionalista. O batalhão de infantaria era composto de jovens com alguma formação e altura superior a 1,75 metro. Foram treinados no uso de armas — fuzis, metralhadoras e bombas de gás lacrimogêneo. Eram quinhentos homens, cujas boinas com distintivos prateados e cujos casacos azuis compridos lhes conferiam uma bela figura. Vinculados a eles, havia outros quatrocentos que pertenciam à seção motorizada.

Eram o experimento mais moderno em Bilbao, ou mesmo na Espanha, em termos policiais. Metade ia receber veículos velozes. O chefe da seção motorizada, o comandante Pikaza, escolhera o modelo Riley Sprite, mas na verdade apenas alguns chegaram a Bilbao antes que as energias se concentrassem todas na guerra — o Acordo de Não Intervenção ocasionou atrasos intermináveis na aquisição de equipamentos ingleses. O restante foi equipado com motocicletas potentes.

O quartel-general da Ertzana foi instalado na casa de Manoel de la Sota, à margem do rio; mas sua organização como força de choque, voltada para a manutenção da ordem pública, estendia-se por toda Biscaia. As comunicações eram garantidas por carros com telégrafos sem fio, que mais tarde se mostrariam úteis também para interceptar as mensagens inimigas no campo de batalha. Na realidade, ao se desencadear a grande ofensiva, a ordem pública em Biscaia era de tal modo impecável que a polícia motorizada pôde ser incorporada ao Exército, atuando como mensageiros de motocicleta e facilitando as comunicações entre as várias brigadas e quartéis-generais divisionais. Dois desses policiais viraram uma espécie de guarda-costas de jornalistas como eu, substituindo um motorista civil que havia saltado do carro, enfiado a cabeça em um bueiro e desmaiado ao ver uma bomba razoavelmente poderosa explodir a um quilômetro e meio de onde estávamos. Mas ele era um homem magro e pálido mesmo quando estava de cabeça erguida.

Pikaza, o chefe da Ertzana motorizada, era um basco viajado que, além de ser engenheiro aeronáutico e elétrico, tinha como passatempo o estudo dos métodos policiais. Estudara os sistemas de França, Alemanha, Grã-Bretanha e Estados Unidos — e o que mais o intrigava era o sistema *yanqui*. Seus comandados constituíam um corpo ainda mais elegante do que os membros da Ertzana a pé. Com reluzentes jaquetas de couro marrom, calções, quepes regulamentares e botas de cano longo, causavam forte impressão na população de Bilbao, tanto quanto seus revólveres. Desse modo, a força de Monzón assegurava a disciplina pública por meio de uma organização estabelecida segundo três linhas de defesa pública: a Orden Publico, homens mais velhos para lidar com um distúrbio em suas etapas iniciais; caso este escapasse ao controle, a polícia motorizada era mobilizada para intimidar com uma súbita concentração de força; e, por fim, os membros da Ertzana a pé, se necessário, interviriam com gás lacrimogêneo e metralhadoras. Os bascos estavam preparados para qualquer eventualidade: somente foram pegos de surpresa uma vez, no sombrio dia 4 de janeiro.

* * *

A Defesa, a Polícia, a Justiça e o Abastecimento de comida estavam, juntamente com a presidência do Conselho, nas mãos dos nacionalistas bascos e do compreensivo líder da Esquerda Republicana, Aldasoro. Essas pastas, bem o sabiam, eram cruciais para o controle de Euzkadi, e era bom que estivessem concentradas em uma única mão forte. Pouco a pouco foi organizado um Exército e um estoque de material bélico que os espanhóis, por seus próprios meios, não poderiam sobrepujar. E a história bélica de Bilbao após a formação do governo autônomo foi exitosa contra a Espanha, tendo conhecido a derrota apenas frente à Alemanha e à Itália. O Exército foi abastecido com um suprimento constante e consistente de alimentos, mesmo durante a crise de janeiro. O bloqueio de Bilbao jamais foi rompido, mas ainda assim o departamento de Aldasoro, brilhantemente organizado, mostrou-se capaz de distribuir à população uma ração alimentícia mais justa, mais regular e de certo modo mais nutritiva do que ocorreu em Madri, que nunca sofreu um bloqueio. Não há como exagerar a influência dessa eficiência sobre o empenho da população em resistir, e sobre sua aceitação dos requisitos para a manutenção da ordem pública. E quando o açúcar deixava de convencer, havia o chicote, a que Monzón raramente teve de recorrer. Enquanto isso, Leizaola conduzia a ira da população contra seus inimigos para os estreitos canais legais, cujas margens fortes e sólidas domavam o ímpeto da correnteza. Foi um testemunho do valor dessas medidas o fato de seus colegas aceitarem que Leizaola, o antimarxista, era capaz de correr risco na composição do Tribunal Popular. O júri não era um reflexo do Conselho de Ministros: era formado de dois representantes de cada um dos partidos da Frente Popular e, portanto, contava apenas com dois nacionalistas bascos. Mas as sentenças do tribunal foram justas, e foram muito poucas as execuções. Nenhum outro tribunal era tolerado em Biscaia. Sabia-se que o governo estava decidido a governar: os revolucionários poderiam comprovar seu entusiasmo na defesa do país. Que diferença daqueles primeiros dias em San Sebastián, presenciados por nós apenas dois meses antes. Haviam passado os momentos de entusiasmo proletário e começavam os da organização basca.

A organização entrou em ação de imediato, e trouxe à luz um ninho de espiões.

7.

Herr Wilhelm Wakonigg era bem conhecido em Bilbao; em anos recentes, tornara-se um grande amigo do simpático Aldasoro, que era seu advogado. Ortúzar, o chefe da nova polícia basca, era casado com a bela filha de Wakonigg. Assim, o alto e simpático alemão estava bem entrosado com os bascos, que reagem de imediato à franqueza e à *camaraderie*, mesmo quando tais qualidades se manifestam em um agente da Krupp. Desde muito estabelecido em Bilbao, Wakonigg não só vendia maquinaria pesada alemã como passou a adquirir participações nas indústrias pesadas de Bilbao. Os bascos pró-ingleses haviam esquecido o quanto desgostavam dele, pois, durante a Grande Guerra, na condição de cônsul da Áustria-Hungria, ele providenciara o reabastecimento de víveres e combustível dos submarinos alemães que operavam na baía de Biscaia. Eram aqueles mesmos submarinos que puseram a pique tantos dos navios de Sota que levavam minério de ferro para a Inglaterra. Wakonigg os reabastecia à noite, no pequeno porto de Plencia, na costa entre o Nervión e Bermeo; na época, ele era o chefe da espionagem alemã no norte da Espanha.

Mas isso foi posto de lado, como costuma ocorrer com as velhas rixas. Depois da guerra, Wakonigg deixou de ser cônsul, mas fez o que pôde para ajudar e visitava regularmente a ex-imperatriz Zita em seu exílio em Lequeitio. Ali, os milionários bascos que eram inimigos do Partido Nacionalista Basco faziam-lhe a corte sem parar, e Wakonigg concordava com eles em todas as questões. Zita tornou-se madrinha de sua filha mais nova. Os bascos, contudo, não eram políticos amargurados; como era um sujeito de trato fácil, gostavam dele.

Aí eclodiu a Guerra Civil. Mais para surpresa dos bascos que de Wakonigg, que sabia da data do levante. Ele recebeu um telegrama de Viena, afirmando que deveria se considerar de novo cônsul austríaco; dias depois, chegou outro agradável telegrama de Berlim, pedindo-lhe que se tornasse cônsul da Alemanha quando o encarregado efetivo deixou Bilbao. Nenhuma dessas nomeações foi confirmada em Madri. Mas que diferença fazia? Na feliz desorganização do governo em Bilbao, quando a Junta de Defesa assumia o controle e desfrutava da estima geral com que era vista, Wakonigg marchou até a Junta, acenando com os telegramas como se fossem credenciais suficientes, e começou imediatamente a se empenhar, antes que a suposição fosse questionada e da maneira mais oficial possível, nas negociações para a saída dos cidadãos alemães e austríacos. Com animados tapinhas nas costas, Wakonnig viu-se reconduzido ao consulado com tanta facilidade quanto se caísse no seu colo.

Barcos de guerra alemães entravam com frequência no porto, e Wakonigg sempre encontrava algum teutão para embarcar, a quem acompanhava a bordo a fim de conversar com os oficiais e talvez entregar-lhes documentos que valeria a pena encaminhar ao general Franco, caso tivessem a oportunidade de cruzar com ele. Pois Wakonigg estava muito bem informado sobre coisas e pessoas.

Mantinha uma casa aberta na chamada Zona Internacional, em Las Arenas, onde viviam os cônsules e os estrangeiros, assim como aqueles milionários de Bilbao que não estavam se adaptando a aposentos mais acanhados e dietas mais restritas do que as tradicionais. Franco prometera não bombardear a Zona Internacional, mas, um dia em outubro, foi exatamente isso que fez, talvez por engano e acreditando que se tratava de Madri, ou talvez por que se esquecera momentaneamente da promessa.

Os cônsules ficaram furiosos com esse comportamento desleixado da parte do general Franco, mas ninguém mais do que Herr Wakonigg, que exprimiu sua opinião da maneira mais incisiva. Disse que não havia por que tolerar aquele tratamento e que deviam enviar uma delegação para lavrar um protesto junto às embaixadas em St. Jean de Luz. Isso pareceu a todos uma excelente ideia, e formou-se uma comissão com Stevenson, o cônsul britânico, e os cônsules da Argentina, Suíça e Bélgica, além de Herr Wakonigg, naturalmente, cônsul titular da Alemanha e da Áustria, que seria um membro muito útil, considerando-se que, na opinião de alguns, seu governo mantinha relações relativamente boas com os responsáveis pelo bombardeio. O destróier britânico *Exmouth* foi mobilizado para conduzir o grupo até a França.

O embarque estava previsto para o dia 28 de outubro. Para surpresa dos cônsules, porém, a polícia basca informou-lhes, com toda a polidez, que as bagagens teriam de ser examinadas. Naturalmente, Stevenson aquiesceu, e sua mala foi liberada sem ter sido aberta; o mesmo se deu com o cônsul da Suíça.

Wakonnig protestou. Disse que um cônsul tinha direitos diplomáticos e que seria uma violação dos procedimentos normais a abertura de sua bagagem. Os policiais bascos disseram que não; pelo que sabiam, os cônsules não tinham imunidade diplomática nesse sentido.

Enquanto o alemão continuava recusando-se a abrir a valise,

tornou-se evidente que um pequeno e desafortunado compatriota dele, Emil Schaeidt Schneider, funcionário do consulado, estava fazendo sinais nervosos ao seu senhor com as sobrancelhas e o nariz, e, em momentos mais críticos, piscando, fazendo caretas e estalando os dedos.

A fim de romper o gelo que começava a se formar, Wakonigg disse que não permitiria que sua valise fosse aberta por uma questão de princípio, mas que, se insistissem, propunha uma solução conciliatória, pela qual enviaria a valise de volta para casa, reservando-se o direito de protestar etc. Então colocou a mão sobre a alça da mala, mas o policial basco segurou os cantos dela com mãos maiores e disse que, agora que a valise estava com eles, deveria ficar ali e ser examinada. E, discretamente, sugeriram a Wakonigg que, caso tivesse dúvidas, o melhor seria acompanhá-los até o ministério do Interior, onde falariam com Monzón.

"Bem", respondeu Wakonigg, "não entendo o motivo de tanta confusão, mas, se vocês insistem, eu mesmo vou abrir a mala aqui. Não tenho nada a esconder." Em seguida a abriu, de maneira despreocupada e descuidada.

Os policiais começaram a vasculhá-la, e a primeira coisa que surgiu foi um lote de joias, que não podiam ser levadas para fora do país. Segundo Wakonigg, eram joias dele mesmo, mas não conseguiu explicar onde as usava. Por isso eles o levaram com Schneider para uma entrevista com Telesforo de Monzón.

Um belo conjunto de documentos foi retirado da valise. Primeiro veio um relatório do capitão dos engenheiros, Pablo Murga, sobre a construção do *cinturón* de Bilbao, com detalhes minuciosos das fortificações; sobre a localização das fábricas onde se produziam obuses e detonadores para a artilharia, assim como munição para fuzis; e sobre a pólvora usada pelos bascos. Murga recomendava que a melhor maneira de os rebeldes interromperem os trabalhos nas defesas de Bilbao seria promover visitas frequentes da aviação, com o emprego sobretudo das metralhadoras. Vinculado à Segunda Seção do Estado-Maior basco, também podia informar aos amigos que se preparava uma ofensiva no setor de Ochandiano.

Depois havia uma carta assinada pelo banqueiro Hernández Mendirichaga, com detalhes sobre os interesses bancários bilbaínos. Em terceiro lugar, uma carta de Julián Munsuri, intitulada "Informação sobre o Movimento Nacionalista Basco". Mais importante, contudo, era um quarto documento, que levava a assinatura do comandante José Anglada, o mesmo que dissera não dispor de armas nos primeiros dias do levante. Ela incluía uma descrição completa do fracasso do movimento rebelde inicial no quartel Garellano e listava os oficiais de acordo com suas simpatias, favoráveis ou desfavoráveis ao regime.

Esses documentos não tinham destinatário; Wakonigg também levava cartas particulares. Uma delas era do pequeno e infeliz Schneider e continha descrições extremamente desairosas de membros do governo basco. Além disso, estava repleta de elogios a Herr Wakonigg, cujos serviços aos rebeldes ele dizia que eram inestimáveis; escreveu também que Herr Wakonigg podia ficar tranquilo porque, depois que tudo aquilo terminasse, iam erigir uma bela estátua para ele, tal como merecia, e tão alta quanto a estátua do Sagrado Coração na Gran Vía. Esta era a maior estátua em toda Bilbao, portanto não havia dúvida de que iam assegurar a imortalidade de Wilhelm Wakonigg.

As investigações revelaram ainda que o cônsul do Paraguai estava envolvido nas atividades de espionagem; Anglada, ao ser interrogado, entregou um milhar de fuzis escondidos, e contou aos bascos que um navio de guerra alemão recebera dois oficiais da Força Aérea espanhola, um capitão e um comandante de carabineiros, e os levara até os rebeldes em San Sebastián.

Portanto, a Alemanha não estava apenas enviando material

bélico para destruir os bascos; seu próprio cônsul em Bilbao havia organizado um serviço de espionagem contra o povo junto ao qual, como dizia, fora acreditado; e seus navios, enquanto fingiam recolher refugiados alemães, haviam transportado espionagem e recrutas para os rebeldes. Não admira que a antipatia basca tenha se concentrado no povo alemão.

Anglada, Murga e o cônsul paraguaio foram fuzilados; Schneider, em um típico ato de clemência basco, foi condenado a prisão perpétua. Agora já está livre.

Wakonigg teve um julgamento público pelo Tribunal Popular no dia 18 de novembro, presidido pelo juiz decano de Bilbao, e foi considerado culpado de espionagem e condenado à morte. Leizaola e seu genro, Ortúzar, o visitaram para consolá-lo ao crepúsculo e, tal como nos velhos tempos, tiveram uma longa e amistosa conversa. Na manhã seguinte, às 7h15, depois de ter se vestido com todo aprumo e feito um ajuste final de despedida no nó da gravata, deixou a prisão e foi fuzilado em Zamudio, com os olhos descobertos. O pelotão de fuzilamento o saudou antes de disparar, e a sua morte foi registrada no cadastro municipal do vilarejo.

8.

Ninguém sabe por que aquilo ocorreu no dia 4 de janeiro. Não parecia fazer o menor sentido. A frente estava absolutamente calma, e Franco decidira não atacar Bilbao até que se tivessem passado dois meses e meio. Era uma investida despropositada, um movimento inconsequente, mas o clímax foi mais horrível do que se tivesse sido parte de uma tragédia composta por mão mais habilidosa, sobressaindo antes de tudo como demonstração prática da nova *mystique* no ar.

Às três da tarde do dia 4 de janeiro, o departamento de Defesa foi informado por telefone, desde a frente meridional, ao sul da imponente montanha de Gorbea, que uma numerosa esquadrilha aérea havia sobrevoado Vitoria e estava a caminho de Bilbao. O departamento de Defesa avisou a Gobernación, mais precisamente o ministério do Interior, comandado por Monzón, e as sirenes soaram uma lamurienta cantilena de terror ao longo de catorze quilômetros do Nervión, desde a cidade até o mar.

O antigo campo de polo dos ricos bilbaínos, um pequeno trecho de terreno plano entre o rio e as colinas de Lamiaco, junto a Las Arenas, agora servia de aeroporto para os caças russos. Naquele dia, havia oito deles; o restante tinha sido enviado a Santander. E tão bem os russos haviam se desincumbido da tarefa de treinamento dos pilotos espanhóis que, dos oito homens que correram para os aviões, apenas quatro eram russos. Eles ganharam altitude voando rio acima na direção da cidade, e quando estavam sobre Bilbao ascenderam com rapidez, ao ritmo desigual dos motores superalimentados, em seguida dividiram-se em dois grupos e inesperadamente tomaram o rumo do mar.

Na cidade, todos os que viram isso ficaram furiosos. "Esses russos", comentaram, "qualquer um poderia ter previsto que iam amarelar." Em seguida, eles próprios fugiram. As sirenes mudaram para uma toada mais melancólica de duas notas, uma aguda e outra grave, anunciando o perigo. As mulheres de Bilbao agarraram as crianças e correram para os abrigos com os cabelos flutuando ao vento; logo foram seguidas por homens apressados. Bilbao virou uma cidade onde só circulavam policiais, e os homens da Cruz Vermelha ficaram de prontidão em seus carros; em poucos segundos sumira todo o bulício do tráfego, restando apenas o farfalhar de jornais velhos pelas ruas.

Em três incursões estritamente organizadas, no formato achatado de ponta de flecha adotado pelos alemães (pois reforçava imensamente a segurança de cada unidade), nove enormes trimotores Junker 52 cruzaram lentamente o céu sobre o centro de Bilbao. Aqueles que viram os bombardeiros se aproximando contaram que era uma visão aterrorizante; como se uma grande barra tivesse sido traçada no céu, e representasse uma ameaça para a cidade — tão perfeita era a formação de voo mantida pelos alemães.

Os observadores voltaram a erguer os olhos. Eram 3h15 da tarde e, muito acima dos bombardeiros, também avistaram, em reluzentes cardumes de três, uma dúzia de caças que reluziam alvacentos quando as asas refletiam os raios de sol vespertinos, antes de voltar a sumir. Eles se mantiveram a cerca de 3 mil pés acima dos bombardeiros, que não contavam com escolta, só com as próprias metralhadoras.

Com assombrosa deliberação, com a lentidão de peritos em tortura, a esquadrilha estrangeira sobrevoou a acuada cidade de Bilbao. Então, de repente, ouviu-se o ruído líquido das metralhadoras sendo acionadas no alto. De ambos os lados do rio, três caças russos subitamente irromperam desde o horizonte do vale, voando à mesma altitude que os alemães, com quem se defrontaram de imediato.

Os alemães, como lobos, caçam em matilhas. Sempre que possível, preferem não entrar em combates isolados contra aviões russos. Como unidades organizadas, rivalizavam com os melhores da Espanha; mantinham-se juntos a todo custo, esperando pelo momento em que poderiam fustigar o adversário com três aviões de cada vez. E sempre se reagrupavam antes de retomar o ataque.

Foi nessas condições que se travou a batalha de metralhadoras entre os 21 aviões alemães vindos de Vitoria e os seis aparelhos russos de Bilbao.

Lutando isoladamente, cinco dos caças russos avançaram sobre as quatro esquadrilhas de caças alemãs, que constataram ser modelos Henkel 51. O sexto caça, pilotado por um espanhol de 21 anos do qual os instrutores russos tinham o maior orgulho, girou à esquerda e despencou a toda a velocidade contra o principal bombardeiro Junkers, que estava a meio caminho ao longo do Nervión.

Ao notar que o comboio se rompera, uma esquadrilha de Heinkels evitou o combate em altitude superior e saiu na perseguição de Felipe del Río, mas estavam por demais atrasados. O jovem piloto espanhol já conseguira fazer correr sangue.

Para o olhar civil, o Junkers Ju 52 é um monstro de má catadura, e o ruído dos seus três motores parece refletir a brutalidade que traz para o confronto. Na realidade, porém, não passa de um excelente aeroplano, desde que não precise enfrentar oposição, pois conta com defesas bastante precárias.

Por causa do terceiro propulsor, não sobra espaço para uma torre de metralhadora na dianteira. Na traseira são duas as torres: uma acima da fuselagem, cobrindo a cauda e as laterais do avião, e outra suspensa sob a fuselagem, disparando para diante e para trás em ângulo desajeitado.

Diante de um ataque frontal, o Ju 52, mesmo ao voar em formação, tem poucas chances de sobrevivência e quase nenhuma de vitória. É por isso que, durante os ataques a Madri nos dois meses anteriores, quase sempre os Junkers eram acompanhados de escolta à direita e à esquerda, assim como no alto.

Com as quatro metralhadoras crepitando furiosamente, Del Río posicionou seu avião diretamente à frente do propulsor central do bombardeiro mais avançado. Os alemães deviam ter se dado conta do perigo que corriam, pois as bombas começaram a cair aqui e ali nas margens e no próprio rio, provocando jorros de água e de metal crepitante. Um jato de fogo projetou-se da dianteira do Junkers, enquanto Del Río arremetia para o alto, já fora de alcance, com uma das asas salpicada de balas.

Dois pequenos pontos se destacaram do bombardeiro, caíram direto, se desdobraram e de repente pairaram sem esforço no ar enquanto os paraquedas se retesavam esbranquiçados mais acima. Agora envolto pelas labaredas, o Junkers arremeteu para diante, girando na direção do monte Arraiz, a oeste do Nervión. E explodiu assim que se chocou contra o solo; nele foram achados dois corpos completamente carbonizados.

A toda a velocidade, os oito Junkers se desfizeram das bombas e tomaram o caminho de casa. Acima deles, dava para ver os mergulhos incisivos e os giros acrobáticos dos caças, que continuaram a se engalfinhar até a frente. Um Heinkel e um Boeing foram abatidos. Toda a refrega chegou ao fim em sete minutos. A dramática intervenção de Del Río acabou reduzindo a lista de vítimas a três mortos e três feridos. Os aviões russos tinham feito um extraordinário trabalho naquele dia.

Na encosta do Arraiz havia um pandemônio. Os veículos da polícia e da Cruz Vermelha não conseguiram sair a tempo quando se notaram os paraquedas, e lá encontraram uma multidão furiosa.

Adolf Hermann, de 24 anos, residente em Berlim e de nacionalidade alemã, tenente da aviação franquista, teve o azar de aterrar no fundo de um grupo de casas situadas na estrada que levava à serra de Pagasarri. Logo foi rodeado e minutos depois estava morto.

Tão bem-ordenada em outros momentos, Bilbao ficou rubra e conflagrada sob o bombardeio aéreo. Tal é a *mystique* da força aérea.

As circunstâncias da morte de Hermann não estão claras. Alguns afirmam que sacou uma arma e disparou contra a multidão, matando uma mulher e um miliciano; só então os outros teriam saltado sobre ele e o despedaçado. Os membros do governo basco, contudo, para quem era estranha a moderna concepção militar de editar a verdade, me contaram que achavam que um miliciano havia disparado primeiro contra Hermann, não o acertando e alvejando a mulher; Hermann então teria atirado com melhor pontaria e acertado o alvo; os moradores então teriam atacado, com consequências fatais para Adolf Hermann. O segundo relato soa mais confuso e, por isso, é mais crível do que o outro. Quando não havia mais nada a fazer, os moradores recolheram o que tinha sobrado do alemão e levaram tudo a Bilbao, onde a polícia se encarregou do material e o dispersou. Grande parte dos documentos do alemão foi preservada, incluindo um recibo de 2284 litros de gasolina para o avião, o Junkers número

25:147, emitido em Sevilha, no dia 15 de novembro, e escrito em italiano. Karl Gustav Schmidt, a âncora do outro paraquedas, teve mais sorte que o compatriota. Levado por um golpe de vento, acabou na outra margem do rio, onde arrebentou as costas ao cair em um local denominado Enecuri. Enquanto descia, um piloto russo em um Boeing avariado, mas não destruído na batalha, o acompanhou solicitamente, pousando em um terreno agreste nas proximidades.

Entre os bascos era espontâneo o sentimento de ódio pelos aviadores alemães. Não era apenas a multidão urbana, o proletariado de Bilbao, que gostaria de tomar medidas violentas contra eles. Assim, quando viram descer o paraquedas, a gente do interior que vivia na crista entre Bilbao e Derio saiu correndo, de armas nas mãos, até o ponto onde imaginavam que ia cair. O jovem e loiro Schmidt ainda sacou o revólver e tentou se defender, mas foi desarmado. Teria sido morto no ato se o russo não tivesse dispersado a multidão com outra arma. Portanto, o nazista devia a vida ao moscovita. Não que os motivos dele fossem exclusivamente humanitários. O que queria era saber o máximo possível a respeito da aviação de Herr Hitler, e no momento em que o russo e seus companheiros espremeram o jovem Schmidt sem dúvida aprenderam muito, mas nada que tenha chegado aos meus ouvidos.

O rapaz de 21 anos era radiotelegrafista, e contou aos bascos que, em setembro, fora enviado à Espanha pelo Partido Nacional-Socialista, do qual era membro, e viajara de Hamburgo a Cádiz em um navio de guerra alemão. Como todos os prisioneiros alemães capturados nessa frente, disse que viera à Espanha para lutar contra o comunismo.

Diante disso, os bascos caíram na gargalhada, deixando corado o rapaz. Ele tinha um belo paraquedas de seda que foi apreendido com os restos reconhecíveis do avião, que saíra da fábrica alemã em uma data interessante: um dia antes da assinatura do Acordo de Não Intervenção.

A noite caía em Bilbao quando o russo trouxe Schmidt para o Estado-Maior em um carro fechado. Enquanto espiavam pelas janelas, viram uma estranha efervescência na cidade, ao longo do rio no Arenal e subindo a Gran Vía. Todos andavam apressados e corriam na direção da Cidade Velha, subindo a colina. Havia anarquistas levando a bandeira preta e vermelha, muitos semblantes transtornados e muitos gritos; todos os milhares de refugiados pareciam estar em movimento, como haviam se movido em setembro. Só que agora seguiam para a beira do rio.

O russo lembrou que os prisioneiros haviam sido retirados dos navios depois do último massacre, e agora estavam atrás dos muros da prisão de Larrinaga e de dois conventos, Carmelo e Ángeles Custodios, em Begoña, acima da Cidade Velha. E era para lá que marchava a multidão. A população de refugiados de Bilbao — os sem-terra, os sem-dinheiro, os sem-casa — enlouquecera outra vez, e não havia quem pudesse contê-la.

Fechando as cortinas do carro, o russo levou o prisioneiro pela Gran Vía e o deixou em segurança na Presidência, instalada no prédio do Hotel Carlton.

Todos os ministros bascos estavam lá, muito preocupados. As massas se agrupavam aos milhares ao redor das prisões, exigindo aos gritos que os carcereiros as abrissem. Paus, pedras e tijolos eram lançados no telhado, nos muros e através das janelas. Os diretores das prisões haviam ligado para o Ministério do Interior, solicitando ajuda imediata. Disseram que, se as tropas para dispersar a multidão não chegassem logo, os carcereiros dos partidos de esquerda abririam os portões e ocorreria um massacre. E desligaram aos berros, dizendo que revólveres estavam sendo disparados fora das prisões.

Na Presidência, era preciso tomar depressa uma decisão,

pois mais de 2 mil vidas corriam perigo. Obviamente, seria preciso enviar um batalhão — mas qual deles? Bilbao contava com batalhões de reserva de todos os partidos, mas o conselho ministerial sabia que os nervos da cidade estavam à flor da pele e que teriam de agir com o máximo de cuidado. Em tais ocasiões, uma ditadura pode atuar com rapidez drástica, mas não um sistema como o basco, baseado na conciliação. Era parte do preço da liberdade deles.

Os ministros do Partido Nacionalista Basco relutavam em enviar um de seus batalhões para restaurar a ordem. Poderiam ter de disparar contra a multidão, que não era formada por nacionalistas bascos — a última coisa que queriam era uma guerra civil entre as facções.

Os socialistas concordaram com a proposta de que fosse enviado um de seus batalhões às prisões. Se tivessem de disparar, as consequências políticas não seriam tão graves. Além disso, era possível confiar que os batalhões socialistas da UGT cumprissem a missão. Desde o início, haviam sido, ao lado dos nacionalistas bascos, os mais incisivos partidários da manutenção da ordem, e ambos haviam se articulado a fim de impedir os assassinatos nos primeiros e frenéticos dias de julho. Um batalhão da UGT foi então despachado às prisões, que ainda tentavam impedir a entrada da multidão enfurecida.

Mas a *mystique* da aviação estrangeira infectara a sóbria UGT. Enquanto marchavam pela estrada que levava a Begoña, conversavam entre si sobre a perversidade do ataque alemão contra os civis de Bilbao naquela tarde. E, ao chegar às prisões, estavam tão furiosos quanto a multidão.

Duas delas ficam no lado oeste ou inferior da mesma estrada, separadas por uma das ruas íngremes que descem até o rio. O mosteiro do Carmelo, que fora adaptado, fica a cerca de quinhentos metros das outras, no alto da encosta poeirenta. O diretor era um dos monges que ali viviam, mas que agora ocupavam apenas uma das alas do edifício.

Com todo o cuidado, o batalhão da UGT montou barreiras em todas as ruas que davam acesso à cidade, com instruções de impedir a passagem de qualquer policial que tentasse interferir. Em seguida, avançaram até os portões do cárcere de Larrinaga e exigiram que fossem abertos "em nome do governo". Os guardas dos partidos de esquerda estavam mais do que dispostos a abrir primeiro o portão externo e depois o interno, permitindo que as tropas entrassem no pátio central, no qual desembocavam os dormitórios da prisão no térreo, enquanto os três outros pisos podiam ser alcançados por escadas e galerias de ferro forjado. Toda a cena estava precariamente iluminada por lâmpadas elétricas no teto distante e sombrio. Enquanto os prisioneiros corriam aterrorizados pelas galerias abertas, fechando as portas das celas e empilhando contra elas as camas e caixas frágeis, uma centena de soldados na área iluminada, bem no centro da prisão, começou a disparar os fuzis contra as figuras que tentavam escapar, e a lançar granadas de mão sempre que viam uma porta aberta.

À luz amarelada e doentia da eletricidade racionada de Bilbao, espraiando-se através da nuvem de poeira levantada pelos pés dos milicianos na prisão de Larrinaga, logo era possível ver o sangue escorrer lentamente dos corpos caídos, através das grades dos corredores do primeiro, do segundo e do terceiro andares, até o piso e as paredes. O prédio estava repleto de *detenus* políticos, originários de Bilbao, Biscaia e San Sebastián. Nos estreitos dormitórios térreos que davam para o pátio, em camas de ferro cobertas por sacaria, com roupas escassas e sujas em improvisadas prateleiras de madeira no alto, trinta prisioneiros apinhavam-se em cada aposento, aqueles que não haviam conseguido bloquear a tempo suas portas. Foram destroçados por granadas. Sessenta e um foram assassinados em Larrinaga, enquanto os enlouquecidos homens da UGT corriam de um lado para o outro disparando e arremessando granadas. Outros 33 morreram no anexo da Casa de Galera.

Enquanto isso, outro destacamento invadia o convento de Ángeles Custodios, cujo nome ia se revelar cruelmente inadequado nessa noite. O convento oferecia menos defesas adequadas do que o cárcere de Larrinaga, e a maioria dos prisioneiros que lá estavam era de indivíduos mais velhos, menos capazes que os outros de se defender e erguer barricadas. A multidão seguiu atrás das tropas até o refúgio precário, levando facas e porretes: 96 prisioneiros foram mortos ali, e as escadas e os pisos ficaram escorregadios de tanto sangue. Muitos do povo eram pouco menos que lunáticos transbordando de ódio, e perseguiram os detentos pelo convento, gritando: "Foram vocês que trouxeram os alemães para que matassem nossos filhos. Vocês já viveram o que tinham de viver e agora estão mais do que prontos para morrer". Então os refugiados de Guipúzcoa não apenas mataram, mas mutilaram. Tal é a *mystique* do ar.

O terceiro destacamento do batalhão da UGT seguiu até o Carmelo, que ficava mais longe e portanto fora alertado e estava mais bem preparado para recebê-los. Conseguiram forçar as portas, mas seis guardas bascos com fuzis haviam conseguido entrar antes, e um grupo de oficiais prisioneiros traçou com eles os planos que lhes permitiriam salvar a vida de todos, com exceção de quatro, que foram surpreendidos no poço da escada e passados ao fio das facas. O restante empilhou camas, colchões e portas destroçadas na sinuosa escadaria de madeira e, quando as tropas começaram a subir, atiraram garrafas cheias de água em suas cabeças. Lá de baixo uma granada de mão foi arremessada, mas não acertou uma porta aberta, bateu no lintel e caiu de volta, explodindo entre os milicianos que berravam amontoados. Então, enquanto os seis guardas disparavam sobre a multidão, ao sinal de um capitão aprisionado, todas as luzes elétricas do convento foram desligadas ao mesmo tempo. As tropas imaginaram que as explosões que ouviam eram mais bombas lançadas de cima e saíram correndo da prisão, exatamente quando subiam pela encosta cinco centenas de membros da Polícia Basca Motorizada, comandados pelo jovem Telesforo Monzón.

Os amigos de Franco sempre foram muito hostis a Monzón, que se esforçara ao máximo nos dois meses anteriores para se livrar de todos os prisioneiros políticos em Bilbao, os quais seriam trocados pelos bascos mantidos por Franco, sob o argumento bem razoável de que se ambos ficassem com os seus as chances de sobrevivência cresceriam de maneira correspondente. Mas Franco rejeitara a troca, e agora Monzón teria de ajeitar a confusão que previra.

Corajoso, Monzón seguiu direto, e sem escolta, para a prisão de Larrinaga, onde os milicianos ainda perseguiam gente pelas sujas escadas de ferro e pelas galerias abertas do pátio central, e tentavam derrubar a coronhadas as portas mais resistentes. Havia mortos por todos os lados, e alguns tinham caído do último andar e se estatelado no pátio. A eletricidade racionada e insalubre de Bilbao ainda alimentava as débeis lâmpadas que iluminavam a insanidade de seus moradores.

Monzón agarrou um oficial pelo ombro do braço com que empunhava uma arma e disse: "Se você não tirar imediatamente seus homens da prisão, eles vão ser todos fuzilados aqui dentro". O tiroteio cessou assim que uma ordem foi berrada. No salão alto e mortiço, com o posto do carcereiro vazio e cheio de vidro quebrado no centro, as paredes esburacadas pelas balas, o lento tremeluzir da poeira no ar e o movimento de corpos aos pés de Monzón, fez-se um raro silêncio. O rosto dos milicianos, apenas um instante antes engomados por tanta fúria, de repente se descontraiu, empalideceu, com um olhar de incompreensão estampado, como se eles estivessem despertando de um mundo irreal. Correram para fora da prisão e alguns vomitaram no portão externo. Tal é a *mystique* do ar.

Ali toparam com a polícia motorizada basca, com os capotes de couro reluzente refletindo as lâmpadas de rua do inverno como a pele de imponentes robôs metálicos, dedos nos gatilhos.

No Ángeles Custodios e no Carmelo, o jogo chegara ao fim. A multidão desapareceu na escuridão noturna. Restavam apenas os milicianos de rosto pálido, como homens que sentem uma gélida melodia na cabeça e sabem que beberam demais.

Entraram em forma e marcharam de volta ao quartel, onde foram desarmados. Os oficiais foram detidos. Todos haviam empalidecido — as tropas, a polícia, Monzón.

O comportamento do governo basco nessa ocasião foi absolutamente inacreditável. Nessa época, vale lembrar, os relatos verdadeiros de matanças em Madri somente podiam ser contrabandeados como artigos não censurados por correspondentes desconhecidos; com Franco, a situação era ainda pior. Se um jornal estrangeiro ousasse publicar qualquer relato de atrocidades em seu território, o correspondente — tivesse ou não sido responsável — era imediatamente expulso.

Para os bascos, o termo "consciência" era dotado de um significado dinâmico. Tinham, da melhor maneira possível, de reparar o horrível crime cometido pelos bilbaínos enlouquecidos pela guerra aérea. E, ainda que estivessem em guerra, deram ordens para que os censores deixassem passar todas as descrições verídicas.

No Ministério da Justiça e da Cultura, Leizaola mandou afixar uma lista de todos os mortos. No fundo, foram acrescentados nove "mutilados" — os mortos que também haviam sido mutilados. Os representantes da imprensa estrangeira foram autorizados a transmitir todos esses fatos, assim como a rádio de Bilbao.

Os parentes dos mortos, que até então haviam podido visitar as prisões e conversar através das grades e telas de metal, e que haviam levado pacotes com alimentos, omeletes e cigarros todos os dias da semana, agora receberam permissão de prestar uma derradeira homenagem. Tiveram liberdade de realizar procissões funerárias pela cidade, e o fizeram. Em todas as igrejas, os sinos dobraram pelos mortos — mártires sem glória do mecanismo moderno da guerra —, 194 massacrados, e mais trinta que morreram de ferimentos. A música esteve presente no início e no final do drama: as sirenes e os sinos das igrejas eram na verdade sons pastoris, a julgar pelo padrão intermitente dos tiroteios entre ambos.

Um tribunal secreto especial foi criado para julgar os líderes do batalhão da UGT responsável — se é possível usar tal palavra a respeito da condição enlouquecida na qual reagiram ao troar dos céus. Na Bilbao amedrontada, não havia como tornar exemplar a punição deles, mas até o fim de janeiro seis haviam sido condenados à morte. As sentenças foram decididas em uma sala próxima à da Presidência, atrás de uma porta protegida por guardas com baionetas caladas e submetralhadoras.

Levou muito tempo para que se atenuasse a excitação em Bilbao. A partir de então, destacamentos da milícia do Partido Nacionalista Basco, em licença da frente, passaram a proteger as prisões. Eu as visitei quinze dias depois e conversei livremente com os prisioneiros. O convento de Ángeles Custodios, com suas frágeis grades e janelas quebradas, fora abandonado, e os detidos se concentravam na prisão de Larrinaga e no Carmelo, em torno do qual os bascos estavam erguendo muros de concreto com seteiras.

Um campo de concentração estava quase concluído em Sondika, a oito quilômetros de Bilbao, através da serra oriental do vale do Nervión. Parecia um local saudável, com dormitórios limpos, banheiros abundantes, pátio para exercícios — tudo o que não havia nos velhos prédios de Larrinaga e do Carmelo, onde os sanitários eram caixas quadradas cobertas por panos no canto de cada dormitório, as camas apertadas entre corredores de trinta centímetros, e o único lugar onde se podia caminhar era um pátio deprimente, com cimento sob os pés e paredes de cimento no alto. Em Sondika, havia luminosidade, flores e gramados: os pavilhões carcerários eram compridos bangalôs repletos de janelas e pintados com os vívidos azuis-marinhos, verdes e brancos de um clube de iatismo inglês. Foi o que eu disse aos prisioneiros.

Eles estavam preocupados, pois o que mais temiam era outro ataque aéreo e uma repetição do 4 de janeiro. A única coisa que queriam era o *canje* — a troca de prisioneiros, que o próprio Franco havia recusado. Na posição de jornalista, como eu poderia ajudá-los? Parecia cruel demais dizer-lhes que seu próprio lado não estava disposto a resgatá-los. Por isso encaminhei a conversa para o novo campo de concentração, e topei com uma audiência cada vez mais indiferente e até mesmo hostil.

O campo de concentração? Claro que seria fora da cidade e, portanto, mais seguro: as metralhadoras nas torres em seus quatro cantos ajudariam a manter longe as multidões. Mas, para eles, mal dava para imaginar qualquer mudança para lá. Afinal, estavam, graças a Deus, bem confortáveis ali mesmo, aquecidos pelos velhos muros de Larrinaga e do Carmelo. Em Sondika, talvez fosse mais saudável, mas, na opinião dos prisioneiros, ventilação significa correntes de ar, e estas eram o melhor caminho para se pegar um resfriado forte, algo que lhes parecia pior do que qualquer outra coisa. Não. Naturalmente estavam agradecidos ao governo basco pela bondosa intenção por trás do campo de concentração, mas lamentavam ter de recusar a ideia, da maneira mais polida possível.

Deixei a prisão com o rabo entre as pernas, seguido pelos adoradores do bafio, que sopravam presunçosas fumaradas de seus longos charutos. A Espanha é um lugar curioso. Na entrada da prisão, o dia de visitas se notava pelo alarido. Por volta de três dezenas de tias, irmãs e avós berravam o quanto podiam na direção de cerca de trinta prisioneiros atrás da tela metálica, os quais berravam de volta com estridência ainda maior. O barulho era igual ao de uma enorme gaiola cheia de papagaios furiosos. Eles ficavam segurando as grades e telas, ombro a ombro, sacudindo-se e gritando. Vez por outra alguém parecia entender algo, sorria e erguia a cabeça em triunfo interpretativo. Para os estrangeiros que adoram a Espanha, essa prática é chamada de "individualismo": prefiro, antes, o Hyde Park.

Lá fora, na cidade, alastrava-se a excitação popular. Os anarquistas da CNT, considerada a organização de esquerda mais dura, sentiram que haviam sido superados pela UGT. Agora precisavam resgatar a própria reputação e, caso possível, se estabelecer no governo de Biscaia, do qual haviam sido excluídos.

A quarta-feira, 13 de janeiro, foi uma noite escura, e os anarquistas fizeram um teste de mobilização. Seus milicianos montaram piquetes nas esquinas do centro de Bilbao, e os partidários começaram a circular com baldes e cola distribuindo centenas de pequenos cartazes rosados.

"A FAI e a CNT, com 360 sindicatos, 36 mil trabalhadores organizados, 8 mil combatentes e 16 mil em setores mobilizados, exigem um lugar no governo." (Os números foram arredondados até o limite do tolerável, mas a cara dura costuma dar resultado na península Ibérica.)

Foi uma exibição medíocre: os bascos estavam bem preparados. A polícia entrou em ação e, até as duas da manhã, os piquetes haviam sido removidos das ruas; um novo setor foi mobilizado e outros baldes foram distribuídos pela CNT, que teve de fazer a ronda, cobrindo de piche os cartazes até o amanhecer.

Foi um momento cansativo para a polícia, que, na manhã

seguinte, teve de escoltar os refugiados direitistas até um destróier britânico que os levaria à França. Mas este foi o derradeiro espasmo de força da CNT antes de sair da linha em abril. Aguirre aproveitou a oportunidade para proibir o jornal deles, o *CNT del Norte*, e dispersar suas reuniões, que a partir de então só poderiam se realizar com autorização especial do Ministério do Interior. Faltava espinha à CNT, que acabou desmoronando. Dali em diante não ocorreram mais massacres e assassinatos em Bilbao: a polícia mantinha o controle, e a energia podia se concentrar na guerra.

Restava apenas um temor. O bloqueio, a grande massa de refugiados com nada a perder além dos filhos, a comoção de outro ataque aéreo contra uma grande cidade atuariam como ácido corrosivo sobre as emoções de um proletariado cujos nervos estavam à flor da pele por causa da fome, e deviam manter sempre atentas as autoridades.

9.

Uma longa ondulação aplainou-se na direção da baía quando paramos diante de Punta de Galea, bem ali onde o Nervión assinala o limite leste do seu estuário. Estamos oito quilômetros mar afora, lentamente subindo e descendo na água espumosa. Bilbao, a cidade do ferro, está logo adiante da dura ponta de terra parda, onde o penhasco se recobre de pinheiros solenes, anuviado por um chuvisco. No outro lado da boca do rio, as colinas elevam-se em picos piramidais, exuberantemente verdes, e, ainda além, azulados e cinzentos, os montes bascos calçavam o horizonte. No sentido da altitude, era uma linha de costa abrupta, e a violência furiosa das ondas aos seus pés transmitia a mesma impressão. Mas a superfície do campo à direita e à esquerda dizia o contrário. Pastagens e pequenas propriedades amenizavam a transição entre a montanha e o mar turbulento. Triangulavam todos os cantos da encosta, e só os precipícios recortavam as divisas matemáticas. Enquanto nos aproximávamos, avistamos vacas pastando em ângulos incríveis em relação à horizontal. Todas as partes da colina eram aproveitadas.

Uma semana antes, o lança-minas franquista *Jupiter* deixara San Sebastián, escoltado pelo couraçado *España*, levando a bordo uma centena de globos maciços. Um destróier da Marinha britânica o havia reconhecido e estimado o volume de sua carga. Em uma noite úmida, quando após três meses sem topar com nenhuma mina a vigilância basca começou a relaxar, as entradas dos portos de Bilbao, Santander e Gijón foram ligeiramente minadas. O avião de patrulha de Bilbao, em voo rasante, localizou 25 globos negros na água quando o céu e o mar estavam claros. As traineiras haviam identificado outros oito, e uma delas fora inteiramente destroçada por um desses globos, perdendo-se toda a sua tripulação; agora estavam fazendo a varredura de um canal no lado oeste da entrada do porto, dentro do alcance das baterias e dos holofotes de costa.

Estávamos a bordo de um destróier e tivemos de nos manter afastados. Foi interessante notar a mudança na atitude dos oficiais desde julho, quando tudo era vermelho: dessa vez a Itália estava desembarcando na Espanha franquista 50 mil recrutas, completamente equipados com armas, artilharia, carros de combate, caminhões, ambulâncias e suprimentos. A Itália não era nada popular. Seguimos em zigue-zague pela baía até que Eguía, o capitão do porto e chefe da Marinha Auxiliar, surgiu ao nosso lado em meio à espuma levantada por sua grande e veloz lancha.

Usando boinas, marinheiros com nariz pronunciado, macilentos e de ombros largos receberam a bagagem. A bandeira basca — cruz branca e sautor verde sobre fundo vermelho — desfraldada e retesada à popa enquanto cortávamos as ondas rumo à costa, por entre as minas, a uma velocidade estontante. Os motores de quinhentos cavalos entoavam com suavidade seu hino materialista. Eguía, com a boina projetada sobre a testa ampla, nos contou as novidades em um inglês precário, aprendido quando trabalhara como marujo comum, e em seguida ficou calado. O basco é uma raça que não fala muito, exceto sob influência do vinho. A gente gostava de imediato de Eguía. Havia algo franco e afável em seu semblante largo, e o nariz comprido, que se estendia até um ponto móvel sobre a boca pequena, o destacava como um excêntrico de tipo incomum. Era corpulento, mas evidentemente havia sido ainda mais corpulento: para ele, o bloqueio fora um maldito aborrecimento.

O timoneiro cuidava da direção, e havíamos deixado para trás Punta de Galea. De repente, vimos que as propriedades rurais não passavam de disfarce, pois o rio Nervión nos exibiu então uma paisagem inimaginável desde o mar aberto.

Entre duas fileiras de colinas na direção norte e sul fica o estreito vale fluvial, uma faixa industrial atulhada de altas e negras chaminés, gasômetros, fundições que pareciam gigantescas e escuras casamatas, escadas e pontes de aço encardidas, trens sacolejantes, fuligem, cortiços de aparência arruinada. O minério de ferro balança na ponta de cabos de aço suspensos, com caçambas pairando vazias no ar, diante de íngremes e pardos picos de escória que escalavam as encostas mais atrás. Dúzias de guindastes mantinham-se altaneiros e ociosos, à vontade e ostentosos ao longo do sólido cais de granito à beira do Nervión. Navios, transatlânticos e continentais, lá estão ancorados lado a lado em negrura ferrugenta até onde alcança o olhar. Traineiras atadas umas às outras em falanges de uma centena. De Portugalete, à direita, os trabalhadores malvestidos contemplavam através do rio os dois iates a vapor abandonados, com a tinta branca e o dourado começando a descascar, e mais além Las Arenas, antes o lar e a praia dourada dos milionários de Bilbao. Estes agora ajudavam nos hospitais da Cruz Vermelha em mansões que haviam sido — e voltariam a ser — sua residência. Mas os pobres continuavam a fitá-las; os milhares de pobres, aos quais se somaram os refugiados vindos de San Sebastián, acantonados à beira-rio e sem nada para fazer além de lavar as roupas com o escasso sabão racionado, sentar nos feios bancos de ferro sobre as lajes de pedra, ver o rio passar por eles e por sua incontável prole, enquanto definhavam. As faces dos ricos e dos pobres estavam cada vez mais fundas; um simples olhar revelava que Bilbao estava à beira do desespero de tanta fome.

Durante catorze quilômetros avançamos com rapidez Nervión acima, passando pelas fábricas mobilizadas para o esforço bélico e os edifícios com os seis andares destruídos por bombardeiros alemães. Um ou dois navios britânicos, que por ignorância haviam passado incólumes pelas minas, estavam sendo carregados com ferro. Algumas traineiras armadas, pintadas de cinza, aprontavam-se para se lançar ao mar. Do outro modo, porém, a paisagem industrial do rio era a mesma — o duro cais de pedra à altura da cabeça, guindastes desolados e carrinhos balouçantes, garoa em fundições e chaminés enegrecidas, cortiços apinhados e fuliginosos, tristes morros pardacentos de pó de carvão — todos se erguendo em estreita proximidade junto ao verde do Nervión, e povoado de homens com olhos que fitavam de modo espectral, desde o fundo de órbitas amplas e sólidas em silhuetas corpulentas. Os bascos são trabalhadores, e em janeiro de 1937 mal tinham condições de fazer algo. Ao longo dos catorze quilômetros havíamos passado pela vida adensada e pelo local de trabalho de 300 mil deles, assim como de 100 mil refugiados. Estes se aglomeravam nos cais com roupas desbotadas e puídas enquanto passávamos diante das altas casas à beira-rio, todas envidraçadas, na velha Bilbao, a fim de atracarmos a lancha ao lado das barcaças pesadas e descoradas. Uma imensa igreja do século XVIII, solidamente erguida com pedra ocre e marrom, avultava sobre nós. Cartazes da Frente Popular farfalhavam semipregados na porta oeste, enquanto os fiéis entravam e saíam. Os homens respeitosamente tiravam a boina, e as mulheres colocavam sobre a cabeça o véu escuro. Alvacentas, grasnindo, as gaivotas voavam em meio ao suave *sirimiri*, a garoa invisível e impregnante da costa biscaína. Por fim, desembarcamos. Logo nos convidaram a tomar algo. O bar estava quase vazio: nada que lembrasse a mobília elegante do Bar Basque, na San Sebastián franquista, ou os esfumaçados cafés de Salamanca. Havia pouca fumaça, pois eram escassos os cigarros. Bebemos uma espécie de uísque. Não, a cerveja estava racionada. Não, não tinham troco, só as notas locais de cinco pesetas e vales do bar, pois o governo basco retirara todo o papel-moeda do Banco da Espanha para converter em divisas, e as moedas metálicas, em instrumentos bélicos. Notei que havia muitos diários, e um bom estoque de jornais impressos. Mesmo a folha esportiva local continuava a circular, pois o basco adora jogar futebol, e os melhores jogadores da Espanha são originários de Bilbao.

Fui conduzido ao hotel. O carvão estava acabando. "Água quente", informou a proprietária, "só às quintas e aos domingos." O Torrontegui já fora o principal hotel de Bilbao. O amplo restaurante ficava no último dos sete andares, se não me engano; e dali, contemplando o rio e as avenidas de luz artificial amarelada, jantei em silêncio, rodeado por famílias direitistas que aguardavam permissão para deixar a cidade. Ninguém parecia disposto a falar pelos cotovelos, e acho que, antes, jamais teria imaginado comer coisas tão estranhas. Purê de feijão, peixe, carne de cavalo não intoleravelmente adocicada e bolinhos preparados com uma farinha inteiramente inofensiva e sem gosto. Essa foi a minha introdução à antiga capital dos bascos, a rica, bem-ordenada e progressista cidade do ferro e do aço, da pelota e da navegação, agora resoluto centro da resistência republicana no norte, e a única fortaleza na Espanha onde havia uma classe média democrática.

Ou, como notei ao caminhar pelo corredor até o quarto ao qual pretendia me recolher cedo, o único local onde a direita política podia conviver com uma esquerda política dotada de armas. Em cada porta havia uma bandeja vazia, e a chave estava do outro lado. Ali se levava uma existência cavernosa: havia bandejas demais para se crer que todas estavam destinadas a inválidos. Pouco a pouco, passei a fazer uma ideia da situação em que se encontravam: alguns jamais ousavam pôr o nariz para fora dos quartos, outros desfrutavam a oportunidade de uma refeição especial, como uma omelete ou uma lagosta preparadas pela família Torrontegui, que lhes suplicava que a consumissem na sombra, para não despertar a inveja dos hóspedes sem pensão nos andares superiores.

Somente quando as sirenes soavam estridentes as portas todas se abriam e revelavam damas pálidas e vetustos cavalheiros com semblantes distintos e lívidos, que desciam aos trambolhões pelo elevador ou pela escada até o abrigo antiaéreo, vestindo trajes pretos um tanto folgados em seus corpos. A dissimulação e o silêncio incômodos do hotel eram completamente desnecessários: nenhum daqueles que haviam cruzado a porta giratória do Torrontegui jamais seria ferido. E, um após o outro, com a permissão de Monzón, escaparam para a França nos destróieres britânicos. Mas os acontecimentos do dia 4 de janeiro haviam deixado sua marca, e o temor inexpresso da clientela do Torrontegui transferiu-se a todos com quem tinha contato — carregadores, garçons, criadas e, por um momento, até mesmo a outros hóspedes como eu. As jovens que nos serviam à mesa moviam-se pelo restaurante em longos vestidos pretos e não pareciam dispostas a conversar. O garçom encarregado do vinho, do qual ainda restava um pequeno estoque, preferia permanecer invisível, e, quando vestia as luvas brancas para servir água aos refugiados, ele o fazia com ferocidade gélida e brusca, deixando-me curioso quanto ao momento em que ia romper sua cabeça com a jarra. O único alívio vinha da parte do tagarela porteiro noturno e da velha sra. Torrontegui, com seus cabelos brancos, rosto avermelhado e um portentoso colo coberto de migalhas, enquanto ia de uma mesa à outra animando a todos e comentando as imaginárias qualidades da comida que havíamos sido obrigados a empurrar goela abaixo. Um enorme rádio conferia certa força ao nosso silêncio.

Às dez da noite, todas as luzes eram apagadas em Bilbao, fechavam-se os cinemas e os cabarés dos soldados e, quando se olhava para fora, via-se um esqueleto de cidade, traçado conforme as atenuadas lâmpadas na rua, a cada duzentos metros.

Janeiro foi o mês de maior sofrimento para Bilbao, quando os estoques de alimentos chegaram a zero; só uns poucos navios passaram pelo campo de minas, e as rações foram sendo reduzidas até que chegaram a um ponto de inanição. Aldasoro estava perto do limite; a cada dez dias, ainda conseguia garantir, para cada pessoa, meio quilo de arroz, meio quilo de grão-de-bico, meio quilo de legumes e 250 gramas de óleo de cozinha. O valor desses víveres básicos era de seis pesetas, cerca de três xelins segundo o câmbio de antes da guerra, e um xelim no câmbio atual. O pão também só durava até a metade do mês. Não havia leite para as mães e os bebês, e até mesmo as despensas dos hospitais, que eram abastecidas logo depois das militares, estavam ficando vazias. No dia seguinte, aproveitei para visitar o grande mercado que havia na margem direita do Nervión.

Estava repleto de ecos. Os dois compridos galpões que compunham o mercado estavam quase completamente vazios. Metade de um deles cabia ao comércio de carne, um negócio que não parecia nada promissor, vendo-se apenas uma barraca aberta, com uma amostra patética de salsichas e presunto, em torno da qual pechinchava um pequeno grupo de bilbaínos. A seção dos peixes estava mais animada, pois o mar continuava ali ao lado. Nas barracas de frutas e legumes, apenas limões de Valência enrugados como bruxas, maçãs que serviam apenas para fazer cidra e cebolas a três centavos cada, que rapidamente desapareciam nos bolsos das pessoas.

Todos os dias os jornais estampavam listas de comerciantes multados por lucros abusivos — por exemplo, nove ou dez pesetas (de quatro a cinco xelins) por uma dúzia de ovos. No dia 26 de janeiro, houve um escândalo constrangedor quando se descobriu que 2 mil refugiados estavam recebendo rações em dobro. Todavia, como afirmaram os funcionários da Assistência Social, isso não parecia ter feito muita diferença na cintura deles. Não se encontrava sabão, e o pão foi ficando cada vez mais integral antes de acabar.

O gato sempre havia sido considerado uma iguaria pelos moradores mais pobres de Bilbao. Mas, em épocas de paz, era preparado com certo requinte antes de ser levado à mesa. Depois de capturado, era marinado um dia inteiro e em seguida assado e regado. Então preparava-se um magnífico molho com xerez, cogumelos e especiarias variadas para disfarçar os derradeiros eflúvios carnívoros dos felinos, e dizia-se que o resultado mais parecia lebre com molho — e, no caso das fêmeas mais rechonchudas, era ainda melhor que lebres com molho.

Em janeiro de 1937, os gatos ainda eram iguarias — mas lamentavelmente faltavam os principais elementos que o tornavam uma. Não havia sal, eram escassas as oportunidades de fazer um molho, o xerez estava nas mãos dos franquistas, os cogumelos eram achados e consumidos no ato, e dificilmente se poderia esperar que Aldasoro cuidasse da importação de especiarias. Mesmo assim esses animais eram habilmente perseguidos quando se arriscavam a sair à noite. Os gatos dos navios britânicos, pretos e sacrossantos, não retornavam de passeios solitários no cais. Aqueles que os comiam diziam que, na verdade, não eram muito palatáveis, mas a necessidade de carne falava mais alto.

Na época, os frangos chegaram a custar entre uma libra e trinta xelins — entre quarenta e sessenta pesetas. Como os bancos podiam liberar apenas 250 pesetas por semana a cada pessoa, o frango estava fora do alcance da maioria das pessoas. Contudo, um substituto foi achado no litoral e nas margens do rio: iscas de peixe na ponta de linhas atraíam gaivotas que acabavam na panela. E, se as gaivotas não aparecessem, não havia por que se desesperar: ainda dava para comer a isca — Deus seja louvado por Suas pequenas graças.

Como os moradores de Bilbao eram capazes de tolerar essa dieta sem protestar ou se rebelar ainda é um mistério para mim e para os governantes. Somente uma queixa foi feita ao ministério de Comércio e Abastecimento: perto do final de janeiro, duas centenas de mulheres assinaram uma lamentável missiva indagando sobre a possibilidade de se conseguir leite para os filhos. Não havia. Elas acataram a resposta. Contra todas as leis da ciência médica, as crianças de Bilbao parecem ter sobrevivido àquele janeiro terrível, quando a chegada de um navio com mantimentos era mais valiosa do que uma esquadrilha de aviões.

Não é de admirar que, após os ataques aéreos à cidade, todo o sofrimento contido da população tenha rompido os grilhões do autocontrole. Meses depois, quando as margens do Nervión passaram a ser bombardeadas quase todos os dias e os mortos se acumulavam às centenas, lembro-me de ter me perguntado por que a população não voltara a massacrar os direitistas. Pois a beira-rio, ameaçada no 4 de janeiro assim como em abril, era o abrigo dos refugiados, que, desde que chegaram de Guipúzcoa, haviam atuado como solvente em todas as crises de Bilbao. Era uma gente desesperada, e por que não se rebelaram em abril? Para mim, o motivo é que havia estoques de alimentos, ao passo que em janeiro não havia nada. Naquele mês, a concentração da fome e das bombas foi demais para todos: o vulcão dos refugiados entrou em erupção e toda a população explodiu em labaredas vermelhas. A Bilbao de janeiro era um exemplo-chave de psicologia civil em um caso no qual o bloqueio naval e o domínio aéreo concorriam em favor do inimigo. Ao contrário do que dizem os manuais, não há enfraquecimento, e sim reforço da vontade de resistir por parte da população. Mas a parte mais pobre, esfomeada e debilitada, fica propensa a explosões de fúria que podem colocá-la em oposição ao seu próprio governo. Nesse sentido, a situação era periclitante em Bilbao no princípio de 1937. O que permitiu aos bascos superar uma crise que teria dilacerado outra comunidade foi o sentimento, natural para eles, de disciplina e ordem.

Havia uma semelhança assombrosa entre o massacre basco de 4 de janeiro de 1937 e os fuzilamentos em Paris no dia 6 de fevereiro de 1934. Após ambos os eventos, os participantes ficaram terrivelmente chocados; um limiar de conduta fora transposto; na justificativa francesa e em Bilbao, disseram que a consciência havia contido a decadência política. Mas acho que os dois termos são sinônimos, e que apenas florescem nos Estados democráticos, conferindo-lhes uma força e uma capacidade de contenção incompreensíveis em outros regimes.

10.

Seis dias era o limite da minha estadia em Bilbao. Tive de partir poucas horas depois de avisado, em um navio varredor de minas basco que, com as luzes apagadas para se esquivar ao bloqueio, seguiu uma rota em zigue-zague para a França, via Castro Urdiales a oeste de Bilbao, e chegando ao porto de Bayonne após treze horas balançando nas águas da baía. Seis dias haviam sido suficientes para conhecer grande parte da administração civil basca.

Na manhã seguinte à minha chegada, fui ao Hotel Carlton, para onde se transferira a Presidência basca depois que uma bomba alemã caíra perto de sua antiga sede, o Clube Bilbaíno. O recém-chegado teve o primeiro choque logo na entrada, guardada por policiais idosos com túnicas azuis e boinas vermelhas; e teve de relembrar a história basca para se dar conta de que a boina vermelha — por mais vívido adorno bélico que seja — não representa o carlismo de Navarra, mas é o tradicional adorno basco nas guerras, *fiestas* e danças comunitárias. Esses portadores das insígnias eram *mikeletes*, os guardas do Conselho Provincial de

Guipúzcoa. Eles marchavam com luvas brancas, fuzis aos ombros, com descontraída displicência temperada apenas pelo reumatismo, de um lado ao outro do pórtico presidencial.

A este se chegava após cruzar a ponte que separava a cidade velha, com ruas estreitas e tortuosas, igrejas maciças e casas altas, da cidade nova na margem esquerda do Nervión. Ali, no eixo da larga Gran Vía, estendia-se a Bilbao comercial atrás das pilastras clássicas, pesados pátios de granito e prósperos baixos-relevos de cornucópias, cachos de uva e barcos, querubins saltitantes e ninfas opulentas da década de 1890, quando Bilbao testemunhara uma grande renascença no comércio com a Grã-Bretanha e a França. Agora, porém, havia ali buracos de bombas, e as vitrines vazias da ausência de comércio.

Na Presidência, à qual se chegava por essa avenida de estabilidade e dinheiro antigo, outra surpresa nos esperava. Apresentados ao chefe do Departamento de Assuntos Estrangeiros, d. Bruno Mendiguren, constatamos que o sr. Eden de Euzkadi era ainda mais novo do que nós. Mais investigações revelaram que tinha 25 anos.

O jovem Mendiguren, que mais tarde acrescentou aos seus encargos o de responsável pelo gabinete de imprensa basco, era uma dádiva para os jornalistas. Um ardoroso nacionalista basco que se expressava em francês torrencial, no qual referências ao "basco roxo" abriam uma frase em cada três, Mendiguren concebia corretamente a função de um gabinete de imprensa: permitia que os jornalistas estrangeiros vissem e ouvissem o que quisessem, e não lhes dizia o que deveriam colocar em seus informes diários, e muito menos pensava poder expulsá-los quando acrescentavam algo por conta própria.

Em tempos de paz, Bruno era engenheiro civil e tinha com o cunhado Gamboa sociedade em uma empresa que estava preparada para, da noite para o dia, ampliar as cidades com maciços edifícios de cimento. Havia aprendido o ofício em Bruxelas, onde se orgulhava de ter sido contemporâneo mais jovem de Degrelle, e onde também aprendera francês.

Um jovem franzino, sempre de terno azul-escuro e boina, como tantos bascos, Bruno se distinguia dos outros pelo fato de que sua força física não parecia equiparável ao elevado padrão do entusiasmo dos olhos, da língua e dos braços. Loiro, de cabeça estreita e nariz arrebitado, os olhos brilhantes saltavam das órbitas, tão excitados ficavam ao falar da pátria. Para enfatizar a firmeza e a determinação da raça basca, fazia um movimento peculiar com o antebraço, como se cortasse algo rapidamente sem mover o ombro, que interrompia pouco antes de se quebrar de encontro à mesa do seu gabinete. Até conhecer Bruno, o nacionalismo basco era para mim algo extravagante, como um movimento dos moradores da ilha de Man, mas agora estava clara sua absoluta seriedade, pois Bruno, com os olhos e braços vigorosos, era a ponta de lança dessa convicção. Para ele não restavam dúvidas: "Na Espanha, brancos e vermelhos são a mesma coisa".

Ele era encantador. "E o que você quer ver?", indagou ao concluir a explicação do caráter basco, com o corpo esguio ainda se recuperando do esforço prazeroso. Em ocasiões assim, Bruno era de uma sinceridade brutal, e agora democraticamente esperava o mesmo do interlocutor. Toda a sua atenção democrática estava voltada para mim. Eu começava a me sentir muito bem em Bilbao.

Enquanto voltava a cabeça para a janela, entrevi por uma fresta casual de sua camisa, sob a gravata preta, uma cruz suspensa, presa por um cordão ao pescoço.

Tomando fôlego, comecei: "Gostaria de ver as escolas, os hospitais, a assistência social" — coisas agradáveis e inócuas, e aí, com um pouco mais de tensão na voz — "e também as prisões, os quartéis e a linha de frente". Em seguida, em meio a um derradeiro embate entre a língua, a amígdala, a saliva e o sentimento de que, uma vez que insistira tanto no fato de serem livres e democráticos, por que afinal não pagar para ver?, acrescentei: "E as defesas, os aeródromos, aviões, equipamentos e as indústrias de material bélico". O fôlego começou a me faltar. Que coisa terrível havia feito! Ainda assim, meu derradeiro grito diante do paredão de fuzilamento seria: "Você é que me levou a dizer isso, ao insistir que eram democráticos".

"Está bem", disse Mendiguren, "vamos arranjar para você ver tudo isso." Esse foi o terceiro choque no meu segundo dia em Bilbao. Muito tempo depois, perguntei a ele por que demonstrara tanta confiança. "Ah", explicou, como se fosse algo tão lógico quanto uma questão de engenharia, "você é inglês, e gostamos dos ingleses; além disso, nos foi apresentado pelo cônsul Stevenson, e ele nunca nos enganou com passaportes falsos para os refugiados, como todos os outros." Suponho que esta seja uma regra prática bem razoável.

"Agora", disse Bruno, "venha comigo e vamos conhecer o presidente." Um funcionário paternal vestido com o uniforme da Presidência entrou na sala e anunciou: "José António manda dizer que está à espera". Pareceu desnecessário a esse porteiro idoso e livre usar o sobrenome do presidente diante de um estrangeiro. Esse foi outro choque: imagine um nazista dizendo a um correspondente do *Times* em Berlim: "Lamento, mas Adolf não vai poder recebê-lo hoje, com toda essa barulheira e tudo mais". O Plano Quadrienal ruiria no mesmo instante, e a Alemanha voltaria a ser humilhada.

Passamos então a um pequeno salão quadrado que dava para a praça invernal. Havia uma grande cruz de ébano sobre a mesa, e nela estava pregado o Nosso Senhor em prata. Na parede viam-se amostras de cartuchos de munição para fuzis produzidos nas indústrias mobilizadas de Durango, agora concentradas em Bilbao. O homem que estava trabalhando à mesa levantou-se quando entramos e deu dois passos em nossa direção.

José António de Aguirre, que nos estendia a mão, tinha na época 36 anos. Era um homem baixo, mas a primeira coisa que se notava nele era a extraordinária elegância e delicadeza dos traços. A segunda era que andava com leve empolamento, que os irlandeses chamariam de andar convencido. Pois José António fora um grande futebolista na juventude, quando a multidão, para distingui-lo de outro jogador com o mesmo nome, costumava aplaudi-lo como Chocolate Aguirre, numa alusão a proezas paralelas como empresário.

Aguirre também era advogado, e conduzira as batalhas do Partido Nacionalista Basco desde 1931, quando a organização surgiu toda aparelhada da cabeça morta da monarquia e conquistou um esmagador predomínio em Guipúzcoa e Biscaia que jamais ia perder, mesmo quando as províncias passaram a ser controladas por Franco. Pois trata-se de um movimento político inteiramente baseado na juventude basca.

Ele conhecera dias animados quando, nas primeiras Cortes republicanas, o colega Leizaola, agora ministro da Justiça e da Cultura no País Basco, recebera um soco no nariz por parte de um socialista indignado com sua defesa da Igreja católica contra as intromissões do Estado. Naquela época em que os espanhóis estavam apenas ensaiando a briga, os nacionalistas bascos eram aliados dos tradicionalistas de Navarra. Mas a união desses católicos ardorosos não perdurou. O movimento navarro, sem perder em nada o entusiasmo dos camponeses de Navarra, foi deslizando cada vez mais para as mãos da aristocracia provinciana. E contava com o apoio do dinheiro grosso: logo entrou em entendimentos com oficiais militares e com os partidos centralizadores de direita, que seriam os últimos a conceder a autonomia aos bascos. Pois não foi o líder deles, Calvo Sotelo, cujo assassinato foi o sinal para o levante há muito preparado, quem disse em San Sebastián, no próprio centro do País Basco, "prefiro antes uma Espanha sem Deus, sem a Igreja e sem a Família do que uma Espanha dividida"? Sob Aguirre, os bascos tiveram de se voltar para a esquerda para obter a autonomia; foi um desvio fenomenal, e os resquícios dessa luta estavam patentes no rosto dele.

Um rosto de traços requintados, com olhos muito sagazes e bem-humorados. As longas sobrancelhas, retas e pretas, traziam no centro as linhas confusas de quem se dispõe a concessões para alcançar um ideal. Pois Aguirre, assim como o restante do seu partido, era um idealista do começo ao fim; essa característica brotava como uma flor de suas manifestações públicas, que mesmo nas horas mais amargas de Bilbao nunca eram demagógicas, e eram sempre explicativas no sentido mais estrito, trespassadas de um lado a outro pelo recurso à história e à lei, e toda marcada por uma apreciação humanista de ambas. Era algo assombroso ouvi-lo na imensa quadra fechada de pelota em Bilbao, o Frontón Euzkalduna, onde às vezes se dirigia à multidão antes da época em que esta era fustigada pelos obuses de doze polegadas. A voz, a que imprimia certa dureza nas animadas conversas particulares, era extremamente bela e vigorosa. O povo, ainda que raras vezes do seu partido — pois estes estavam na frente —, ouvia fascinado. Todavia, não lhes falava de pão, paz, canhões e manteiga como os atuais ditadores, mas do mercantilismo da Velha Espanha, dos vícios e virtudes do liberalismo econômico do século XIX, dos movimentos proletários a que deram origem, dos esforços da burguesia para acertar com eles um compromisso humanitário, e do êxito e do fracasso desse movimento ao redor do mundo. Ao contrário dos oradores mais exaltados, não afirmava que Bilbao era inexpugnável; o encadeamento histórico da sua argumentação insistia antes no quanto valia a pena preservá-la. A cada parágrafo, a voz, naturalmente suave e límpida, retesava-se com a estridência de um oficial; até chegar às conclusões, percorria de um lado para o outro a plataforma gingando ligeiramente como um futebolista. Seu único gesto, em uma terra onde estes são exagerados, foi pôr as mãos nos bolsos. Diante dele, os esquerdistas republicanos, os socialistas, os comunistas, os anarquistas, todos giravam a cabeça assombrados. Ali estava o homem que resolvia todas as contradições; a quem, por esse motivo, os chefes organizadores do comunismo, por exemplo, não podiam suportar, pois ele estava no caminho dos seus planos para o controle do Exército basco. Mas os anarquistas, para quem o fator pessoal é sempre algo a se levar em conta, comiam na sua mão: sempre que os militantes se comportavam mal, eles se reuniam diante de Aguirre muito contritos, prometendo jamais fazer aquilo de novo. E mesmo os comunistas, ainda que sussurrassem contra ele, não mostraram as garras até a queda de Bilbao, após dois meses e meio de ofensiva ininterrupta. Só então, Larriñaga, o jovem comissário político comunista junto ao Estado-Maior, foi capaz de fazer um discurso em Santander comparando Aguirre ao Luís XIV de *"L'État, c'est moi"*, e a profetizar que a resistência em Santander, unida e proletária, deveria ter um caráter completamente distinto daquela de Bilbao. Foi o que ocorreu — e durou menos de duas semanas.

Além disso, Aguirre, diante do qual agora eu estava sentado, era a última pessoa a ser comparada a Luís XIV. Não era um déspota, e sim um jovem asceta político, que no final teria de pregar sua fé no deserto. O belo nariz afilado, a boca fina e reta com o lábio superior estranhamente tenso de tanto autocontrole, o rosto atlético um tanto macilento eram as feições de alguém tentando achar o caminho certo, mais do que alguém empenhado em impor um caminho.

Não que Aguirre ignorasse o que queria. Quanto a isso, tinha muita clareza, tanto no curto como no longo prazo. Por enquanto, o que gostaria, segundo me contou, era trocar todos os prisioneiros políticos de uma vez só pelos bascos detidos por Franco

— 2300 de sua parte pelos mil mantidos pelo adversário, e pouco importava a diferença numérica. Era uma questão humanitária, disse, resolver de uma vez o problema dos prisioneiros, e não estava disposto a considerar as propostas, vindas de Salamanca, no sentido de se conceder tratamento especial a poucos marqueses e condes. De maneira nenhuma! Bateu com a mão direita espalmada sobre o tampo de vidro da mesa, e seu anel de casamento ressoou com a ênfase.

Em termos explícitos, estava decidido a ficar ao lado da República até o fim. Ele me contou isso porque os bascos sabiam que, dali em diante, uma bem organizada campanha de propaganda na Inglaterra tentaria introduzir uma cunha entre eles e o governo espanhol. Na melhor das hipóteses, tratava-se de propaganda desinformada: com um movimento militar baseado no dogma admitido por Calvo Sotelo, o de que o separatismo era pior que o marxismo, não poderia haver compromisso para os bascos. Além disso, a qualidade que mais odiavam nos espanhóis era o militarismo, em parte por sua ineficiência, e em parte porque simplesmente preferiam a pesca. Era portanto propaganda sem fundamento na realidade; e, como colocava em questão a honestidade dos bascos (pois haviam prometido o apoio a Valência em troca da autonomia), era insensata. A honestidade era a qualidade de que os bascos mais se orgulhavam. Por trás disso tudo, havia algo utilitário no código moral dos bascos. Se combatessem por Franco, nada ganhariam; mas, se lutassem pelo governo e este ganhasse, a Espanha estaria tão debilitada que poderiam almejar bem mais que o Estatuto de Autonomia. Se perdessem — bem, não perderiam mais do que se submetessem a Franco desde o início. Nem mesmo em termos de efetivos, pois Franco enviaria os jovens bascos para travar suas batalhas em todo o país.

E foi isso o que determinou os cálculos de longo prazo de Aguirre. Se perdesse, tanto pior. Mas, se o governo fosse vitorioso, pressionaria em favor de um Estatuto que concedesse a Euzkadi o equivalente da autonomia interna vigente nos membros da Comunidade Britânica. Não expunha isso de uma maneira ofensiva para a Espanha; na verdade, era um dos poucos nacionalistas que nunca se referiu em termos agressivos aos castelhanos, e a isso se devia seu êxito à frente do governo de Biscaia. A perfeição das suas maneiras, a decência evidente das suas intenções, o hábito de sempre consultar os colegas, estabeleceram um padrão notável na administração espanhola. Em uma época de guerra, quando os governos de Valência e Barcelona discutiam e se reorganizavam sem cessar, e quando o próprio Franco tinha de reprimir e prender partidários falangistas e executar oficiais rebeldes no Marrocos, o governo de Euzkadi, sob José António de Aguirre, não só permaneceu exatamente o mesmo até o final, sem sequer o rumor de uma crise, como, a partir de 7 de outubro, data em que se formou o Conselho de Ministros, até 19 de junho, quando Bilbao foi abandonada, *nem uma vez teve de recorrer a votações*; a manutenção da ordem em Biscaia e a condução da guerra eram asseguradas por decisões unânimes.

Diante do pavio inflamável em Bilbao, dos rostos escalavrados dos pobres, da depressão da classe média, do esvaziamento das lojas de alimentos, das fileiras de negócios antes prósperos com vitrines agora vazias e empoeiradas, forradas de papel contra os ataques aéreos, das portas metálicas enferrujadas onde antes vicejavam os negócios, diante disso tudo ainda mais milagrosos pareciam a paz e o acordo no governo. Em parte isso se explicava pelo caráter basco, tarimbado na administração provincial e consciente de que o progresso material não se obtém sem compromissos materiais. Todavia, uma parte maior se devia à liderança de Aguirre. Talvez existissem personalidades mais incisivas do que a dele no Conselho: Leizaola, por exemplo, seu antigo lugar--tenente — mas ele era renomado como antimarxista. Havia homens com mais experiência mundana, mas Aldasoro, com todo o seu encanto, não era capaz de apresentar o mesmo espírito transparente para os colegas e as massas. O idealismo, o esforço de conciliação, a amizade e a honestidade eram as qualidades necessárias. E Aguirre as possuía, pois era um grande conciliador. Não era movido por interesses pessoais, pois perdera a fortuna na guerra. E, bem antes de esta eclodir, vivera dos lucros modestos do negócio, pois colocara em prática seus princípios, tendo instituído salários familiares e partilha de lucros com os operários. Para ele, isso era motivo de orgulho. Assim como as medidas humanitárias do seu governo, o único em toda a Espanha que acolhera com entusiasmo a iniciativa da Cruz Vermelha Internacional e do Foreign Office. Ele e os bascos ficaram horrorizados com o modo implacável com que se enfrentavam os espanhóis: não era do feitio deles a matança de prisioneiros no campo de batalha ou de adversários políticos nos bastidores. "Veja nossa polícia", comentou ele, "e descubra por si mesmo quantos assassinatos ocorreram. Veja se mantemos mulheres nas prisões. Pergunte em seu hotel quantos direitistas miseráveis salvamos em Astúrias e Santander.* Pergunte ao seu cônsul quanta gente permitimos que levasse para a França, e quantos daqueles que resgatamos agora estão lutando contra nós e a favor dos rebeldes."

Todos esses imperativos soam um tanto pomposos no papel, mas Aguirre os enunciou com voz jovial e sem afetação, as sobrancelhas aproximando-se com ironia e um sorriso aflorando nos cantos da boca... Acredite ou não, achamos que estamos nos saindo muito bem. Havia algo quase esportivo no modo como via as coisas; voltara a ser o capitão de um time de futebol e, mesmo se perdessem, iam obedecer ao árbitro e às regras. Sem mordidas,

---

* Mais tarde soube que a mãe dele estava à frente do grupo que organizava as fugas.

sem golpes baixos, sem rasteiras. Nada muito continental, na verdade. Algo que os bascos não eram. E, quando saímos para a garoa, até que lembrava um pouco Liverpool, com as lojas fechadas, os irlandeses longe em Blackpool e os protestantes decentemente em suas casas, desfrutando da Paz do Reino.

Ocorreu-me então ser aquela uma ocasião propícia, com a ajuda de especialistas locais, para fazer a soma do número de assassinatos, execuções e massacres políticos que haviam ocorrido em Biscaia. O Tribunal Popular havia sentenciado à morte menos de trinta pessoas, incluindo Wakonigg e seu bando de espiões. Descontando os moradores de Santander mortos pela polícia em julho e agosto, os assassinatos individuais também chegavam a três dezenas. Sessenta e oito prisioneiros foram massacrados após o ataque aéreo de setembro, e outros 42, pela tripulação do *Jaime Primero*. Em seguida, em um acesso de fúria, um guarda de prisão matara um prisioneiro quando abanou um lenço para um avião alemão depois que lhe fora dito para não fazer aquilo. Duzentos e vinte e quatro pessoas morreram no terrível dia 4 de janeiro. Com isso, o total chegou a 394. Os inimigos do regime basco não podiam superar os quinhentos. Não havia outra cidade na Espanha que se comparasse a Bilbao no controle dos homicídios. Madri, Valência, Barcelona, Toledo, Sevilha e Badajoz exibiam notoriamente o recorde das taxas mais altas de assassinatos políticos no país. Mas comparem-se as cidades sob controle de Franco a leste, a oeste e ao sul de Bilbao. Em San Sebastián, com um quarto do tamanho de Bilbao, haviam ocorrido seiscentas execuções desde o início da ocupação pelos franquistas; na ainda menor Pamplona, mais de quinhentas; em Vigo, 2 mil. Esses são números oficiais aproximados. Segundo minha própria experiência, quando viajei de carro pela velha Castela em outubro de 1936, a província de

Valladolid, com 300 mil habitantes, muito menos portanto que Bilbao e seus refugiados, havia perdido 5 mil homens e mulheres para as balas punitivas dos revólveres da Falange, da Guardia Civil e dos tribunais militares; e continuavam as execuções, no ritmo de uma dezena por dia. A proporção de mortos, portanto, no âmbito do território franquista era dez vezes maior do que em Bilbao. Em pequenos vilarejos de Castela, que contavam apenas alguns milhares de almas, como Venta de Baños e Dueñas, descobri que os mortos chegaram a 123 e 105, incluindo professoras "vermelhas" e mulheres de assassinados que haviam reclamado da morte injusta deles. Os bascos não mataram nenhuma mulher até a última semana em que participaram da guerra, quando os anarquistas se descontrolaram em Las Arenas; e, pelo que soube, somente mataram prisioneiros no campo de batalha nessa mesma semana.

Sim, era verdade o que diziam os bascos. De fato pareciam ser diferentes dos espanhóis. Talvez não tivessem o encanto, o desembaraço ou o requinte dos castelhanos, mas pareciam curiosamente infensos a derramar sangue. Muito antiquados.

11.

Em março, a baía de Biscaia — o mar Cantábrico, como dizem bascos e espanhóis — é temperamental e mutável. Tempestades irrompem do nada, as asas cinzentas do Cantábrico malham as escarpas de Biscaia e planam sobre elas loucamente, e a vegetação pernalta que se eleva à medida humana nos campos à beira-mar inclina-se ao sul e deixa voar escassas folhas incipientes, de um cinzento enfermiço e tolhido por rija vontade de durar, sobre afloramentos rochosos, até onde principiavam os pinheiros.

Séculos dessa flagelação arrancaram ilhas graníticas de todo o litoral basco, desbastando-o em penínsulas estreitas, em formidáveis protuberâncias rochosas ligadas à terra por caminhos mais finos que o pulso de um indiano. A tais sacrifícios ao mar os bascos atribuem certa virtude e santidade; e isso ocorre sobretudo com a pequena península sob a face oeste do cabo Machichaco. Uma ermida, cujos baixos e solenes muros de pedra fundem-se na grisalha da extremidade rochosa, confere a bênção e a sombra da Vera Cruz a esse misticismo ancestral. As mulheres grávidas, como se sabe, tudo o que precisam é fazer uma romaria pelo istmo até o santuário e assim serem afortunadas no doloroso evento. E no dia 5 de março, algumas puderam testemunhar, enquanto rezavam ao som dos poderosos registros de órgão da artilharia embarcada, o mais galante entrevero naval da Guerra Civil Espanhola.

Todavia, em março o Cantábrico muda de humor com facilidade. O vento noroeste faz com que as nuvens se acumulem e, aproximando-se da costa, despejam a névoa como uma cauda de gaze, parecendo tocar e enfeitiçar o mar, tornando-o como o mercúrio. As vagas avançam e recuam, mas sem o menor ruído, sem fazer mal à costa; para a erosão é feriado e, para os pescadores de Bermeo, dia útil. No dia 5 de março, estavam preparando as traineiras azuis e as redes pardas quando a batalha os encaminhou outra vez para casa.

Dois dias antes, Aguirre ordenara que quatro traineiras armadas seguissem para Bayonne e ali escoltassem a *Galdames*, uma traineira de ligação do governo basco, de volta a Bilbao através do bloqueio. Na ocasião, o bloqueio era garantido pelo encouraçado *España*, o cruzador *Canarias*, o destróier *Velasco*, a *Galerna* (uma grande traineira capturada dos bascos durante o outono e dotada de armamento) e outras traineiras menores equipadas com telégrafo sem fio. Os submarinos alemães, baseados em Pasajes, o porto de San Sebastián, costumavam circular pela costa; sua forma de intervenção era manter os insurgentes informados da movimentação dos navios do governo espanhol ou das embarcações sob a bandeira de países que não participavam do Comitê de Não Intervenção.

Eles tinham de ser discretos e cuidadosos, pois o Controle estava prestes a entrar em ação, e a flotilha B de destróieres britânicos patrulhava a costa norte da Espanha, sob névoa ou tempestade.

As traineiras *Nabara*, *Guipuzcoa* e *Bizkaya*, seguidas pela pequena *Donostia*, chegaram em segurança a Bayonne. Não se deve a um cuidado preciosista o fato de eu ter mencionado os nomes das províncias à maneira basca: o B idiomático em vez do V e o K no lugar do C estavam estampados na proa e na popa dos cascos nacionalistas.

A *Galdames*, que deviam escoltar, levava um carregamento precioso: duzentas pessoas que retornavam a Bilbao, cuja metade era de mulheres e crianças. Entre essas pessoas estava também Formiguera, conhecido industrial catalão e político centrista, cuja vida fora ameaçada pela organização anarquista em Barcelona. Ele e a família, que o acompanhava, eram velhos amigos de Aguirre, que lhes ofereceu abrigo em Bilbao, a única cidade tolerante na Espanha. Todas as novas moedas de níquel bascas estavam no compartimento de carga, e ao capitão foram confiados valiosa correspondência secreta e códigos cifrados. No início da noite de 4 de março, o comboio levantou âncora para fazer a travessia de nove horas entre Bayonne e Bilbao.

A névoa persistia ao largo da costa, fora das águas territoriais, na manhã do dia 5. O posto de observação em Machichaco, no alto do penhasco e junto a uma bateria de velhos canhões de 105 milímetros, não conseguia avistar a frota esperada. O comboio estava atrasado, em algum ponto no meio da névoa.

Às onze horas, Punta de Galea, a guarnição da bateria de 155 milímetros na foz do Nervión, ligou subitamente para a sede da Marina. "Cruzador avistado a oeste movendo-se lentamente para leste, acompanhado de vapor pequeno." Da Marina veio a réplica: "Deve ser a patrulha inglesa". Mas Galea voltou a ligar com urgência: "Vapor sob bandeira estoniana. E o cruzador é o *Canarias*, dos insurgentes".

Ao receber a ordem de Eguía, que estava na Marina, a bateria de Punta de Galea abriu fogo. Obviamente, o *Canarias* havia capturado um navio com armas e o conduzia a Pasajes.

Na beira da névoa, quatro relâmpagos, como fósforos sendo

riscados, iluminaram a lateral esguia do *Canarias*. Em seguida, veio a réplica gutural desde a terra firme. O *Canarias* desviou-se para o norte a fim de sair do alcance; é provável que tenha sido atingido no primeiro recontro.

Nesse momento, a névoa levantou e, emergindo de estreita passagem sob a luz fantasmagórica, surgiram juntos o *Bizkaya* e o *Guipuzkoa*, dotados no total de quatro canhões de 101 milímetros (quatro polegadas). Não hesitaram em abrir fogo contra o *Canarias*, que respondeu com o canhão de oito polegadas.

Da neblina também saíram o *Nabara* e o pequeno *Donostia*, armado com canhões de 75. Em Machichaco, o posto de observação ligou para a Marina: "Traineiras armadas avistadas, mas nenhum sinal do *Galdames*".

Perdido no meio da névoa, o *Galdames* seguira na direção errada. De repente, também ele apareceu, a oeste do comboio, e ao alcance dos canhões do moderno cruzador *Canarias*, que o reconheceu e fez cinco disparos contra sua chaminé incrustada de sujeira.

As mulheres e as crianças começaram a gritar e a deslizar no convés, ainda escorregadio por causa da névoa. Outros obuses caíram perto, enquanto elas gritavam para que o comandante se rendesse. E ele, pobre coitado, sacudiu os ombros até onde lhe permitiam as mulheres que haviam acorrido à ponte, libertando-se delas e correndo para içar a bandeira branca, anunciando sua própria sentença de morte.

O *Canarias*, sinalizando ao barco estoniano que esperasse, avançou até o *Galdames* sob o fogo esparso do *Guipuzkoa* e do *Nabara*, para os quais voltou os armamentos pesados. O *Guipuzkoa*, obrigado a ficar ao alcance do inimigo para usar os canhões de 101, acabou atingido três vezes. O *Nabara*, contudo, persistiu.

Graças à obstinada insolência dessas duas traineiras da Terra Nova, o *Bizkaya* pôde realizar uma manobra jamais registrada na guerra naval.

Avançou a todo vapor e com o semáforo pronto em direção ao barco estoniano, imobilizado e perplexo entre o *Canarias* e o cabo Machichaco. Aproximou-se a sota-vento do navio estoniano e ergueu e baixou as bandeirolas.

Então perguntaram: "Quem são vocês e para onde estão indo?".

Os estonianos responderam: "Estamos carregando armas e sendo forçados a ir a Pasajes".

Outra agitação das bandeirolas, logo abaixadas.

"Sigam-nos até o porto."

Ao que os estonianos responderam: "Impossível... estamos sendo ameaçados".

O *Bizkaya* então deu o alerta final: "Manobrem imediatamente", e voltaram os dois canhões de 101 e as duas metralhadoras para o barco com armamentos, que foi obrigado a obedecer.

Tal como estavam dispostos, era impossível para o *Canarias* acompanhar as comunicações em curso no outro lado do barco estoniano, cujo nome os bascos agora podiam ver que era *J—*. O primeiro sinal de algo anormal em sua primeira interceptação foi quando o cargueiro passou a seguir o *Bizkaya*, rodeando o cabo Machichaco na direção de Bermeo.

Entretanto, o *Canarias* enfrentava o *Guipuzkoa* e o *Nabara*, assim como o valioso *Galdames*. Na estimativa dos bascos, o *Canarias* achou que Bermeo era um porto pequeno demais para receber o *J—*, e que portanto poderia retomá-lo quando quisesse.

Com efeito, o *J—*, com cerca de 1600 toneladas, era o maior barco que já havia entrado no porto de Bermeo, e foi um milagre ter conseguido atracar ali. O capitão do porto, numa mostra inusitada de orgulho e dignidade, envergou sua melhor boina para inspecionar os papéis do navio — os quais estavam além da capacidade de compreensão de qualquer capitão de porto.

Até hoje, a identidade e o motivo da viagem do *J—* continuam sendo um mistério para ambos os lados na Espanha. O *Canarias* o havia interceptado, ou seja, não transportava armamentos para os franquistas; por outro lado, nem os bascos nem os valencianos esperavam pelo barco.

Tudo era elusivo a respeito desse barco extraordinário.

A maioria dos navios, por maiores que sejam, contenta-se com apenas um capitão, mas nessa embarcação de 1600 toneladas havia nada menos do que três. Um estoniano, o segundo inglês e o terceiro, um sujeito de aparência exausta que provavelmente falava a verdade, disse que era espanhol e que não apoiava nenhum dos lados na Guerra Civil.

O barco levava poucos milhares de fuzis e alguns milhões de cartuchos de munição. A quem estavam destinados? Seu manifesto dizia, de maneira bem clara e sem o menor constrangimento, "Arábia Alemã". Ora, sabe-se muito bem que a Arábia Alemã consta apenas dos mapas da Terra do Nunca, e dos sonhos de Guilherme II, e que nenhuma embarcação que tenha levantado âncora de algum porto real encontrou tal destino, o qual jamais chegou a ser mencionado nas reivindicações nazistas.

Os bascos, contudo, são realistas. Logo deixaram de esquentar a cabeça com o dossiê do *J*— e passaram a fazer o inventário das armas em seus porões.

Lá fora, enquanto a névoa se afastava para o mar, prosseguia o embate entre os quatro canhões de 101 e o cruzador mais moderno da Espanha.

Era um espetáculo lamentável. O *Guipuzcoa* estava em chamas, o *Nabara* fora alvejado quatro vezes, mas ainda continuava a disparar com regularidade. O *Canarias* pairava sobre o *Galdames*, com as labaredas se alastrando pelos canhões. O pequeno *Donostia*, com um pífio canhão de 75, afastou-se para o mar e lá ficou a observar e a ponderar.

Entre as três e as quatro horas, o incêndio no *Guipuzkoa*

ameaçava o paiol de munição, e ele manobrou em meio a uma faixa de fumo rumo ao Nervión. Com os motores também atingidos, conseguiu apenas se arrastar diante do cais de Las Arenas. Um quarto da tripulação havia morrido, os cadáveres alinhados no convés fuliginoso. Era um barco em chamas adentrando o porto.

O *Nabara* decidira ir até o fim, e travou um combate solitário com o *Canarias* até cair a noite.

Espero que a história dos sofrimentos e da tenacidade de sua tripulação ainda seja contada pelos sobreviventes. Isso se sobreviverem a esse outro ordálio que é a prisão de San Sebastián.

O *Canarias*, atingido mais de uma vez, descreveu um amplo semicírculo ao redor do *Nabara* bem no limite do alcance da traineira. Mas, ao passar de um lado para o outro, descarregando toda a força da sua artilharia, o *Nabara* ferozmente apresentou o flanco e os dois canhões. Isso fez dele um alvo perigoso. Mas talvez achasse que, ao colocar em ação todo o seu poderio, conseguiria que o *Galdames* escapasse.

Houve longos intervalos nas trocas de tiros, enquanto o céu vespertino pesava como chumbo sobre a água. Pouco a pouco, os canhões de oito polegadas do cruzador, manejados por artilheiros alemães, começaram a fazer diferença. A vante e a ré do *Nabara* começaram a pegar fogo. Mas o navio não fez nenhuma tentativa de se afastar, mesmo para Bermeo. O *Donostia* o observava com ansiedade, para ver se alçava a bandeira branca, mas os únicos sinais que enviava eram dois lampejos a cada cinco minutos, medidos com parcimônia.

Por volta das cinco horas, um bote foi baixado do *Nabara*, e seguiu laboriosamente, à força dos remos, até o *Donostia*. Quando estava se aproximando, viram que sua tripulação era composta de feridos, e todos eles e os remos estavam sujos de sangue. Davam a impressão de terem abandonado o navio, agora tomado pelas chamas, e, assim que se aproximaram, o capitão do *Donos-*

tia gritou: "Rápido, subam a bordo e vamos para Bermeo", enquanto jogava a escada.

"Não, não", gritaram de volta os homens ensanguentados, "vamos voltar agora mesmo. Mas precisamos de barris de água para apagar o fogo. E nossas ataduras acabaram. Deem o que têm aí guardado; depois, nosso oficial disse que devem se afastar e se colocar em segurança. Vamos acabar esse jogo de pelota."

O capitão do *Donostia* implorou que subissem a bordo, mas apenas o xingaram por demorar tanto, e ele rompeu em lágrimas enquanto fazia descer os barris e as provisões médicas até o bote. Em seguida, os homens se afastaram remando, e o *Donostia* rumou para a costa.

O *Nabara* enfrentou o *Canarias* por mais duas horas. Havia recebido 190 impactos quando o canhão de vante foi inutilizado, então virou-se e continuou combatendo com o de ré. Eram sete horas quando efetuou o último disparo. Os focos anteriores de incêndio haviam sido controlados, mas surgiam outros. Os motores estavam destroçados, entrava água e o barco começava a afundar. O convés estava rendilhado de tantas perfurações e eriçado de dentes serrilhados de ferro, com a chaminé destruída. Essa traineira da Terra Nova não voltaria a vogar pelos mares abertos, a pescar bacalhau e a enfrentar tempestades.

Da tripulação de 52 homens, apenas catorze ficaram vivos; todos os engenheiros estavam mortos, com uma exceção; e todos os principais artilheiros também foram atingidos de maneira fatal. Os catorze sobreviventes, entre os quais o operador de telégrafo e o taifeiro, estavam muito feridos. Por todo o convés havia cadáveres, e alguns já estavam queimando.

Desde a costa, todo mundo fitava o barco, assim como desde o *Canarias*, na expectativa de ver uma bandeira branca. Mas o *Nabara* nunca se rendeu. Enquanto caía a noite, acomodou-se nas águas, uma tocha incandescente que logo mais seria apagada.

Com enorme dificuldade, os catorze baixaram um bote, meio destroçado, pela segunda vez, e nele subiram com dificuldade. Tentaram chegar à costa, deixando para trás o *Nabara*, que afundou pela popa em meio a labaredas rubras, propiciando aos 38 mortos corajosos um funeral viking.

O *Canaris* baixou uma lancha, que seguiu na direção do barco a remo e logo o alcançou. Aparentemente, estavam próximos o bastante para, com facilidade, aprisionar os bascos, mas tiveram a maior surpresa de sua vida.

Quando se colocaram ao lado do bote, os catorze feridos, ou pelo menos aqueles que ainda conseguiam usar os braços, lançaram sobre eles granadas de mão, as únicas armas que lhes restavam.

Assim que esgotaram as granadas, a lancha do *Canarias* imobilizou, derrubou e levou os bascos para o cruzador. O próprio *Canarias* havia perdido em ação oito ou nove homens, e havia disparado uma quantidade enorme de tiros.

Os catorze foram desembarcados em Pasajes e levados à prisão de San Sebastián. Em circunstâncias mais normais, teriam sido fuzilados de imediato. Mas o capitão do *Canarias* fez um apelo de misericórdia, afirmando que eram heróis e mereciam viver.

É curioso que essa história, a mais galante da guerra civil, ainda não tenha sido contada. A imprensa britânica não demonstrou interesse por Bilbao até que o bloqueio virou um tema da política partidária. E é bem verdade que o duelo entre o *Canarias* e o *Nabara* pouco contribuiu para mudar o curso da guerra; os bascos perderam os níqueis, o barco de ligação e uma boa traineira armada — e ficaram com um valioso carregamento de armas.

Mas não posso deixar de sentir que, neste mundo, há coisas mais importantes do que armas ou níqueis. É por isso que a tenacidade de 51 pescadores de alto-mar bascos e de um taifeiro, todos igualmente despreparados para a guerra, não deve cair no esquecimento.

Os mortos ficaram ao largo de Bermeo, o antigo vilarejo de pescadores que, em 1351, assinou um tratado com o rei Eduardo III, da Inglaterra, no qual se estabelecia o princípio básico da liberdade dos mares. Eles ficaram na rota dos pequenos barcos que navegavam para o Ocidente desconhecido, após terem se instalado às margens do esteiro de Gernika, onde os grandes navegadores bascos do Novo Mundo, do Labrador ao cabo Horn, haviam aprendido o ofício. Morreram em uma tradição venerável, a do risco e da liberdade dos mares. No mundo moderno, confirmaram a visão do historiador inglês Walsingham, que escreveu após o confronto naval entre ingleses e bascos em 1350: "Preferiram, devido à rudeza de seus corações, antes morrer do que se render".

12.

Mais para o final de março, estavam em andamento os preparativos para a grande ofensiva contra Euzkadi que ia culminar na tomada de Bilbao. No decorrer dos seis meses anteriores à ofensiva, o terreno havia, de maneira geral, sido preparado.

Um bloqueio frouxo fora mantido pelo encouraçado *España* e pelo cruzador *Almirante Cervera*, cujas tripulações, no início de dezembro, foram surpreendidas tramando um motim em Ferrol, onde uma centena de marinheiros do encouraçado e outros cinquenta do cruzador viram-se diante do pelotão de fuzilamento. Uma rajada de metralhadora contra uma parede das docas abriu o caminho para os falangistas dos tombadilhos inferiores e os alemães especialistas em artilharia. Nos diários de bordo do *España*, os nomes destes sempre eram antecedidos pelo Herr, nunca pela patente de oficial; até aí o orgulho espanhol fazia questão de se impor. Mas quem operava os canhões eram os alemães.

As traineiras armadas, ou *bous*, dos insurgentes estavam baseadas em Pasajes, o porto de San Sebastián, onde uma estreita passagem entre os pesados punhos do promontório abre o caminho desde as docas até o Cantábrico. Outras foram equipadas com telégrafo sem fio alemão de modo a estabelecer um cordão de reconhecimento por toda a metade sul da baía de Biscaia. Atrás dessa linha de patrulhas marinhas, os navios de guerra rebeldes circulavam no rumo leste-oeste, informando continuamente sobre todos os movimentos nessa região do mar.

Eles surpreenderam o *Mar Cantabrico*, um navio de carreira, repleto de aviões usados, canhões e armas de pequeno porte originários do México — o mesmo *Mar Cantabrico* mencionado pelos jornais quando venceu a corrida com o Congresso americano e chegou ao limite das águas territoriais antes que os Estados Unidos aprovassem o embargo de armas e a guarda costeira pudesse impedi-lo de seguir viagem. Agora repintado e ostentando o pavilhão inglês, navegava sob o nome de *Adda*. Porém, como no México a espionagem é poderosa, os rebeldes estavam preparados para reconhecer o *Mar Cantabrico* atrás de sua máscara. Eles o flagraram com o facho ofuscante dos holofotes alemães e o encaminharam a Ferrol, onde foram executados os tripulantes de nacionalidade espanhola.

Na semana seguinte, desde Sevilha, Queipo de Llano, em veemente transmissão de rádio após o jantar, foi anunciado que o material bélico no *Mar Cantabrico* era usado e inaproveitável. Mas o fato é que a área sob controle do governo republicano no norte do país precisava dele desesperadamente. Em Bilbao, sobretudo, os estoques de munição estavam chegando ao fim.

Outros navios foram capturados — navios da empresa de Manuel de la Sota, que deixavam Bilbao rumo à Inglaterra carregados de minério de ferro e retornavam carregados de alimentos. Era assim que o governo basco pagava por sua comida. Para Aldasoro, o ministro do Abastecimento, ficou evidente que as reservas estavam se esgotando. Não davam sequer para um mês; o limiar da fome agora estava em torno de três semanas. Bilbao viu-se obrigada a passar muitos dias sem o pão escuro e amargo.

Falta de munição, falta de comida, falta de ânimo em Bilbao. Todos os que sabiam algo da situação também sabiam que a cidade não conseguiria resistir caso sofresse um ataque vigoroso por terra, mar e ar. Foi no auge da depressão, tanto da cidade como dele próprio, que Goicoechea, o oficial basco que viera do Exército regular e supervisionara a construção do *cinturón*, guardou todos os planos deste em uma pequena pasta, seguiu de carro até a frente e lá cruzou para o outro lado, atravessando uma das imensas brechas entre as posições defensivas.

Exatamente como Pepi Urresti, o sócio de Sota em Bilbao, havia adentrado a planície de Vitoria em janeiro a fim de reunir vacas para suas carroças. Mas Goicoechea buscou uma passagem na linha de frente por motivos mais sinistros.

À sua maneira pouco militarista, os bascos sempre foram justos com Goicoechea. Outro povo teria confiscado seus bens, atormentado sua família e o estigmatizado em público como "traidor". Os bascos não fizeram nada disso. Conversei com eles várias vezes sobre Goicoechea durante a campanha que se seguiu à monstruosa deserção. "Nós o conhecíamos bem", diziam eles. "É um sujeito simpático, e dava-se muito bem conosco. Não é nem um pouco fascista; é um basco de coração. No caso, não foi uma traição comum; só estava apavorado com a miséria de nossos recursos na época em que partiu. Ele ia com frequência à sede do partido [nacionalista basco], e era claro para todos que de fato estava do nosso lado."

São assim os bascos. Um bom sujeito, que contava com nossa confiança; alguma força externa o levou a cometer essa idiotice.

El Liberal, o jornal socialista de Bilbao, costumava vez por outra fazer menção à traição de Goicoechea. Com a mesma regularidade, o censor basco impedia que aparecesse o nome do traidor. Ficava engraçado na página, mas havia um propósito. Na concepção dos bascos, sabe-se bem, o público tinha o direito de saber que *** havia traído os segredos do *cinturón*; mas se ficassem sabendo apenas que *** havia feito isso, não poderiam ventilar sua raiva contra os amigos e parentes de ***. Desse modo, era dissipado o sentimento contra o desprezível ***; e era possível empregar contra ele os termos mais terríveis, como *** e ***, mas sempre que alguém arremetia com mais força topava com um muro.

Assim, com seu rosto afável e escanhoado, Goicoechea mudou de lado, e entregou todos os detalhes das defesas de Bilbao e da nova linha de fortificações em torno de Villareal ao general Mola, o comandante do Ejército del Norte rebelde, inimigo de Euzkadi. Também pôde informar a Mola a quantidade exata de canhões, fuzis e estoques de munição à disposição do Exército basco. E ainda deu informações sobre o local das fábricas de material bélico, que na época estavam sendo mobilizadas para sua plena capacidade produtiva.

Goicoechea caiu como uma dádiva divina, uma chuva de primavera que irrigou a folhagem da causa rebelde e a reverdeceu com uma infusão de vida. Desde a morte do alemão Wakonigg, as informações de que dispunham eram precárias, muitas vezes equivocadas. Agora sabiam tudo sobre Bilbao, no momento em que haviam acabado de aprender um pouco mais sobre o resto da Espanha.

Março, na Espanha, foi um mês morto para os rebeldes, cheio de desastres e presságios cruéis de que jamais tomariam Madri; pior ainda, de que seus aliados, os 55 mil recrutas italianos, eram imprestáveis no campo de batalha.

Fevereiro havia terminado bem. Com a queda de Málaga e o avanço através da Andaluzia rumo às minas de mercúrio de Almadén, a primeira atuação dos italianos, ali onde não se esperava nenhuma oposição, revelou-se bastante útil e, em Pozoblanco, quase chegaram a justificar os soldos.

Em março, porém, a grandiosa investida deles rumo a Madri fora interrompida ao norte de Guadalajara; contra uma força aérea superior, viu-se que os italianos sem ideais se moviam mais rápido do que ninguém pelo país. E foram repelidos de Pozoblanco mais uma vez. Por todos os lados a causa rebelde defrontava-se com o desastre, com a derrota na periferia e a insatisfação no centro, onde os falangistas maquinavam pelo poder e a classe de oficiais espanhóis protestava contra o predomínio italiano no Estado-Maior.

Foi um momento sórdido. Era preciso promover algo em prol dos interesses da Espanha nacionalista e do fascismo internacional até que tivessem condições de lançar outra ofensiva, mais complexa, contra Madri. E, nesse momento vil, a pequena pomba branca voou até a arca adernante, com um punhado de planos no bico e um relatório de que, não muito longe a estibordo, havia uma cidade confortável, desarmada e mal alimentada, chamada Bilbao. Afinal, Noé era melhor que canja de galinha, pois ergueu-se recuperado do leito de enfermo.

A ofensiva que os generais Franco e Mola começaram a preparar devia ser pouco mais que um espetáculo secundário; em vez disso, decidiram fazer dela a operação mais avançada da Guerra Civil Espanhola. Haviam encurralado um oponente que lhes parecia fraco. Por meio de uma tremenda demonstração de força, com todo o armamento pesado que pudessem reunir em terra e no ar, fixaram como objetivo a rendição de Bilbao no prazo de 21 dias.

Bilbao não teria tempo de recompor o *cinturón* ou as defesas na linha de frente, nem de importar armas ou alimentos. Sob o enorme impacto da aviação e da artilharia, a milícia basca seria destroçada ou desbaratada.

O ataque seria lançado a partir de duas bases ao sul e a sudeste da frente de Biscaia — em Villareal e Mondragón. Doze mil soldados seriam mobilizados, dos quais um terço, composto de mouros, ocuparia as posições montanhosas de Maroto, Jacinto e Albertia, capturadas pelos bascos na ofensiva de dezembro, quando por pouco não entraram em Villareal. Goicoechea levou os planos de fortificações, casamatas, abrigos subterrâneos inadequados, sistemas de comunicação, disposição dos postos de comando — tudo, até mesmo informações sobre tipos de metralhadora, que eram diversos e incompatíveis, e a quantidade de munição por homem. Ochandiano, a base basca nesse setor, seria tomado em dois ou três dias. Durango, o centro de comunicações para toda a frente sudeste, seria ocupado em duas semanas; e ali os rebeldes ficariam isolados também da maioria dos bascos a leste, em Udala e Elgueta, na fronteira de Guipúzcoa. Desse modo, em questão de duas semanas, seria possível abrir uma brecha de cinquenta quilômetros na defesa basca e arremeter rapidamente contra o *cinturón*, agora um livro aberto e de fácil acesso — uma cartilha elementar, tão simples como o bê-á-bá. A própria Bilbao, pressionada pelo bloqueio naval, acabaria por se render no final da terceira semana de abril.*

O caminho para um avanço tão rápido através de terreno montanhoso seria aberto a ferro e fogo pelas esquadrilhas aéreas da Alemanha e da Itália. O segredo dessa ofensiva estava no uso do poderio aéreo em escala jamais vista na Espanha ou no resto do mundo. Sob supervisão alemã, construiu-se um novo campo de aviação em Vitoria. Novas encomendas de pilotos e aviões alemães, dos tipos Dornier 17 (bombardeiro pesado) e Heinkel 111 (bombardeiro de cruzeiro), foram encaminhadas a Berlim. Os dezoito pilotos alemães que haviam vivido, apesar de acidenta-

---

* Minha fonte para essa definição de objetivos é o piloto alemão Walther Kienzle, capturado em Ochandiano no dia 5 de abril de 1937.

dos, no Hotel Fronton em Vitoria desde setembro, agora eram enviados em incessantes missões de reconhecimento sobre o setor central da frente biscaína, entre Durango e a linha de frente. Centenas de caixotes chegaram a Vitoria contendo bombas, munição de metralhadora e novos aviões de caça desmontados, do modelo Heinkel 51.

Durante o fim de semana de 27 e 28 de março, o general Mola desembarcou em Vitoria, acompanhado do chefe do Estado-Maior da aeronáutica de Franco, o general espanhol Kinderlen, e do comando aéreo alemão, que demonstrou mais interesse do que ele no desenrolar das operações na frente biscaína. O campo de aviação estava concluído, e o capitão Carsten von Harling, da Força Aérea alemã, foi escolhido para comandar a organização em terra.

A concentração da força aérea em Vitoria acabaria por ser tão importante que a pista de aviação em Talavera, antes a principal base aérea no vale do Tejo, foi despojada de seus caças. Parte das forças alemãs em Ávila (o centro de comando aéreo alemão na Espanha) também foi deslocada para o norte.

Os membros do Primeiro Esquadrão (alemão) J.88, sob o comando do *Oberleutnant* [primeiro-tenente] Walther Kienzle, até então incumbido da proteção de Talavera, registraram o fato em singelo alemão militar nos diários de combate.

Datas (março)
27. Partida do Destacamento Avançado.
28. Partida da coluna principal, 12h30 Passar a noite em ***.
Saída do esquadrão rumo a Ávila, 12h.
Saída do *Oberleutnant* Kienzle para Vitoria; chegada do Destacamento Avançado em Vitoria.
29. Marcha da coluna principal de X a X.

Disposições para acomodação etc. em Vitoria.
30. Marcha da coluna principal de X a Vitoria. Chegada às X horas.
Início dos voos em Ávila às X horas, pouso em V [Vitoria] às X horas.
31. Ficar de prontidão para um voo...

Até 31 de março, o dia em que seria desencadeada a ofensiva, foram reunidos em Vitoria mais de sessenta bombardeiros e caças. Dois esquadrões de caças eram formados por Heinkel 51 alemães, e um terço por Fiat CR 32 italianos. Cada esquadrão consistia em doze aviões, divididos em quatro esquadrilhas, das quais uma sempre ficava de reserva. Havia portanto 36 caças prontos no aeródromo em formação. Os bombardeiros pesados em Vitoria acrescentavam mais dez aviões ao total. (Nesse período, contudo, quando ainda não estava certo da capacidade aérea dos bascos, o general Mola manteve os seis bombardeiros mais novos em locais mais distantes da frente do que Vitoria: a partir de Burgos, Soria e Logroño, esses aviões estavam prontos para participar do ataque a Bilbao.)

Cinco ou seis dos novos bombardeiros de cruzeiro, os velozes bimotores Heinkel 111, dispunham-se como imensos tubarões esfomeados nos gramados de Vitoria. Estes, assim como os novos bombardeiros pesados Dornier 17, iam mostrar do que eram capazes primeiro na batalha de Guadalajara, quando suas silhuetas foram postas ao serviço dos aliados italianos em terra, poupando-os do trabalho de usarem os próprios aviões. Mas o duro clima na Sierra e o domínio do espaço aéreo pelos caças republicanos mantiveram em terra esses novos modelos. Assim, seriam testados pela primeira vez contra Biscaia, e acabaríamos odiando o Heinkel 111 mais do que qualquer outro avião. Ele deslizava silenciosamente sobre nós a uma velocidade tremenda, era um espião nato, belamente torneado como Mata Hari, e com índole igualmente malévola. Ele nos metralhava de qualquer ângulo: era algo tão feroz e inesperado quanto uma francesa empunhando um revólver com cabo de marfim.

Além desse avião-tigresa, havia em Vitoria uma coleção aleatória de bombardeiros Breguet e caças alemães de apoio ao Exército, Heinkel 45 mais antigos, elevando o total a mais de sessenta.

Em Burgos, Soria e Logroño, os bombardeiros e caças de proteção aos aeródromos chegavam a talvez outros sessenta, dos quais dois terços eram usados no trabalho pesado na frente de Biscaia. O total de aviões alemães e italianos reunidos para a ofensiva contra Bilbao era, portanto, de uma centena, dos quais mais da metade estava pronto para atuar a uma distância de apenas quinze quilômetros da frente e a apenas setenta quilômetros da base adversária, em Bilbao.

Um imenso estoque de bombas de fabricação alemã foi distribuído por várias fábricas vazias em Vitoria e Burgos, incluindo desde bombas explosivas de 450 quilos até modestos petardos incendiários de um quilo que seriam testados e aperfeiçoados pelos alemães no decorrer dos oitenta dias seguintes.

Só que o otimismo dividiu por quatro esse prazo.

Mapas recentes da frente sul de Biscaia foram entregues aos aviadores alemães pelo serviço de reconhecimento, com as posições inimigas assinaladas e numeradas, de um a dezesseis, para referência telegráfica. O velho Paul Freese, um alemão encanecido e bem-humorado, elevado ao altivo posto de *Stützpunkleiter* na organização estrangeira nazista e portador da carteira de inscrição número 774, foi nomeado intérprete do esquadrão de caças 1.J88 em Vitoria e de suas tripulações alemãs. O velho Freese de cabelos sedosos apresentou-lhes a região e os mapas durante os preparativos para a manhã do dia 31. Contou-lhes que, depois de morar muitos anos em Zarauz, chegara à conclusão de que os bascos eram as melhores pessoas na Espanha, industriosos, honestos, simples e livres. Tais epítetos elogiosos, porém, não impediram que o velho Freese traçasse os planos para o bombardeio de Durango no dia seguinte.

Mais tropas foram transferidas para Vitoria. Ficou decidido que a ofensiva seria lançada com 12 mil homens, recrutas mouros e espanhóis, mas que o contingente total contra Biscaia contaria cerca de 35 mil. Além da coluna baseada em Villareal e Mondragón, haveria outras na extremidade sudoeste de Biscaia, diante de Orduña; assim como em Vergara, visando a ocupação, que se esperava indolor, de Elgueta a leste; e também em Vera, onde o corpo italiano dos Flechas Negras estabelecera sua base, e de onde avançaria ao longo da costa. Tudo isso sem contar as tropas de reserva.

Jornalistas franceses viajaram de Vitoria a Salamanca com os italianos. Eles notaram e procuraram estimar a grande quantidade de soldados, as longas e empoeiradas colunas de voluntários do totalitarismo. Os espiões cuidaram do resto. Havia provavelmente 10 mil deles no início, reforçados mais tarde por uma reserva de 5 mil homens. Mas a quantidade exata de italianos engajados na ofensiva de Bilbao será sempre difícil de precisar, pois o próprio corpo dos Flechas Negras permaneceu até o final sendo um mistério para os bascos. Por vezes descobria-se que uma brigada de Flechas Negras continha dois batalhões exclusivamente italianos e outro misto, com oficiais italianos e soldados espanhóis. Em outras brigadas, só os oficiais eram italianos, comandando praças espanhóis. Em outras, ainda, recrutas espanhóis e italianos se mesclavam livremente nos batalhões. O interrogatório de oficiais italianos capturados poderia ter solucionado o enigma; porém, dos dois únicos oficiais aprisionados durante a ofensiva contra

Bilbao, um deles estava tão gravemente ferido que os bascos nem se deram ao trabalho de questioná-lo antes que expirasse pouco depois no hospital, ao passo que o outro acabou fuzilado sem demora no derradeiro combate pela crista de Archanda, antes da queda da cidade. Este foi o único caso em Biscaia, pelo que pude saber, de assassinato de prisioneiros. É uma pena que, no único dia desesperado em que macularam sua folha de bom comportamento, os bascos silenciaram um sujeito que, caso sobrevivesse, sem dúvida não ficaria calado.

Uma grande força de carros de combate, em sua maioria ligeiros Fiat-Ansaldo com duas metralhadoras, foi mobilizada para o combate. Em Bilbao, foram estimados em cerca de oitenta, com concentrações assinaladas sobretudo em Vergara e Vera. Entre eles havia um punhado de carros de combate maiores, com torre equipada com duas metralhadoras, e, ainda, um ou outro mais pesado, dotados de canhões e supostamente alemães, mas isso jamais foi confirmado.

O desempenho deles durante essa ofensiva foi, até o final, decepcionante. Durante dois meses e meio, até chegarem ao *cinturón*, adotaram a tática de seguir lentamente pelas estradas, avançando de maneira obtusa e pouco imaginativa; em todos os confrontos, acabaram levando a pior contra os rápidos canhões automáticos que os bascos haviam adquirido da Rússia. Por isso, a tendência das unidades de carros insurgentes foi a de se manter prudentemente ocultos, movendo-se de maneira furtiva à sombra das encostas, atacando apenas raramente, quando um avanço simulado assegurava a inexistência de qualquer armamento antitanque.

Todavia, o principal apoio da infantaria insurgente, depois da aviação, era a artilharia, disposta e armazenada na praça de touros de Vitoria. Calculou-se que, para essa ofensiva, os rebeldes poderiam reunir 45 baterias em um único local, incluindo desde peças de 210 milímetros (oito polegadas) até a artilharia de campanha italiana de 65 milímetros. Imaginava-se que os canhões de 155 milímetros (seis polegadas) eram do velho arsenal do Exército espanhol, mas todas as peças de outros calibres, entre os quais predominavam as italianas de 65, 72, 89 e 105 milímetros, eram italianas ou alemãs. Os estrangeiros cercavam suas baterias e não permitiam que a infantaria rebelde indígena se aproximasse delas.

Cinco grandes canhões de cerco, de 310 milímetros (doze polegadas), foram mantidos na reserva para as derradeiras investidas contra Bilbao e o porto.

Evidentemente, a infantaria, no caso dos Flechas Negras, estava mais bem equipada do que os novos recrutas espanhóis que ocupavam as trincheiras na linha de frente. No entanto, todas as unidades contavam com mais metralhadoras do que os mais bem armados batalhões bascos. No início dessa guerra, mesmo depois de os Exércitos de Santander e Astúrias terem enviado homens e equipamentos para ajudar Biscaia, ainda restavam vinte batalhões, entre os 79 encarregados da defesa, que não tinham metralhadoras. A artilharia basca, com as quarenta novas Schneider de campanha que haviam chegado pouco antes de 31 de março, ainda dispunha de apenas metade da potência de fogo do inimigo, o qual, como se veria nas semanas seguintes, poderia silenciar os canhões bascos o dia todo apenas com o ruído dos aeroplanos e a sombra das suas asas pontiagudas.

Seis caças russos, Boeing 1.16, constituíam toda a força aérea basca. Eram operados por jovens pilotos espanhóis, que vinham sendo treinados pelos russos desde novembro, liderados pelo jovem Felipe del Río. Antes que esqueça, havia também sete velhos bombardeiros Breguet, exasperantemente lentos, que, se comparados à força alemã, mais pareciam agentes funerários ao lado de carrascos em massa. Uma única vez serviram para bombardear o inimigo.

Sob todos os aspectos, com exceção do tamanho do contingente, era evidente a vantagem dos insurgentes. Os bascos podiam lançar na campanha 45 mil homens. Porém, ao longo da imensa frente com 120 quilômetros a serem defendidos, os 45 mil homens mal equipados com metralhadoras não formavam um Exército do qual se podia ter orgulho. Sem dúvida, o êxito caberia ao lado capaz de manter o ímpeto inicial e o avanço, algo que o domínio do ar obviamente ia conferir aos insurgentes. Enquanto os adversários estivessem presos ao campo durante o dia, eles podiam deslocar livremente tropas e equipamentos de uma frente a outra.

Era evidente que os bascos não tinham a menor chance. Mola e Franco desencadearam a ofensiva da maneira mais jovial e dispendiosa, pois não deveria durar mais do que três semanas, e o minério de ferro a oeste do espesso Nervión ressarciria generosamente a Alemanha.

Os alemães também se prepararam para garantir seus interesses no litoral norte da Espanha; em Pasajes, mantiveram dois submarinos, o U27 e o U29, e um serviço próprio de reabastecimento, com vistas a uma longa estadia. Eles descansavam durante o dia e operavam à noite.

Todos estavam alinhados, à espera do apito que sinalizaria o momento de investir contra Bilbao. Os panfletos de propaganda já estavam impressos, contendo a famosa ameaça à população que deu o tom de toda a campanha. Leram os bascos:

> Decidi encerrar o quanto antes a guerra no Norte. Aqueles que não forem culpados de assassinatos e entregarem as armas terão a vida e os bens preservados. Mas, se a rendição não for imediata, pretendo devastar toda Biscaia, a começar pela indústria bélica. Os recursos para tanto não me faltam.
>
> General Mola

13.

"31 de março — de prontidão para voar...", lê-se no diário de guerra alemão. Os panfletos assinados pelo general Mola foram entregues aos pilotos de bombardeiros e caças. Às sete da manhã em ponto, os bombardeiros vindos de Burgos sobrevoavam Vitoria, salpicando a planície, na qual Wellington lutara no passado, com as escuras e padronizadas formas de T. A convulsiva pulsação dos longínquos motores, transmitida em ondas sonoras que faziam cócegas nos tímpanos e obrigavam os olhos a se levantar, crescia até virar o rugido de uma enorme fábrica; emitindo notas mais agudas, dois esquadrões de caças alemães decolaram do aeródromo, subindo rapidamente em flecha e, depois de uma volta, posicionaram-se acima dos trimotores. Era um belo dia, e os aparelhos reluziam como peixes nadando ariscamente sob a luz. Com um lampejo nas asas, logo sumiram, engolidos nas alturas pela boca azulada de céu límpido.

A esquadrilha aérea dividiu-se em três partes.

Nove bombardeiros e nove caças seguiram para nordeste rumo à posição um no mapa aéreo alemão, onde largaram as bombas e realizaram mergulhos contra as posições entrincheiradas. Mais uma vez, foram os alemães, em seus diários de combate, que conseguiram descrever as operações do dia nos termos mais simples:

1. Bombardeio em picada [*Tieffangriff*] em missão aérea contra Maroto, Albertia e Jacinto [as três montanhas que dominavam a estrada Vitoria-Bilbao, a nordeste de Villareal] (início, pouso, alvos, um impacto no ***, esgotamento de munições e bombas). Maroto tomada com apoio aéreo.
2. Bombardeio em picada (abordagem de altitude) nos alvos um e dois (*Uncella* xxx).
3. Bombardeio em picada ordenado contra o alvo sete. Coluna motorizada entre X e Ochandiano desbaratada. Carro de combate atingido e incendiado. Ochandiano bombardeada.
4. Bombardeio em picada contra os mesmos veículos, Ochandiano e caminhões nas duas estradas ao norte dela.

Outros bombardeiros e caças arremeteram contra os vilarejos bascos de Elgueta e Elorrio, onde estava o quartel-general do comandante basco do setor sudeste de Guipúzcoa.

Um terceiro grupo, formado por quatro bombardeiros pesados e nove caças, surgiu às 7h20 da manhã sobre a cidade interiorana de Durango, na qual passaram a lançar bombas de 225 quilos.

A atividade dos aviadores alemães e italianos nessa ocasião, a primeira em que participavam de uma ofensiva, pode assim ser dividida em quatro partes. Na primeira, investiram contra a linha de frente com bombas e metralhadoras; na segunda, buscaram o controle do tráfego rodoviário, impedindo a circulação; na terceira, bombardearam vilarejos que serviam de centro de comando na frente basca, em Ochandiano e Elorrio; e, por último, atacaram Durango, um típico centro de população civil situado nas linhas de comunicação entre Bilbao e a frente. Sua atuação nesse dia correspondeu exatamente à de 26 de abril, quando Gernika tomou o lugar de Durango como alvo a ser destruído. A única diferença é que ainda não haviam começado a usar bombas incendiárias atrás da linha.

Era um novo método de conduzir a guerra, mais terrível do que qualquer outro adotado contra Madri. Assim, enquanto as montanhas que se elevavam na planície de Vitoria eram trespassadas por quilômetros de fumaça brilhante, as estradas eram tomadas por um silêncio lúgubre à espera do matraquear das metralhadoras, e os postos de comando no subsolo lutavam para fazer funcionar telefones destroçados por estilhaços de metal, teve início o mais terrível bombardeio de uma população civil na história até o dia 31 de março de 1937.

O objetivo desse bombardeio, identificado com o número quatro no plano do Estado-Maior alemão, era infundir terror nos civis e destruir as casas junto às ruas de modo que ficassem intransitáveis por veículos motorizados. Na guerra, o moral dos civis é um elemento extremamente importante em qualquer sistema que dependa de voluntários ou milicianos; ali onde a conduta das hostilidades depende menos do comando vindo de cima e mais da disposição de lutar por um ideal, um exército e a população por ele protegida encontram-se tão estreitamente vinculados que mudanças em seu estado de espírito, incutindo seja o temor seja o entusiasmo, tornam-se de imediato propriedade comum. Ainda mais no caso dos bascos, cujos milicianos estavam a apenas 65 quilômetros, no máximo, distantes de sua casa em Bilbao, e constantemente a visitavam, partilhavam refeições e recebiam cartas e roupas limpas dos parentes. As reações mútuas, em termos do moral, eram imediatas.

Os alemães queriam aterrorizar todos aqueles que viviam

em Durango, todos os que por ali passassem e todos os que ouvissem falar do ocorrido.

A cidade eleita, Durango, era uma das mais belas de Biscaia. A principal estrada que conduzia a Bilbao passava por lá, assim como uma antiquada ferrovia de bitola estreita, que servia para o transporte tanto de cargas como de passageiros na zona rural. À direita, outra estrada levava, através do passo montanhoso de Urkiola, até Vitoria; e havia um trem sacolejante que, seguindo por Abadiano e Elorrio, ia para Guipúzcoa. Tratava-se, portanto, de um entroncamento de vias.

A cidadezinha tinha até mesmo desempenhado um papel na história basca, pois durante as Guerras Carlistas, em meados do século XIX, fora o quartel-general do próprio d. Carlos. Havia rebrilhado com as boinas escarlates e rangido sob as botas de cano alto prostradas diante da monarquia absoluta. Ainda restavam muitos em Durango que se lembravam do carlismo e se consideravam tradicionalistas. O ambiente na cidade não era muito propício a mudanças.

Um rio estreito, ladeado por vegetação abundante, corria através de Durango, mas, ao passar pelo centro, as casas se comprimiam apertadas junto às margens. Para os forasteiros, o rio mais parecia um canal de águas límpidas. Plátanos com frágil folhagem de chiffon amenizavam o peso das velhas casas, com pedras cinzentas e longas placas de gesso avultando sobre o calçamento de pedra. Petúnias escarlates com lábios aveludados pendiam com lânguida vaidade sobre o rio translúcido, destacando-se dos embarcadouros rochosos. Um estreito pórtico exibia um magnífico brasão e animais rampantes entalhados de modo a confrontar Urkiola, perto do convento das freiras agostinianas, dedicado a santa Susana. O escaldante e languescente sol destacava seus relevos em pesados cílios pretos, e transformava em fresco túnel de indolência a alameda de plátanos no Paseo de Ezkurdi, que contava com bancos para os conservadores se acomodarem. O rio induzia à sonolência ao cruzar Durango com seu suave fru--fru de saias de seda, escorrendo sob as amplas janelas bascas e enferrujados caixilhos dos jardins de inverno com ornada mobília. Na primavera, Durango começava a despertar da sonolência rural de inverno, e a fitar com olhos semicerrados a modorra estival; estava apenas começando a ficar semidesperta quando a Alemanha definiu-lhe para sempre o estilo.

Bem no centro da cidade, as casas e os altos jardins de inverno com vidraças salientes ficavam ainda mais altos, mais apertados, com as ruas esgueirando-se entre elas por sarjetas e cantos inesperados que faziam os caminhões brecarem com uma sacudida. Na realidade, quase todas as ruas eram irregulares, pois uma adorável criação da arte basca invadira seu espaço, deixando-as fora de prumo. O motivo era a antiga igreja paroquial de Santa Maria, cuja torre assomava sobre Durango e cujo enorme alpendre de carvalho poderia ter protegido metade de seus moradores da garoa biscaína. Em uma longa curva suave, a madeira projetava-se com nitidez dos espessos muros de pedra da nave lateral, quase alcançando as casas agrupadas ao norte, sendo bloqueadas de modo abrupto pelas colunas quadradas. Bem apropriadamente, esse pórtico representava a vida da Igreja basca. Proporcionou abrigo a muitos fora do solo consagrado; sob ele, carroças enlameadas e quadradas ficavam inclinadas em seus eixos sobre a palha, bois de olhos luminosos eram amarrados em argolas fixadas na pedra, respeitáveis velhos de boina conversavam sobre política e fumavam nos bancos compridos, e só as crianças estavam estritamente proibidas de ali jogar bola. Uma proibição que ninguém levava a sério.

Do topo da alta torre de pedra pardacenta, com balaustrada

à cuidadosa maneira basca, era possível avistar e avaliar Durango inteira em um instante. Uma pequena vila sonolenta no vale verdejante e tranquilo. Grossas telhas vermelhas acumulavam poeira, sem ser perturbadas por qualquer vento, tal como as pedras do calçamento de uma praça em meio à densa massa de casas. Os largos telhados tinham empenas baixas que mal se notavam, tão grande o ângulo dos beirais. O reboco branco mostrava-se desbotado nos estreitos intervalos entre as casas, e antigas e frágeis estruturas de madeira e argamassa enquadravam os amplos e planos frontões das fachadas com batentes pretos. Tudo parecia muito crestado pelo sol e friável, como uma antiguidade não restaurada e que não se devia lavar ou tocar.

Próximas do centro, as casas exibiam uma aparência provinciana moderna — do século xix. Muito ferro forjado, azulejos quadrados e vidraças, mas nada de muito desagradável, pois pareciam pouco ciosas de si mesmas. Não rebrilhavam nem se impunham ao olhar, apenas permaneciam uma ao lado da outra em uma espécie de descontraída disciplina.

Mais além, a saída para Elorrio acompanhava o Paseo de Ezkurdi com sua delicada sucessão esverdeada de plátanos, diante de casas mais carregadas de glicínias, mais incisivamente isoladas e resguardadas, atrás de cercas de jardim e pequenos portões de ferro que exibiam placas esmaltadas com letras finas como pernas de aranha, no típico estilo provinciano espanhol, anunciando o dr. d. Fulano ou o advogado d. Sicrano. Agora essas casas estavam vazias. Os *facciosos* estavam presos, os bons estavam em Bilbao, trabalhando nos escritórios e hospitais do governo. As casas se erguiam muito sólidas em seus terrenos de cidade do interior, harmonizadas com Durango graças às pedras gris e ao reboco cada vez mais cinzento.

No mesmo Paseo ficava a nova igreja amarela dos padres jesuítas. Mais além, as campinas verdejantes e a transição suave para as serras. Ao sul, porém, elevavam-se os rochedos e os duros dentes cinzentos do horizonte, sobre os quais agora surgiram quatro aviões bombardeiros cinzentos.

Durango era uma cidadezinha devota e bem-arrumada; às 7h20, muita gente ouvia a missa nas três igrejas, e quase metade dessa gente estava, secreta e sentimentalmente (o que só transparecia em sua maneira de falar) do lado dos bombardeadores.

O sino na torre da igreja soou o alarme, interrompendo a missa, mas o padre oficiante, d. Carlos Morilla, refugiado de uma paróquia "vermelha" em Jove, nas Astúrias, não acreditou que seu rebanho corria perigo.

Quatro bombardeiros Junkers sobrevoaram Durango em círculos, parecendo suspensos por um instante como medonhos presentes em uma árvore de Natal enquanto davam meia-volta e aproximavam-se em menor altitude. Acima deles, os caças reluziam com reflexos metálicos. Mulheres saíram das casas e correram para os abrigos com os filhos nos braços e o cabelo moreno nos ombros. As congregações nas igrejas de Santa Maria e dos jesuítas, e as freiras na capela de Santa Susana, não podiam ouvir o ruído opressivo dos motores dos bombardeiros Junkers.

Fui informado de que eles desceram a uma altitude de apenas trezentos metros. Então soltaram as bombas.

Quatro toneladas de bombas explosivas foram despejadas, e o que os moradores de Durango chamaram de bombas leves foi lançado nas ruas quando os caças também mergulharam e sobrevoaram ruidosamente a cidade, quase resvalando nos telhados vermelhos. Os telhados se abriram, dispersando telhas por todos os lados; as telhas se romperam, se inclinaram e tombaram nas ruas; foram arrancadas juntamente com toda a lateral das casas, rebocada como um pano rasgado; as casas despejaram o vidro em cascata sobre as ruas como flechas reluzentes.

Uma das bombas pesadas atravessou o telhado da capela de

Santa Susana; catorze freiras foram destroçadas e mortas instantaneamente, e pedaços de corpos, mesclados a pedaços dos bancos, imagens e tapeçarias da igreja, foram arremessados por toda a capela. Excelente mira! Outra bomba atravessou o telhado da igreja dos jesuítas. O padre Rafael Billalabeitia estava inclinado sobre os fiéis para lhes oferecer o Corpo de Cristo. Nesse momento tenso, o teto e a bomba despencaram sobre o pároco, os fiéis e o Santo Sacramento. Vigas, pedras, os grandes blocos dos arcos, o teto, tudo desmoronou. Só o que restou dessa igreja foi o vigário, cujo confessionário suportou a avalanche, e o vitral, arremessado para fora das janelas. Excelente mira! Outra bomba pesada atravessou o telhado da igreja de Santa Maria. Sua torre maciça tremeu, aprumou-se, voltou a tremer quando uma quarta bomba atingiu o pórtico, e então se manteve firme e sólida. No interior, o reverendo d. Carlos Morilla estava erguendo a hóstia. Quando vieram abaixo o teto e a trovoada explosiva, Morilla foi esmagado contra o piso; o cálice rompeu-se em dois pedaços e a haste rolou até seus pés agozinantes e espasmódicos. Excelente tiro? Santo Deus, senhor, bem no alvo. Que lhe sirva de lição por ter escapado de sua congregação "vermelha" nas Astúrias.

E com isso as paredes do coro e o topo da nave se separaram, perderam o equilíbrio e ruíram como o derradeiro berro de Sansão no meio do povo aos gritos, que pereceu em grotescas posições de pavor e desespero. Toda a nave virou um monte de pedras, telhas e escombros, as compridas vigas projetando-se qual lanças selvagens da pedreira que se tornara a bela igreja.

As bombas tombaram sobre toda a cidadezinha, abrindo talhos no antigo casario, sacudindo o ar com as explosões. Em imensos cones invertidos, a poeira subia ao céu, como o sangue escorrendo espesso e pegajoso de profundas estocadas. Embora completamente expostas à luz do dia, agora as igrejas estavam mais sombrias do que quando contavam com teto. Mais uma vez as bombas caíram por toda a cidade, aniquilando com pavorosas detonações os gemidos dos que agonizavam sob os escombros. De Durango tresandava o fedor de explosivo, poeira e dissolução do casario.

Tudo durou menos de meia hora. E então, quando os cones de fumo ascenderam até a névoa matinal, que ainda se dissipava sobre os montes e se afastava com a brisa norte, os angustiados sobreviventes contemplaram a cidade. Os bombardeiros haviam partido; e os caças estavam a caminho de casa, disparando as metralhadoras enquanto se afastavam.

Erguida pelo atrito de milhares de vigas e pedras despedaçadas, a poeira começava a se dispersar nas igrejas e a permitir a entrada da luz, que brilhava através do ar salpicado e sufocante sobre o emaranhado de destroços que haviam sido Santa Maria, Santa Susana e a igreja dos jesuítas. Ali, mãos e pés, por vezes cabeças, erguiam-se dos escombros, e às vezes continuavam ligados ao corpo, em outras estavam isolados e soltos, e em outras ainda tão vaga era a associação que as tentativas de retirá-los fazia com que se desfizessem irremediavelmente. Alguns membros se moviam devagar, como vermes agonizantes.

De uma casa em frente ao pórtico atingido veio o crepitar do fogo; no indolente Paseo de Ezkurdi, carros revirados eram envolvidos pelas chamas.

Em meio ao silêncio, mais horrendo que o ruído, dava para ouvir as vidraças escorregando para o solo, as telhas estalando na distância; mais raramente, o estranho espetáculo de equilibrismo de uma mesa no quinto andar, em um piso destroçado e prestes a se romper e a desmoronar até o porão. Depois o silêncio, rompido por débeis gemidos.

Não ao mesmo tempo, mas pouco a pouco, com um presságio aterrador, a contragosto mesmo, as pessoas dirigiram-se às igrejas em busca daqueles que haviam perdido. Tinham razão de estar aflitos. Raros eram os que não haviam perecido.

Como uma esquadra naufragada no leito rochoso do mar, o gigantesco monte de escombros chegava a um metro de altura. Acima dele, em vacante contraste, o ouro rococó e o reboco branco, as colunas retorcidas e as espessas folhas de prata dos altares e capelas, e os santos paramentados e com o olhar melancólico voltado para o céu. Agora o contemplavam pela primeira vez em toda a sua glória primaveril, indiferente e azul, enquanto a poeira se dissipava por entre telhados arrebentados e janelas e portas violentamente arremessadas às ruas.

Grupos de policiais motorizados bascos chegaram de Bilbao em reluzentes túnicas e calções, juntamente com equipes especiais de resgate para recuperar os cadáveres. O trabalho foi penoso e estendeu-se por todo o dia, sendo interrompido só ao cair da noite por outro bombardeio mais modesto.

Nesse momento, 127 corpos, sem contar os membros inexplicados, haviam sido recolhidos em meio a condições perigosas, pois vigas e pedras continuavam a despencar dos telhados. Muitos estavam irreconhecíveis, na maioria mulheres e crianças. Assim, constam da lista compilada pela polícia "menino, idade aproximada quatro anos", "menino, idade aproximada seis anos" e "menina, de dois ou três anos", entre os corpos não identificados. Tão terrível era o pânico, tão rígida foi a paralisia moral que tomou conta dos moradores de Durango: crianças, tão adoradas na Espanha, entre os mortos não identificados.

Pouco a pouco, os corpos foram retirados dos escombros e alocados em campas no cemitério e etiquetados de um a 127. Todos de rosto azulado, o sangue seco em linhas finas desde o nariz, os olhos e os cantos da boca até o pescoço. A boca escancarada na senilidade da morte. O cabelo e a roupa, rasgada e empoeirada, empapados de sangue, e os ossos quebrados e expostos nas mãos esmagadas.

Foram enterrados em duas sepulturas comuns e nos túmulos familiares. Caminhões levaram os feridos por uma estrada esburacada até Bilbao, onde outros 121 morreram nos hospitais. Não sei quantos foram os feridos. Tampouco os mortos exumados no primeiro dia. A semana seguinte foi tomada por odores desagradáveis e escavações febris.

Havia coisas bem insólitas de se ver em Durango. Como aquelas casas que, de fora, pareciam bastante sólidas e intactas, apenas com as janelas quebradas, mas em cujo interior todos os andares haviam sido destruídos por uma bomba. Lá estavam, como os fragmentos no fundo de um caleidoscópio, com a diferença de que era uma visão nada agradável.

Pedaços de carros podiam ser vistos no interior das casas, e por vezes pedaços de corpos nas ruas. Os gatos e cães mortos ficaram, claro, tombados ali por muito tempo.

Os alemães não concluíram a segunda parte do plano, que era bloquear as ruas com entulhos. Apesar da estreiteza, elas continuavam transitáveis. O bombardeio, como se vê, não fora arrematado: as bombas incendiárias haviam sido esquecidas.

Durango voltou a ser bombardeada na quinta-feira, 1º de abril, e outra vez no dia seguinte, quando os caças metralharam a população civil que tentava fugir para o campo. E ainda outra vez no dia 4 de abril, mas não conseguiram fazer com que as casas ruíssem sobre as ruas, e a passagem por Durango continuou livre, ainda que perigosa.

Os aviadores não haviam encerrado suas tarefas religiosas no dia 31 de março. No dia 2 de abril, os metralhadores lavraram outro tento ao alvejarem duas irmãs de caridade que cuidavam dos feridos no hospital de Durango enquanto elas corriam por um campo em busca de abrigo.

Salamanca estava preparada para negar o ataque a Durango, tal como, em 27 de abril, não reconheceria a destruição total de

Gernika. O princípio da dissimulação e da mentira contínua e prolongada, enunciado por Herr Hitler no *Mein Kampf*, foi assim aplicado pela primeira vez na guerra, tal como o restante do método de guerra aérea alemã do qual era parte importante.

Desse modo, o Rádio Clube de Portugal anunciou que "os socialistas, anarquistas e comunistas em Durango ficaram incomodados com a renovação da devoção religiosa e, aproveitando o fato de a aviação nacionalista ter bombardeado por vingança certas concentrações militares, trancou os padres e as freiras nas igrejas, fuzilando-os sem piedade e incendiando as igrejas".

Um comunicado de Salamanca contava a mesma história. E o general Queipo de Llano, falando de Sevilha, disse: "Nossos aviões bombardearam objetivos militares em Durango e depois comunistas e socialistas trancaram padres e freiras nas igrejas, atirando neles sem piedade e queimando o local".

Tudo isso não passava de mentira deslavada, pois nenhuma das igrejas exibia o menor traço de incêndio, nem os corpos de padres e freiras exibiam sinais de que haviam sido fuzilados.

Na linha de frente, Mola havia se saído com uma grande surpresa.

No dia do ataque a Durango, primeiro fez com que os aviões bombardeassem e metralhassem os montes de Maroto, Albertia e Jacinto. Eram posições capturadas pelos bascos ao norte de Villareal, na orla da grande planície de Álava, no avanço do final de novembro, a fim de aliviar a pressão dos insurgentes sobre Madri. Fortificados por Goicoechea, agora os bascos eram traídos por ele.

Os três montes caíram como pinos de boliche — um, dois e três. Foi uma jogada certeira. Os mapas estavam à mão, permitindo que a artilharia malhasse os pontos fortificados; além disso, houve intenso reconhecimento aéreo. Tudo começou com ampla e rápida barragem de fogo produzida pelos canhões italianos e alemães. Com a chegada dos aviões, os bascos sumiram nos abrigos. Seis mil homens da infantaria de Mola infiltraram-se entre as posições. Quando os bascos ressurgiram para resistir, a 1.J88 e as duas outras esquadrilhas de caças estavam prontas para mergulhar e metralhar todos.

Como registrou, lacônico, o diário de combate alemão: *Maroto tomado com apoio aéreo*. E o mesmo se deu com Albertia e Jacinto. Antes dos caças, bombardeiros pesados sobrevoaram os morros em uma corrente interminável, levantando fumaça em barreiras gigantescas, dispostas momentaneamente de acordo com a floração consecutiva do fogo, que morre logo após nascer.

Em seguida, os aviões voltaram a atenção para as comunicações, pois nesta primeira etapa os bascos iam aprender que não tinham como deslocar comboios, reservas ou munições durante o dia. Caminhões foram destroçados antes de alcançar o quartel--general avançado, em Ochandiano; um blindado russo, graças a um tiro de sorte que não se repetiria nessa guerra, foi destruído no caminho.

No dia seguinte, nos flancos da investida, os mouros avançaram à direita rumo ao monte Amboto; à esquerda, os *requetés* escalaram Gorbea, o alto morro divisório da região basca, e fincaram sua bandeira no topo nevado. Diante disso, os milicianos bascos reagiram com violência. Contra-atacaram no dia 2 de abril, retiraram o odiado pavilhão rubro e dourado e fizeram tremular outra vez o seu belo estandarte, a cruz branca de São Jorge sobre sautor verde.

Todavia, no centro da linha piorava a situação. Ochandiano estava sendo firmemente cercada desde o sul e o leste. Em 4 de abril, ocorreu um ataque aéreo de extraordinária violência; conversei com muitos sobreviventes, e as lembranças eram as mais horríveis. Desde o meio-dia até às cinco horas, havia sempre quarenta aviões grandes em ação; mais para o final, contaram-se 57 aparelhos. Segundo estimativa do Estado-Maior, 5 mil bombas foram lançadas por onda após onda de aviões vindos de Vitoria. Ochandiano foi devastada, assim como as linhas de defesa. Os milicianos recuaram caoticamente desde o leste, deixando companhias inteiras tombadas, os campos ensopados com os mortos, abatidos na fuga por bombas leves. À medida que afluíam todos a Ochandiano, ouviu-se um tremendo brado, "*estamos copados*" — estamos isolados! Esse era o maior temor dos milicianos, pois ser capturado pelos franquistas era o mesmo que ser fuzilado. Os rostos estavam abatidos, pálidos e desfigurados pelo terror, sob o intolerável, inusitado e inescapável estrondear das grandes bombas. Quando chegou a noite, em grandes bandos desorientados, os batalhões que não haviam sido dizimados voltaram-se para o norte, a fim de se reconstituir, atravessando os passos de Barazar, Dima e Urkiola, onde três estradas cruzavam as montanhas no caminho do sul para Bilbao.

Mola relatou seiscentos mortos e quatrocentos aprisionados, mas muitos mortos ele nem se deu ao trabalho de exumar. Lá ficaram no solo basco, abatidos por aviões estrangeiros.

Eram trabalhadores bem zelosos, os alemães que o serviam, sempre avançando e tentando apressar o espanhol. Na tarde do dia seguinte, Walther Kienzle, o comandante da esquadrilha 1.J.88, foi longe demais ao fazer o reconhecimento do terreno, em um dia calmo, com Von Harling, o jovem superintendente do campo de aviação de Vitoria (que fora monopolizado pelos alemães), o tenente deste, Schulze-Blanck, e o velho Paul Freese, o intérprete, que caiu nas mãos dos bascos no passo de Urkiola. Harling tentou fugir (a cabeça repleta de histórias sobre os bascos, vermelhos que decepavam os membros dos prisioneiros) e acabou morto; e Freese foi ferido. Os outros dois foram levados para a penitenciária de Larrinaga, em Bilbao, onde pude conversar com eles. Kienzle era uma das pessoas mais encantadoras que conheci, e os bascos se afeiçoaram muito a ele; já Schulze-Blanck só queria esmagar o que via pela frente. Ele me contou que viera à Espanha para "esmagar o comunismo" e, com um lampejo de supremo prazer nos olhos pequenos, ergueu a longa perna protegida e esfregou a bota contra o piso da cela. Defendeu o ataque a Durango. "Temos um ditado na Alemanha", disse, como se fosse uma honra reivindicar sua autoria, "segundo o qual os fins justificam os meios."

Ambos estavam convictos de que Mola entraria em Bilbao dali a três semanas, mas não haviam levado em conta a resistência natural dos bascos, essas criaturas dotadas de ilimitada teimosia camponesa. No dia seguinte, os alemães haviam preparado uma nova surpresa: literalmente calcinaram com bombas incendiárias os topos das colinas de onde os bascos controlavam os passos montanhosos. Um tanto perplexos, eles recuaram um pouco. Em seguida, caiu a chuva, e o *sirimiri*, o tradicional chuvisco de Biscaia, impediu que os aviões decolassem de Vitoria. Os bascos cavaram furiosamente, convocaram outros três grupos de reservistas em Bilbao, contra-atacaram com extraordinária determinação — lembro-me de um batalhão que perdeu todos os oficiais — e interromperam o avanço inimigo. A ofensiva desde o sul estava terminada, e reforços vindos das Astúrias e de Santander afluíram para Biscaia.

No mundo externo, o êxito do aeroplano causou imensa surpresa: o mundo ainda padecia do tenaz e arraigado pressuposto de que as montanhas eram inexpugnáveis. Na verdade, as posições montanhosas, sobretudo quando as defesas são esparsas, constituem excelente alvo para as bombas. O Exército basco, com 45 mil homens, mantinha uma frente de quase duzentos quilômetros; não havia como manter uma linha contínua, e o poder de fogo deles era pequeno, pois não dispunham de armas automáticas. A infiltração era tão fácil quanto uma caminhada morro acima.

* * *

Quinze dias depois eu estava na pequena vila de pescadores de Bermeo e fui ao *batzoki*, a sede local do Partido Nacionalista Basco, um magnífico edifício com biblioteca, salas de leitura e de estar, refeitórios, cinema. Era dia de *fiesta*. No andar de cima, no grande salão de jantar, vimos o batalhão Saseta, que perdera dois terços do seu efetivo em Ochandiano, celebrar o próprio renascimento. Agora estava encarregado da defesa litorânea. As baixas logo foram preenchidas com novos recrutas. Para contentamento geral, faziam uma refeição substancial. O batalhão comia e bebia à larga; e depois da carne e do vinho, servidos por diligentes moças com vestidos pretos e leves alpargatas brancas, e faixas também brancas na cintura, todos começaram a entoar canções bascas e a dançar em volta das longas mesas e sobre elas. Não estavam embriagados, apenas desfrutavam da camaradagem basca. Apareceram as flautas e o *txistu*, e tocaram o hino nacional basco e a marcha basca, duas melodias magníficas. Em seguida, surgiram as novas bandeiras, com fitas pretas de seda, recebidas com ovação; todos se mesclaram ao tumulto enquanto elas eram levadas pelas praias, e as mãos tentavam tocar as borlas dos estandartes em penhor de lealdade.

Nos intervalos das canções, foram distribuídos prêmios por façanhas — levantar pedras pesadas, cortar troncos de árvore, arrastar pesos de pedra com bois —, todas, assim como a língua basca, atividades esportivas mantidas intactas e preservadas desde a pré-história. A impressão era a de um povo firme como uma rocha, sobre a qual iam passar as ondas do presente com tanta ligeireza quanto o batalhão Saseta parecia capaz de esquecer Ochandiano.

Dançaram e cantaram no *batzoki* a tarde inteira, entre murais com cenas da vida rural, bois de grandes olhos e carroças de madeira, quadras de pelota e pomares de macieiras, e mulheres de feições alongadas e grave beleza. Pelas janelas na extremidade do local, ladeada pelas bandeiras, podiam contemplar aquele outro parque de diversões eterno, a baía de Biscaia. *Mucha alegría, los vascos*, comentou um amigo.

14.

A ofensiva, a mais compacta e avançada até então desencadeada por Franco contra os adversários, não ia durar os 21 dias previstos. Acabaria se arrastando por maio e junho, e terminando com a vitória que lhe custou o melhor general, seu único encouraçado, cerca de dezoito aviões, uma quantidade desconhecida de carros de combate e 20 mil mortos e feridos. E uma fama mundial nada incerta, mas logo esquecida, por causa de Gernika.

Em função disso, seu lugar-tenente, o general Mola, instituiu os bombardeios cotidianos a Bilbao, os quais, em tempo bom, por vezes ocasionavam até catorze alarmes e correrias pela cidade num intervalo de dez horas, mas eram cancelados quando a garoa e a neblina velavam os montes bascos com dobras de gaze cinzenta e impenetrável, condições que os alemães consideravam perigosas demais para voar.

Foi nessa época que retornei a Bilbao, e segui até a frente nos desfiladeiros de Barazar, Dima e Urkiola, onde encontrei oficiais e homens em depressão tão profunda que cheguei a pensar que dali a duas semanas Bilbao acabaria em mãos inimigas. Mas me equivoquei na avaliação dos bascos.

Eles acreditavam, porque assim lhes disseram, que logo receberiam os aeroplanos que tanto esperavam. Acho que foi essa crença, nunca concretizada, que lhes permitiu lutar por tanto tempo sem armamentos modernos. Seus líderes, as autoridades bascas, haviam dito que estavam para chegar, pois o próprio governo republicano era o credor dessas promessas, claramente delineadas acima da assinatura de Madri.

Cisneros, o comandante da Força Aérea republicana, visitou Bilbao logo no início da ofensiva. Testemunhou a tortura intolerável que a aviação, usada de modo amplo e competente pelos alemães, podia infligir a posições montanhosas bem identificadas. Era preciso fazer algo contra essa ameaça, mas restava a dúvida: o quê? O inimigo contava com a vantagem das linhas internas e de uma esquadrilha operacional; não havia, portanto, como levar a Bilbao os canhões antiaéreos necessários para a proteção dos aviões de combate nos aeródromos bascos. Mas tal proteção era crucial, se uma esquadrilha de qualquer tamanho fosse enviada a Bilbao; pois a força de bombardeiros de defesa estaria obrigada a operar a menos de 32 quilômetros das linhas inimigas: soado um alarme de ataque, não havia como colocar no ar em prazo viável uma quantidade suficiente de caças.

O segundo obstáculo para a formação de uma Força Aérea basca, além dos seis caças existentes, estava na escassez de pistas de aviação adequadas em Biscaia. É uma região montanhosa, cultivada em lotes pequenos, com encostas íngremes e bosques, afloramentos rochosos, casas rurais, regatos, caminhos emaranhados, pinheirais — tudo isso amontoado em fraternidade rural aos pés de montes graníticos, e adequados para a conveniência de quase tudo, menos o pouso e a decolagem de aviões. Havia o grande aeroporto de Sondika, no vale do Derio, cuja pista fora cimentada, mas nada além disso. Lamiako, à beira do Nervión, já se mostrava insuficiente para os caças lá estacionados. Um campo de aviação pequeno era possível, e mais tarde chegou a ser construído, na praia de Somorrostro, a noroeste de Bilbao. Porém, onde mais se acharia lugar, a não ser que se aplainassem morros e demolissem casarios? Biscaia era pouco hospitaleira: como sempre, preferia ser deixada em paz.

Esses motivos técnicos eram consideráveis, e os incluo aqui porque foi dito, com excessiva ligeireza, que a República abandonou Bilbao na questão dos aviões. Antes de partir, Cisneros de fato prometeu o envio de aviões de combate, afirmando ainda que, havendo disponibilidade, também seriam mandados bombardeiros. A milícia basca vivia na expectativa disso. Considerando a guerra em retrospecto, desta mesa em que contemplo uma fileira de janelas cinzentas e chaminés residenciais, parece-me claro que, mesmo que não tivessem sido prometidos os aviões, teria sido preciso divulgar algo nesse sentido. O soldado precisa sentir que tem por trás reservas, e não só de homens, mas também de equipamentos. Tais reservas têm de estar sempre vindo do futuro, numa onda formidável, como os aviões e a artilharia que, de fato, salvaram Madri quando mais ameaçada estava sua existência. E creio que, quanto mais aguarda esses reforços, mais o soldado está pronto para ser tomado de entusiasmo quando de fato chegam. Sem dúvida, Bilbao permaneceu muito tempo nessa espera.

Porém, a *mystique* do poderio aéreo, diante da qual se inclinava o soldado basco, é uma arma que perfura e que corta, e pode ser usada em qualquer uma das mãos. Ela requer uma defesa abrangente, e isso o governo basco não tinha como proporcionar.

Não basta dizer que os aviões estão a caminho e que se vai restaurar o equilíbrio de forças, sobretudo no caso de tropas irregulares, como eram as bascas. Ainda que as promessas os levem a resistir com mais empenho, os soldados vão recuar sem cessar até que elas se cumpram. Vão demonstrar tenacidade, mas não ímpeto. Vão aceitar derrotas locais, na expectativa de que o dia seguinte traga a compensação. E foi assim, com efeito, que se comportou a milícia basca, muitas vezes sofrendo perdas substanciais enquanto recuava.

Em um exército regular, o moral é algo delicado, a ser manejado com sutileza e muito incentivado. Porém, em uma força de milicianos, acantonados perto de casa, o animal não só é delicado como também selvagem, e requer medidas despóticas para ser controlado; caso contrário, acaba escapulindo pelo caminho de menor resistência.

A aviação alemã ameaçava tanto a linha de frente quanto Bilbao: desde sua namorada até seu oficial comandante, e isso dominava a conversa de todos com quem o soldado basco se encontrava. Entre a frente de batalha e o quartel, ele passava pelo açougue e via no talho uma realidade.

Suas emoções deveriam ter sido controladas pelos jornais: o *Euzkadi*, o socialista *Liberal*, o comunista *Euzkadi Roja*, que chegavam todos às trincheiras. Pois o miliciano, de qualquer partido, estava disposto a ler e a aprender: para ele, a guerra era uma libertação, e as dez pesetas diárias que recebia lhe conferiam uma nova posição social da qual sinceramente desejava ser merecedor. Todavia, na realidade, os jornais não controlavam as reações naturais dos milicianos a esse uso maciço e pioneiro da aviação que presenciara. Em vez disso, apontavam-lhes a via de escape e, depois disso, não mais sentiam na boca os freios.

Os jornais faltavam com a verdade, apresentando justificativas para os milicianos e a população. Não era bem que ocultassem recuos e perdas. Isso não teria sido insensato. Estavam sob censura, como não podia deixar de ser. Mas o que ocultavam do miliciano era o verdadeiro cálculo material de seus temores. Eles o justificavam.

Todos os jornais estampavam frases assim: "Terrível ataque da aviação e da artilharia; alemães bombardeiam em massa: essa é

a não intervenção?"; "Nossos bravos gudaris resistem heroicamente a bombardeios medonhos"; "Obrigados a recuar por uma esmagadora barragem de artilharia"; "Nossos bravos gudaris se reorganizam"; "Típico ataque inimigo com enorme poderio aéreo".
Ora, isso não era — e jamais será — fiel à verdade. A *mystique* do poderio aéreo em campanha baseia-se em seu predomínio físico; sempre está fazendo ruídos ameaçadores no alto, ao contrário da artilharia, cujo alarido se atenua na distância. Dá a impressão de eleger o alvo de forma segura e a bel-prazer, sem se ocultar por trás de rochedos ou camuflagens. Para o soldado da infantaria, portanto, dá a impressão de ser algo extremamente ousado, e isso o faz estremecer; e dá a impressão de que o escolheu friamente como alvo privilegiado, o que o leva a enfiar a cabeça no abrigo, tremendo de modo ainda mais cômico.

Em segundo lugar, a *mystique* do poderio aéreo baseia-se no ruído assustador, na obscuridade fumegante e malcheirosa, e, depois, nos enormes buracos abertos pelas bombas de 250 quilos ou mais. A balbúrdia supera a de qualquer tipo de artilharia: ela ensurdece, aturde e impele a um estado de semiconsciência. A obscuridade é horrível, pois alimenta o temor de que qualquer coisa, desde um mouro até um carro de combate, pode emergir dali, e não dá para ver se há ou não outros aviões no céu. Os buracos deveriam deixar óbvia a natureza do espetáculo, pois quase sempre ficam a cem metros do alvo, e raras são as bombas que caem perto das trincheiras. No entanto, enquanto intérpretes, os buracos desempenham papel bem diverso daquele esperado. Todos apontam para eles, e comentam a respeito das suas dimensões extraordinárias, e estimam com números fantásticos o peso das bombas que lhes deram origem. Começa a escavação em busca dos poucos mortos, e a gente se pergunta se vai conseguir suportar o próximo ataque aéreo. Alguns outros morrem de concussão: algo estranho e fantasmagórico de contemplar.

Na prática, o bombardeio aéreo ainda é bem menos preciso que o da artilharia, mesmo quando esta é manejada por tropas inexperientes. Os bombardeiros com grande capacidade de carga, cujas bombas caem de maneira menos dispersiva, ainda são vulneráveis — um alvo fácil para os caças. Já os aviões bombardeiros mais velozes são imprecisos, e transportam uma quantidade de bombas pequena demais para impressionar. Portanto, a força aérea recorre a um novo truque, acrescentando um terceiro elemento à sua *mystique*: ela despeja fogo na retaguarda das tropas. Agora há ruído, fumaça e também chamas. A coisa toda não passa de um circo.

Ora, quando se reconhece para uma força de milicianos que essa forma de ataque aéreo é terrível e jamais foi vista — alemã e italiana, esmagadora —, o que se faz é fornecer a eles uma desculpa para voltar para casa. E se dizem a eles e a sua família em Bilbao que todos resistiram corajosamente, os milicianos dão de ombros e sorriem, o que, na sua língua, significa: "Você viu que fiz o melhor possível, é o que dizem os jornais".

Os homens que sobreviveram aos bombardeios de Maroto, Albertia e Ochandiano e conseguiram ler os jornais na manhã seguinte não eram corajosos. Corajosos foram aqueles que permaneceram em seus postos quando a linha de frente se rompeu de uma ponta a outra, assim como os que foram aniquilados. Mas foram os outros que se sentiram justificados e que reforçaram uma tradição segundo a qual havia coragem em resistir heroicamente à força esmagadora e depois recuar com honra. Em vez de enaltecer todo o Exército basco, os jornais de Bilbao deviam ter louvado apenas os mortos, mas para tanto não havia nenhuma mão condutora. A cidade era uma democracia, os jornais partidários estavam interessados sobretudo em defender o nome das tropas de seus partidos, e quem pagava o preço era o Estado basco.

A natureza irregular da milícia, e o fato de Bilbao estar sob contínuos ataques, elevou muito esse preço. Para uma população civil naturalmente desabituada ao aeroplano — pois a Espanha é um país atrasado — e predisposta à ignorância e ao alarmismo, devido ao afluxo de uma massa de refugiados sobretudo de classe inferior vinda de Guipúzcoa, o retorno diário dos aviões sobre Bilbao e o incessante bombardeio dos catorze quilômetros de beira-rio e de porto faziam com que sofressem o mesmo destino cruel dos seus homens na linha de frente. A beira-rio, o porto e Las Arenas eram exatamente as áreas de Bilbao onde viviam as classes mais pobres e estavam abrigados os refugiados. Dispersos entre eles estavam os navios, as fábricas de material bélico, um aeródromo e uma ponte importante. Não era culpa dos pobres de Bilbao nem do seu governo que vivessem perto desses alvos da guerra aérea. Se havia culpa, era de um sistema capitalista que incentivava os trabalhadores a viver perto das grandes fábricas do setor pesado basco em épocas de paz. E por isso sofriam.

Não tenho vontade nem pretendo alegar de forma nenhuma que os aviões alemães que realizavam esses ataques diários à área industrial de Bilbao tinham a intenção de matar civis. O que buscavam era atingir as fábricas e, quase sempre, erravam o alvo. Porém, não há como negar que tenham desrespeitado as Regras da Guerra Aérea traçadas em Haia em 1923, que vedavam explicitamente o bombardeio de instalações ou depósitos militares, ou fábricas reunidas em importantes e reconhecidos centros de manufatura de armas, munições e suprimentos distintamente militares, sempre que tais localidades não pudessem ser atingidas sem, ao mesmo tempo, "o bombardeio indiscriminado da população civil".

Ora, durante esses bombardeios das margens do Nervión, em média nove bascos eram mortos por dia de ataque, e foi estimado pelo departamento de Indústrias Mobilizadas de Bilbao que os danos materiais infligidos ao maquinário ou aos estoques sob sua responsabilidade eram consideravelmente mais baixos do que o valor das vidas perdidas de civis, calculadas segundo o valor de um seguro de vida basco em quinhentas libras esterlinas por indivíduo. E os bombardeiros sabiam disso, pois retornavam incessantemente às mesmas fábricas. Um exemplo era o hospício, em Derio, onde se produziam morteiros de trincheiras: eu mesmo o vi ser atingido em três ocasiões, sem nenhum dano ao maquinário; mas um lavrador e um trabalhador foram mortos em um campo e na própria Derio, onde vários moradores receberam a extrema-unção.

O bombardeio era, portanto, indiscriminado. A repetição dos ataques ao mesmo local em vários outros pontos além de Derio comprovava que os aviadores sabiam quão reduzida era a probabilidade de acertarem o alvo. Com efeito, em Portugalete e em Las Arenas, posso me permitir a generosidade de isentá-los da responsabilidade por ataques deliberados à população civil: os objetivos militares lá existentes eram de tal modo insignificantes, e tão afastados dos buracos abertos pelas bombas, que essa imprecisão parecia um burro débil demais para carregar tal culpa. Mas assim é. Que sigam seu destino.

O que eles bem sabiam ao bombardear o Nervión era que, se a fábrica não fosse atingida, a população civil é que levaria a pior. E era por isso que o bombardeio valia a pena. Não apenas se infligia um dano insignificante à indústria bélica de Bilbao; não apenas era reduzida a capacidade de trabalho nas fábricas mobilizadas (embora em grau bem menor do que no caso dos trabalhadores londrinos durante a Grande Guerra, e só de maneira sensível na última quinzena da luta por Bilbao). Mas sempre havia uma derradeira e confiável reserva no argumento irretorquível de suas bombas, pois a lição do domínio do ar ficaria escrita com o sangue dos pobres aterrorizados, e suas lembranças ficariam estampadas com marcas fundas, cujas linhas eram a tortura e cujo papel, o do rosto pálido de seus irmãos, irmãs e filhos agonizantes.

Com excessiva facilidade, supõem os teóricos que os bombardeios letais de civis acabam afinal por romper sua resistência, forçando-os a buscar a paz. Não foi o que aconteceu em Bilbao: os atacantes foram odiados e, mesmo quando as tropas vencedoras ocuparam a cidade sob a proteção dos bombardeiros, a população não as recebeu com alegria. Restaram a amargura e a oposição: a primeira noite da vitória foi celebrada com as portas fechadas, as luzes apagadas e o silêncio nas ruas. Os bascos haviam sido tratados com brutalidade demais para que quisessem disfarçar seus sentimentos.

E, de fato, os ataques espalharam o terror, deixaram atordoada a população e atuaram como solvente corrosivo e lancinante da vida normal. Nunca se sabia em que momento do dia — mas nunca à noite — eles viriam. Durante a grande ofensiva, os alemães pareciam infensos aos ataques noturnos — talvez por causa do obstáculo da cadeia de montanhas ao sul de Bilbao. Houve apenas duas ocasiões em que realizaram voos noturnos: numa delas despejaram as bombas sobre um pinheiral desocupado ao sul do *cinturón*, ao passo que na outra dedicaram-se a metralhar os refugiados civis na estrada que levava a Santander. Durante o dia, porém, a sirene sempre soava com toda a estridência, enquanto as pessoas estavam comendo, tomando banho ou limpando a casa. Em seguida, era preciso reunir as crianças com que toda família espanhola é abençoada e correr para o *refugio*, e talvez ali ficar por cerca de uma hora sem fazer nada, apenas avaliando a quantidade de aeroplanos que Bilbao necessitava e calculando quando estariam disponíveis. Depois, era contar os mortos e estimar os danos, e acompanhar a excitação dos carros da Cruz Vermelha e da polícia correndo de um lado para o outro na esteira dos bombardeiros, e a súbita reabertura das ruas para um tráfego enlouquecido. Também havia os dias especiais e mais apimentados, como aquele em que o condutor do trem vindo de Las Arenas não ouviu o alarme e entrou a toda a velocidade em um túnel repleto de refugiados, esmagando seis deles e enlouquecendo por causa disso. E as crianças viraram pequenos estorvos para as mães, pois nada tinham para fazer: as escolas haviam sido fechadas diante da impossibilidade de prosseguir com as aulas sem que fossem interrompidas de hora em hora.

A *sirena*, o ronco dos motores no céu, a corrida para o abrigo, as explosões e a *sirena* de novo passaram a marcar o ritmo anormal e acelerado do cotidiano desperdiçado das famílias bilbaínas. Inventaram termos curiosos para os novos elementos do dia a dia: os aviões, por causa do ruído que faziam, eram chamados de *tranvías* (bondes), e o maior bombardeiro de todos — o Junkers 52 — virou o *pajarito* (passarinho). E não faltaram piadas sobre a *sirena* e a correria que provocava. Mas era um humor amargo e sardônico, revelando a que profundezas havia chegado o terror.

E então o alarme da milícia acabou se justificando.

Os civis não liam todos os dias nos jornais sobre os terríveis bombardeios na linha de frente, quando (tanto na lenda como na realidade) muito mais bombas eram despejadas do que as que caíram sobre o Nervión em uma semana? E não se acrescentava que os gudaris tinham resistido corajosamente, mas afinal foram forçados a recuar para a segunda linha de defesa? Era algo perfeitamente compreensível. Quando viam os danos causados nas margens do rio — e cada buraco de bomba representava para eles um alvo deliberado —, os gudaris de fato devem ter parecido heróis por resistir a tal investida. Nunca lhes ocorreu indagar se, na linha de frente, as bombas haviam atingido algo, ao passo que em Bilbao elas sempre atingiam.

Um espírito de empatia foi surgindo em relação à milícia, ali onde deveria ter sido deliberadamente criado um espírito de resistência. E havia dois motivos arraigados para tanto — gêmeos nascidos no mesmo dia democrático. Por ser um democrata de cabo a rabo, o basco era essencialmente solidário e humanitário: se compadecia do sofrimento individual, mas não conseguia pensar na cauterização das feridas da massa. Como democrata, detestava a propaganda e o controle do pensamento. Censura, vá lá; mas um departamento para controlar a população civil, nem pensar. A ideia da supressão de detalhes militares desagradáveis era algo compreensível, mas parecia-lhe intolerável e degradante uma nova organização exortatória impondo a orientação diária da imprensa.

Em Bilbao, toda noite, às onze e meia, um jovem comandante do Estado-Maior chamado Arbex bocejava, colocava outro cigarro na piteira de âmbar, ajeitava o cabelo crespo preto, descia apressado as escadarias da Presidência e entrava em seu carro, que dirigia como um alucinado até o ministério do Interior. Arbex era um jovem lânguido e cativante, filho de um general do Corpo de Engenheiros, membro do Estado-Maior antes das reformas de Azaña, que foi por ele afastado e acabou em Hollywood, à frente de uma temerária companhia cinematográfica, com uma taça de conhaque e uma esposa rica e independente que cuidava da própria vida. Quando eclodiu a rebelião, ele estava em Madri e, para salvar a vida, engajou-se de novo como oficial, num momento em que os oficiais faziam muita falta. Ele havia recuado com a milícia e o general Asensio por todo o caminho desde Talavera até Madri. Não era covarde, mas vivia de sobressaltos e cigarros, e seu dia era todo fragmentado, feito de surtos de atividade, súbitas desconfianças de que estava à beira da exaustão, fatigando-se, dormindo em sofás, berrando em telefones, tudo isso com um encanto pessoal muito acentuado. Apreciava Biarritz, uma cidade que não me atrai tanto, mas dele eu gostava. Três dias após a queda de Bilbao, ele passou para o lado franquista. Arbex não era talhado para momentos de crise.

Agora esse amigo meu está atado ao ministério do Interior, com os cinco jornais matutinos de Bilbao diante dos olhos sonolentos, mas ainda ágeis. Ele passa por toda a série com um lápis azul, recortando isso ou aquilo nos artigos dos correspondentes de guerra, que — trata-se de Bilbao, afinal — viram muito mais do que qualquer outro jornalista espanhol, e têm a coragem de contar o que viram, utilizando os conceitos de bravura e terror de forma mais adjetiva. Arbex mantém esse tipo de literatura, e corta apenas os trechos que poderiam ser de valia estratégica para o inimigo. Depois de bocejar e se alongar, ele diz "*Que coño*", desce correndo as escadas e pisa no acelerador, de volta para casa.

Arbex era um artista, capaz de esboçar mapas perfeitos. Tinha verdadeira adoração pelo cinema. À sua maneira indolente, raciocinava politicamente. Mas o fato de que um sujeito assim fosse o único a exercer controle sobre a imprensa de Bilbao dá a medida da extraordinária confiança que os bascos tinham na natureza humana.

Diante de seus próprios olhos, a *mystique* do ar estava entorpecendo as tropas e a retaguarda, e reintroduzia o ópio em dose dupla na linha de frente. Isso se devia apenas às suas naturais virtudes camponesas; a correnteza da resistência manifesta-se nas profundezas de seu olhar, formado por uma imemorial tradição de liberdade, a mesma que lhe permitiu resistir por tanto tempo e, mais para o final, com bravura cada vez maior. O derrotismo sempre poderia ser detectado logo abaixo da superfície a fim de ser eliminado, mas ninguém se encarregou de organizar esse serviço simples. Os bascos, portanto, constituem um alerta à democracia: algumas liberdades precisam ser sacrificadas em épocas de guerra.

15.

Mola aguardava a chegada de novos aviões da Alemanha. No dia 7 de abril, um deles, pelo menos, pousou em Sevilha, com tripulação loira, direto da Pátria-Mãe. O piloto era um jovem de 25 anos — Hans Sobotka —, e o avião, um veloz bombardeiro médio, modelo Dornier 17.

O Dornier 17 é um avião de bela aparência, com fuselagem alongada, e por isso os alemães o chamam de Lápis Voador. Os dois motores o impulsionam a uma velocidade de 435 quilômetros por hora. Portanto, Sobotka era mais rápido do que os caças com que contava o governo em Bilbao, ou as escoltas rebeldes em Vitoria. Podia carregar novecentos quilos de bombas, e tinha alcance de 2400 quilômetros.

Na edição de 28 de julho da revista *Aeroplane*, está escrito que o Do 17 "vem cumprindo uma missão útil na Espanha". E sem dúvida era bem isso o que pretendia fazer Hans Sobotka quando partiu de Berlim em 6 de abril, às 9h22, com o bolso cheio de liras e pesetas fornecidas pelo ministério da Aeronáutica alemão — essas almas generosas!

Naquele mesmo dia, o chefe de polícia de Berlim dera a ele e a dois de seus companheiros (um deles um jovem de aparência estranha, do qual falaremos adiante) passes especiais para uma viagem "para a Espanha e através dela", *Nach und durch Spanien*, diz a curiosa fórmula, comprovando a existência de aeródromos na Espanha sob o controle dos alemães.

Como o Do 17 é um novo e conhecido modelo de avião de guerra, e uma metralhadora se projetava da torre entre as asas, deve ter ficado claro para o chefe de polícia de Berlim que Sobotka e o aparelho podiam receber passaportes especiais para a Espanha, nos termos do Acordo de Não Intervenção de 1936 e do Acordo sobre Voluntários firmado pela Alemanha cerca de um mês antes de o jovem aeronauta voar rumo ao sul. Um sujeito de boa aparência e rosto largo, cabelo engomado, olhos pequenos e lábios finos, queixo partido, trajando paletó largo e um tanto grosso demais, com riscas muito largas para o gosto inglês.

O dia 18 de abril era um domingo; em Bilbao nada estava acontecendo na frente, mas os aviões rebeldes eram uma aporrinhação enorme, incessantemente despertando o berreiro de nossas sirenes. Vieram às nove e meia, bem na hora de se barbear, e às dez, quando a gente está vestindo as meias, e depois durante o almoço. Nesta última ocasião, a curiosidade me levou à rua Arenal, diante do Hotel Torrontegui. Não havia nada para ver, mas, de repente, dois bombardeiros bimotores dispararam por um trecho de azul entre as nuvens. Em seguida, um rumor confuso de motores se aproximando e retomando de novo, e aparentemente se sobrepondo uns aos outros; uma explosão ruidosa, uma aceleração furiosa dos motores, e então, subitamente, para além da colina de Begoña, à minha frente, despencou uma vertiginosa sequência de bombas. Relâmpago, trovão, trovão, relâmpago, trovão prolongado e fumaça.

Uma enorme multidão se reuniu sob a ponte antiga. Ao sul,

um avião saiu de uma nuvem soltando fumaça, e outro adernava um pouco. O primeiro começou rapidamente a perder altitude e explodiu em meio a chamas em uma colina a oeste do Nervión, em Galdakano. Nele estavam Hans Sobotka e dois amigos alemães. Esse terceiro ataque no domingo, 18 de abril, soube depois, foi realizado por três Dornier 17 e dois Heinkel 111. O aeroporto militar no velho campo de polo em Lamiako, junto ao monte Nervión, fora alertado pelos postos de observação ao sul, e quatro caças russos pilotados por espanhóis haviam decolado, sob o comando do jovem Felipe del Río. Eles haviam se ocultado nos bancos de nuvens onde o vale se estreitava acima da parte antiga de Bilbao; e, quando os alemães emergiram no espaço aberto, caíram sobre os três Dornier por trás, sem que fossem notados. Os artilheiros de todos os três aviões alemães estavam olhando para a frente. Mal houve combate.

Em um minuto, as metralhadoras do Boeing de Del Río abriram fogo contra o Dornier mais à frente, no qual estava Sobotka. Outro dos espanhóis encarregou-se do Dornier que vinha logo atrás, à direita; uma das balas deve ter alcançado o piloto, pois o avião começou a guinar.

Todo os três alemães deram meia-volta — era o que podiam fazer. Os dois aviões atingidos lançaram fora as bombas ao mesmo tempo, e no aparelho de Sobotka chamas e fumaça surgiram na fuselagem, entre as duas extremidades do leme, espalhando-se pelo Lápis Voador como um véu justo. Del Río continuou atrás, disparando, até que o avião inimigo caísse em Galdakano, em uma grande bola de fogo, da qual os homenzinhos só conseguiram se afastar tarde demais. Em seguida, ele e os três outros caças acompanharam o segundo Dornier ferido até seu destino final, mais além de Villareal.

Todas as jovens da cidade correram para Galdakano, onde os

destroços ainda fumegavam entre as urzes, e os mecânicos do aeródromo também seguiram para lá em caminhões pesados, enquanto o russo Pablovitch apontava o lápis para fazer algumas anotações alemãs.

Descobrimos que o Dornier tinha uma tripulação de três homens. Sobotka e dois outros conterrâneos. Ele e um dos desconhecidos levavam passes alemães nos quais constava terem decolado de Roma em 5 de abril. O terceiro, embora não tivesse papéis, era obviamente alemão.

Sobotka permaneceu deitado de costas no chão, meio carbonizado, rigidamente curvado para cima ao longo da coluna. Parte dos intestinos, que estavam fritos e imitavam salsichas, pendia do tronco corpulento. Os braços estavam mantidos em terror estilizado diante do rosto, pois deve tê-los erguido na derradeira agonia antes de se estatelar na encosta. E o rosto — bem, tinha uma aparência muito pior do que na foto.

Os dois outros alemães haviam caído no Nervión. Tentaram saltar, mas não tiveram tempo para abrir o paraquedas, e acabaram morrendo no choque. Um deles nada tinha de interessante, mas o outro deixou os bascos intrigados.

Nunca tinha visto algo assim. Era uma novidade. Viraram o corpo alto e loiro. O rosto estava machucado e lhes pareceu assombroso. As sobrancelhas haviam sido depiladas e a boca estava pintada de vermelho, e não pelo sangue que escorria dela.

Então fitaram as mãos, que eram brancas e finas, e as unhas, meticulosamente manicuradas, pintadas com esmalte e exibindo um corte afilado. Muito estranho.

Um tanto confusos, os singelos bascos colocaram o corpo num carro e o enviaram à Sanidad Militar. Incríveis esses alemães, pensaram eles, usando mulheres para pilotar aviões, o que mais inventariam em seguida?

Na Sanidad Militar, em Bilbao, contudo, havia médicos e homens do mundo todo. Eles despiram o cadáver e o examinaram detidamente. As axilas também estavam depiladas, e a roupa de baixo era de seda e feminina. No entanto, a criatura passava, ainda que por pouco, pelos critérios de virilidade. Não lhes restava outra opção além de anotar nos registros esse que foi um dos incidentes mais estranhos da Guerra Civil.

Como afirmou a edição de 28 de julho da revista *The Aeroplane*, o Dornier 17 estava cumprindo uma tarefa útil na Espanha. O balanço do bombardeio de três minutos foi de 67 mortos e 110 feridos. Uma faixa de destruição estendia-se retesada sobre o Centro Antigo e Begoña, desde o cais destroçado à margem do rio, onde as mulheres vendiam anchovas.

Blocos de apartamentos de baixa qualidade foram dilacerados e expostos à rua, como se fossem desarrumadas prateleiras de livros mantidas por um cego, que guarda os volumes de lado e de cabeça para baixo. Nessa área mais pobre de Bilbao, as ruas viraram um mar de vidro, no qual naufragaram bondes e carros.

Pelas ruas Solocoeche e Iturribide, San Francisco e Las Cortes, Incarnación e Autonomia via-se a esteira do desastre. As bombas penetraram em banheiros no subsolo, em túneis ferroviários e em abrigos considerados seguros pelo Departamento de Defesa Passiva.

Uma delas atingiu a fábrica de sapatos e borracha do *señor* Cotorruelo, que pegou fogo. Logo, sob o céu cinzento, os calçamentos de pedra nas encostas empinadas de Bilbao estavam cobertos de água. A polícia motorizada basca isolou a fábrica durante as quatro horas em que a brigada de bombeiros combateu as chamas. Entre quatro e cinco horas, puderam começar a cavar sob o maquinário molhado e os pisos encharcados a fim de chegar às pessoas aprisionadas. Trabalharam noite adentro, mas todos estavam mortos, esmagados, sufocados, afogados. Os corpos inchados foram sendo lentamente retirados. Primeiro, uma criança pequena, com cerca de cinco anos; em seguida, um jovem; depois uma mulher grávida. Uma família toda, passado e futuro, aniquilada por uma bomba. Molhados e empastados sobre os rostos desfigurados, os cabelos pendiam úmidos, pretos e emaciados ao serem levados embora os cadáveres.

Ainda tentaram a respiração artificial na mulher, não sei por que motivo, pois era óbvio que desde muito havia morrido. Mas os enfermeiros da Cruz Vermelha que lá estavam com aventais brancos e frascos de remédios tinham de fazer algo, enquanto os bombeiros e os policiais se esfalfavam.

A sepultura recebeu seus mortos através das máquinas e da borracha fedorenta durante toda a noite, em meio ao gotejar incessante, desde as finas e rotas paredes das fábricas e sob os focos de luz vindos da rua. A roupa de baixo de seda rosa usada pelo ariano responsável por essa cena bizarra acabou pendurada e exposta no departamento de Defesa basco.

Dias depois, os Heinkel 111 retornaram e puderam se vingar. Del Río se equivocou quanto à velocidade deles e foi abatido sobre a praia, perto da foz do Nervión. Os sete aviões derrubados por sua metralhadora não eram um resultado nada mal para um espanhol de 21 anos. Ele recebeu um funeral público e chamadas na primeira página dos jornais de Bilbao remetiam ao seu obituário.

A morte de Del Río derrubou de uma vez por todas o moral dos aviadores de Bilbao. Os três caças haviam se saído bem contra os Junkers 52 e o Heinkel 51, e também eram bons o suficiente contra os caças Fiat. Mas os novos bombardeiros bimotores que agora surgiam na Frente Norte os superavam com folga; e, mesmo que não o fizessem, de que valiam apenas três contra tantos?

Bilbao agora esperava pelo cumprimento da promessa de Cisneros. Fora dito que uma força de aviadores estava para chegar da Catalunha a qualquer momento. Na Presidência, porém, imperava o cinismo. Ao jantar com o pessoal do departamento da Guerra, fiquei sabendo que Unzeta, o médico encarregado da Sanidad Militar, compusera uma nova música, que cantou acompanhando-se ao piano.

Dicen que van a venir que van a venir los aeroplanos,
Mataremos al fascismo con los dientes e con las manos,
Dicen que van a venir que van a venir los aeroplanos,
Veneran veneran pero nunca llegaran,
Quando el fascista tira la bomba, tira la bomba, tira la bomba
[de modo expressivo]
Quando el fascista tira la bomba, tira la bomba y
[com muita esperança]
no explota.

Essa se tornou a nossa canção predileta, e despertava risos em todos os cantos. Tenho de reconhecer que seu potencial humorístico hoje me parece surpreendente, mas suponho que vale como humor todo esforço para amenizar nossa condição em tempos de guerra.

Ao acabar de cantar, Unzeta, que era sem dúvida um gaiato, fez um discurso em falso alemão, com profusa gesticulação hitleriana, recepcionando os aviadores alemães em Bilbao em nome do Governo Basco, e oferecendo-lhes toda a liberdade para sobrevoar a cidade.

Sem qualquer demora, aprendemos a letra, que por sinal não é assim tão difícil, e passamos a cantá-la ao final de todas as refeições. Até hoje ressoa em nossa memória. E acabou sendo uma profecia acurada.

16.

Até o dia 6 de abril, quando o *Beagle* me levou de volta a Bilbao, a marinha de guerra franquista, no litoral norte da Espanha, sempre respeitara o direito de passagem dos cargueiros britânicos. Naquele dia, porém, recordo que de repente ficamos de prontidão e que a tripulação deixou de polir os pequenos beagles de bronze que decoravam o destróier, os conveses foram desimpedidos para o combate, e os torpedos foram armados assim que entramos na baía de Bermeo. O rádio havia se manifestado.

As palavras vinham do *Brazen*, dizendo que o vapor britânico *Thorpehall* fora imobilizado por barcos de guerra entre Santander e Bilbao. O *Blanche* e o *Brazen* rumavam para lá, e queriam que o *Beagle* fizesse o mesmo. Em nosso destróier, todos estavam bastante excitados, e ouviam-se sussurros satisfeitos com a expectativa de "pôr a mão na massa".

Stevenson, o cônsul britânico em Bilbao, subiu a bordo em Bermeo para atuar como principal intérprete, e colocaram em sua mão um megafone para quando chegasse a hora das negociações. O *Beagle* saiu a todo vapor e de fato topou com animada confusão em alto-mar. A oito quilômetros da costa, o *Thorpehall* estava sob a mira do cruzador *Almirante Cervera* e da traineira armada *Galerna*, com o cruzador de bolso alemão *Admiral Graf Spee* rondando em segurança a média distância. Vindos do oeste, aproximavam-se a todo vapor o *Blanche* e o *Brazen*, alinhados e com os conveses prontos para entrar em ação, sinalizando como loucos para que liberassem o cargueiro britânico, o qual estavam dispostos a defender. Foi uma atitude bastante corajosa, pois o *Almirante Cervera* poderia ter facilmente despachado o *Blanche* e o *Brazen*. Mas um dos almirantes cansou-se do espetáculo; o *Almirante Cervera*, perdão, o *Admiral Graf Spee* transmitiu um "Obrigado" e tomou o rumo do horizonte, e o restante do elenco estrangeiro começou a partir enquanto o velho e bom Stevenson era visto se agarrando à amurada e berrando de maneira pouco consular, através do alto-falante, que era hora de acabar com o jogo. Era evidente que a esquadra rebelde tinha ordens de não se indispor com a Marinha britânica. O Thorpehall recebeu permissão de seguir adiante, e pôde desembarcar um carregamento de alimento naquela tarde.

Isso foi tudo o que o público britânico soube do caso até a noite de domingo, 11 de abril, quando houve uma reunião especial do gabinete ministerial no número 10 da Downing Street. Após duas horas de deliberação, decidiu-se que os navios britânicos ficariam longe de Bilbao, ou seja, para todos os efeitos a cidade era entregue a Franco, pois apenas os navios que gozavam de proteção em alto-mar eram capazes de chegar a suas águas territoriais. E, além da Grã-Bretanha, a única outra potência em condições de proteger suas embarcações era a França, compelida a seguir as políticas britânicas em todos os pontos. Assim foi selado o destino de Bilbao.

Tal como antes, a cidade tinha abastecimento garantido por três ou quatro semanas. Depois, estaria condenada ao grão-de-bico e à loucura. Diante da maior crise desde sua formação, o governo basco, num desesperado e derradeiro recurso, começou a rascunhar telegramas para os membros do Parlamento britânico.

As notícias sobre a decisão do Gabinete britânico não passaram pela censura aos jornais de Bilbao, que se tornaram uma massa informe de rasuras e remendos. Se a população ficasse sabendo, com os aviões alemães constantemente sobre sua cabeça, a ordem sumiria e, com ela, o consulado britânico.

A história do bloqueio assim instituído somente seria divulgada mais tarde e, mesmo então, em fragmentos exasperantes.

Às vezes, Sir Samuel Hoare deixava escapar uma pista, em outras esta vinha de Sir John Simon, e o correspondente especial do *Times* em St. Jean de Luz conseguiu arrancar parte da verdade junto ao mundo oficial britânico ao seu redor.

Um após o outro, esses foram os motivos que levaram o Gabinete britânico a manter seus navios afastados de Bilbao.

No mesmo dia em que ocorreu a interceptação do *Thorpehall*, o comandante da esquadra rebelde anunciou que não seria mais permitido o desembarque de suprimentos em Bilbao ou em qualquer outro porto republicano a oeste das Astúrias (*Times*). Essa ameaça foi recebida com toda a seriedade, sem se levar em conta que, para patrulhar um litoral de 320 quilômetros, a esquadra rebelde dispunha apenas de um velho e lento encouraçado enferrujado e de um cruzador. Contavam ainda com a ajuda de um destróier pequeno e uma traineira armada, os quais nunca podiam navegar sem o apoio de escolta mais poderosa, pois o governo republicano contava com dois destróieres mais rápidos prontos para capturá-los.

Seria um equívoco criticar o comandante da flotilha de destróieres em St. Jean de Luz por tudo o que fez. Ele não dispunha de superioridade de fogo no litoral norte da Espanha e, para evitar incidentes, com razão tentou equilibrar a situação solicitando canhões mais pesados. Com isso, o HMS *Hood*, a capitânia do vice-almirante G. Blake, foi enviado a St. Jean de Luz, partindo de Gibraltar às nove horas da noite de sábado, 10 de abril.

Não há como negar, porém, que o comandante da flotilha cometeu um erro grave. No dia 6 de abril, ele comunicou que, em sua opinião, o bloqueio franquista era efetivo (Hoare, 20 de abril). Isso não era verdade, e acontecimentos posteriores comprovaram quão pouco fundamentada era essa opinião.

O Almirantado anunciou que o porto de Bilbao estava minado (Simon, 14 de abril). O sr. Baldwin, embora nunca tenha revelado sua fonte, até mesmo alegou que fora minado por ambos os lados no âmbito das águas territoriais, mas ninguém se dignou a explicar por que os bascos iam colocar minas em águas dentro do alcance das suas baterias costeiras e nas quais os barcos rebeldes jamais haviam entrado. De fato, não poderia ser assim, pois não era verdade, e mais tarde foi comprovado que havia minas dentro, ou mesmo fora, das águas territoriais de Bilbao, colocadas por qualquer um dos lados. Mas a fantasia das minas continuou a ser sustentada. E foi repetida no dia 21 de abril por Sir Samuel Hoare. "Nos últimos dias, recebemos outras informações", disse ele, "de que prossegue a colocação de minas por parte do general Franco. Não restam dúvidas de que o general Franco colocou minas no local." Mais uma vez, isso era falso. Não é nenhuma surpresa, e sim faz parte da natureza das coisas, que o mito das minas tenha se mantido por tanto tempo, uma vez que a Marinha britânica nunca teve condições de obter informações sobre as águas territoriais de Bilbao. Durante meses, ela nunca havia chegado a menos de oito quilômetros de Punta de Galea, que assinalava seu limite a leste.

No mesmo dia, o lamentavelmente desinformado primeiro

lorde do Almirantado, respondendo a um aparte do sr. Noel Baker, afirmou que os navios de guerra rebeldes podiam avançar pelas águas territoriais de Bilbao. Tal informação, segundo ele, não confirmava aquela transmitida ao Parlamento por outro membro do partido Trabalhista, segundo o qual as fortificações e os canhões de Bilbao teriam capacidade para impedir a entrada das embarcações rebeldes em águas territoriais. O que sabia era que os navios rebeldes haviam cruzado *frequentemente* o limite de cinco quilômetros e não tinham sido visados pelas baterias costeiras, mas, pelo contrário, eles é que haviam disparado contra tais fortificações.

Tudo isso era falso; na realidade, talvez seja praticamente impossível, pela leitura das atas parlamentares, encontrar outro trecho que contenha tantas imprecisões juntas. Os barcos de guerra rebeldes não podiam e nunca penetraram nas águas territoriais de Bilbao; mais tarde, a traineira *Galerna* certa vez chegou ao limite delas a fim de disparar contra a proa de um cargueiro inglês, mas acabou recebendo tal chuva de granadas de seis polegadas, lançadas da costa, que deu meia-volta e se afastou, para nunca mais se arriscar ali de novo. As baterias de artilharia de Bilbao mostraram-se perfeitamente capazes de manter os navios rebeldes além do limite dos cinco quilômetros — e eles preferiam se manter a uma distância de quase dezoito quilômetros do litoral. Os navios rebeldes nunca cruzaram o limite dos cinco quilômetros; haviam sido visados e alvejados pelas baterias costeiras em distâncias bem maiores, como no episódio do *Canarias*. Com isso temos quatro incorreções grosseiras, e essa contagem já começa a enfastiar. Porém, de novo, não há nada de surpreendente aí. Nem a Marinha nem o consulado britânicos haviam alguma vez visto as baterias de artilharia de Bilbao, e tampouco possuíam qualquer informação a respeito delas. Nem sequer haviam visto metade das baterias em ação; não faziam a menor ideia do calibre ou da quantidade delas, nem, com exceção do caso de Punta de Galea, dos locais em que estavam instaladas.

Assim, a posição do governo baseava-se em duas importantes versões equivocadas da verdade: a de que as águas territoriais de Bilbao estavam minadas e a de que essa faixa de cinco quilômetros não podia ser defendida pelas baterias costeiras.

Onde estava a verdade? Tenho por certo, pois vi os canhões, que a foz do Nervión era defendida por cinco baterias, cada qual com três bocas de fogo. Três eram Vickers de seis polegadas (uma com suporte naval), e duas de quatro polegadas. O alcance das peças maiores era superior a 23 mil metros, e eram manejadas por equipes inteligentes, treinadas por Guerrika-Echevarría, um dos melhores oficiais de artilharia da Espanha. Basta quanto aos canhões: não há dúvida de que podiam manter os navios inimigos fora das águas territoriais, onde, segundo as regras estabelecidas pelo governo britânico, teria sido incorreto para os rebeldes abrir fogo contra embarcações britânicas.

Em Bilbao, os rebeldes colocaram minas em três ocasiões — e os bascos, em nenhuma. O primeiro lote foi em setembro de 1936, e em 1º de novembro já haviam sido retiradas. O segundo, em 16 de janeiro de 1937, foi retirado em 15 de março. E o terceiro foi colocado mais tarde, no dia 1º de maio, em uma noite tenebrosa; holofotes flagraram o *Jupiter* em ação e, ainda que o *España* tenha vindo em sua ajuda, as baterias costeiras obrigaram ambos a se afastar. Na manhã seguinte, uma larga passagem foi aberta, e toda a entrada do porto foi liberada cinco dias depois. Portanto, quando o sr. Baldwin e Sir John Simon e Sir Samuel Hoare fizeram suas declarações sobre as minas, não havia absolutamente nenhuma nas águas territoriais de Bilbao; no período entre 15 de março, quando os bascos encontraram a última mina (vazia) do lote de janeiro, até 1º de maio, durante o qual ocorreram todas as discussões no Parlamento, a entrada para Bilbao estava completamente liberada.

Esses fatos, então óbvios para mim, foram em seguida confirmados pelas laboriosas pesquisas do comandante H. Pursey (aposentado), da Marinha Real, que chegou a Bilbao em maio para se informar sobre o funcionamento do Acordo de Não Intervenção. Entre outras fontes, o comandante Pursey teve a oportunidade de examinar o diário de navegação do sujeito que colocou as minas diante de Bilbao, o qual foi recolhido do mar em meio à massa de outros despojos originários do naufrágio do encouraçado *España*. Esse cavalheiro deve ter sentido uma sensação peculiar, quando não um choque, ao se dar conta, enquanto o grande navio afundava pela popa ao largo de Santander no dia 30 de abril, de que ali estava a única vítima importante de seu empreendimento até então. Ele era um diarista inveterado, e todas as suas datas e todos os seus números coincidiam com o que me haviam contado tanto o departamento da Marinha basco como os capitães dos barcos caça-minas, e também com o que descobrira o próprio Pursey.

Por que motivo, então, Bilbao foi minada de modo tão esparso e ineficiente? Primeiro, devido ao fato de que a Marinha Auxiliar de Euzkadi, toda ela em mãos bascas, estava admiravelmente organizada, treinada e ativa. De dezesseis a 24 barcos caça-minas vasculhavam todos os dias as águas territoriais e no mínimo 1600 metros mais além. Nas noites enluaradas, três lanchas a motor — seis nas noites escuras — patrulhavam o limite dos cinco quilômetros, ajudadas por holofotes e observadas zelosamente pelas baterias costeiras. Em segundo lugar, em função do método inconsistente pelo qual o *Jupiter* lançou as minas, e também porque eram antiquadas ou meros simulacros. Tanto em janeiro como em maio, as minas foram colocadas com absoluta incompetência: um terço delas afundou demais, outro terço ficou num nível muito raso e acabou à deriva, tornando-se inofensivas. Além disso, em janeiro, quando os bascos descobriram que 85 minas navais haviam sido instaladas, 37 se revelaram inócuas, pois não continham explosivos. A isso se resumiu o bloqueio de Bilbao. Era estranho, portanto, ler em Bilbao a argumentação do sr. Eden e de Sir Samuel Hoare, segundo a qual deveria haver minas nas águas territoriais bascas, uma vez que estas estavam sendo vasculhadas cotidianamente, pois como bem sabe todo marinheiro — e ao menos Sir Samuel deveria conhecer muitos no Almirantado que poderiam informá-lo —, em época de guerra a varredura de minas, independentemente de existirem ou não, é atividade rotineira de todas as marinhas, entre as quais a administrada por Sir Samuel. Foi ainda mais estranho — e nos deixou um tanto envergonhados da honestidade da Câmara dos Comuns — ler que tanto Sir John Simon como Sir Samuel Hoare afirmaram, num contexto em que ficou claro que se referiam à situação em Bilbao, que dois caça-minas bascos haviam explodido no cumprimento de suas funções, quando se sabia que tais incidentes haviam ocorrido em janeiro, três meses antes de o governo britânico começar a se preocupar com Bilbao, e haviam sido relatados na correspondência consular na data da ocorrência.

Tais eram as premissas falsas e as verdadeiras do problema político que precisamos levar em conta. Entretanto, como o problema se apresentava após o comandante da flotilha em St. Jean de Luz ter enviado ao Almirantado informações equivocadas no dia 6 de abril?

Como medida provisória antes da chegada do *Hood*, que deveria restabelecer o equilíbrio de forças no norte da Espanha, todos os navios mercantes britânicos num raio de 160 quilômetros dos portos setentrionais espanhóis receberam ordens da Marinha para que se dirigissem a St. Jean de Luz, onde deveriam aguardar instruções. Na manhã da sexta-feira, em 9 de abril, seis deles lançaram âncora no pequeno porto, e a eles se juntou a flotilha britânica (*Times*).

Essa concentração de navios, segundo a mesma fonte, despertou a atenção dos agentes locais do general Franco. Este, avisado de que se organizava um comboio com destino a Bilbao, logo enviou mensagem ao embaixador britânico, Sir Henry Chilton, em Hendaye, por intermédio do seu comandante militar em Irún e através da Ponte Internacional — o mesmo comandante Troncoso, nessa época contador de histórias fantasiosas, mas depois ladrão de submarinos e hoje um penitente nas prisões francesas.

Por intermédio de seu enfático porta-voz, o combativo Troncoso, Franco declarava estar decidido a fazer com que o bloqueio de Bilbao fosse total e efetivo; e que considerava a interrupção do desembarque de gêneros alimentícios nesse e em outros portos republicanos ainda mais importante que o bloqueio do desembarque de material bélico; e que resistiria a qualquer tentativa de se romper o bloqueio à força, fossem quais fossem as consequências (*Times*). Essa mensagem foi recebida em Londres no sábado, 10 de abril (Eden, 19 de abril). Referindo-se presumivelmente à mesma mensagem, no dia 19 de abril, o sr. Eden divulgou na Câmara dos Comuns que, em nota de 9 de abril, o comando rebelde informou a Sir Henry Chilton que a instalação de minas navais seria intensificada entre os cabos Vidios e Machichaco — ou seja, nas águas territoriais bascas.

De passagem, cabe notar que essa — revelada pelo sr. Eden ao ser questionado por um deputado socialista, o sr. A. Henderson — foi a primeira referência por parte de um membro do governo à mensagem ameaçadora enviada pelo general Franco pouco antes da reunião ministerial que decidiu a política britânica em relação a Bilbao. Até então, ao descrever a sequência de eventos que conduzira a essa decisão (por exemplo, Simon, 14 de abril), eles deixaram de mencionar esse elemento de óbvia relevância; e mesmo agora os fatos foram obtidos com dificuldade, pois só perto do fim do período de inquirição, em 19 de abril, o sr. Eden admitiu, diante de uma pergunta direta de Sir Archibald Sinclair, a visita de Troncoso em 9 de abril e a ameaça aos navios britânicos. O secretário do Exterior ressentiu-se das insinuações sobre o tema. Afirmou que cedera aos fatos, não a ameaças. Evidentemente, o gato estava cada vez mais inquieto dentro do saco e logo mais o rasgaria a fim de sair pelo mundo.

Com efeito, no dia seguinte sua horrível cabecinha emergiu, em uma resposta descuidada de Sir Samuel Hoare. Com sincera inocência, o sr. Attlee indagou: "E onde nosso embaixador consegue as informações, uma vez que está em Hendaye?". Ao que Sir Samuel respondeu que havia apenas uma ponte entre o embaixador e a Espanha.

A piada evidentemente era que a ponte levava ao território rebelde e a Troncoso, nosso novo amigo. Mas era uma piada esotérica demais, que a oposição até hoje não entendeu.

Para resumir bastante a história, o efeito da ameaça de Troncoso foi o seguinte: na sexta-feira, 9 de abril (segundo Sir John Simon, em 14 de abril), o governo britânico decidiu informar sua posição aos navios britânicos, a qual foi enviada por carta ao comandante do *Blanche*. Dizia a carta: "O senhor não deve deixar St. Jean de Luz rumo a qualquer porto em mãos do governo espanhol no norte da Espanha *até receber outras instruções*. Essa ordem será confirmada no momento apropriado pela Câmara de Comércio e por intermédio do cônsul britânico. E, no sábado, 10 de abril, a Câmara do Comércio manifestou-se em mensagem de cunho bem mais diplomático: "Informem aos navios britânicos ora em St. Jean de Luz que a vontade do governo britânico é de que, *por enquanto*, não se dirijam a portos bascos, devido à situação perigosa ali reinante, e que aguardem em St. Jean de Luz até receber outros comunicados".

A ameaça de Troncoso foi apresentada em Londres na manhã de 10 de abril. Uma reunião especial do Gabinete foi convocada para o dia seguinte, e nela foi tomada a seguinte decisão, cuja frase de abertura revela que foi concebida em uma atmosfera de ameaça. Dizia ela:

> O Governo de Sua Majestade não pode reconhecer ou conceder direito de beligerante, tampouco pode tolerar interferência em embarcações britânicas no mar. Todavia, está alertando as embarcações britânicas de que, em vista das condições hoje vigentes nas vizinhanças de Bilbao, elas não devem, por razões práticas, e diante de riscos contra os quais atualmente é impossível protegê-las, navegar nessa área enquanto prevalecerem essas condições.

Em outros termos, sem que houvesse surgido nenhum fato novo além da ameaça do comandante Troncoso, a iniciativa provisória de juntar as embarcações em St. Jean de Luz, para que ali aguardassem novas instruções, acabou se consolidando na política de simplesmente proibir que os navios entrassem em Bilbao. É curioso notar que, antes da adoção dessa política, a única fonte de informações era o próprio Troncoso, pois o parecer do cônsul britânico em Bilbao não foi de nenhum modo consultado antes de se tomar a decisão, enquanto a tempestade se preparava no Parlamento. Ele poderia ao menos ter repassado o que sabia Egía (que estava bem informado a respeito das minas e, até a implementação da política, fora considerado a autoridade sobre elas em Bilbao pela Marinha britânica), como contraponto ao que dizia Troncoso. Mas não lhe pediram que fizesse isso; imagino que a Ponte Internacional, entre Hendaye e Irún, era uma caminhada mais fácil.

Além disso, foi na verificação da informação basca que o governo britânico de fato rompeu sua promessa ao Parlamento. Pois (em abril!), o sr. Lloyd George perguntou se a mensagem do presidente Aguirre — sobre a ausência de minas nas águas territoriais de Bilbao e a potência das baterias costeiras — havia sido transmitida ao almirante no HMS *Hood*, e também se este fora consultado sobre a declaração feita. O sr. Eden respondeu que, se o almirante não estava a par da mensagem, sem dúvida logo seria informado. Em 19 de abril, contudo, quando o vice-comandante Fletcher indagou se o *Hood* recebera instruções para confirmar a declaração do governo basco, Sir Samuel Hoare replicou que não.

Em suma, as colocações de Troncoso foram ouvidas e levadas em conta, mas as de Aguirre não mereceram atenção nem mesmo quando o secretário do Exterior da Grã-Bretanha prometeu que seriam examinadas.

Bem, aqui estamos com Bilbao começando de novo a passar fome e com um novo tipo de bloqueio imposto pela Marinha britânica em águas territoriais francesas, enquanto o *España* e o *Almirante Cervera* condescendem vez por outra em dar uma ajuda, embora sempre tenham o cuidado de se manter a mais de dezesseis quilômetros do litoral quando passam diante das baterias bascas. Pouco a pouco, as notícias começam a surgir na imprensa basca, e o autor deste livro, na condição de inglês exemplar, passa por um período de impopularidade, restrito a uma dieta de grão-de-bico. Todavia, como enverga o manto da profecia, em um surto de patriotismo ele anuncia aos bascos que na

Inglaterra a verdade costuma prevalecer, e que o bloqueio não vai durar.

Em St. Jean de Luz, todos estão se divertindo à larga; a cada dia brotam novas histórias hilariantes sobre Potato Jones, enquanto as próprias batatas começam a lançar brotos. Em Bilbao, atrás dos canhões poderosos e das águas sem minas, a população vai se virando com quarenta centavos de comida por dia. No dia 12 de abril, Aldasoro divulga uma lista com a distribuição de alimentos para doze dias, e diz que precisam durar uma quinzena. Cada pessoa vai receber meio quilo de macarrão para sopa, um quilo de arroz, 250 gramas de açúcar, meio quilo de grão-de-bico e pouco menos de 250 gramas de repolho. Mas em 15 de abril, diante da aflição que se generaliza, Aldasoro, que aprecia um requinte, decide fazer uma aposta contra o bloqueio, e anuncia que a distribuição seguinte seria no dia 20 de abril. A partir de então, eu me torno um pouco mais popular entre meus vizinhos.

Na Câmara dos Comuns, cresce cada vez mais a tempestade, tornando-se mais e mais parecida com a baía de Biscaia. Um vagalhão após o outro em meio a considerável constrangimento oficial. A ameaçadora e incessante vaga de questionamentos é entremeada pela tediosa e bocejante pasmaceira anticlimática das respostas. E, perdoe-me se misturo as metáforas, um enorme caixote com gatos para serem passados como lebres é descarregado pelos deputados oposicionistas na praia governista. Lá estavam todos, em completa desordem: Sir John Simon torcendo dolorosamente o pescoço sobre o parapeito; Sir Samuel Hoare debruçando-se infeliz sobre o timão, procurando desarraigar o erro pelo estudo, entre uma e outra onda, de um livreto sobre a prática da varredura; o secretário do Foreign Office, um tanto pálido à proa, agarrando o chapéu e procurando as minas, enquanto o tempo todo a nau do Estado cambaleia horrivelmente sob os pés deles. Os gatos-lebres são arrastados de um lado para o outro, mas nem isso acalma a fúria das águas ou assegura um curso estável à velha nau. Soturnamente, Sir Samuel retorna ao odiado porto de Bilbao.

Relacionei aqui seis falsas lebres dos deputados da oposição, e duas do próprio primeiro lorde do Almirantado. São lebres de proporções distintas, e pelo menos uma delas é bem velha e gasta, tendo sido arrastada por aí incontáveis vezes. Mas vamos apresentá-las em ordem cronológica, à medida que foram retiradas do caixote, uma após a outra.

1. Em 12 de abril, o sr. Duncan Sandys indagou, a propósito de Bilbao, se a política de negar direitos beligerantes aos combatentes não ia criar um precedente internacional capaz de prejudicar nossos direitos no futuro. Essa frase peculiar, se analisada em termos lógicos, sugere preparativos para uma guerra civil na Inglaterra, algo sem dúvida bem distante da situação em Bilbao. Como falsa lebre, obteve escasso apoio e logo foi devolvida ao caixote.

2. Em 14 de abril, o sr. Winston Churchill afirmou que os alimentos eram um elemento da capacidade bélica de um país, tão importante quanto o resto, sugerindo que, por motivos éticos, fossem mantidos longe de Bilbao. Uma lebre bem inflada, que foi recebida com gritos de "Oh!" pela oposição e acabou explodindo.

3. No mesmo dia, o sr. Harold Nicholson, de quem se esperaria um animal mais capacitado, declarou que "fornecer a um dos lados os elementos de defesa e negar ao outro aquela vantagem militar que poderia ser obtida por uma campanha de fome seria uma intervenção inequívoca". Não posso deixar de pensar que, ao exibir seu gato-por-lebre diante dos líderes da oposição, o sr. Nicholson tenha se dado conta de que ele tinha apenas um olho. Pois, segundo a mesma argumentação, negar a um dos lados os elementos de defesa e negar ao outro aquela vantagem militar

que poderia ser obtida por uma campanha de fome seria igualmente uma intervenção — e é exatamente isso o que o governo estava fazendo. Melhor deixar de lado tal animal. Tem um cheiro estranho. Será que é o da parcialidade?

4. O dia 14 de abril trouxe a rainha das falsas lebres. Há cerca de cinco anos, tornou-se prática comum da Grã-Bretanha, sempre que algo é proposto, por mais trivial que seja, dizer que não, não se deve assumir o risco, porque se trata de parte de um Problema Mais Amplo, e como a Europa é um Barril de Pólvora, isso pode levar à Guerra. É o gato-lebre a que fiz alusão antes: é velho e, como disse, gasto de tanto passar de mão em mão, e pelos buracos dá para notar o quanto já foi fatiado. Por vezes, na verdade, parece até que não lhe resta mais nada da espinha. E foi o sr. Emrys-Evans que o tirou do caixote. O problema espanhol, disse ele, não passava de parte de um problema mais amplo, e na verdade era um problema menor se comparado ao da Alemanha e da Europa Central. O perigo de um ataque à Tchecoslováquia ia aumentar com a intervenção na Espanha, e diminuir caso seguíssemos uma política de não intervenção. O perigo... Espera-se que as pessoas fatiadas tremam.

5. O 14 de abril, dia do primeiro grande debate sobre Bilbao na Câmara, parece ter sido muito agradável, pois fez com que os gatos saíssem todos a fim de aproveitar o sol. Segundo o sr. Crossley, ele apoiava o povo que se levantava em defesa do direito à liberdade religiosa e do direito à propriedade, mas ainda assim acreditava na mais estrita não intervenção. Este talvez tenha sido o bicho mais confuso de todos. Pois, à primeira vista, era de pensar, conhecendo a Espanha, que o sr. Crossley referia-se a Bilbao, afinal a única região da península onde havia efetiva liberdade religiosa. Mas não, o sr. Crossley referia-se ao território do general Franco, onde os ateus confessos eram aniquilados. Por uma concessão que só pode ser descrita como nobre, o sr. Crossley

estava se privando do direito de apoiar o general Franco. Uma lebre bem versátil esta, bem escorregadia.

6. Em 20 de abril, o sr. Bernays denunciou Potato Jones. Este nada tinha de filantropo, afirmou: o sujeito não passava de um mercenário. Ia ganhar até 2 mil libras esterlinas se fosse bem-sucedido. Por que motivo a Marinha Real ia se expor a riscos injustificáveis a fim de que Potato Jones recolhesse seu rico lucro? E a resposta é bem simples: o dever da Marinha Real, motivo pelo qual seus oficiais e marinheiros são pagos e seus navios são construídos com o dinheiro dos contribuintes, é assegurar os interesses comerciais britânicos nos mares; e os lucros conquistados pelo comandante de uma embarcação britânica têm tanto a ver com a questão quanto o discurso do sr. Bernays tem a ver com Bilbao. E a resposta pode ser lapidada: não havia o menor risco para a Marinha Real, injustificável ou não. Nenhuma embarcação foi afundada ou atingida: nenhum navio de guerra e nenhum cargueiro. A política toda em relação a Bilbao estava começando a se mostrar uma improvisada supressão da verdade, e, por volta de 20 de abril, o apoio a ela era cada vez mais débil.

Afinal, a única questão que restava determinar era a segurança das águas territoriais bascas, que haviam sido cuidadosamente maquiadas como inseguras desde o início de abril. Se os navios britânicos podiam transitar por ali em segurança, em ambas as direções, então o bloqueio não passava de fantasia. Na semana anterior aos debates do dia 20 de abril, quatro navios britânicos haviam deixado o porto de Bilbao sem serem incomodados ou danificados, entre os quais o ss *Olavus*, do qual voltaremos a falar adiante. Logo o governo britânico seria acusado de má-fé, e ele bem o sabia.

Todavia, um dos últimos propagadores de gato por lebre foi o próprio Sir Samuel Hoare. Em duas ocasiões distintas no dia 20 de abril, ele falou em "forçar a entrada de navios em Bilbao", como se alguma ajuda tivesse sido solicitada à sua Marinha, além daquela prometida desde o início pela política ministerial — a de proteção fora do limite dos cinco quilômetros. E, como se comprovou na prática e vinham dizendo desde sempre os bascos, nenhuma outra ajuda era necessária.

Por fim, quando as informações navais sobre isso e o reconhecimento do sr. Eden haviam desmoronado por inteiro — pois ele mesmo informara à Câmara que a Marinha Real não entrava em águas territoriais bascas havia dois meses, além de afirmar que, evidentemente, a única fonte alternativa, o cônsul em Bilbao, não estava capacitado para dar opiniões sobre questões navais —, Sir Samuel apresentou o mais intrigante indício de toda a longa controvérsia. Para atordoar a Câmara, leu um telegrama do comandante do *Olavus*, enviado ao seu armador no dia 19 de abril, no qual dizia: "À luz do dia segui até o porto. Sem saber atravessei área minada. Passamos ao largo da única avistada...".

Ora, como lembrou o sr. Attlee, não se poderia alegar que isso justificasse a decisão do governo britânico, pois somente fora notado nove dias depois de ter sido tomada. Mas as investigações do comandante Pursey em Bilbao foram ainda mais longe. Ele descobriu que o *Olavus* entrou em Bilbao no dia 8 de abril; que o comandante não apresentou nenhum relatório ao capitão do porto ou ao escritório do diretor-geral da Marinha Mercante, como devia fazer caso tivesse avistado qualquer objeto perigoso para a navegação; que viu seu despachante naval em diversas ocasiões, mas este nada mencionara a respeito de minas ou áreas minadas; e que Joseph Ducable, súdito britânico e tradicional armador que aprovisionava o *Olavus*, esteve inúmeras vezes com o comandante deste, o qual também nunca mencionou qualquer mina ou área minada. Na verdade, era uma mina bem curiosa: após ter sido resvalada, só onze dias depois considerou-se necessário assinalar sua presença.

Nesse meio-tempo, enquanto os argumentos do governo tornavam-se mais e mais superficiais, os navios carregados de alimentos tinham de esperar em St. Jean de Luz. Potato Jones havia deixado o porto e desaparecido no horizonte. Mas os outros sabiam muito bem que as águas bascas estavam desimpedidas e eram seguras para qualquer embarcação que pudesse contar com proteção em alto-mar. Até mesmo Sir Samuel Hoare teve de admitir a eficácia dos canhões bascos, pois, pressionado a detalhar as informações navais sobre a questão, deu a seguinte resposta: "Em 19 de abril, fui informado de que os oficiais comandantes [...] observaram com frequência navios de guerra rebeldes *dentro do alcance das baterias de Bilbao*" — ou seja, a menos de 23 mil metros da costa. Em outras palavras, quando no dia 21 de abril Sir Samuel afirmou que os barcos de guerras rebeldes haviam sido notados com frequência dentro do limite dos cinco quilômetros, não dispunha de indícios que confirmassem tal alegação. O que queria dizer era 23 mil metros, que é uma diferença e tanto.

Os navios com alimentos começaram a ficar inquietos; na Câmara dos Comuns, a oposição estava jubilante; os bascos passavam fome; e eu, eu me sentia cada vez mais estranho e profético. Dizia que a verdade tinha de prevalecer.

Em conversa comigo, Egía mostrou uma solicitação enviada a determinado navio em St. Jean de Luz, a fim de que se aproximasse do porto, à luz do dia, em 20 de abril. As baterias costeiras seriam então mais úteis do que à noite. Estávamos no dia 19 — eu conseguiria acordar às seis da manhã seguinte?

O *Seven Seas Spray* — comandado pelo sr. W. H. Roberts, de Penarth, no sul do País de Gales, e adornado com sua filha de vinte anos, Fifi, adequadamente vestida com um suéter azul-claro e calça cinza de flanela — entrou no porto de Bilbao às nove da manhã de 20 de abril e ali atracou sem nenhum outro incidente mais alarmante do que o entusiasmo público. No convés, também se podia avistar outra dama, uma loira mais encorpada: a sra. B. M. Docker, de Swansea, esposa do engenheiro-chefe, viera para cuidar dele durante as festividades. Oriundo de Valência, o *Seven Seas Spray* carregava 3600 toneladas de víveres diversos, entre os quais sal, vinho, azeite, presunto, mel, farinha de trigo, feijão e ervilha. O comandante corajoso e um tanto inexpressivo, com a filha pequena e travessa, a sra. Docker, seis oficiais britânicos e uma animada tripulação mestiça seriam por muitos dias alçados à condição de heróis, festejados de uma extremidade à outra da cidade.

O *Spray* pertencia à Veronica Steamship Company, dirigida pelo sr. Thomas Blazquez McEwen, de Edimburgo e da Espanha, que se dedicava, desde novembro de 1936, ao comércio de cabotagem entre os portos do governo espanhol. Com o proprietário a bordo e as duas damas dispostas a se divertir um pouco, o navio deixou St. Jean de Luz de repente, às dez da manhã do 19 de abril. Foi intensa a manifestação de nervosismo por parte das autoridades, com um semáforo palpitando freneticamente, insistindo que o *Spray* retornasse. Mas o capitão Roberts, cujos cabelos haviam encanecido nas tradições da marinharia britânica, fez de conta que não viu nada. "Um bom marinheiro", explicou-me ele, em plena confiança, "não olha a ré."

O navio não recorreu às luzes de navegação e, até as seis e meia da manhã, a travessia foi perfeitamente tranquila, sem nada a perturbá-la. Fifi e a sra. Docker dormiram como dois anjos, assim como quase toda a tripulação, com exceção do pai de Fifi, que permaneceu de vigia na ponte de comando, à maneira tradicional dos marujos, à espreita de más intenções, cuja proximidade efetiva parecia-lhe motivo da dúvida mais irrestrita. "Existem de fato as serpentes marinhas?", perguntava a si mesmo, enquanto o *Seven Seas Spray* tomava o rumo do cabo Machichaco.

Foi nessa altura que uma forma se delineou mais à frente: não uma serpente marinha, mas um destróier britânico. Usando o código internacional, sinalizou "Seguindo para onde?", e recebeu a resposta desavergonhada: "Bilbao". A conversa adquiriu então o tom mais íntimo de sussurro do semáforo: "Por sua conta e risco", ao que o capitão Roberts deu excelente réplica: "Assumo toda a responsabilidade". Diante disso, esfumou-se a contenção naval; enquanto se afastava, o destróier deu um tapinha em suas costas, despedindo-se com votos de "boa sorte". "Obrigado", respondeu o capitão Roberts, enquanto rodeava o cabo a fim de percorrer o derradeiro trecho antes de entrar em águas territoriais bascas.

No grande porto, tudo estava preparado para recebê-lo. As baterias costeiras estava a postos e uma pequena frota, formada pelos destróieres governistas *Ciscar* e *Jose Luis Diez*, acompanhados de duas traineiras armadas, saíram ao encontro do *Seven Seas*. Como toninhas brincalhonas, tão luzidias quanto Panope e suas irmãs nereidas, ziguezaguearam pela entrada do porto e pelas águas territoriais a fim de mostrar como estavam completamente livres de minas; vazios fuscos entre as ondas e resistentes corpos pequenos e negros nas cristas revelavam onde a frota de pesca basca prosseguia imperturbável em sua faina, a quilômetros da costa. Os navios de guerra rebeldes *España* e *Almirante Cervera* foram avistados a 22 quilômetros da costa na direção oeste, mas ninguém parecia se importar, enquanto o *Spray* passava pelo cais às oito e meia, seguindo adiante sem solicitar a ajuda do prático.

Fomos até o navio em uma lancha, enquanto as traineiras armadas seguiam para o atracadouro, rio acima. Subimos a bordo pela escada de corda e saltamos por sobre tonéis, muito pichados e pesados, até alcançarmos a escada para a ponte. O primeiro que encontramos foi o imediato, que exclamou, com voz viril e sarcástica: "Perigo?". "Foi tão seguro quanto ir ao banco. Poderíamos ter feito isso de olhos fechados." Um cavalheiro alto, de cabelo preto liso e rosto escanhoado, em elegante terno escuro, com alongado semblante espanhol e maneiras diplomáticas, nos contemplava desde a amurada superior; segurava o cigarro com graça impecável. Era extremamente distinto e sério, e foi diagnosticado sem erro como sendo o proprietário. Ele nos conduziu até o capitão Roberts e sua filha Fifi, que nos cumprimentou com forte aperto de mão e nos ofereceu o primeiro uísque decente que havíamos provado em três semanas. Ficamos esperando pelo prático. A cabeça do imediato apareceu à porta e nós o cumprimentamos, "Parabéns!", com toda a formalidade de que éramos capazes, balançando os copos vazios na expectativa de outra dose. Ele abriu um sorriso largo e respondeu mais animadamente: "Somos ou não somos os tais?".

Nove caças russos, a esquadrilha de Bilbao suplementada por outro grupo de Santander, estavam realizando acrobacias sobre o rio e, enquanto avançávamos, fizeram rasantes para nos dar as boas-vindas. Eram liderados por Del Río, e essa foi a última vez que vi suas feições jovens e sorridentes. De altura mediana, com cabelos brancos e bochechas rosadas, o capitão assumiu seu lugar na ponte de comando; estava todo empertigado no uniforme meticulosamente escovado, com elegante capa branca sob o quepe. W. H. Roberts estava impecável, um comandante de verdade; e ficamos ao lado nos esforçando para não macular a impressão causada pelo navio. E que impressão! A história de Egía se difundira, e parecia ser do conhecimento de toda a cidade. Quilômetro após quilômetro na depressão do Nervión, os cais cinzentos e as áreas a beira-rio estavam todos apinhados de gente. Dezenas de milhares saíram para ver o navio inglês, a bandeira vermelha que tão bem conheciam em tempos de paz tremulando na popa sobre o rio esverdeado. Essas eram as áreas bombardeáveis, onde as mulheres e crianças refugiadas de Guipúzcoa e das Astúrias haviam sido abrigadas pelo Departamento de Assistência Social. Saudavam e gritavam, e saíam correndo das casas para galgar os blocos de pedra e cimento à margem do rio. Não acenavam com rosas, mas com velhos lenços de mão, jornais lidos e relidos e milhares de trapos por todo o caminho, sacudidos de janelas decrépitas e sujas. Muitos erguiam o punho cerrado, e o capitão e Fifi respondiam à maneira mais inglesa. Sem dúvida, o capitão fazia uma bela figura ali de pé na ponte enquanto seguíamos rio adentro. Os pequenos grupos de mulheres e crianças que mesmo agora adotavam a prática de passar o dia todo nos abrigos antiaéreos, saíram das cavernas e gritaram. Vindo dos cais, dava para ouvir gritos de *Viva los marineros ingleses* e *Viva la libertad*; mas as mulheres se mostravam mais pé no chão e gritavam *Vino y aceite*, vinho e azeite! Acima de tudo, ouviu-se o berro gutural de um marinheiro basco, em inglês: *Well done* [Muito bem]. Os milicianos também deixaram seus alojamentos para saudar o navio que rompera o bloqueio de papel e, para o capitão, foi um momento de glória quando por fim pôde erguer o megafone, à medida que passávamos diante das casas altas da cidade de Bilbao e o navio lentamente se aproximava das docas à direita, e dizer com voz contida: "Prenda-a bem aí mesmo, senhor contramestre". Fora uma travessia confortável; e os bascos estavam começando a achar que um marujo inglês jamais assumiria tal risco.

Fifi e a sra. Docker desembarcaram com a intenção de explorar a possibilidade de fazer compras.

Agora era evidente para o mundo que os campos de minas em Bilbao haviam sido, para dizer o mínimo, mal semeados e exagerados. Ainda que Sir Samuel Hoare mantivesse a crença inequívoca na existência das minas quando se dirigiu à Câmara dos Comuns naquela tarde, a Marinha Real e os comandantes dos navios mercantes entravam em um período de ceticismo tão forte quanto o de Fifi. Também ficou claro que uma travessia noturna provavelmente romperia um bloqueio imposto no momento por apenas dois navios de guerra. Tudo o que ainda restava comprovar era a eficiência das baterias costeiras.

A política britânica foi alterada por ordem executiva. Aos armadores britânicos, que começavam a se alarmar com o acúmulo de indenizações reivindicadas pelos bascos por carregamentos não entregues, foi dito que o governo não tinha como garantir que as embarcações poderiam entrar em Bilbao. Em qualquer situação, caso houvesse necessidade, a proteção estaria assegurada em alto-mar. Enquanto até então havia um alerta explícito contra a ida dos navios para a área de Bilbao, dadas as condições perigosas vigentes, agora eram apenas informados de que o governo não tinha como lhes dizer que a entrada estava desimpedida.

A Marinha Real, com sua costumeira generosidade sempre que reconhece um erro, traçou planos engenhosos com os navios britânicos remanescentes em St. Jean de Luz, de modo a conduzi-los em segurança até o limite dos cinco quilômetros de Bilbao. O *Hamsterley*, o *Macgregor* e o *Stanbrook* deixaram St. Jean de Luz na escuridão completa antes da meia-noite de 21 de abril; e, ao mesmo tempo, viu-se o HMS *Hood* rumar para o mar aberto, uma constelação de luzes que foi diminuindo e sumindo até se extinguir no horizonte.

Quando rompeu a manhã, a neblina recobria a costa biscaína, na passagem das nuvens vindas das terras altas sobre o mar. O *Macgregor* liderava, seguido do *Hamsterley* e do *Stanbrook*, todos encobertos pela névoa. Mas o céu abriu antes de chegarem ao trecho de mar diante da foz do Nervión.

Dessa vez, Franco estava informado: seus encouraçados lá estavam. Os três navios britânicos carregados de alimentos foram avisados pelo destróier *Firedrake* quando estavam a mais de dezesseis quilômetros ao largo de Punta de Galea. O *Almirante Cer-*

vera e a traineira *Galerna* estavam à espera deles, o primeiro já em mar aberto, mas o barco menor pouco além do limite dos cinco quilômetros. E ali também estava o *Hood*, o melhor cruzador de batalha do mundo.

O *Macgregor*, ainda fora das águas territoriais, recebeu do *Almirante Cervera* ordem de parar; de imediato, enviou um sos, e o *Firedrake* convocou o *Hood*. O vice-almirante Blake pediu então que o cruzador rebelde não interferisse na navegação de navios britânicos fora das águas territoriais. O *Cervera* replicou que sua jurisdição se estendia até dez quilômetros do litoral.

Este foi o blefe final de Franco no bloqueio de Bilbao. Depois de fingir que havia instalado minas diante da cidade, e que ia impedir à força a entrada de navios britânicos quando não tinha condições de fazer isso, ele retomou a antiga reivindicação espanhola, jamais aceita pela Grã-Bretanha, de que as águas territoriais se estendiam até dez quilômetros da costa. E esse blefe também foi desmascarado; com os oito canhões de quinze polegadas prontos para disparar, o *Hood* respondeu que não reconhecia tal reivindicação, e o *Macgregor* recebeu a mensagem "Siga em frente se quiser". E foi o que fez. O *Cervera* permaneceu em silêncio. A Marinha Real cumprira seu dever.

Quando o *Macgregor* se aproximava do limite dos cinco quilômetros, a pequena traineira rebelde fez um disparo na direção da proa do cargueiro; e foi alertada pelo *Firedrake* para que deixasse passar um navio britânico. Enquanto isso, no litoral, os bascos estavam a postos, ansiosos para experimentar as baterias costeiras contra as embarcações internacionais reunidas diante de Punta de Galea. Escolheram esse momento para abrir fogo, de maneira um tanto caótica, mas com evidente entusiasmo. Na verdade, as baterias em Galea tentaram comprovar seu poder de fogo igualmente sobre aliados e inimigos. Enquanto granadas zuniam estridentes sobre o *Firedrake*, outras caíam a cerca de dez metros da traineira *Galerna*. A batalha do mar Cantábrico estava decidida; o último elo da argumentação fora estabelecido. As baterias bascas se mostraram capazes de proteger uma área ainda além de suas águas territoriais, nas quais agora entrava jubilosamente o comboio britânico — pois o *Galerna* preferiu dar meia-volta. As duas traineiras armadas bascas, *Bizkaya* e *Ipareko-Izara*, escoltaram o *Macgregor*, o *Hamsterley* e o *Stanbrook* até o porto. A mesma multidão saudou enquanto a procissão das embarcações com bandeira vermelha passava lentamente rio acima.

Os navios levavam um carregamento de 8500 toneladas de mantimentos, dos quais a porção mais importante eram 2 mil toneladas de trigo. No barco patrulha que os precedia pelo Nervión, os homens gritavam "Pan! Pan!", enquanto a alegria tomava conta das mulheres em terra. A calmaria política de St. Jean de Luz pode ter acelerado o amadurecimento dos tomates, mas era óbvio que a população depositava muita esperança no restante da carga.

Dois outros cargueiros britânicos, carregados de alimentos e carvão, o *Stesso* e o *Thurston*, chegaram sem incidentes no dia 25 de abril; e, no dia seguinte foi a vez de um terceiro, o *Sheaf Garth*.

As belonaves insurgentes deixaram de atrapalhar o livre curso do comércio para Bilbao. Troncoso cruzou a Ponte Internacional para lavrar seu protesto, não mais em tom de alerta, e sim de estridente exasperação, junto ao pessoal da embaixada britânica. No dia 29 de abril, quando quatro navios britânicos — o *Marvia*, o *Sheaf Field*, o *Thorpehall* e o *Portelet* — avançaram pelo porto externo de Bilbao, 22 bombardeiros rebeldes tentaram atingi-los, assim como a grande ponte sobre a foz do rio, mas falharam em todos os cinco objetivos. E este foi, de uma vez por todas, o fim do bloqueio de Bilbao. Não era nada mais do que um pedaço de papel, e a verdade prevalecera.

Mais tarde, na Inglaterra, os amigos da reação queixaram-se amargamente de que a política do governo, impelida pelos fatos a proteger as embarcações britânicas até o limite dos cinco quilômetros, configurava uma intervenção na Guerra Civil Espanhola. Que almas simplórias! O primeiro alerta para os barcos britânicos evitarem Bilbao, baseado como se viu em imprecisões e mentiras, constituía intervenção bem mais grosseira. Tivesse prosseguido, tal política teria colocado Bilbao de joelhos e a condenado à derrota. Quando foi abandonada essa política, isto não significou a vitória de Bilbao: tanto poderia vencer como perder e, na verdade, acabou sendo derrotada. E qual desses dois caminhos, com base na lógica mais elementar, teria influenciado mais a Guerra Civil? Aquele que determinava certo resultado ou aquele que o deixava em aberto? Aquele fundamentado na verdade, ou aquele fundamentado em Troncoso?

Quanto a mim, aceito o crédito de, antes de qualquer outro, ter apontado a falsidade do bloqueio, restabelecendo assim a verdade. Um jornalista não é mero fornecedor de notícias, sejam sensacionais ou controversas, bem ou mal escritas, ou apenas engraçadas. Ele é um historiador dos eventos cotidianos, e tem um dever para com o público. Se lhe impedem o acesso a esse público, cabe a ele recorrer a outros métodos; pois, como historiador em ponto menor, ele pertence à mais honrada profissão do mundo, precisa estar tomado do apego mais passional e crítico pela verdade, e por isso o jornalista deve, com o enorme poder que detém, cuidar para que prevaleça a verdade. Não descansei até que tivesse destroçado aquela falsidade.

17.

Elgeta era um encantador vilarejo montanhoso, no início do desfiladeiro da estrada entre Vergara, em Guipúzcoa, e Durango, passando por Elorrio, em Biscaia. Aqui, tal como no cemitério de Eibar, os insurgentes foram interrompidos de maneira sangrenta ao tentarem avançar em outubro, quando chegaram as armas trazidas por Lezo, o lobo do mar.

O caminho até Elgeta era uma subida sinuosa por entre morros. Velhas crateras de bombas marcavam o vilarejo, e dava para ver o céu através de um singelo portal com detalhes em gesso, acima do qual morava, em épocas de paz, o prefeito. Agora ali era o centro de comando do setor. O inimigo sabia disso e várias vezes tentara atingir o local, mas, ao longo de seis meses de ociosas escaramuças, apenas algumas telhas haviam sido derrubadas por um tiro de raspão.

A frente não sofrera nenhuma alteração desde outubro. Era considerado mais ou menos falta de educação, uma ruptura de costume arraigado, disparar entre as linhas. Com efeito, estas, na funda concavidade do vale entre Elgeta, mal tinham contato entre si. Ninguém sabia onde estava o adversário, exceto que provavelmente em alguma parte lá embaixo no vale verdejante, entre os trechos quadrados de mostarda, eles próprios esbatidos em meio ao amarelo que se estendia por todos os lados até Vergara. Desde a praça esburacada pelas bombas, dava para avistar tudo, tão íngreme era a encosta do vale a partir do desfiladeiro onde ficava Elgeta, e a praça estava voltada para leste sobre o vale como um terraço. Alguém extremamente cauteloso empilhara sacos de areia, sobre os quais costumávamos nos instalar, apreciando a vista da mostarda fresca e das linhas inimigas em Asensiomendi, a quinhentos metros à direita. Supunha-se que ali havia pelo menos duas metralhadoras do inimigo, que era mal treinado e taciturno mesmo quando levávamos os binóculos aos olhos e piscávamos publicamente para eles.

Lá embaixo no vale alongado os camponeses continuavam a trabalhar na terra de ninguém. O gado mascava os pés de milho dispersos no terreno maninho, que iam pouco a pouco sendo vendidos para os milicianos de ambos os lados. Depois de arar e semear, os velhos lavradores estavam se preparando para a colheita. Eles não tinham nenhuma opinião política; bascos que eram, não cometiam crimes nem precisavam de polícia; e, como moradores privilegiados da terra de ninguém, não recolhiam impostos, não postavam cartas nem contavam histórias. Estes eram seus direitos interterritoriais.

Asensiomendi, que se erguia maciçamente ao sul do vale, era na verdade o ramo leste da serra de Inchorta, que em três montes leoninos cobertos de relva até o topo estendia-se para o sul desde Elgeta até o baluarte basco, marco do limite sudeste da frente, o monte Udala. E o monte Asensiomendi estava quase todo nas mãos dos rebeldes. Por uma estreita faixa de terreno, ele se juntava ao Grande Inchorta; e no meio dessa faixa havia um pequeno lago e uma ermida, que antes servira de posto de observação para os rebeldes, mas havia muito fora completamente destruída pelos obuses.

Em outubro, as trincheiras bascas foram abertas de modo grosseiro e retilíneo no alto das Inchortas. Dessa maneira, eram, para usar a expressão francesa, *nids d'obus* [ninhos de obuses], um alvo fácil para qualquer ataque de artilharia. Em março, porém, um novo comandante republicano, Beldarrain, ocupara aquela posição à frente de um novo batalhão, o Marteartu, inteiramente composto de nacionalistas bascos.

Moreno, baixo e tímido, antes da guerra Beldarrain era torneiro mecânico e, como boa parte daqueles que se interessam por máquinas, tinha a língua bem travada; pior ainda, não mostrava a menor disposição em falar. Vestia-se de modo abominável, com uma gasta jaqueta azul de lã e calças enxovalhadas de artesão; na cabeça, usava uma boina puída sem qualquer insígnia de posto. Seus traços eram alongados e melancólicos, com olhos castanhos muito calmos, que eram o que melhor havia nele. Parecia incapaz de sorrir, ou de deixar de lado o que estava fazendo. No primeiro encontro, Beldarrain dava a impressão de nunca entender as perguntas que lhe faziam; era por natureza tão silencioso que simplesmente não conseguia responder. A pergunta que se colocava era se se tratava de um maníaco melancólico de fato, ou não passava de um torneiro mecânico envergonhado de comandar um exército de fancaria. Quando os conselheiros militares do governo basco lhe diziam para fazer isto ou aquilo, acabavam topando com a mesma ausência de palavras. Então coçavam a cabeça e iam embora. O homem era um poste.

Quando retornavam no dia seguinte, carregados de um pessimismo tão fundo quanto o silêncio de Beldarrain, ficavam surpreendidos ao ver que três quartos do que haviam recomendado fora realizado com perfeição. Sobre o último quarto, a pequena estátua soturna começava a se explicar; lentamente no início, mas logo reunindo entusiasmo. Aquilo era uma ideia ridícula, dizia, quando se começava a entendê-lo, pelos motivos a, b, c e d, nenhum dos quais tinha a menor relação com o moral dos homens; suas razões eram sempre técnicas, como convém a um torneiro. Ele era quase que o único comandante que jamais se preocupava com o moral, e seus homens o adoravam por isso.

Metade do terror provocado pelos aeroplanos nessa guerra devia-se aos oficiais ignorantes, que exprimiam seus próprios temores diante da tropa. Beldarrain, incapaz de expressar o que sentia na melhor das hipóteses, permanecia completamente calado depois dos bombardeios mais pesados, os quais nem parecia notar. Com isso, seus homens os acolhiam com o mesmo ânimo. Não se via entre eles nenhuma discussão angustiada sobre os métodos da aviação, explícitos ou ocultos, que eram comuns e aumentavam a inquietação em outros setores.

Beldarrain fizera uma completa varredura das antigas fortificações nas Inchortas. As trincheiras retilíneas, dispostas em duas filas, foram ocupadas pela metade; desse modo, continuariam a enganar a artilharia inimiga, ao mesmo tempo que impediam o acesso de sua infantaria. Atrás desses cemitérios abandonados, Beldarrain construiu novas defesas, entrelaçadas e irregulares, dispostas de modo a proporcionar uma cobertura recíproca com perfeito fogo cruzado.

Trincheiras de comunicação interligavam as várias posições, mas eram recobertas de grama e invisíveis do ar. Nas posições mais importantes, Beldarrain também adotou uma camuflagem natural; e até cobriu de relva os sacos de areia. Baluartes não apenas fundos, mas com profundidade suficiente, foram construídos para proteger todo o batalhão, e estabeleceram-se postos de observação longe do sistema principal de defesa.

Até então, bem sabia Baldarrain, a linha de frente basca fora rompida por investidas subsequentes a bombardeios aéreos. Ele tinha de conceber um sistema disperso de defesa a fim de evitar os efeitos danosos dos últimos. Resolveu isso dispondo o grosso dos homens em posições ocultas atrás da crista do monte. O sistema dele era uma série de pequenas fortificações de terra diante dos Inchortas, invisíveis do ar e inexplicáveis desde Asensiomendi; e atrás das Inchortas, profundos abrigos cobertos estendiam-se em galerias pelas encostas.

Nada se destacava. Mesmo o arame farpado enrodilhava-se ao redor de galhos e moitas, de modo a não ser notado. Elgeta e as Inchortas eram o único setor na linha de frente basca preparado para enfrentar um ataque moderno, protegido contra todo tipo de armamento, com exceção do gás.

Beldarrain foi o único comandante que se deu conta de que os bascos não contavam com tropas suficientes para defender a linha contínua de 180 quilômetros através de uma região montanhosa, e de que o topo dos montes não era a posição ideal enquanto os desfiladeiros entre os pinheirais continuassem desguarnecidos de homens. Assim, fechou com minas todas as passagens por onde poderiam transitar carros de combate. Esse sistema, aliado ao seu exemplo pessoal, acabaria comprovando a ineficácia dos aviões alemães quando enfrentados de maneira apropriada, pois eles iam concentrar toda a sua fúria sobre Beldarrain.

No dia 20 de abril, com o tempo bom delineando com nitidez as montanhas bascas contra o cortinado de puro azul do céu e a névoa maleável dispersando-se para além do grande e elevado órgão do monte Udala, diante de cujas encostas agrestes os pássaros entoavam cantos primaveris, Mola desencadeou a ofensiva que estivera preparando nas três semanas anteriores, e os italianos receberam ordem para avançar.

Dois pontos de ataque foram escolhidos: a solitária colina de Tellamendi, a sudoeste, e a posição das Inchortas, a leste de Elorrio. Esse era um objetivo crucial, e esperava-se, com a rápida ocupação do vilarejo, isolar todo o trecho sudeste da frente ao redor de Udala e Kampantzar.

Havia grandes agrupamentos de soldados rebeldes em Vergara e Mondragon, e a primeira cidade abrigava uma coluna de tanques italianos que seriam usados contra Elgeta. Uma vez conquistada Elorrio, a estrada para Durango estaria desimpedida, enquanto as outras colunas prosseguiriam ao norte de Elgeta, a fim de isolar Eibar e Markina, assim como a linha basca até o mar. Para tanto, já haviam sido feito os preparativos aéreos. Entre os documentos achados com o falecido Sobotka estava uma anotação com o tempo de voo entre Vitoria e Vergara.

Na manhã de 20 de abril, a grande frota aérea surgiu outra vez nos céus de Euzkadi. Sobre o grupo de trincheiras expostas de Tellamendi, algumas toneladas de bombas foram despejadas. Onde era possível, os milicianos foram para abrigos subterrâneos. O restante tremia de pavor em trincheiras rasas, agora recobertas por vertiginosa metralha. Entretanto, a infantaria rebelde avançava sossegada pelos pinheirais em ambos os lados de Tellamendi, e enviava metralhadoras para as encostas a leste e a oeste. Encerrado o bombardeio, cujo mero ruído nos redutos sacudidos e fumacentos era suficiente para desorganizar os bascos, estes saíram e viram que estavam sendo fustigados por tiros da retaguarda. Ergueu-se o terrível grito de pânico que antes rompera a linha de frente em Ochandiano — *estamos copados!* Na Guerra Civil Espanhola, na qual os rebeldes tinham como praxe matar todos os prisioneiros surpreendidos de armas na mão, assim como todos os oficiais de qualquer patente, os milicianos — quando mal liderados — não consideravam que valesse a pena lutar em uma posição saliente. "Estamos isolados!", gritavam, e passaram a descer às pressas pelo contraforte de Tellamendi, por entre as metralhadoras nos flancos. Ao meio-dia, o pavilhão vermelho e amarelo esvoaçava no topo de Tellamendi, enquanto mais embaixo os milicianos se dispersavam para o sul em meio aos arbustos. Uma área plana de bosques agora se estendia por todo o caminho até o Memaia, o monte atrás do qual ficava Elorrio. Uma região ideal para se defender, caso houvesse comandantes hábeis no combate em bosques. Todavia, os oficiais seguiam as recomendações do Estado-Maior, que nunca visitou a frente. Eram incapazes de pensar por si mesmos, ao contrário de Beldarrain.

Os bombardeiros passaram na direção de Elgeta. Duas esquadrilhas de doze aviões, recarregados e levando cada qual mais de uma tonelada de bombas, avançaram em formação alemã cerrada, de flecha achatada e viperina, os motores roncando de maneira viciosa, através do céu basco rumo à cabeça leonina dos Inchortas. Mais acima vinham os caças, já não mais preocupados em proteger os bombardeiros contra nossa aviação de combate.

Sobre as Inchortas, os 24 bombardeiros se desfizeram de suas cargas. Não conseguiam ver nada além das antigas trincheiras retas lá embaixo, e o topo da crista onde sabiam por experiência que também abrigava os bascos. Enquanto miravam, todas as suas metralhadoras dispararam juntas um sinal brusco e ameaçador. Três rajadas — r-r-r, r-r-r, r-r-r-romm. Repetido por três vezes, um ruído avassalador e imperioso, nos avisando que eram os incontestáveis e severos senhores dos ares; e que deveríamos nos curvar e nos submeter ao metal alado.

A cabeça de leão dos Inchortas encrespou-se com labaredas heráldicas. No colo mais além, a terra tremeu sob toneladas de explosivos. Nenhum homem foi morto: nem um único.

Então vieram os caças, como de costume, e viram as trincheiras vazias e imprestáveis; nenhum sistema de defesa compreensível; ninguém para metralhar.

A artilharia rebelde abriu fogo de maneira devastadora sobre Elgeta, lançando centenas e centenas de granadas. Três delas passaram através da casa-portal do prefeito, e ricochetearam —

como fazem as granadas — de um aposento a outro. Mas o comando estava animado após o fracasso do grande bombardeio aéreo, e tomava café no porão. Centenas de granadas caíram atrás de Elgeta, e dilaceraram as plantações bem-ordenadas. Cerca de meia dúzia de pessoas morreu.

Em seguida, a artilharia rebelde começou a disparar cegamente contra as Inchortas. Cinco homens mortos, quase todos em postos de observação. Perto do meio-dia a infantaria rebelde avançou desde Asensiomendi: um batalhão de mouros com turbantes brancos — tão certos estavam de uma ocupação pacífica —, um batalhão de infantaria regular na curva da Ermita, e um terceiro batalhão de falangistas, avançando com mais cautela na direção sul.

Beldarrain proibira que abrissem fogo antes de a Ermita ser alcançada. Então os bascos dispararam a trezentos metros, forçando os atacantes a se deitar no terreno. Os rebeldes se recusaram a obedecer as ordens dos oficiais para que avançassem, e se agarraram ao terreno próximo da Ermita.

Beldarrain havia esperado por esse momento e preparado com muita antecedência sua artilharia, disposta bem atrás de Elgeta, à esquerda da estrada para Elorrio, entre árvores tão grandes que a fumaça dos disparos se mesclava e se dissipava entre as copas antes que pudesse ser localizada pela aviação adversária. Os canhões foram então acionados, lançando granadas, ao ritmo de quatro por vez, sobre os rebeldes agachados ao redor da Ermita. Essa foi a ação mais bem concebida da guerra na Espanha, preparada por um lacônico torneiro mecânico. A despeito de seus meios superiores, os rebeldes acabaram desbaratados.

Beldarrain, é óbvio, não se preocupou muito com o moral de seus homens, o que significa que estes tampouco se preocuparam. Mas ele *havia* se preocupado com o moral do inimigo: em seus longos períodos de silêncio se dera conta de que haviam depositado toda a confiança na aviação e que portanto a infantaria deles ficaria desesperada se a força aérea os deixasse na mão. Tudo o que Beldarrain teve de fazer foi delinear a posição geográfica da desilusão deles, e esse momento foi pouco depois do meio-dia e meia. Os rebeldes se dispersaram para oeste, com os homens tombando feridos na retaguarda.

Com relutância, repetiram o ataque por duas vezes durante a tarde, com aviação, artilharia, morteiros e todo o aparato de guerra. Mas as tropas regulares só conseguiram chegar à beira do lago: os quatro canhões à disposição de Beldarrain reduziram seu alcance, levantando jorros aterrorizantes de água que respingaram no céu estival, e as metralhadoras espoucaram furiosamente por entre as fontes. Elgeta e as Inchortas eram inexpugnáveis.

Ao cair da noite — após três bombardeios pesados da aviação e da artilharia —, um homem com calças ensopadas surgiu no quartel-general de Beldarrain. O desertor de Logroño havia, contou, suportado com paciência exemplar junto ao lago, desde as duas da tarde até o pôr do sol. Em sua margem deixara quarenta companheiros mortos, sob as granadas que silvavam rumo à Ermita. Do topo das Inchortas era possível avistar as formas cáqui ali tombadas, mais de duas centenas. Quando amainou o fogo, surgiram no crepúsculo carregadores de macas que retiraram os feridos sem serem alvejados. O fracasso deles alquebrara o ânimo das tropas em Asensiomendi, que recuaram para os pinheirais; com exceção do homem com frio na barriga e calças gotejantes, todos os duzentos estavam mortos. Ele foi reanimado com conhaque e levado entusiasticamente para Bilbao.

Porém, atrás de Tellamendi a história foi bem diversa. Naquela noite, enquanto deixávamos para trás o triunfo em Elgeta, podíamos ouvir os incessantes disparos das metralhadoras no vale ao sul. Era um ruído pernóstico que parecia cada vez mais próximo. Além disso, pelas regras espanholas, os combates deveriam ter cessado com a escuridão. Mas persistiam. Em Elorrio, Vidal tentava obter notícias dos batalhões em Tellamendi, mas o telefone estava mudo, e os *enlaces* (corredores) não chegavam. Uma multidão de oficiais conversava em torno do mapa na Casa Señorial.

"Dê um abraço nos homens por mim", disse Vidal ao telefone para Beldarrain. Mas ao sul tudo era escuro e misterioso, exceto pela insônia das metralhadoras.

Somente pela manhã a verdadeira situação ao norte de Tellamendi foi conhecida. O Estado-Maior ainda tentou organizar um rápido contra-ataque com quatro batalhões, mas era tarde demais. Não iam marchar à luz do dia, e não receberam ordens definidas: esperaram um pouco e depois se dispersaram.

No dia seguinte, Elgeta voltou a ser bombardeada por uma esquadrilha alemã, mas as tropas rebeldes não se animavam a sair dos pinheirais. Os grandes quadrados de mostarda permaneceram imóveis; nenhum mouro fez com que balançassem atrás dos *caseríos*, cujas chaminés continuavam a fumegar placidamente; todo o vale que levava a Vergara estava tranquilo. Agora, só ao sul de Elorrio estavam assestando a artilharia, três baterias em linha, sobre o monte Memaia, enquanto os aviões traçavam meticulosamente nossas posições para o ataque do terceiro dia.

As granadas rebeldes tombaram através da névoa de calor, onde isolados picos rochosos se projetavam no flanco leste do monte Udala, mal entrevisto e, à distância, sem transmitir nenhuma impressão de poderio. Mas sabíamos que Udala agora fora flanqueada pelo lado oeste, e que as milícias iam se retirar, tal como haviam feito em Tellamendi. À noite correram rumores de desentendimentos políticos entre os milicianos desbaratados, mas tudo era muito vago e nada foi confirmado.

Ao sul, pouco a pouco a frente se definiu. Um batalhão — o Guipúzcoa — ocupou as trincheiras no monte Memaia antes do pôr do sol, mas estava exausto e deprimido. E até nas colinas além de Elorrio, onde um caminho seguia para o norte até Berriz, trincheiras estavam sendo escavadas e cobertas de arame, e placas de aço vindas dos estaleiros de Bilbao eram dispostas contra as metralhadoras dos aviões, tão temidas pelas milícias mal conduzidas e às quais atribuíam tão excessiva eficácia militar. Enquanto trabalhavam, apareceu um estrangeiro e, quando os aviões sobrevoaram os galhos rendilhados à meia-luz no pomar de macieiras onde ficavam as novas trincheiras, ele tomou um fuzil dos socialistas, saltou pelo parapeito e disparou até o cano ficar rubro em suas mãos. Então alguns homens agarraram suas armas e dispararam, depois voltaram a disparar: o Estado-Maior em Bilbao jamais havia considerado estimular desse modo a ambição dos combatentes. Tudo o que conseguia imaginar era a construção de cada vez mais trincheiras, linhas únicas de defesa sem abrigos antibombas, convencendo os milicianos a recuar constantemente. Mas as tropas em Elgeta e nas Inchortas permaneciam firmes como uma rocha, pois não davam a mínima para o Estado-Maior, e prefeririam pensar por si mesmas em vez de falar.

18.

Era o terceiro dia da ofensiva a partir de Guipúzcoa. Ao sul, Elgeta e os montes leoninos das Inchortas haviam se mantido firmes: a investida direta contra elas fora abandonada, pois custara vidas demais.
De manhã, fui até a frente. Tínhamos acabado de passar pelo canto da crista de Santa Marina, na estrada para Galdakano, quando vimos adiante policiais com jaquetas azuis e forro de pele. Diminuímos a velocidade.
Na ponte grande e nova que cruzava o Nervión e levava às chaminés de Dos Caminos, meia dúzia de caminhões havia parado. Nos radiadores tremulavam as bandeiras rubro-negras dos anarquistas. Milicianos e milicianas saltaram lançando olhares fulminantes: carregavam bombas e metralhadoras nas mãos, as casquetes rubro-negras inclinadas na cabeça, deixando evidente da maneira mais desafiadora e ameaçadora que não estavam ali para brincadeira.
Os caminhões, assim como os homens e mulheres de macacões azuis, abaulados com granadas, estavam virados para Bil-

bao; e, diante dos caminhões, via-se meia dúzia de policiais bascos — feições alongadas, emaciados e altos —, tomados por uma calma melancólica, as baionetas caladas na direção dos milicianos do CNT.

Estes, que formavam dois batalhões, haviam decidido abandonar a frente. Por motivos políticos, disseram. Queriam participar do governo e voltar a publicar seu jornal. Para nós, contudo, parecia estranho conferir tanta importância à política quando a linha de frente estava sendo rompida ao sul de Elorrio, e o inimigo entrava pela brecha desguarnecida pelo CNT, na exata medida daqueles dois batalhões.

Todavia, se os chamassem de covardes, eles iam, de bom grado, provar com uma granada de mão, ou de preferência com uma metralhadora, que aquela era uma mentira deslavada. Um argumento para o qual, a trinta metros de distância, não há resposta; e os seis policiais tiveram o bom senso de não usá-lo contra os militantes do CNT, que ali ficaram fazendo caretas em fanática comprovação da nobreza de seus motivos.

Aceleramos ao passar pelos emblemas com caveiras e ossos cruzados e as feições transtornadas. Algo estranho devia estar ocorrendo na linha de frente.

E estava mesmo. Em Elorrio, encontramos Vidal no posto de comando com ar inquieto, porém calado. De vez em quando tentava ligar para o fronte em Kampantzar, mas o telefone fora cortado pelo bombardeio. Chegaram mensageiros, contudo nenhum da linha de frente, sobre a qual ele parecia ter perdido o controle. Seus olhinhos míopes — não inteiramente desprovidos de bondade — piscavam nervosos atrás das lentes grossas enquanto andava de um lado para o outro, fingindo estar mergulhado em pensamentos.

Em uma cadeira lá fora, o honesto ordenança asturiano lia um jornal à sombra das macieiras. Sobre o Memaia ouvia-se um pouco de fogo de artilharia, de oito por oito, ao estilo italiano, e nuvens cinzentas de fumaça sobre a crista de Kampantzar. A aviação inimiga, em esquadrilhas de oito e nove aparelhos, sobrevoou o Memaia um tanto desnorteada, variando a altitude, sem lançar bombas. Por vezes os caças desciam até o topo da longa crista, mas pareciam incertos: as metralhadoras abriam fogo de modo intermitente.

Antes do almoço, avistamos homens que chegaram de Elorrio, disfarçados. O coronel enviou um mensageiro ao povoado para saber mais. Eram bascos do batalhão Guipúzcoa, que abandonavam a crista.

Conseguíamos divisar outros amontoados ao longo das valas, onde arbustos e sombras brotavam de nascentes nas encostas. Em terreno aberto, corriam meio curvados, os capacetes rígidos ocultando os rostos projetados adiante. Todo o batalhão recuava.

Uma granada de morteiro caíra numa das trincheiras, matando um jovem; à direita e à esquerda, os flancos ficaram desguarnecidos com a deserção da CNT, e parecia-lhes que chegara o momento de partir. Porém, ao contrário da CNT, esses não eram politicamente conscientes: eram incapazes de apresentar motivos filosóficos para o abandono do Memaia.

O monte ficou desguarnecido, e a posição crucial para se dominar o vale de Abadiano, o caminho para Durango, Elorrio e Elgeta, virou terra de ninguém. O coronel Vidal ficou muito acalorado e pediu sua bengala.

Nós o acompanhamos até o vilarejo de Elorrio; fazia sol, e os campos estavam cobertos de flores azuis. Não se ouvia nem um disparo, só o canto dos pássaros. Sobre a colina, uma cotovia competia com os aeroplanos.

Em Elorrio, encontramos o batalhão Guipúzcoa acantonado sob o amplo alpendre da igreja, e também na nave sob a torre — protegido de bombardeios aéreos —, entre pilhas de sacos de areia. Muitos já dormiam. Vidal correu de um lado a outro até achar o comandante, a quem acusou de covardia. Logo acima a crista continuava desguarnecida. Vocês precisam voltar para lá, disse Vidal, brandindo a bengala. O capitão não demonstrou nenhum sinal de iniciativa. Obviamente, havia muito decidira que as posições não se prestavam a ser defendidas nem retomadas. Pois, nessa altura, a *mystique* do *cinturón* começava a se arraigar no espírito dos comandantes de campo e, associada à *mystique* mais estridente da aviação, convencia-os de que o recuo era mais seguro, e de que Bilbao não estava muito longe.

Vidal comunicou então que, se o monte Memaia não fosse retomado, o capitão ia perder a cabeça. Literalmente. Seria decapitado. Com digna relutância, o capitão afirmou então que ia fazer o possível.

Os soldados foram despertados e entraram em formação. Muitos alegaram estar incapacitados, mas, quando dois bombardeiros sobrevoaram Elorrio — silhuetas brancas destacando-se do azul —, logo os pés deles recobraram ânimo, e os calos de seus dedos caíram como escamas enquanto corriam para o abrigo. E foi preciso muito tempo para reconstituir o batalhão Guipúzcoa a partir daquele sombrio abrigo religioso onde preferia ficar.

Vidal permaneceu ao ar livre, sob os aviões, gritando para que entrassem em forma. Laboriosamente, os guipuzcoanos se arrastaram para fora. E levaram uma eternidade para achar todo o seu equipamento.

"Afinal, vocês são o quê: trabalhadores ou *señoritos*?", gritava Vidal, para cada homem que passava, "bascos ou espanhóis?" Em resposta, os homens resmungavam. "Está bem, nós vamos", diziam. "Vejam os rapazes em Elgeta", continuou Vidal aos berros, "que aguentaram três ataques frontais sem se abalar... heróis... e vocês aí, se apavorando com meras granadas de morteiro." "Mas as trincheiras deles são melhores do que as nossas", replicaram lentamente, como se pisassem em ovos. Havia corrido a fama da capacidade de previsão de Beldarrain. Vidal brandiu o bastão diante deles enquanto partiam rumo à colina, por trás de grandes muros de jardins, no caminho de lajes marcadas pela água que escorria da montanha. Em seguida, passando sob a copa das árvores, fizeram uma pausa e levantaram com timidez os olhos para os aeroplanos — e foram solenemente ignorados.

O capitão disse que iria na frente a fim de fazer o reconhecimento. Ele seguiu adiante e perdeu tempo vasculhando a crista vazia encostado a uma árvore.

Mais atrás, a coluna movia-se como lagarta em um galho. Uma arremetida adiante do primeiro grupo, uma grande tensão no meio: após longa espera, a retaguarda era sacudida, e a lagarta se imobilizava para tomar fôlego e mordiscar algo. O batalhão Guipúzcoa se arrastava por trás de arbustos e muros, e estendia as cobertas para descansar até que o capitão concluísse o reconhecimento.

Um forasteiro corajoso e desarmado caminhou até bem perto do espinhaço da crista. Sob o calor, foi subindo em meio à vegetação enfezada até chegar a duzentos metros do topo. Então, espiando através dos arbustos, avistou homens que refletiam a imagem histriônica de si mesmo: um punhado de fascistas deitados num ponto mais alto, espiando para baixo com a mesma ansiedade.

Assim, portanto, os aviões haviam indicado ao adversário que podia avançar sobre o Memaia, cuja crista agora dominava. Nas encostas a leste, as metralhadoras rebeldes estavam matraqueando entre os troncos dos pinheiros e, em Bilbao, a polícia motorizada interceptara uma mensagem que Mola enviara por rádio: "Meu posto de comando está na Ermita, em Kampantzar".

De onde estávamos dava para ver a Ermita mais acima, um

belo alvo para a artilharia, que recebeu ordem de fogo, mas permaneceu calada. Um silêncio tão estranho quanto a *mystique* da aviação, ou a névoa cinza-azulada que encobria as ravinas sob a Ermita e, como as cotovias e as flores, nos faziam esquecer a guerra, tal a cascata de beleza que lançavam sobre os pinheiros.

Vidal chorou. Toda a frente sul havia ruído. Elorrio, Elgeta, tudo perdido. No caminho de volta, visitei o Estado-Maior, instalado em um chalé em Galdakano.

Foi então que vi pela primeira vez o coronel Montaud, o defensor de San Sebastián agora à frente do Estado-Maior basco. Antes da guerra, havia sido professor de fortificações militares, e tinha a aparência adequada ao papel, embora o desempenhasse de maneira sofrível.

De altura mediana e cabeça redonda, entrou na sala vestindo jaqueta xadrez de corte justo, calças cáqui e alpargatas. Os olhos eram os olhos sinceros, um pouco protuberantes e vagos, de uma testemunha mentirosa, à espera atrás de óculos de lentes grossas. Um rosto arredondado, moreno e turvo, com um bigode pequeno cobrindo o lábio superior grosso. Era óbvia sua competência, assim como era óbvio o descontentamento com a posição em que se achava. Falava um francês impecável com a boca redonda e saliente, e salpicos esbranquiçados apareciam em suas comissuras quando a discussão se complicava.

Montaud parecia alemão, mas sem a força de vontade alemã.

Começou a falar de imediato. Dado que aquele era nosso primeiro contato, ele foi assombrosamente franco em suas opiniões. Quando perguntei sobre a situação militar após a queda de Memaia, ele expôs sua falta de confiança na milícia que comandava. "Eles não têm o ímpeto social das tropas em Madri", disse. "Quer saber a verdade? Nossos camponeses no fundo pendem mais para o outro lado do que para o nosso. E, infelizmente, são os camponeses os melhores soldados!" Ele deu de ombros e me fitou firmemente com os olhos castanhos e indiferentes, esbugalhados atrás dos óculos espessos. Falou de maneira refletida, a cada palavra atento à minha expressão. "Que nos resta fazer? Há quem fale em formar um exército regular, mas isso não vai mudar nada. Uma vez milícia, sempre milícia, não importa o nome que se dê a eles: lentos, descuidados, muitas vezes desobedientes, e sempre incoerentes. E estão começando a ficar cansados dessa guerra. E com que equipamentos contamos? Nenhum avião. Se amanhã eu ordenar um contra-ataque em Memaia, meus homens vão ser destroçados pelos caças antes mesmo de chegarem lá. Durante o dia, são bombardeados assim que levantam a cabeça. E a artilharia? Não temos mulas nem canhões de montanha; já os outros podem levar seus canhões para onde quiserem em nossas encostas. Tudo o que temos são esses canhões pesados que não podem ser retirados das estradas. E mesmo assim não há muita munição. E as metralhadoras? Um quarto da quantidade que eles têm. O que dá para fazer com isso?"

"Não estou desesperado", continuou com insinceridade tocante, "de maneira nenhuma... Acho que estamos nos aproximando das etapas finais de uma *siège en règle* [cerco regulamentar], e aí vamos poder usar a artilharia e, espero, receber aviões, que nos são indispensáveis. Meu atual objetivo é ir pouco a pouco recuando os homens para o *cinturón*, sem perda de eficácia ou de material. Lá talvez possamos enfrentá-los; e, felizmente para nós, temos um inimigo que desperdiça munição de modo terrível."

Montaud repetiu tudo isso não como coloquei no papel, mas com frases lentas e torneadas que faziam da guerra toda uma filosofia, ou pelo menos um sistema de generalizações inchadas que os alemães teriam homenageado com esse nome. E enquanto conversávamos os aviões prosseguiam com o bombardeio.

Ele me contou que iam contra-atacar em Memaia, na manhã seguinte, com três batalhões, logo ao romper o dia. Em seguida, levou-me para fora do gabinete, com todo o cuidado e a lentidão de um conspirador exausto, e despediu-se de mim entre guardas que o saudaram com os punhos cerrados. Fitou-os como se fosse um prisioneiro. Todavia, supostamente, ninguém punha em dúvida a lealdade dele; tudo o que faltava a Montaud era compreensão da milícia. Seu falso testemunho era o falso testemunho das qualidades dos milicianos, pois ele decididamente empenhou-se em julgá-los pelos padrões de Toledo e Zaragoza, onde fora ensinado.

Sem a menor dúvida, esses sujeitos com punhos cerrados e vontades próprias jamais seriam aprovados em uma academia militar espanhola. Nem Montaud nem Vidal paravam para pensar que talvez fosse por falha deles mesmos que não fora usado nenhum meio alternativo de treinamento.

"*Les milices marchent très lentement*" [As milícias avançam muito devagar], explicou Vidal naquela noite em Amorebieta, quando chegamos para dormir em seu quartel-general. Três batalhões iam chegar de trem, vindos de Bilbao, e em seguida embarcariam em outros trens rumo a Abadiano, de onde seriam levados de ônibus até o ponto de partida para Memaia. À meia-noite, ainda não haviam chegado a Amorebieta e ninguém tinha certeza de que haviam saído de Bilbao.

O instinto de Vidal o levou a não se exaltar ao telefone; ele acomodou-se e pôs-se a esperar, até que, por fim, depois de dar ordens para a recepção das tropas em Elorrio, recolheu-se à cama. Era grande a cordialidade e a camaradagem entre seus auxiliares. Comemos bem e provamos um aguardente forte, o *saltaparapetos* — salta para fora da trincheira —, antes de nos deitarmos para dormir um pouco antes do grande contra-ataque.

* * *

Antes das cinco, em meio à escuridão, já estávamos seguindo pela estrada norte rumo a Durango, pois o caminho ao pé do Memaia até Elorrio não era mais seguro. Em Berriz, o dia rompeu cinzento e sem vida. Formas opacas de ônibus surgiram de dentro da névoa, desembarcando os homens do batalhão Azaña, da Esquerda Republicana. Eles formaram filas na estrada cinzenta e monótona à espera da ordem de marcha.

Ao lado de Vidal, seguimos de carro até o posto de comando fora de Elorrio. Não havia ninguém ali. Nem um único batalhão estava posicionado contra o Memaia. As fendas na encosta, que proporcionavam cobertura perto do topo, estavam vazias. Os soldados, do batalhão Prieto, apenas começavam a ocupar a segunda linha de trincheiras ao norte de Elorrio.

Desde a retaguarda, nossa artilharia começou a disparar contra as três pequenas cristas do Memaia, onde era possível divisar oficiais subalternos se juntando para avaliar nossas posições. Então eles se dispersaram. Continuamos a disparar com precisão adequada, mas nenhuma tropa estava em posição.

Às seis horas, com o sol alto, desfez-se o véu nebuloso entre o desolado monte Udala e o Memaia; as névoas se fixaram nas três cristas, o Memaia deixou de ser uma ilha flutuante, estava obliterado, apenas suas raízes eram de um verde puro, e por fim passou a existir, consistente, inabordável, coroado pela infantaria, enquanto o dia voltava a clarear, e os aviões deles surgiram para bombardear nossa segunda linha.

E assim acabou nosso grande contra-ataque, aquele que nunca começou.

Desde o outro lado do Memaia, começaram a bombardear a estrada Elorrio-Elgeta, enquanto carros passavam e súbitas labaredas se formavam quando os para-brisas captavam os raios do sol.

Nove Junkers vieram do sul e sobrevoaram Elgeta; lançaram toda a carga sobre o pequeno povoado, quase catorze toneladas de bombas, tudo em apenas um segundo. Era uma visão terrível sob os implacáveis raios do sol, enquanto se erguia a grande coluna de fumaça, de oitocentos metros, sobre o desfiladeiro que conduzia a Vergara, e o ruído ecoava no calor de um monte a outro, entre as flores azuis.

Em nosso pomar de macieiras na encosta havia um carro de boi carregado de mobília e apetrechos de fazenda: camas, chapéus, cadeiras, carne e coisas assim. As mulheres vestidas de preto na casa rústica estavam saindo, sussurrando rapidamente umas com as outras em basco monótono. Ao passar, os caças abriam fogo contra a gente. Nossa artilharia ficou muda.

Uma dezena de bombardeiros pesados sobrevoou os morros a oeste das Inchortas, despejando bombas incendiárias. A encosta íngreme com pinheiros tornou-se de repente um campo de linho, que se espessava e engordava para além dos sonhos do faraó até ficar todo esbranquiçado, depois tomado por chamas crepitantes. Era assim que eles tratavam nossas reservas.

Sobre nossas cabeças, circulando sem parar, estavam os caças deles.

Tentamos um movimento. Meio batalhão foi enviado até uma colina entre Elorrio e Elgeta a fim de verificar a penetração ali, entre os grandes carvalhos. Foram avistados desde o Memaia, e a artilharia deles prontamente abriu fogo e logo corrigiu a mira. Os carvalhos foram tomados por ninhos de metralha italiana.

As metralhadoras deles a leste do Memaia tornaram-se cada vez mais insistentes. Era óbvio que estavam se movendo para a retaguarda de Elgeta e as impregnáveis Inchortas. E nenhuma defesa fora preparada para enfrentar essa ameaça.

Ao longo do dia, enquanto avançavam pelos bosques, os aviões deles impediram totalmente nossa movimentação. Contra eles, nada se podia fazer em catorze das 24 horas do dia; os milicianos ficaram mal-humorados e insatisfeitos nas trincheiras, lendo os jornais de Bilbao e as selvagens zombarias contra o Comitê de Não Intervenção.

Para eles, o terrível era que, enquanto todos os outros estavam intervindo, eles não podiam fazer isso. No outro lado, a infantaria, mesmo que não lutasse, podia pelo menos avançar.

Os obuses explodiam sobre Elorrio. Era óbvio para ambos os lados que não havia nenhuma tropa ali. Fomos obrigados a suportar isso sem nos mover até o pôr do sol.

Eram quase oito da noite e as grandes mariposas esvoaçavam no pomar onde ficavam nossas trincheiras quando o estrangeiro que havia importunado os aviões inimigos notou uma movimentação no topo do Memaia — um movimento de descida, de maneira ordenada. À frente dos homens, que agora ele podia ver que marchavam em coluna, tremulava a bandeira vermelha e amarela. Era arrojado; gravava em nós uma forte impressão de ousadia e domínio; era o espírito da vitória que os conduzia. Em seguida, romperam a cantar a animada "Viva el Rey" dos *requetés*; estava escuro demais para ver se usavam boinas escarlates, enquanto os quatro *tercios* tradicionalistas desciam rumo a Elorrio. Ninguém abriu fogo contra eles; nas nossas fileiras reinava a total ausência de autoridade que prenunciava o pior para Bilbao. Os homens engatilharam as armas e ficaram à espera da ordem de disparo que jamais veio. Nossa artilharia lançou algumas poucas granadas no povoado deserto enquanto eles calmamente desfraldavam seu estandarte na sólida e quadrada torre da igreja coroada pela abóboda basca. O batalhão Largo Caballero não pôde mais se conter: sem ordens, em uma espontaneidade de massa, todos apontaram o fuzil para o odiado emblema da reação, e a saraivada de balas começou a escavar a pedra marrom, os sentidos aguçados pelo crepúsculo enquanto morria a canção dos *requetés*.

A dúvida era o que havia ocorrido em Elgeta. Sabíamos que Vidal não dera a Beldarrain ordens para o recuo, e agora a derradeira rota de comunicação estava interrompida. Mas Beldarrain se safou.

Naquela tarde, seus homens ouviram o tiroteio na retaguarda; o inimigo estava penetrando entre o Memaia e as Inchortas. Beldarrain ordenou a retirada dos canhões e dos carros blindados. Quando o caminho para Elorrio foi bloqueado, ele evacuou todo o equipamento através do mato até Berriz, e conduziu o batalhão Marteartu até as posições da linha secundária. De lá foram de imediato convocados para voltar a Bilbao, depois de sessenta dias ininterruptos na linha de frente — uma façanha e tanto para uma milícia. Beldarrain ficou um tanto constrangido com o abraço oficial com que foi recebido por Montaud. Parecia-lhe um gesto excessivo e pouco basco, militar demais na acepção castelhana para um mero torneiro mecânico. Mas, no fundo de seu coração pouco expressivo, ele sabia que era merecedor disso, por mais extravagante que fosse.

19.

Toda a linha de frente havia desmoronado em um amplo semicírculo, desde Tellamendi até Elgeta. Um batalhão após o outro começou simplesmente a recuar. Mola, por sua vez, incitava sem remorso o avanço de seus homens. Eibar e Berriz eram os objetivos seguintes.

Logo a sudoeste da cidade de Eibar, cujas fábricas de armas haviam sido levadas de volta para Bilbao meses antes, ficava a alta colina de Santa Marina Zar, parte da serra de Mendizuko. Os densos pinheirais que recobriam suas encostas serviam de proteção à estrada Bilbao-Eibar e dominavam o flanco de Berriz.

Pediram ao francês Jaureghuy que fosse a essas colinas na noite do dia 24, quando seriam ocupadas por dois batalhões dos Nacionalistas Bascos. Resolvi me divertir e o acompanhei; essa foi nossa primeira excursão juntos.

Eu o havia notado antes no hotel Torrontegui, onde costumava fazer sozinho as refeições, diante de um mapa com as dobras gastas de tanto ficarem no bolso, e apoiado na jarra de água como o jornal de um inglês. Era um sujeito troncudo e baixo, de calva acentuada, terno desalinhado, rosto vivo e corado, bigode curto e volumoso sobre a boca também volumosa, o que no início me levou a achar que Jaureghuy era um oficial russo. Mas a jovem triste, que parecia uma freira em um longo vestido preto e cuidava do restaurante do Torrontegui, disse que não, que era um jornalista francês e meu vizinho de quarto. O dele estava repleto de mapas, como se via quando a porta estava aberta o suficiente para se saber que o pequeno Jaureghuy não estava ali, o que me permitiu adentrar e ler seus relatórios sobre as perspectivas militares dos bascos, escritos em letra arredondada e cuidada, e em cujos parágrafos se destacavam críticas incisivas: "trincheiras retilíneas demais [...] nenhuma organização militar no campo [...] atitude diante da guerra como a dos bascos em sua última vitória, obtida contra Rolando em Roncesvalles [...] É preciso aprender a ocupar os desfiladeiros, e não os topos dos montes [...]". E mesmo nesse período inicial do seu trabalho em Euzkadi, Jaureghuy já falava explicitamente da "traição do Estado-Maior".

Ele costumava ir até a Presidência no Hotel Carlton, onde os jornalistas se reuniam no gabinete de Mendiguren. Eu ainda não falava com ele, mas fiquei próximo o bastante para notar que seus olhos tinham o azul duro de uma refinada clareza e inteligência. Em seguida, o velho Corman descobriu que ele fora coronel dos Chasseurs Alpins, membro do Estado-Maior de Foch e era agora um dos líderes dos *Anciens Combattants*. Com os olhos cintilando, todos os dias Jaureghuy ia diretamente ao presidente basco apresentar seus relatórios. E, para ele, as debilidades militares sempre eram motivo de diversão. Ele passava o dia inteiro na linha de frente. Creio que tenha ido a Bilbao sobretudo para vender armas, mas os combates o fascinavam; parecia ter deixado de lado o comércio e a busca do lucro para retomar, em benefício próprio e dos bascos, seu antigo ofício.

Embora sempre levasse uma câmera Leica, nunca a usava.

Quando lhe indagavam sobre trabalho, Jaureghuy respondia — enrugando as pálpebras de tal modo que parecia mexer as sobrancelhas, e torcendo a boca que se descontraía para mostrar uma fileira de pequenos dentes quadrados e belicosos — que era o correspondente especial em Bilbao do Exército da Salvação, contribuindo regularmente para seu jornal, *Blood and Fire*. Estava disposto, costumava dizer, a emprestar a câmera do editor para quem quisesse, desde que lhe mostrassem como funcionava.

Com sua boina petulante e a jaqueta de couro macio com o zíper que se fechava comodamente sobre uma rotunda pança, e com o fino bastão de montanhismo basco conferindo certa elegância aos movimentos naturalmente vigorosos e decididos, J. era obviamente o homem a ser escolhido como herói epônimo da Associação de Imprensa que a guerra estava pouco a pouco atraindo a Bilbao; e como guia e comentador bem-humorado da frente basca, que já conhecia melhor do que todos os oficiais do Estado-Maior.

Encantado de saber que a primeira coisa que o inimigo faria se o capturasse seria fuzilá-lo, J. decorou a exclamação basca "*Gora Euzkadi Eskatuta*" — Viva Euzkadi livre — para um derradeiro efeito cômico quando estivesse diante do paredão, e passou o resto da ofensiva sendo cercado e abrindo caminho a bala com sua pistola. Quanto maior o risco, mais enrugados e azulados ficavam os olhos de J. "Como o editor vai elogiar meu trabalho! Talvez até o general Bood me dê um aumento!", costumava dizer enquanto colocava outro cartucho de trinta balas em sua pistola automática Astra, fabricada em Gernika, em 1935.

Para si mesmo, Jaureghuy dizia que viera a Euzkadi para defender a França; porém, no calor da batalha e no temor predominante da retirada, era óbvio que era capaz de esquecer todos os interesses menos imediatos do que sua própria excitação e o exercício de sua presença de espírito. Ele era um oficial francês. A guerra era seu jogo predileto, e para torná-lo um jogo que valesse a pena ser jogado toda manobra tinha de ser executada o mais próximo possível da linha do perigo. Embora tenha causado forte impressão nos bascos, no final mostrou-se incapaz de influenciar o Estado-Maior deles.

Jaureghuy ficava incomodado com o fato de que, toda vez que entrava na suíte que ocupavam no Carlton, Lafuente estava à janela, fitando melancólico o espaço, e Arbex, muito aliviado, aproveitava a oportunidade para distribuir conhaque e perguntava-lhe se queria pintar o sete com ele naquela noite. Então os olhos azuis de Jaureghuy se endureciam e as sobrancelhas formavam uma nítida linha, um tanto cruel e oriental, descendo até a ponte do nariz, com as pálpebras revelando uma série de dobras frouxas e cínicas, enquanto perguntava ao Estado-Maior se haviam visitado a frente naquele dia ou se viam algum incômodo em acompanhá-lo até lá no dia seguinte.

Nessa noite, partimos rumo a Berriz por volta das onze, e depois de uma hora estávamos em Zaldibar, onde se reunia parte dos homens que subiriam o Santa Marina Zar. A estrada estava desconfortavelmente repleta de caminhões, e o congestionamento entre as casas vazias e destroçadas de Durango nos prendeu durante vinte minutos, e nos levou a perguntar quando teria fim a retirada, enquanto todo tipo de veículo tentava passar com centenas de homens enrolados em cobertores, dormindo e balançando de um lado para o outro.

Do batalhão destinado a Santa Marina Zar, um terço ainda estava acantonado quando lá chegamos. A confusão era enorme, com os homens resmungando e os oficiais discutindo em tons mais agudos; aparentemente, dois oficiais em especial recusavam-se a conduzir sua companhia até as posições supostamente preparadas para elas entre os pinheiros. Com muitos gestos de protesto e agarrando as lapelas um do outro, alegavam que nada estava pronto e que não haveria fogo de apoio. Subimos laboriosamente pelo tapete úmido e reluzente de pinhas, seguindo pela crista em meio à noite e à névoa, até chegarmos a Santa Marina Zar por volta das duas e meia; todo o caminho estava bem deserto, e não ouvimos nem vimos ninguém.

Em Santa Marina, os sapadores estavam trabalhando à luz de lampiões desde a meia-noite. Haviam cavado apenas uma trincheira rasa voltada para o sul e o oeste da crista, com duas outras trincheiras de comunicação sobre o morro. Não havia arame nem sacos de areia. Os soldados ao redor vasculharam em torno e viram que não tinham nenhuma ferramenta para cavar. Tampouco havia abrigos antiaéreos. Por isso, o batalhão implorou aos sapadores que lhes deixassem picaretas e pás, enquanto um grupo descia até Zaldibar a fim de recorrer ao patriotismo dos camponeses, voltando mais tarde com duas foices e um machado, extremamente úteis.

Não havia comida nem estoque de granadas, e o batalhão contava apenas com uma metralhadora. A munição era insuficiente e um mensageiro foi mandado de volta a fim de solicitar mais. Era um trabalho duro, o de cavar abrigos em meio à névoa pegajosa. Continuamos até Mendizuko.

Estava deserta. O batalhão que lá estava fora embora sem esperar pelo substituto. Mas às seis, quando as trilhas de umidade nos pinheirais começavam a ficar ligeiramente luminosas, um batalhão basco subiu para se instalar em Mendizuko. Uma hora depois, chegou o batalhão do comandante Castet, que ocupara o terreno preparado em Santa Marina Zar — um dos vinte batalhões bascos desprovidos de metralhadoras. Sua assim chamada "companhia de metralhadoras" estava armada com quatro pistolas automáticas. Ela não tinha munição de reserva, mas nessa altura a munição solicitada por seu predecessor chegou ao topo de Santa Marina, porém descobriu-se que eram de calibre menor que o usado pelos homens de Castet.

Entre os homens esfomeados e mal equipados, havia muita conversa em grupos, ou pelas costas. Era evidente o nervosismo e a incerteza que os roía. Estavam convencidos de que os acessos pelo oeste do monte Santa Marina não estavam cobertos, exceto pela névoa.

A inquietação deles só aumentou quando receberam uma contraordem, retirando o batalhão que havia ocupado inicialmente o Santa Marina. Ele partiu às oito horas. Enquanto se afastava e ficava mais espessa a neblina sobre o monte, uma rajada de metralhadora na encosta sudoeste mostrou que o inimigo havia topado com nossas patrulhas.

Do nosso lado, disparos de fuzil e das poucas pistolas automáticas. Uma mensagem foi enviada ao batalhão que se retirava, mas seu comandante recusou-se a proporcionar ajuda. Estavam recuando depressa.

As patrulhas voltaram correndo para as trincheiras. Embaixo, o mar de névoa e pinheiros parecia repleto de metralhadoras, disparando sobre nossas cabeças.

Castet identificou uma delas bem próxima, em um bosque isolado. Saiu com um grupo para neutralizá-la, mas logo abaixo da trincheira foi atingido na cabeça. Ninguém fora escolhido para sucedê-lo no comando em tal emergência, e, enquanto Jaureghuy, excelente atirador, liquidava com a pistola os homens que haviam dado conta do pobre Castet, os oficiais subalternos gastaram vinte minutos para decidir quem ia comandar o batalhão.

Todavia, apesar dessa espantosa desordem, os bascos aguentaram firme e repeliram três tentativas de avanço antes das onze horas. O inimigo não estava pressionando forte; com superioridade de meios, parecia tão confuso em relação aos seus objetivos quanto os bascos. Às onze, os bascos esgotaram toda a sua munição.

As metralhadoras adversárias varriam todo o flanco oeste da posição, e teve início a retirada da crista. J. ficou para trás com sua pistola, alegremente disparando desde o topo do monte enquanto subiam laboriosamente até as trincheiras. Em seguida escapamos, sabe-se lá como; pois na encosta norte do Santa Marina Zar, para onde corremos, a névoa se dissipara e dava para ver o inimigo avançando por ambos os lados do monte. Quando a cortina cinzenta ergueu-se ainda mais, podíamos avistar a bandeira dele no topo.

Todos haviam partido.

Chegamos à estrada sem ver uma alma. Um carro passou, e seguimos até Berriz.

Vindo de Elorrio, o inimigo rumava para Berriz. As trincheiras onde os homens haviam lido os jornais de Bilbao no dia anterior foram evacuadas sem que nenhum disparo fosse feito, e as seções de infantaria agora se protegiam atrás de muros, sebes e montes de feno. Nossa artilharia não sabia para onde atirar.

Foi nesse momento de caos na frente que o general Mola ordenou o bombardeio de Eibar com bombas explosivas e incendiárias, assim como a investida da divisão italiana dos Flechas Negras a leste da cidadezinha. Já destroçada pela artilharia, Eibar foi arrasada e virou uma ruína fumegante, uma imensa mancha cinzenta no vale basco. O domingo, 25 de abril, testemunhou o primeiro dos bombardeios aéreos incendiários, os quais no dia seguinte tiveram como alvo as comunicações bascas na retaguarda até Gernika.

Despedaçados pelas bombas em Eibar, assaltados frontalmente a leste e a sudoeste no monte Santa Marina Zar, os bascos recuaram desordenadamente na direção de Markina. Restava apenas a ponta costeira da linha de frente original, perto de Ondarroa, e ali os batalhões receberam ordens de recuar antes que a estrada fosse cortada.

Desde o mar até Tellamendi, os bascos estavam voltando para casa sem qualquer ordem. Parecia que tudo chegava ao fim.

Sem dúvida, o Estado-Maior nada fez para remediar a situação. Foi apenas sua disciplina natural, sua assombrosa força de recristalização que lhes permitiu defender Bilbao ainda por dois outros meses. Não creio que outra força, liderada e equipada como os bascos, teria conseguido o mesmo. Sobretudo depois do dia seguinte, quando o ataque inimigo recaiu sobre o vilarejo que era o centro dos sentimentos nacionalistas, e o arrasou completamente.

20.

Naquela tarde, fomos informados no Estado-Maior do bombardeio de Markina, Bolíbar e Arbácegui-Guerricaiz. Todos os vilarejos no caminho até Gernika haviam sido arrasados. A destruição em Arbácegui bloqueava nosso caminho. Havia quatro mortos perto da igreja. Dois chalés jaziam estatelados e fumegantes através da estrada, e tivemos de passar por eles e descer até os campos para examinar as maiores crateras de bombas que já havíamos visto, ainda quentes e fedendo a metal. Tinham mais de seis metros de profundidade e o dobro de largura. Eram crateras lunares, que nos deixaram assombrados. De repente, na encosta atrás de nós, o sino da igrejinha começou a badalar. Vimos os dois padres velhos e alguns moradores tropeçarem pelos escombros e pela terra revirada até a porta da torre. Em seguida fez-se silêncio no vilarejo; não se via nada além das casas fumegantes e dos muros chamuscados pelo fogo.

Sobre a serra a noroeste, na direção de Gernika, surgiram seis caças em formação. Vinham bem rápidos, nivelados e em linha reta, e seus motores faziam um ruído que significava guerra imediata. Em poucos segundos estavam sobre o vilarejo. Voavam tão baixo que dava para ver a olho nu os pilotos e os detalhes dos aviões, até as rodas divididas e o nariz característico do Heinkel 51, o caça do Exército alemão. Eram os mesmos aviões que Kienzle e Schulze-Blanck* disseram que haviam pilotado desde Vitoria:** seis Heinkel 51 em formação de combate.

Corman e eu achamos que o melhor refúgio seria o buraco da bomba. Chegamos ao fundo dele em dois saltos. Lá embaixo, porém, ele parecia bem menos seguro e dava para ver um bom pedaço do céu. Mas era um buraco, e ali ficamos no lado sombreado com a cara metida entre a argila revirada e fragmentos de bomba.

Não haveria nenhum movimento perceptível no vilarejo, tampouco veículos se movendo ou parados na estrada, além do nosso carro. Mesmo assim eles lançaram algumas bombas pequenas e metralharam o local até atingir todos os grãos de poeira que se levantaram dos telhados ainda remanescentes.

Em seguida voaram em círculo e nos avistaram. Aí, durante quinze ou vinte minutos, mergulharam a toda a velocidade sobre nosso buraco, disparando as armas duplas desde o alto até sessenta metros. Só nos restou fingir que estávamos mortos, e por momentos ficamos na dúvida quanto a isso. O velho Corman estava contando uma longa história sobre a ineficácia das metralhadoras dos aviões contra posições entrincheiradas, mas de algum modo naquele dia ele soava bem menos convincente, e pedi que ficasse calado e esperasse para ver. Também me pareceu bem pouco digno para um inglês ficar comendo terra diante da aviação alemã; mas o fato é que não me ocorria nenhuma alternativa

---

* Referência a dois oficiais alemães presos em 4 de abril e levados à penitenciária de Larrinaga, em Bilbao, onde o autor se encontrou com eles. (N. E.)
** Município da província de Álava que, junto com Biscaia e Guipúscoa, compõe o território do País Basco.

segura. Mal conseguia pensar. Quando estava quase concluindo o processo muito concreto de recuperar a presença de espírito, outro maldito caça vinha rugindo em nossa direção, nos deixando de novo estatelados e passivos.

Evidentemente, o ruído é o mais assustador. A despeito do estrondo do tiroteio, após um quarto de hora não vimos nem uma bala dentro do buraco. E assim que partiram nos lembramos da frequência com que os pilotos continuavam com o dedo no gatilho mesmo com os aviões já ascendentes, visando as estrelas. O terror e o ruído eram seus instrumentos, não a morte.

Eu já havia sido metralhado algumas vezes antes e muitas vezes depois, mas nunca fui um alvo muito fácil. Aquilo me impressionou. Devo ter experimentado o mesmo que um jovem recruta. Disparos contínuos vindos do céu não assustam, mas paralisam. Nos arrastamos para fora do buraco lentamente. Não olhamos muito ao redor. Estávamos o tempo todo pensando na experiência pela qual havíamos passado, e não nos restava nem um pensamento sobre o futuro ou o presente. Éramos material bruto para qualquer surpresa.

Nenhum dos moradores locais ficou ferido, mas eles preferiram permanecer juntos na escuridão da torre da igreja, suponho que até a caída da noite. O terror deles era real, não semiexorcizado como o nosso. Voltamos para o carro perto da barricada incendiada. Tampouco fora atingido. Pedimos ao motorista que seguisse direto para Bilbao.

No caminho de volta, tivemos de parar duas vezes e esperar que passassem os aeroplanos inimigos. Eram bombardeiros ligeiros Heinkel 111, e avistamos vários voando à nossa direita rumo ao esteiro de Gernika. O mesmo alarme prendia os lavradores a buracos e muros; os campos estavam tragicamente desertos e desnudos. Quando atravessamos a passagem de nível, ouvimos o bombardeio ao norte, onde o esteiro se acomoda no vale verdejante. Não dava para ver nada, devido às colinas. As bombas devem ter sido jogadas pelos aviões que nos sobrevoavam. Havíamos passado por sustos suficientes naquele dia e continuamos em frente, sem parar, até chegar a Bilbao, onde escrevemos nossos relatos.

Eram cerca de quatro e meia da tarde pelo relógio do nosso carro, segunda-feira, 26 de abril.

Segunda era o dia da feira semanal em Gernika, quando o vilarejo ainda existia. Por volta das quatro e meia, no verão, o mercado a céu aberto ficava lotado. A Guerra Civil não havia alterado muito a rotina dos camponeses locais, que traziam animais e produtos do vale em grande número para vender na feira. Pelo contrário, os negócios até que iam melhor. Em Gernika, onde normalmente viviam 6 mil pessoas, havia agora uma população adicional de 3 mil refugiados e dois batalhões bascos, com muitas pesetas para gastar. Alguns ricos sediciosos haviam sido presos ou tinham fugido, mas foram poucos. Suas belas casas de pedra com imensos brasões floreados e gravados sobre as portas largas estavam fechadas, mas eles nunca haviam frequentado muito a feira, e a maioria pouco visitava Gernika em épocas de paz.

Gernika permaneceu uma modesta cidadezinha do interior biscaíno. A população era bem-comportada, os padres circulavam de batina, havia missa nas igrejas todos os dias e o dia todo. Os dois batalhões do Partido Nacionalista Basco aquartelados ao norte da cidade, onde uma avenida verde-aquosa de plátanos ondulava na direção de Bermeo, eram populares entre os moradores, e na própria cidade havia o costumeiro posto da polícia motorizada basca. Ali não era local de passagem dos soldados em retirada. As tropas estavam mais além de Markina, quilômetros a leste, e em Oitz, quilômetros ao sul. Gernika estava bem atrás da frente de combate, sendo parte de suas linhas de comunicação com Bilbao; a destruição da cidade isolaria as tropas em retirada do Estado-Maior e sua base.

Depois das quatro, ainda chegavam a Gernika as carroças dos camponeses, movendo-se sobre sólidas rodas de madeira e puxadas por bois cuja cabeça era protegida do sol por pele de carneiro. Com longas e franzidas batas de feira, os camponeses bascos caminhavam de costas diante dos bois, hipnotizando-os até Gernika com varas esguias, que serviam para tocar suavemente os chifres e a canga. Eles conversavam com os bois. Outros levavam ovelhas à feira. Havia um agrupamento de animais perto da igreja paroquial, uma imponente e cavernosa edificação, de interior alto e escuro, que se erguia sobre um lance de degraus baixos como folhas empilhadas.

É pouco provável que alguém estivesse pensando na guerra quando, às quatro e meia, soou alto o sino da igreja. Em toda a Espanha, os badalos de um único sino servem de aviso para os ataques aéreos. A população buscou abrigo, e as ovelhas na praça foram deixadas à própria sorte.

Existiam vários abrigos antiaéreos em Gernika, construídos depois do terrível raide contra Durango no dia 31 de março. Os porões foram tomados por sacos de areia, e a entrada foi protegida do mesmo modo: um cartaz na porta, com a palavra "refugio" pintada de modo ornamental, indicava onde as pessoas tinham de se enfurnar. Embora tivessem sido raros os alertas de ataques aéreos em Gernika desde o início do conflito, nessa altura toda a população basca levava muito a sério os sinos das igrejas.

Em poucos minutos, um Heinkel 111 surgiu e despejou seis bombas médias, provavelmente de 22,5 quilos, perto da estação, além de uma chuva de granadas. Um diretor da companhia ferroviária que estava na estação ligou para Bilbao a fim de informá--los de que um aeroplano estava bombardeando Gernika.

Minutos depois apareceu outro Heinkel 111, que bombardeou a mesma área, porém mais perto do centro. Agora a linha de telefone para Bilbao fora cortada. Inclinando-se e acelerando, o avião metralhou a cidade de modo aleatório antes de tomar o rumo de casa.

O padre da paróquia, Aronategui, deixou a igreja com os sacramentos, pois recebera a notícia de gente agonizando perto da estação de trem. Andou calmamente pelas ruas desertas levando os santos óleos. Ainda não havia notícia de incêndio.

Quinze minutos se passaram, e as pessoas começaram a deixar os abrigos. Um forte troar de motores foi ouvido a leste. Era o que, em momentos mais descontraídos, chamávamos de *tranvías*, ou bondes — os Junkers 52, tão desajeitados que mais pareciam sacolejar e retinir do que voar. Eram os bombardeiros mais pesados que a Alemanha enviara à Espanha.

Sobre a pequena cidade, cujas ruas voltaram a se tornar trincheiras vazias, dispersaram sua carga, no ritmo de uma tonelada por vez. Faziam com exatidão a curva sobre Gernika, enquanto caía mecanicamente a fileira de bombas. Em seguida veio o estampido das explosões, e a fumaça recobriu Gernika como a carapinha na cabeça de um negro. Brotava por todos os lados, à medida que vinham mais bombardeiros pesados.

Além de muitas bombas de 22,5 quilos e 45 quilos, também lançaram grandes torpedos que pesavam 450 quilos. Gernika é uma cidadezinha compacta, e a maioria dessas bombas atingiu edifícios, rasgando-os verticalmente, de cima a baixo, e ainda mais embaixo. Chegaram até os abrigos. Até então as pessoas haviam se mantido firmes, mas agora entraram em pânico.

A escolta dos Heinkel 51, a mesma talvez que havia nos importunado naquela tarde, estava à espera desse momento. Até agora haviam metralhado as estradas ao redor de Gernika, dispersando, matando ou ferindo ovelhas e pastores. Enquanto a população fugia aterrorizada da cidade, mergulharam dispostos a massacrar tudo o que se movesse. Ali foram mortas as mulheres cujos corpos vi mais tarde. Com a mesma técnica usada em Durango em 31 de março, quase um mês antes.

Os pequenos caças desciam alinhados, como ondas dançarinas e faiscantes. E as ondas se quebravam sobre os campos enquanto eles mergulhavam contentes. Vinte metralhadoras disparando ao mesmo tempo e, atrás delas, o rugido das ondas produzidas pelos dez motores. Sempre voavam com o nariz voltado para Gernika. Para os pilotos, deve ter sido como deslizar em ondas. As pessoas apavoradas se estendiam de bruços em valas, colavam as costas no tronco das árvores, dobravam-se para entrar em buracos, fechavam os olhos e saíam correndo pelos verdes e amenos campos abertos. Insensatamente, muitos correram de volta ao vilarejo antes da chegada da maré aérea. Mas foi aí que começou de fato o bombardeio pesado de Gernika.

Foi então que a cidade foi obliterada daquela opulenta paisagem, a província de Biscaia, por um punho esmagador.

Era por volta das 5h15. Durante duas horas e meia, esquadrilhas de três a doze aeroplanos, dos tipos Heinkel 111 e Junkers 52, bombardearam Gernika sem piedade e de maneira sistemática. Escolheram os alvos na cidade metodicamente, começando pelo setor a leste da Casa de Juntas e ao norte da fábrica de armas. As primeiras bombas caíram como um círculo de estrelas em volta do hospital na estrada para Bermeo; todas as janelas foram arrebentadas pelo sopro divino, os milicianos feridos foram arremessados dos leitos, a estrutura interna do edifício foi sacudida e rompida.

Nas casas evisceradas, cujos tapetes e cortinas, vigas e pisos e móveis destroçados foram lançados nos mais diversos ângulos e preparados para o incêndio, os aviões lançaram flocos de prata. Tubos com um quilo, do tamanho de um antebraço, com um reluzente tom prateado no revestimento de alumínio e magnésio; dentro deles dormia o fogo, como no princípio do mundo de

Prometeu. Sob a forma de 65 gramas de pó prateado, pronto para escapar por seis furos na base do tubo brilhante. Assim, enquanto as casas eram destroçadas, o fogo embainhado descia do céu para consumi-las. A cada vinte minutos chegava nova onda de atacantes. E entre as explosões e os jorros de labaredas provocados pelo metal incandescente em contato com cortinas e vigas, portas e tapetes, enquanto uma grande mortalha cinzenta pairava sobre Gernika, suportada pelas colunas brancas ali onde começavam os incêndios, durante as pausas da guerra moderna, a população corria pelas ruas para arrebentar as portas dos abrigos sufocantes, e para retirar as crianças e pertences pequenos e sem valor das casas tomadas pelo fogo.

Houve muitos gemidos em Gernika, muita labuta ofegante para desencavar os feridos antes da chegada dos aviões seguintes. Vinte minutos durava o intervalo entre cada onda de fogo, e os padres aconselhavam as pessoas para que se mantivessem calmas. Nesse momento, algo como um espírito de resistência passiva havia brotado nelas. A face de Gernika transformava-se em cinzas, a face de todos estava cinzenta, mas o terror alcançara um ponto de obstinação submissa jamais visto em Biscaia.

Nos intervalos, as pessoas saíam do vilarejo, mas o temor dos caças e de se separar de suas famílias fez com que muitos permanecessem. E então os aviões retornaram com os tubos de lata, despejando-os sobre Gernika, outra parte foi destruída, e mais gente acabou soterrada nos *refugios*.

Não sei se já lhe ocorreu alguma vez ficar sentado em uma estação ferroviária, logo após perder um trem, esperando por outro que só vai chegar dali a duas horas e meia. Uma estação ferroviária do interior, onde não se pode comprar nada para ler ou fumar ou comer. E, se não é possível pegar no sono, cada hora leva dias para passar. Agora em Gernika era quase impossível adormecer, exceto aquele sono do qual não se acorda, nem em Gernika, nem em Biscaia, tampouco em qualquer outro lugar deste mundo. E como não havia nada para comer ou fumar, e a fumaça impedia a leitura, não restava outra distração além de permitir que o terror expandisse essas horas não mais em dias, e sim em meses ou anos. Anos semipassados em abrigos subterrâneos que poderiam desabar a qualquer momento, e semipassados nas ruas de um vilarejo irreconhecível, buscando por gente que também agora estaria irreconhecível.

E assim se nota que estar em Gernika quando ela foi destruída era, em sentido restrito, como esperar pelo trem em uma estação do interior. Em ambos os casos, o tempo passava lentamente. Logo, pouco restava da cidadezinha. A igreja de San Juan ardia ferozmente, com um enorme buraco de bomba atravessando o telhado, o altar e o púlpito, que se encresparam em meio às labaredas. Mesmo edifícios isolados foram atingidos; na velha igreja paroquial de Andra Mari, no canto da praça para onde haviam sido levadas as ovelhas, a capela atrás do altar estava em chamas.

Enquanto as pessoas que não estavam presas nos abrigos corriam para o norte empurradas pela conflagração generalizada, os aviões que haviam atacado Gernika passaram a fazer voos rasantes. Deve ter sido difícil para eles divisar os alvos em meio à fumaça e à poeira que se erguia dos campos incendiados. Voavam a quase duzentos metros de altura, desfazendo-se pouco a pouco e sem parar dos tubos de prata, que caíam sobre as casas que continuavam de pé, formando poços de calor insuportável; e em seguida escorregavam e tombavam de um piso a outro. Gernika era tão densa quanto turfa para servir de combustível aos aviões alemães. Agora ninguém mais cuidava de resgatar parentes ou possessões; entre os bombardeios, saíam de Gernika adiante da fumaça sufocante e sentavam-se às centenas nas estradas para Bermeo e Mugika. Afortunadamente, os caças haviam ido embora. Já não mergulhavam a fim de mutilar a população em fuga ou de persegui-la pelos campos abertos. As pessoas estavam esgotadas pelo ruído, o calor e o terror; jaziam como trouxas de roupas sujas, imóveis e incapazes de pensar. Nada havia para salvar em Gernika além de colchões e travesseiros velhos, e mesas e cadeiras de cozinha que haviam sido arrastados para longe do fogo. Às sete e meia da noite, o fogo consumia toda a movimentada e pequena cidade, com exceção apenas da Casa de Juntas e das casas das famílias fascistas. Mais ricas que as outras, essas pessoas viviam em casarões de pedra distantes do resto da população; suas propriedades não foram infectadas pelo incêndio que se alastrava, mesmo quando, pressionado pelo vento, o fogo estendeu o braço violento para acariciá-las.

Às 7h45 o último avião desapareceu no horizonte. Agora dava para ouvir, com os ouvidos semientorpecidos pelos motores dos grandes bombardeiros e pelas explosões das bombas pesadas, o crepitar nervoso da conflagração criminosa em toda a cidade, assim como o cambaleio e o vacilante colapso de tetos e paredes. Gernika havia acabado e, enquanto caía a noite e a polícia motorizada avançava hesitante pela estrada a fim de avisar Bilbao por telefone de que tudo havia acabado, a imensa fornalha em que se tornou começou a produzir efeitos de cor carmim nas nuvens noturnas. Com muita delicadeza e suavidade, latejavam e refletiam o movimento de morte da cidade. Elas a cobriram como um teto almofadado e carmesim, como as tapeçarias de um monarca agonizante, onduladas e opulentas, movendo-se à luz de Gernika.

Ao redor do cadáver do mais antigo povoado basco, os *caseríos* conflagrados nas encostas eram como velas. Os aviões haviam despejado sobre eles o restante de seu fogo e atingiram muitos.

Recuperando a fala e tentando entender o que ocorrera, os bascos perguntaram uns aos outros quantos aviões haviam atacado a cidade. Alguns disseram oitenta, outros uma centena, outros ainda duas centenas, outros mais ainda. Não dava para dizer com certeza; mas aqueles que estiveram fora de Gernika a tarde toda disseram que de quarenta a cinquenta aviões alemães haviam participado do ataque, incluindo dez caças. Os bombardeiros retornaram várias vezes após serem recarregados.

Para quem estava em Gernika, não era questão de número, mas de um terror inquantificável e imensurável. Tudo o que conseguiam ouvir era o troar dos motores e o estralar das explosões que não paravam mais até soarem bastante monótonos. Não podiam ver nada além das portas dos abrigos e seus próprios rostos desamparados, e às vezes, se estavam na rua, os pontos de fogo onde caíam os tubos prateados; caíam muitos de cada vez, pois eram jogados em grupos de 24, presos a um eixo giratório. Outras vezes, antes de pular nos abrigos, avistavam em meio à fumaça as asas rígidas e insistentes dos aviões que os perseguiam, e ouviam a queda do metal sem asas que jorrava cegamente por toda a cidade, arrebentando paredes e telhados e despojando as árvores de folhas e ramos.

Quando voltaram ao vilarejo e caminharam entre a brisa suave das chamas que agora se alastravam por todas as casas, viram o mesmo que eu vi mais tarde naquela noite.

Em Bilbao, enviamos as reportagens do dia; eles falavam dos bombardeios ao longo das linhas de comunicação durante o dia, desde Markina até Arbácegui-Guerricaiz. Em algum momento depois das sete, Arbex me avisou que Gernika estava sendo bombardeada; disse que havia recebido notícias mais cedo, mas não sabia dos detalhes. Não pareceu dar muita importância ao ocorrido. E eu não o mencionei na reportagem que enviei naquela noite.

Às oito e meia, estávamos jantando no Torrontegui e havia bastante gente ali. O capitão Roberts, do *Seven Seas Spray*, e sua filha Fifi, Arbex, Christopher Holme e alguns outros jornalistas partilhavam comigo a ampla e sombria sala de jantar, povoada pelos quase fantasmas de mulheres e velhos direitistas, que conversavam em sussurros e deslizavam em vez de andar. O jantar estava indo razoavelmente bem quando, às dez horas, Antonio Irala ligou. "Gernika está em chamas", disse.

Conseguimos carros, jogamos os guardanapos no chão e saímos correndo na escuridão rumo a Gernika. Lembro-me do clima no qual segui para aquele incêndio; o mesmo no qual muita gente na Inglaterra recebeu a notícia. Irala devia estar exagerando, senti. Era impossível que todo o vilarejo estivesse queimando.

Seguimos o carro de Arbex através do campo pela mesma estrada que havíamos percorrido naquela manhã. Ele dirigia como um lunático, com a piteira projetando-se para fora da janela aberta. Brilhava à nossa frente, até que o perdemos diante de um céu mais luminoso.

Vinte e cinco quilômetros ao sul de Gernika, o céu começou a nos impressionar. Não era mais o céu chapado e mortiço da noite; parecia se mover e carregar veias latejantes de sangue; um florescimento vital o encorpava, corava sua pele redonda e macia.

Mais adiante adquiriu um tom rosado esplendoroso. O tipo de rosa com que as parisienses vêm sonhando há séculos. E parecia imensamente gordo; estava começando a nos desagradar.

Ainda não tinha uma origem. Gernika permanecia oculta além dos morros através dos quais corríamos. Mas agora dava para ver que a gordura se devia às grandes nuvens bojudas de fumaça, e o rosado, ao reflexo sobre elas do alentado incêndio. À sua maneira vaga e abrangente, o céu estava espelhando Gernika, e pulsava mais lentamente, no ritmo da destruição que bailou sua dança de guerra sobre o lar de 7 mil seres humanos.

Deixando para trás os morros, por fim avistamos Gernika. Só restava a estrutura das casas. Em todas as janelas, olhos aguçados de fogo; em vez de telhados, violentas labaredas desgrenhadas. A estrutura tremia, e a violenta desordem rubra tomava o lugar da geometria estrita. Cautelosamente, avançamos de carro pelo caminho do sul que desembocava lá, e que não era mais uma rua. Vigas enegrecidas ou incandescentes e fios de telégrafo esfarrapados rolavam bêbada e alegremente pela via, e das casas em ambos os lados brotavam as chamas como o vapor se ergue naturalmente do Niágara. Quatro ovelhas mortas jaziam à direita em uma poça de sangue, e quando nos aproximamos da praça central, evitando enormes buracos de bombas e a terra recém-vulcanizada diante da Casa de Juntas, topamos com uma vintena de milicianos atordoados, do batalhão Saseta, imóveis à beira do caminho, meio que esperando suas ordens, meio que incapazes de entendê-las. As chamas das casas iluminavam os semblantes exauridos e vulneráveis.

Na praça, à sombra escura da Casa de Juntas, que naquela noite proporcionou a única sombra em Gernika, as pessoas sentavam-se em cadeiras quebradas, estendiam-se em mesas grosseiras ou colchões embebidos em água. Em sua maioria, mulheres: centenas delas estavam dispersas ao redor do espaço aberto e, enquanto passávamos, tateavam em torno, remexiam em travesseiros sujos, tentavam dormir, tentavam debilmente caminhar. Conversamos, e elas me contaram tudo o que havia acontecido. Essas pessoas vitimadas foram a fonte de tudo o que escrevi. Dois padres estavam por ali, mas ninguém sabia de Aronategui, a quem supunham morto. Conversavam com gestos cansados e frases inesperadamente curtas para a Espanha, e imitaram os ruídos curiosos dos bombardeiros se posicionando, os caças metralhando, as bombas explodindo, as casas desmoronando, os tubos de fogo jorrando e se derramando por toda a cidade. Esse foi o testemunho dos moradores de Gernika, extenuados e de olhos inflamados. Só mais tarde pessoas que nunca estiveram lá começaram a conceber e a contar outras histórias. Algumas das testemunhas estavam completamente mudas. Ou eram desencavadas de casas demolidas — famílias inteiras, mortas, corpos manchados de azul e preto. Outras foram trazidas dos arredores de Gernika com o corpo crivado de balas de metralhadora — uma delas, uma jovem adorável. Os milicianos choraram ao colocá-la no chão do hospital destroçado; não conseguiam explicar as lágrimas — apenas choravam.

Uma brigada de bombeiros lançava um débil jato d'água sobre a capela de Andra Mari. Fui até as sombras da Casa de Juntas. O jardim fora revolvido, as janelas estavam quebradas; mas atrás da Casa erguia-se o carvalho das liberdades civis bascas. Intocado! O velho tronco escuro, sob o qual, quando florescia, os reis católicos prometiam respeitar a democracia basca, ali estava em sua morte mumificada, intocado entre as grossas colunas brancas. Os assentos, gravados com as armas de Biscaia — a árvore e os lobos à espreita —, onde o *señor* de Biscaia recebia o juramento de submissão e respeito, intocados e verdes. Pétalas de rosa haviam tombado sobre as pedras ao redor — confete rosado soprado no crepúsculo pelo bombardeio de Gernika.

No centro da cidade, as labaredas de fogo menores agora emitiam um rugido único. A polícia motorizada, juntamente com Monzón, o ministro do Interior, permaneciam impotentes além da praça, onde as ruas se adensavam e se emaranhavam para formar o centro da conflagração. Tentamos entrar ali, mas as ruas eram um verdadeiro tapete de brasas vivas; blocos de escombros deslizavam e caíam das casas, e, desde as paredes que ainda se mantinham eretas, o calor reluzente fustigava as bochechas e os olhos. Havia gente, diziam, a ser resgatada ali; havia as estruturas de dúzias de automóveis. Mas nada se podia fazer, e enfiamos as mãos nos bolsos e nos perguntamos por que diabos o mundo era tão insano e a guerra se tornara tão fácil.

Durante duas horas conversamos com as pessoas em volta da grande fornalha. Fumei um tanto de cigarros para acalmar o espírito, voltei de carro a Bilbao e deixei para escrever a história ao acordar.

Caminhões do governo e carros de bois levaram embora os refugiados. Nossos faróis iluminavam os ombros caídos e os cobertores soltos de centenas de pessoas que lentamente seguiam a pé para Bilbao e Munguía.

Entre cigarros, examinei três tubos prateados recolhidos nessa noite em Gernika. A termita de prata destilava-se pouco a pouco de suas bases; os tubos vinham da fábrica alemã RhS e haviam sido produzidos em 1936, dizia a etiqueta. Sobre o texto havia um símbolo em miniatura, a águia imperial com as asas de espantalho abertas.

21.

A destruição de Gernika não foi apenas uma coisa horrível de ver: também deu origem a algumas das mentiras mais assombradoras e incoerentes já ouvidas por ouvidos cristãos desde que Ananias foi introduzido pelos pés no forno ardente que lhe serviu de derradeiro lar.

Na noite depois de Salamanca ter lido o telegrama da Reuters sobre o ocorrido na imprensa mundial, a Rádio Salamanca (uma estação italiana) colocou no ar o *señor* Gay, que lera muito sobre Goebbels, e agora era chefe de propaganda de Franco. Apropriadamente, o *señor* Gay intitulou sua alocução como "*Mentiras, mentiras y mentiras*". O título transmite não só o conteúdo, como o estilo espasmódico do breve discurso de Gay.

No mesmo estilo de Queipo de Llano após o bombardeio de Durango, Gay afirmou inequivocamente que Gernika fora destruída pelos Vermelhos. Não apresentou nenhum indício nem mesmo deu-se ao trabalho de inventá-los. Sua declaração era oficial; e como Salamanca podia saber — um dia depois do bombardeio e dois dias antes de entrarem na cidade — que Gernika fora destruída pelos Vermelhos, quando ainda estava a dezesseis quilômetros na retaguarda do Exército basco em retirada, bem, isso deixo a seu critério, leitor gentil e complacente. Nenhum meio chegou a ser sugerido; nenhuma declaração de testemunha ocular foi apresentada aos jornalistas estrangeiros que trabalhavam com Franco.

Em 28 de abril, o governo de Salamanca foi claramente desonesto. Em comunicado oficial, afirmou que nenhum avião decolara no dia em que supostamente Gernika teria sido bombardeada, e prontificou-se a mostrar aos jornalistas os registros das decolagens e pousos no aeródromo de Vitoria durante o dia 27 de abril. Talvez dessa maneira tenha convencido os mais crédulos, mas o restante sabia muito bem que Gernika não fora incendiada no dia 27, e sim no dia 26. E o sr. Gerahty, correspondente do *Daily Mail* em Vitoria, escreveu em seu livro, *The Road to Madrid*, que avistou uma esquadrilha de bombardeiros pesados "nacionalistas" seguindo rumo ao norte em Biscaia, justamente no dia 26.

De acordo com um comunicado "nacionalista", "temos testemunhas oculares do bombardeio de Gernika pelos Vermelhos; testemunhas do que eles fizeram com gasolina e material incendiário". Mas foi preciso aguardar quatro meses antes que essas testemunhas pudessem ser exibidas; não para convencer jornalistas experientes e investigadores imparciais, mas oficiais britânicos itinerantes com propensões fascistas, já convencidos desde o berço.

Todas essas declarações foram negadas por centenas de testemunhas oculares reais com as quais conversamos: desde os dois sacerdotes — d. Alberto Onaindia, cônego de Valladolid, e padre Aronategui, pároco da própria Gernika —, passando pelo prefeito da cidade, até os mais humildes despojos humanos resgatados das ruínas fumegantes.

Falamos com todos sem qualquer restrição ou intérprete. Não só eu, mas também os correspondentes da Reuters, do *Star*, do *Daily Express* e do *Ce Soir* de Paris. E eles contaram a mesma história. Se houvesse uma história de "destruição vermelha" a contar, eles teriam sido os primeiros a fazê-lo. Pois eram camponeses cuja política estava mais à direita do que à esquerda, e haviam perdido tudo o que possuíam no incêndio.

Vimos as imensas crateras de bombas na praça, nas igrejas, na escola, ao redor do hospital — todos nós e com nossos próprios olhos. Esses buracos não estavam lá quando passei por Gernika no dia anterior. Até recolhemos bombas incendiárias alemãs que não haviam explodido e fragmentos de bombas, e vimos pessoas mortas por ferimentos de bombas e balas de metralhadora. Não havia o menor sinal de gasolina.

"É possível", dizia outro "comunicado de Salamanca", escrito em 2 de maio, "que algumas bombas tenham caído sobre Gernika nos dias em que nossos aeroplanos estavam atuando contra objetivos de importância militar." Antes ou depois de 26 de abril? Não, pois o 26 de abril foi o único dia em que Gernika foi bombardeada. Era estranho para nós ler no mesmo comunicado que "Irún teve um destino similar [ou seja, *Vermelho*] diante dos olhos de jornalistas europeus e testemunhas de Hendaye, em meio a idêntico silêncio negligente ou culposo". Pois tanto Holme quanto eu havíamos relatado de maneira exaustiva e confiável o que se passou em Irún, como se pode ler neste livro. Essa foi apenas mais uma de suas falsidades.

Na realidade, a ficção deles estava começando a desmoronar sob a própria inanidade. No dia em que Gernika foi devastada, a linha de frente basca estendia-se entre Markina e o mar, e os soldados estavam recuando. Que Exército do mundo ia tentar destruir seus próprios centros de comunicações (pois foi este o motivo dado pelos "nacionalistas") 24 quilômetros atrás da sua linha de frente, em um dia no qual nenhum soldado em retirada seria capaz de passar por Gernika, cujas estradas de acesso estavam bloqueadas pela aviação alemã, como constatamos nós mesmos em Arbácegui-Guerricaiz? As tropas franquistas entraram em Gernika, como vimos, no dia 29 de abril. Eu estava no campo — perto delas. Não houve quase nenhum combate: os jornalistas estrangeiros não teriam o menor problema em lá entrar. E, de passagem, note-se que foi isso o que fez o jornalista italiano Sandro Sandri, mas não os correspondentes menos confiáveis da imprensa britânica. Estes tiveram de esperar cinco dias. Havia muitos buracos a serem fechados, e testemunhas a serem reunidas, doutrinadas e lembradas de seus deveres patrióticos, assim como era preciso propagar o odor de gasolina.

Por fim, o correspondente do *Times* junto a Franco recebeu permissão para enviar uma breve nota sobre Gernika no dia 4 de maio. Ela foi considerada a opinião de uma testemunha ocular; na realidade, porém, era sobretudo o reaproveitamento de um documento divulgado para toda a imprensa estrangeira e "nacionalista" em Vitoria, e que pretendia ser um relatório de engenheiros civis sobre as causas do incêndio de Gernika.

Franco deve ter ficado louco da vida com eles, pois não fizeram muito bem o trabalho.

"Que Gernika, após uma semana de bombardeio pela artilharia e pela aviação, não tenha mostrado sinais de incêndio", começavam eles, tateando em busca de um compromisso. De modo bem hesitante, pois Gernika jamais fora bombardeada por canhões ou aviões antes de 26 de abril. Mas os engenheiros mostraram boa vontade. Afinal, tinham de explicar alguns dos buracos que não puderam ser fechados a tempo.

Em seguida, admitiram que Gernika fora bombardeada "de maneira intermitente" durante um período de três horas. Isso era o que os bascos haviam dito, mas não o que Gay e Franco haviam dito. De maneira nenhuma! Eles haviam dito que nenhum avião levantara voo naquele dia.

Um dentista local foi convencido a dizer que, ao voltar depois de observar o bombardeio desde os arredores de Gernika, só se viam focos pequenos de incêndio. Mas os moradores que sobreviveram às bombas e ao fogo mostraram-se "quase todos incapazes de ajudar os investigadores" — o que diz muito sobre a obstinada confiabilidade dos bascos mesmo quando capturados e sob ameaças.

Na opinião definitiva dos investigadores, seria difícil dizer com exatidão como havia começado o fogo. Santo Deus! E isso depois de Gay ter afirmado, no dia 27 de abril de 1937, que tinha *certeza*, pois soubera por testemunhas oculares, de que *os Vermelhos haviam sido os responsáveis*.

Bem, quem estiver disposto a acreditar em tais "investigadores" que resolva como quiser as contradições de Franco; mas ao menos reconheça que, se por acaso um amigo lhe tinha emprestado o *Mein Kampf*, com uma assinatura na página de rosto, o general aprendera muito mal a lição sobre a necessidade de invenções coerentes e eficazes.

Mesmo a população conquistada não ia se submeter a essa propaganda. Uma história típica de um teimoso e velho camponês basco foi repetida seis meses depois por um correspondente especial do *Sunday Times*. Esse correspondente foi convidado por um dos assessores de imprensa de Franco a visitar Gernika, o cenário do incêndio criminoso dos Vermelhos. E concluiu que a laia dos assessores era tão confiável e intratável como sempre fora. Escreveu ele:

> Gernika era um caos solitário de madeira e tijolos, como uma civilização antiga que está sendo exumada. Viam-se apenas três ou quatro pessoas nas ruas: um velho no interior de um prédio cujas paredes haviam resistido, mas cujo interior era apenas um mar de

tijolos; a tarefa dele era retirar os destroços, algo que parecia exigir toda uma vida, pois a cada tijolo que atirava para fora ele parava e limpava a testa com um lenço.

Acompanhado do assessor de imprensa, aproximei-me dele e perguntei se estivera em Gernika durante a destruição. Ele assentiu com a cabeça e, quando quis saber o que havia ocorrido, balançou os braços e afirmou que o céu estava coberto de aviões — "*aviones*", disse, "*italianos y alemanes*".

O assessor de imprensa empalideceu. Gernika foi incendiada, contradisse. O velho, contudo, manteve-se firme, insistindo que depois do bombardeio de quatro horas pouco restava para queimar. O assessor de imprensa me afastou dali. "É um vermelho", garantiu.

Falamos com outras duas pessoas, e ambas nos fizeram o mesmo relato a respeito dos aviões. O assessor de imprensa voltou a ficar mudo. Mais tarde no mesmo dia, quando encontramos dois oficiais do Estado-Maior do general Davila, ele retomou o assunto. "Gernika está cheia de vermelhos", disse, "todos estão tentando nos convencer de que a cidade foi bombardeada, e não incendiada."

"Claro que foi bombardeada", disse um dos oficiais. "Nós a bombardeamos, e bombardeamos para valer. *Bueno*, qual é o problema?" O assessor de imprensa não voltou a falar em Gernika.

Pelo fato de ter contado a mesma história, recebi ameaças de duas fontes distintas no exterior, segundo as quais, se fosse pego vivo, seria fuzilado de imediato. Isso conferiu enorme excitação ao restante do tempo que passei em Bilbao. Como o trabalho exigia que estivesse todos os dias na frente, passei a carregar uma pistola automática igual à de Jaureghuy, para ser usada *in extremis*, caso tivesse de fugir. Felizmente, nunca tive oportunidade de usá-la — ainda mais porque não sabia como.

* * *

Em termos militares, como avaliar a eficácia do bombardeio de Gernika? Claramente, o objetivo era o mesmo daquele buscado em Durango, no dia 31 de março, e o pesado bombardeio da linha de frente e da estrada entre Markina e Gernika, em 26 de abril, correspondia ao intenso bombardeio realizado em Durango. De novo tratava-se de um esquema quádruplo: linha de frente, bases, estradas e população civil, nas comunicações com Bilbao.

Tal como Durango, Gernika foi bombardeada com a finalidade de instilar o terror na população civil e, através dela, nos milicianos; e para cortar as comunicações com a retaguarda de um exército em retirada, como constatei na tarde de 26 de abril em Arbácegui-Guerricaiz.

Mas Gernika era um vilarejo bem mais importante para os bascos do que Durango. Era a sede de suas antigas liberdades, das quais foram traiçoeiramente despojados no século XIX. A Casa de Juntas era o local onde o Parlamento basco se reunia para administrar os Fueros, os direitos provinciais; ali estavam guardados os arquivos da raça e da língua bascas. E antes de a Casa de Juntas ter sido erguida — com as paredes ovais sombriamente decoradas com o rosto e o semblante dos soberanos espanhóis, os *señores* de Biscaia —, as Juntas haviam se reunido à sombra do carvalho, cuja fama foi preservada em música patriótica na canção basca "Gernikako Arbola". Gernika havia existido antes mesmo de Bilbao e das minas de ferro. Algumas das primeiras naus que seguiram para a América foram construídas em seu longo esteiro, então circundado de montes recobertos de árvores apropriadas para a construção naval. E o povoado remontava a uma época muito além, à Idade do Ferro basca e aos primórdios de sua existência comunitária. Por tudo isso, Gernika era para eles a Vila Foral.

Para os bascos, a destruição do vilarejo no vale foi equivalente, nas palavras de Aguirre, a um golpe no coração. A reação deles, como raça, não foi de ódio furioso, daquele desejo implacável de vingança que sentem alguns povos quando atingidos em seus objetos mais caros. Em vez disso, os bascos recaíram em profundo luto e tristeza, enquanto se perguntavam de que modo conseguiriam esquecer o pesar que lhes causara o bombardeio de um vilarejo tão encantador. Os comunistas e os socialistas, para quem não era tão grave a perda de Gernika, declararam cabalmente que se tratava de um crime monstruoso, e que os culpados deveriam ser punidos. Mas para os nacionalistas, que consideravam Gernika a fonte de tudo o que era adorável e basco, era inconcebível algo tão grosseiro como sanções.

"Os *facciosos* vão destruir tudo", diziam. Não queriam dizer com isso que estavam apavorados por tal perspectiva. Por outro lado, estavam decididos a continuar resistindo ainda mais do que antes, e os poucos dias seguintes iam mostrar o extraordinário poder de recristalização de que dispunham. Mas agora estavam anestesiados por pesares e agouros, e evidentemente precisariam de um bom tempo para se recompor.

Enquanto isso, os *facciosos* tinham três ou quatro dias para fazer o que queriam. Surpreendentemente, raros foram os bascos mortos ou aprisionados na linha de frente, mas o exército todo recuava em debandada, dando a impressão de que só iam parar em Bilbao.

Naquele mesmo dia, o monte Oitz, o grande maciço a sudeste de Gernika e ao norte de Durango, foi ocupado pelos mouros sem combate. No dia seguinte, chegaram a Arbácegui-Guerricaiz. Ao cair da noite, uma velha dama fascista, oferecendo com demasiada insistência refrigérios aos soldados, entrou em Gernika com sua limusine, e foi alvejada por um surpreso posto basco — agora na retaguarda das tropas que recuavam. A encantadora filha da mulher, que a acompanhava, tombou morta; a caridosa dama foi ela própria feita prisioneira; e as amenidades, distribuídas entre os bascos. No dia seguinte, a própria Durango foi tomada e, na quinta-feira, as tropas de Franco entraram em Gernika sem enfrentar resistência.

O Estado-Maior ficou estupefato com a série de reveses cuja responsabilidade não queria aceitar, mas que lançamos sobre seus ombros estreitos. Montaud aconselhou o presidente a retirar todo o Exército basco até o *cinturón*.

O *cinturón*! Inacabado entre Munguía e o mar, inacabado em Gastelumendi, continuava tal como na época em que Goicoechea entregara os planos a Mola. Sem contar com aviões ou metralhadoras para a defesa, mantido por um exército em fuga, sem reservas reorganizadas para suportar e absorver o choque do fracasso. O *cinturón* — em metade de sua extensão no lado oriental mera linha de trincheiras, cuja penetração em um único ponto levaria ao colapso de todo o resto; desprovido de redutos antiaéreos, ninhos de metralhadoras ou mesmo abrigos cobertos.

Por um momento, o presidente considerou a sugestão, que teria entregue Bilbao ao inimigo antes do final de abril. Nessa crise, o salvador de Bilbao foi o francês Jaureghuy, que escreveu um relatório tão amargo sobre as recompensas da covardia que os bascos, teimosos como eram, recuaram e reconsideraram. Pouco a pouco, os olhos deles começaram a se abrir para o jogo do Estado-Maior.

Foi decidida então a manutenção de uma linha que ia de Bermeo, passando pelo monte Sollube a oeste de Gernika, até Urrimendi, entre Durango e Amorebieta. Mas então Bermeo já havia sido perdida em um ousado ataque dos *requetés*, seguidos pelos italianos.

Não havia como a situação ser pintada com tintas mais negras — e os bascos não tinham muita propensão para artes assim.

Eis um dos relatórios de Jaureghuy, no dia da tomada de

Gernika, revelando a desordem vigente após o terrível bombardeio. No relatório especial ao presidente, no começo da noite de 26 de abril, ele diz:

> Após visita às zonas de retaguarda da frente, permanece a impressão de desordem. Aparentemente, não há mais contato entre alguns batalhões e o alto-comando.
> Alguns comandantes de batalhões, repletos de boa vontade, não sabem para onde ir. Mesmo nos vilarejos maiores, não se consegue obter informações em nenhum lugar, nem achar um oficial capaz de dizer aos extraviados o que devem fazer.
> É fácil lidar com essa desordem, mas antes é preciso haver *empenho*: para reagrupar os batalhões, encarregá-los de missões, nomear um major de guarnição em cada ponto importante de concentração.
> Temo que o alarme provocado pela aviação possa ter esfriado o ardor dos nossos engenheiros. Vimos muito pouca gente trabalhando. Agora as posições deveriam ser reforçadas com linhas inexpugnáveis de arame farpado, e dotadas de resistentes abrigos antibombas. Mais importante do que trincheiras contínuas são os *nids à obus*.

E em relatório complementar: "É preciso recuperar o controle de todos os batalhões. É intolerável que os homens de certos batalhões sejam distribuídos por cinco ou seis vilarejos diferentes. *Attention!* Após a desmoralização vem o pânico, e aí não há como segurar soldados acostumados a recuar".

A desordem aumentou nos dias 27 e 28, quando Jaureghuy e seu ajudante foram a Gernika para tentar organizar a defesa dessa posição crucial. À cabeça do seu fiorde, Gernika dominava a estrada que levava a Mundaka e Bermeo, e a todo o promontório que terminava nas escarpas do cabo Machichaco. Bastava manter as tropas ali, no vilarejo ainda fumegante, e todo o setor setentrional ficaria protegido pelo rio largo e intransponível. Duas brigadas cobriam o terreno entre Bermeo e Ajanguiz ao sul, e a linha deveria ter sido impenetrável, mesmo com a desorganização dos milicianos. Porém, com as comunicações, também o comando entrara em colapso.

Os dois chefes de brigada não sabiam o que fazer. Jaureghuy chegou ao posto da brigada setentrional, perto de Mundaka, e viu os soldados guarnecendo inutilmente as margens do rio. A brigada meridional ocupou a montanha a oeste de Ajanguiz. Seu comandante não queria descer à planície nem entrar em nenhum dos vilarejos, muito menos em Gernika, que estavam abertos, arruinados, nem sequer minados, esperando o invasor com cinérea impassividade.

O comandante atrás de Ajanguiz estava sozinho em seu posto, sem telefone ou ligação, sem mesmo um mensageiro. Um dos seus batalhões — a disciplinada e veterana unidade comunista, Rosa Luxemburgo — mantinha Rentería e a crista a sudeste desse vilarejo; o restante estava disperso pelas estradas.

O comandante perto de Mundaka também se mostrou pouco disposto a ceder. Disse que tinha ordens para ficar em Mundaka (que mesmo então ele evitava, e da qual sairia às pressas o quanto antes), e não para ir a Gernika. Por isso, Jaureghuy enviou três mensagens urgentes ao Estado-Maior em Bilbao, insistindo que as estradas que levavam a Gernika fossem imediatamente minadas e destruídas. Nada foi feito, embora a conversa por telefone tenha sido árdua e prolongada. Parecia quase uma conspiração para permitir que o inimigo entrasse sem resistência em Gernika.

Às cinco da manhã, contudo, o Estado-Maior agiu. O coronel Yartz saiu de Bilbao e foi a Gernika, acompanhado de dois jovens oficiais. Era um militar velho e cansado, mas de espírito rígido, e melhor seria, tanto para ele como para o Exército, que nem tivesse se dado ao trabalho. Mas Yartz fez questão de uma demonstração de vigor, ainda que numa direção incompreensível, nesse que foi seu último dia de serviço ativo. Ele tomou uma decisão bem intrigante. Ia avançar a sudeste, informou, na direção de Marmiz e do monte Oitz, a fim de retomar as posições elevadas perdidas na segunda-feira. A obsessão típica do soldado espanhol pelos cumes dos montes ia encontrar sua expressão mais devastadora em Yartz.

O coronel instalou-se com binóculos na casa rural de Ajanguiz, observando com satisfação as tropas avançarem para sudoeste sem qualquer sinal de combate. Jaureghuy ressaltou que esse movimento colocava em perigo ainda maior a posição de Gernika, mas Yartz replicou, com um gesto possessivo da mão: "O inimigo não vai se meter a passar. Vou manter essas cristas aqui".

De Rentería, o batalhão Rosa Luxemburgo enviou uma mensagem informando que o inimigo estava se concentrando ao norte e dava a impressão de que ia lançar os tanques contra o vilarejo onde estava. Pedia ajuda, mas Yartz já estava subindo o monte.

Cristóbal, o comandante do Rosa Luxemburgo, não era nada tonto. Tal como Beldarrain, foi um dos civis que se destacaram na guerra. As más línguas diziam que seu ofício nada tinha a ver com mecânica; morando em Vera, perto da fronteira com a França, provavelmente acabou concluindo que o contrabando era uma profissão lucrativa e, ao mesmo tempo, bastante animada. Seja como for, Cristóbal era um atirador de primeira com talento para a improvisação. E, com efeito, tais qualidades podem ter anteriormente se mostrado valiosas em suas relações com a polícia. Como Beldarrain, era um lutador, com muita coragem. Havia transformado o Rosa Luxemburgo em um batalhão de primeira: disciplinado, ágil, bem equipado e motivado.

Cristóbal abriu caminho até o quartel-general de Yartz para descrever o perigo que assomava à esquerda; havia pelo menos três batalhões inimigos, e a artilharia começava a disparar — mas sem conseguir nada.

Agora estavam se aproximando. As metralhadoras abriram fogo enquanto trotavam facilmente pelo terreno aberto. À esquerda, a fuzilaria era muito barulhenta, e a metralha rosada polvilhou a encosta, parecendo aqui e ali uma bochecha corada. Sob esse tratamento de beleza, os feridos começaram a chegar. "Não podemos resistir por mais tempo [...] o inimigo pressionando à esquerda [...] muito bem [...] mas os tanques estão nos empurrando pela estrada; a linha está se rompendo."

Essa foi a primeira vez que os pequenos tanques Fiat-Ansaldo entraram em ação em Biscaia, pois o inimigo agora nos empurrava para um terreno mais nivelado e chegava ao fim a guerra de montanha. Havia grandes colinas com pinheirais e tojeiras elevadas à frente, mas não paredões gigantes nem colunas e blocos rochosos atrapalhando o passo dos montanhistas. Os vales não estavam bloqueados por florestas; tudo se curvava suavemente ao grosseiro arado basco, pois ao sul de Gernika as planícies transbordavam por passos transitáveis, cultivados até o cume, na imensa planície de Munguía, cuja superfície, interrompida apenas por pequenos e sedosos rios cintilantes, estendia-se até os pés do *cinturón*.

Equipados com metralhadoras leves como chicotes, os tanques haviam avançado contra nosso flanco esquerdo. E não estávamos nem perto de armas antitanques. O Rosa Luxemburgo recuou de maneira ordenada.

Jaureghuy fez uma derradeira visita a Yartz em Ajanguiz. E achou o cérebro deste tão ressequido e insensível quanto antes. "*Mon colonel*", disse Jaureghuy, "o senhor está prestes a ser sobrepujado. Imploro para que chame de volta os batalhões para um ataque à esquerda contra o inimigo, que já se aproxima de Rentería."

"Sou eu que estou no comando aqui. E sei muito bem o que fazer", respondeu Yartz, em repentino e gélido acesso de fúria. "Não insista, *señor*. Não preciso de você nem dos seus conselhos." Meia hora depois, Yartz e os dois ajudantes foram feitos prisioneiros em Ajanguiz. Foram interrogados e fuzilados naquela mesma noite.

Gernika foi ocupada pelo inimigo à uma da tarde. Um francês, correspondente do *Petite Gironde*, entrou pelo outro lado com seu jovem guia, um poeta que era o chefe do departamento de Propaganda do Partido Nacionalista Basco. Tinham ido ver as ruínas, mas a livre circulação de turistas fora interrompida.

O rapaz da propaganda foi fuzilado (era o tipo de jovem cujas motivações poéticas eram espezinhadas com gosto pelos rebeldes). O francês, apesar do recente decreto do general Franco determinando a pena de morte para todos os jornalistas que o haviam acompanhado e agora fossem encontrados com os "vermelhos", acabou liberado e escreveu artigos favoráveis ao generalíssimo.

Outro francês atravessava a pé a planície, com tanta dignidade quanto possível estando em uma posição alarmante, pois duas metralhadoras recém-instaladas em Ajanguiz evidentemente o confundiram com todo o Exército basco. De tempos em tempos, esse sujeito pequeno e roliço parava atrás das sebes e ria. "Eu disse para você, não disse?", murmurava para si mesmo, e os olhos brilhavam com a nítida percepção gaulesa da cômica situação em que se encontrava e, à medida que avançava, repetia a frase "*Gora Euzkadi Eskatuta*".

22.

Todavia me pergunto se a atrocidade é vantajosa como arma de guerra.

O bombardeio de Gernika, amplamente documentado pela imprensa no próprio local, foi sem dúvida o ataque mais elaborado contra a população civil realizado na Europa desde a Grande Guerra, e foi mais concentrado que qualquer experiência sofrida pelos civis naquele holocausto. A repercussão internacional foi enorme. A má consciência das pessoas que haviam concebido esse método bélico na Alemanha foi despertada, e aflorou borbulhante à superfície em uma onda de anglofobia artificialmente dirigida desde o âmago do sistema nervoso germânico. Acrescentando-se ao bloqueio naval, com suas lembranças infelizes para quem tinha em alta conta o prestígio de Franco, o relato do bombardeio de Gernika desencadeou violenta reação contra a Grã-Bretanha no território insurgente, e uma repulsa igualmente violenta pelos insurgentes entre a maioria da população inglesa.

Bombardeios de cidades sempre foram especialmente importantes para os britânicos, que têm de defender a maior e mais vulnerável delas, mais do que para qualquer outro povo. Supondo o domínio alemão do ar, a destruição de Gernika, com suas 10 mil almas, por um conjunto de cerca de quarenta aviões se revezando, corresponderia à destruição de um bairro londrino com 200 mil habitantes por uma esquadrilha equivalente, que a Alemanha poderia enviar contra a Grã-Bretanha no mesmo tempo de três horas e meia. O aniquilamento de Hull, por exemplo, restando quantidade razoável de bombas para acabar com seus navios. Ou a destruição de Portsmouth.

De maneira menos matemática, a população britânica deu-se conta da ameaça, o que a levou a tomar medidas que aumentaram ainda mais a distância entre elas e o general Franco e seus aliados, os quais ainda vão se lembrar por muito tempo do prolixo embate com os ingleses a respeito do cerco de Bilbao.

O sentimento popular obrigou o governo britânico a tomar duas decisões: aceitar a entrada de 4 mil crianças bascas no Reino Unido como refugiadas e garantir a segurança de todas as embarcações, fossem britânicas, estrangeiras ou mesmo espanholas, que estivessem transportando crianças, mulheres e homens idosos demais para o serviço militar e que fugiam dos horrores de Bilbao. Pois os ataques com bombas e metralhadoras aos vilarejos e às estradas vicinais bascas, assim como a contínua ameaça dos aviões sobre Bilbao e o rio, exasperavam de tal modo os nervos que eles estavam prestes a se romper.

Nesse período, a situação em Bilbao era, sem dúvida, trágica. Todo dia havia bombardeio nas áreas industriais, justamente aquelas mais próximas da população. Em seguida vinham os funerais, os patéticos cortejos de mulheres magras e pálidas, em prantos. Nas primeiras semanas da minha estada em Bilbao, as mulheres e as crianças costumavam sair correndo das casas rumo aos *refugios* mal ouviam o lamento das *sirenas*. Mas agora, com pelo menos meia dúzia de raides diários, as mulheres passavam todas as horas de claridade do dia, desde as primeiras filas para o pão até os sinos das vésperas, agachadas junto à entrada dos abrigos, lendo, tricotando, brincando com as crianças, em dúvida se não deviam voltar para casa e preparar o almoço. No princípio da manhã, nem era tão ruim, era possível vê-los lendo os jornais em voz alta do começo ao fim e do fim para o começo, mas com o tempo esse prazer ia esmorecendo. Então as velhas de xales pretos e as jovens com muitos filhos pequenos e cabeças descobertas passavam a fazer chapéus de papel a partir da política partidária, e exibi-los com humor inconsciente contra a força do sol ascendente, pois era o mês de maio, e na Espanha. Ao meio-dia estavam todos exaustos e estirados em ângulos desencontrados sobre os sacos de areia que protegiam a entrada do abrigo. As crianças berravam desconsoladas e as mães perdiam a paciência com os filhos, e umas com as outras. Quando caía a noite, estavam todos exauridos, e voltavam para um parco jantar que não valia mais do que dois tostões. A única parte normal da vida era o repouso noturno.

Nessa massa nervosa, eram injetadas doses cada vez mais frequentes de uma complicação irritante dos nervos — os refugiados, vindos de Gernika, Mugika, Durango, Amorebieta e muitos vilarejos menores, com suas histórias de horror. A rotina da entrada dos porões só se rompia pela da escuridão dos porões, a que se alternava. E esses intervalos duravam muito. Bilbao é uma cidade extensa, e as *sirenas* só avisavam que passara o perigo após os bombardeiros terem sobrevoado seus membros magros e exaustos, causado danos e retomado o caminho de casa. Por volta dessa época, o governo basco teve de emitir novas instruções para manter a ordem nos *refugios*. Segundo elas, quando estivessem apinhados os abrigos, as pessoas deveriam conversar no tom mais baixo e tão pouco quanto possível; falar muito alto ou por tempo demais (uma falta comum ao sul dos Pireneus) não só deixava todo mundo nervoso como também consumia mais o ar. Às vezes eclodiam discussões nos abrigos; nem sempre, mas vez ou outra. E entretanto não havia como aliviar a tensão, pois o silêncio compulsório fazia com que pensassem ainda mais nos terrores que os aguardavam.

Foi nessa altura que correu um rumor por Bilbao que chegou a ser ouvido, também, no mundo exterior. Dizia-se que o general Mola fizera um discurso no rádio no qual ameaçava arrasar Bilbao, "e seu local desnudo e devastado vai fazer o povo britânico lamentar para sempre a ajuda dada aos bolcheviques bascos". Jamais fui capaz de confirmar se o general usou de fato essas palavras, e ainda não estou convencido de que o tenha feito. Mas circularam pela cidade, e passava de boca em boca com tanta rapidez quanto qualquer inflação temível. Bilbao tremia, e só os homens no topo mantinham o sangue-frio.

A solução deles foi preparar a maior evacuação de uma população na história da guerra moderna. A França estava disposta a receber uma quantidade ilimitada de mulheres e crianças; a Inglaterra acolheria tantas crianças quanto pudessem ser mantidas por uma subscrição particular, cerca de 4 mil; a Rússia, a Holanda, a Bélgica e a Tchecoslováquia ficariam com outras. A proteção da Marinha britânica estava assegurada.

E assim a guerra moderna entra em uma de suas novas etapas. O ataque à população civil desemboca na retirada da população civil. Mais uma vez tem início o período de grandes migrações, com uma fuga de mulheres e crianças que não se via desde as invasões dos tártaros.

Aqui não é o lugar para tratar das grandes evacuações de Bilbao, que no final realocaram mais de 100 mil não combatentes bascos ao norte dos Pireneus, a salvo do estrépito e estrondo dos bombardeios. Uma vez iniciadas, não pararam mais, navio após navio seguindo pelo ângulo reto da baía até a tranquilidade da França, levando a massa de refugiados enjoados e caídos uns sobre os outros; também havia partidas mais elegantes, como a do majestoso transatlântico *Habana*, de 10551 toneladas, e a do iate a vapor da família Sota, o *Goizeko-Izarra*, belo e reluzente brinquedo dourado e branco.

A proteção assegurada pelos navios de Sua Majestade exasperou Franco e asseclas, e de fato tinham razão quando afirmavam que isso contribuía para reforçar a resistência dos bascos. Para eles, não se tratava, como vociferavam os inimigos, da menor quantidade de bocas a alimentar, e sim da menor quantidade de pânico e desorganização na grande cidade, pois todo homem que por ela caminhava ouvia o dia inteiro as conversas e sentia o terror das mulheres da família. Franco podia se congratular de que seus próprios aviões eram responsáveis por essa mudança.

Esse momento, que assinalou o auge dos ataques contra a população civil pelo ar e pelo bloqueio, permaneceu por muitos meses como a maior lição prática na Europa quanto aos efeitos da guerra moderna sobre a consciência internacional. Essa entidade, de cuja existência efetiva muitos haviam duvidado, encontra-se em países nos quais sobrevive a liberdade e, portanto, a diversidade de autoexpressão; em outros, elas permanecem ocultas, tornando-se, por assim dizer, um subconsciente internacional. Ali lutam na escuridão subliminal contra as formas selvagens e extravagantes de ordem e disciplina nacionais, as quais procuram mantê-las recolhidas; suas vozes só se levantam em gritos de temor individual, no profundo e indefinível clamor pela paz que tolhe a diplomacia de todas as ditaduras. Pois estas podem dizer que são militares, e até militaristas, mas há algo que as arrasta para baixo quando pensam em uma guerra entre suas próprias fronteiras, ou mesmo uma guerra aberta na Europa. Escolhem a Abissínia e a Espanha; atuam nas sombras. Nas democracias, esse sentimento logo aflora — no caso da Abissínia, de Biscaia e da China, foi um patente aborrecimento para os governos propensos a sair da linha. E aqui a situação passou dos limites. O governo da Grã-Bretanha foi compelido a proporcionar a ajuda humanitária solicitada por Bilbao.

A Confédération Générale du Travail concordou em receber 2300 crianças bascas sob seus cuidados na França; o mesmo fez a Rússia com as crianças das famílias comunistas. Na Grã-Bretanha, a Igreja católica, cuja imprensa durante toda a luta se mostrara acirrada inimiga do nacionalismo basco católico, viu-se obrigada a se associar ao trabalho do comitê que deveria receber as crianças bascas; sua motivação humanitária foi expressa por importante prelado católico na Inglaterra, que escreveu: "Estamos muito ansiosos para participar desse esforço de resgate e cuidado das pobres vítimas da guerra cruel".

O *Habana* e o *Goizeko-Izarra*, navegando sob a bandeira da Cruz Vermelha (não porque fossem navios-hospitais, mas por respeito à Marinha Real que os escoltava), deixaram Bilbao em sua primeira viagem no dia 6 de maio, levando mil mulheres e 2,3 mil crianças. Estas últimas haviam sido escolhidas de um grupo de mais de 10 mil cujos pais queriam vê-las em segurança no exterior; foram reunidas sob o abrigo da escuridão, de modo a que não se dispersassem irremediavelmente ao som da *sirena*, e embarcadas em Portugalete. A imprensa de Bilbao entoou elogios aos *nossos bravos infantes expedicionários*, que tinham a coragem de deixar a terra natal com tão pouca idade e enfrentar os horrores da baía de Biscaia. Cada criança recebeu uma torta pesando duzentos e poucos gramas e um saquinho com uma dúzia de caramelos.

Bilbao preparou uma grande despedida para elas. Os carabineiros revistaram zelosamente as bagagens, enquanto os pequenos, como viajantes experimentados, lhes diziam que se apressassem ou iam perder o navio. Todas foram vacinadas e meticulosamente pesadas e medidas antes da partida. Enquanto os navios avançavam rio abaixo, as sirenes dos barcos pesqueiros soavam de maneira triunfante mas suave, de modo a sugerir o prazer e não um ataque aéreo; e cada jovem de olhos esbugalhados recebeu uma refeição de café, leite e ovos fritos.

Três navios franceses deixaram Bilbao no dia 9 de maio, levando mais de 2 mil velhos, mulheres e crianças, metade dos quais havia pago pela travessia e podia se manter no exterior, pertencendo sobretudo aos partidos direitistas. Seguindo um acordo com Stevenson, o cônsul britânico em Bilbao, os bascos estavam cumprindo à risca a promessa de não discriminação política.

Uma semana depois, o *Habana* e o iate estavam de volta para outra travessia. Partiram de manhã para Bordeaux com quase 4 mil refugiados. Na noite anterior, seis bombardeiros insurgentes tentaram atingir o cais em Santurce, enquanto as pessoas embarcavam na escuridão. Os salões, as cabines, os conveses e as passagens eram um xadrez de colchões, e numa cabine a meia-nau foi acomodada a idosa sra. De la Sota, viúva do nacionalista basco e milionário Ramón, nobilitado por seus serviços à Grã-Bretanha durante a guerra, quando muitos dos seus navios e homens acabaram no fundo daquele tempestuoso lar para eles, a baía de Biscaia, com carregamentos de ferro que tornariam o mundo seguro para democracias mais cínicas que a de Gernika. Oito dos seus netos a acompanhavam. Conversamos bastante sobre o passado. Chovia de maneira deprimente; lembro quão falsamente, ali onde caía a água, as capas de chuva na beira do rio reluziam sob as luzes do navio. Agora cerca de 10 mil haviam deixado Bilbao.

E por fim, em 21 de maio, as 4 mil crianças seguiram para a Inglaterra, com a sra. Leah Manning, organizadora da expedição e da comissão de quatro médicos que, com a ajuda de assistentes, haviam examinado todas de acordo com as instruções do Home Office e do ministério da Saúde. Elas desembarcaram em

Southampton no dia 23 e foram conduzidas sem demora ao Acampamento Stoneham. O ministério do Ar dera instruções aos pilotos para que evitassem, na medida do possível, os voos nas proximidades do acampamento infantil. Embora intérpretes estivessem sempre explicando que os aviões eram *nuestros*, nossos, os mais jovens não se convenciam de que o inimigo não os seguira desde a Espanha, e atiravam-se ao chão assim que aparecia qualquer teco-teco decrépito, aos gritos de "bombas, bombas".

O sentimento dos ingleses comuns pelas crianças bascas refletiu-se em seus presentes: corridas de táxi oferecidas por uma companhia de Southampton, cinquenta pães semanais de uma padaria da mesma cidade, lavagem de roupa grátis aos domingos pelos empregados da lavanderia da Southampton Corporation, aluguel simbólico pelo terreno de 36 acres onde foi montado o acampamento, trabalhos voluntários de vários tipos, uma ração diária de chocolate, 20 mil laranjas, botas e roupas de baixo.

Depois, pessoas mais distintas iam constatar que essas crianças aterrorizadas pela guerra às vezes roubavam maçãs, quebravam janelas com pedras, importunavam as meninas pequenas e, em uma ocasião, ameaçaram com facas um cozinheiro que antes, sem querer, havia ferido uma das crianças. A esquadra anti-gato-por-lebre logo se fez notar. É fato bem sabido que nenhuma criança inglesa age dessa maneira. Em minha própria juventude, sempre recusei objetos roubados, delatei outros meninos que faziam coisas erradas para minha mãe, jamais encostava a mão nas meninas e caía das macieiras sempre que tentava trepar nelas. Dessa maneira me mantive cuidadosamente longe dos tribunais juvenis, e só quando estava em Oxford é que ouvi pela primeira vez o ruído de vidro quebrando. Também foi ali que fiquei sabendo da existência de reformatórios para delinquentes juvenis, que na época apareciam em canções humorísticas; mas fui convencido pelo arquidiácono de que os piores crimes pelos quais se confinavam os meninos nesses locais eram erros na recitação verbal do catecismo, e de que a juventude inglesa estava aprendendo tão bem as lições que quase todas essas prisões estavam sendo fechadas.

Mas essa propaganda só se difundiu após a queda de Bilbao. Até então, Gernika era lembrada. Isso abriu um fosso entre os destruidores de Gernika e as potências democráticas num momento em que os primeiros mais queriam uma reaproximação, com acordos comerciais, direitos beligerantes e consequente fluxo de libras esterlinas. E, por mais que alarmasse a população civil basca, do mesmo modo parecia garantir suas exportações. Em última análise, creio, não foram tanto esses bombardeios de Bilbao e de seus vilarejos que ganharam a guerra, mas o peso enorme do material bélico alemão e italiano mobilizado na frente basca e a completa *inconsciência* dos aliados de Bilbao em Astúrias e Santander.

23.

O campo de batalha mais parecia a ruína. Porém, no 1º de maio, os bascos tiveram seu primeiro dia inteiramente bem-sucedido ao longo de toda a frente, de Bermeo a Gernika, e de Gernika a Amorebieta. Uma dezena de novas baterias de Schneider 75 e 105 havia feito a diferença; mas a maior parte do intervalo em nossas expectativas foi recuperada pela natural tenacidade do basco. De modo automático ele se acomodou e, uma vez bem acomodado, sua antiga disciplina se reafirmou. E reconstituiu a linha de frente.

No dia 1º de maio, um ataque geral desencadeado por Mola fracassou em todos os pontos. O rádio de campanha dos insurgentes, interceptado pela polícia motorizada basca, relatou ao quartel-general um total de 2,5 mil mortos e feridos. Durante o dia, o rádio deles era um constante clamor por mais e mais ambulâncias, e, ao cair da noite, só haviam conquistado uma pequena colina, Urrimendi, a leste de Amorebieta, de onde os santanderinos, com suas maneiras encantadoras, haviam fugido. E tinham uma explicação bem original para essa covardia: "Esses bascos são tão fascistas quanto os outros", disseram.

Ao ocupar Bermeo na sexta, dia 30 de abril, os insurgentes caíram na armadilha preparada pelo comando basco. No final, ela revelou-se insustentável: os aviões alemães, depois de muita malhação e muito praguejar, conseguiram que o aliado em dificuldade, a infantaria italiana, escapasse. Mas a um custo elevado em termos de vidas.

Como disse um jornalista alemão a um colega meu no Bar Basque, em St. Jean de Luz: "Mais uma vez tivemos de tirar do buraco os malditos italianos". O buraco era Bermeo.

Avançando pela única estrada que levava ao vilarejo de pescadores, aquela que passava aos pés do íngreme *massif* de Sollube no lado oeste do esteiro de Gernika, quase 4 mil homens da divisão italiana dos Flechas Negras entraram em Bermeo sem topar com resistência, tocaram os sinos da igreja, içaram o pavilhão nacional e ocuparam o setor da estrada entre Bermeo e Pedernales. Outros 2 mil seguiram para Gernika (mas não os jornalistas britânicos; estes tiveram de esperar). No dia 1º de maio, essas tropas e a divisão espanhola mais ao sul investiram contra a nova linha de frente; era o primeiro ataque geral de Mola, que desse modo esperava abrir o caminho para Bilbao.

Ele cometeu um enorme erro. Se tivesse enviado os blindados pela estrada Durango-Bilbao após a tomada de Durango, quando Montaud estava a ponto de recuar para o *cinturón*, Mola teria avançado com facilidade até Bilbao. Nem Amorebieta nem o *cinturón* teriam resistido. Suas tropas poderiam ter aproveitado uma larga brecha na frente. Os bascos ficariam isolados entre Durango e o mar — e a campanha de Biscaia teria sido brilhantemente concluída em dois dias, sem se arrastar por dois meses.

No entanto, Mola titubeou, e os aliados italianos o obrigaram a mostrar o jogo. Sem dispor de efetivos suficientes, lançou um ataque frontal que levou a um fracasso desolador com o cerco de Bermeo.

Embora apenas um dos lados pudesse contar com a aviação, a linha de frente era extensa demais para uma supervisão constante e para a concentração do poderio aéreo. Os bascos estavam bem preparados. Desde o monte Truende, onde a estrada de Bermeo subia sinuosamente pelo desfiladeiro até Bilbao, o 8º Batalhão da UGT contra-atacou simultaneamente sobre a encosta e, depois de breve confronto, acabou empurrando colina abaixo uma coluna italiana na direção de Bermeo. Em seguida viu-se algo que empalideceria o abissínio mais escuro. Em uma bicicleta, um oficial italiano liderou a debandada, com uma pequena e cômica bandeira italiana tremulando no guidão; e seus comandados o seguiram a toda a pressa, abandonando metralhadoras, morteiros de trincheiras, fuzis automáticos, caixas de granadas, caixas de munição para as metralhadoras, centenas de fuzis recém-saídos dos estoques italianos, pacotes de primeiros-socorros do Exército, muito pão branco (um excelente presente para os bascos) e mais de duas centenas de capotes impermeáveis com camuflagem, em cuja propriedade de obscurecimento os donos fugitivos não tinham muita confiança. Italianos foram feitos prisioneiros, entre os quais um cozinheiro e um capitão, que não resistiria aos ferimentos uma semana depois em Bilbao; mas o restante tinha pés lépidos e seguiu atrás da bicicleta. Um jovem praça contou-me que pertencia ao 92º Regimento da infantaria italiana, e que sua "brigada" consistia em dois batalhões, um dos quais todo italiano e o outro meio espanhol; fora convocado para servir na Espanha e embarcara em Nápoles no dia 17 de fevereiro. Havia muitos mortos. Segundo os bascos, eram 368, mas não pude confirmar o número.

José Rezola, o jovem secretário-geral da Defesa no governo Aguirre, enfastiado com a existência burocrática, agarrara um fuzil e seguira à paisana para Truende a fim de participar da brincadeira. Ali discursara para a tropa, que ficara impressionada com sua altura, os ombros largos de esportista, os claros olhos azuis, a cabeça rapada e o queixo proeminente sob um rosto comprido e conciliador. A arenga foi ríspida e breve. "Agora", disse Rezola, "vamos lá dar uma surra neles." E assim a peculiar figura trajando paletó de tweed e calças de flanela lançou-se adiante, rumo ao topo, com os bascos saltando atrás como cabras, com culotes largos, de uma rocha a outra; mas os adversários corriam mais rápido pelo estreito.

 Naquela mesma noite, Rezola retornou ao departamento de Defesa com um despojo pessoal, um capacete de aço, um morteiro de trincheira, três fuzis, duas máscaras contra gases e milhares de balas — todos italianos; assim como pão de farinha branca. Depois dele chegaram os italianos feridos, convencidos de que seriam mortos se fossem capturados pelos vermelhos. Em vez disso foram examinados com raios X. Um deles acabou se confessando a um padre basco enquanto agonizava.

 Ao sul de Truende, naquele dia, outro batalhão basco fez o inimigo recuar do grande monte coberto de tojeiras, o Sollube, até a estrada costeira em Pedernales ficar sob o fogo das metralhadoras. Uma terceira força ítalo-espanhola, que avançava desde Gernika sobre Rigoitia, aos pés da encosta sul do Sollube, foi primeiro bloqueada e depois obrigada a recuar com baixas. Ao sul de Rigoitia, os espanhóis fracassaram de novo em Zugazteitia, na estrada entre Gernika e Amorebieta que tanto ambicionavam, pois teria lhes proporcionado um perfeito centro de comunicações e a capacidade de manobra de que necessitavam. E ao sul de Zugazteitia, travou-se uma sanguinolenta batalha em Urrimendi, atacada três vezes pelos mouros que haviam escalado o Oitz: com os bascos imobilizados sob o terrível flagelo da artilharia fascista, os homens politicamente conscientes de Santander abandonaram a Ermida de San Miguel.

 É possível que tal mudança tenha se devido à reorganização

do Exército basco em divisões e brigadas; o afundamento do encouraçado *España* sem dúvida fez muita diferença no moral das tropas. Porém, acima de tudo, estou convencido de que foi a própria índole basca; eles tiveram um espaço para respirar, e conseguiram se firmar de novo. Tivessem eles uma aviação para levar adiante esse êxito, a batalha de 1º de maio teria se tornado uma segunda Guadalajara, seguida pela rendição *en bloc* dos italianos em Bermeo. Na noite seguinte, os bascos desceram sobre a estrada costeira que era a única via de ligação de Bermeo com a retaguarda, e explodiram com dinamite a comprida ponte de Mundaka. A traineira *Galerna* atracou no porto com uma bateria de artilharia e mais metralhadoras para reforçar o moral da defesa; as peças de artilharia foram montadas na antiga *plaza*, sob o olhar soturno das mulheres dos pescadores de Bermeo.

No dia 3 de maio, as linhas de comunicação bascas entre Truende e Munguía foram bombardeadas com ferocidade. A única estrada fervia quando passei por ela; e as balas dos caças estavam pipocando. Trinta aviões inimigos marcaram presença. Rigoitia foi atacada por aviões e tanques, assim como Urrimendi, enquanto era defendida pelos bascos. Mas a aviação não conseguia romper o cerco. Muitos cumes de montes estavam queimando. Mensageiros nadavam através do esteiro de Bermeo até a praia oriental, onde Mola febrilmente instalava baterias a fim de tirar os italianos do buraco em que estavam. Tudo o que podia afirmar o comunicado insurgente era que se consolidavam as posições.

Todos os dias decolavam os bombardeiros de Mola, sem encontrar qualquer oposição: 4 de maio, 5 de maio, 6 de maio; Sollube, sobre cujos flancos de retaguarda despejaram bombas incendiárias, fumegava como um grande vulcão; uma grande cortina de fumo esbranquiçado erguia-se centenas de metros acima. Os bascos, contemplando com tranquilo assombro os jogos de guerra alemães, lembraram os dias antigos quando se acendiam fogueiras no Sollube e no Oitz para o encontro das Juntas em Gernika, as quais não iam mais se reunir por muito tempo. O 6 de maio foi um dia terrível. Logo cedo fomos até a frente, e caminhamos por toda a linha juntamente com Rezola; as bombas e as granadas haviam expulsado os bascos da grande ponte de Mundaka, mas nada além disso. Partimos de Truende e seguimos rumo ao sul.

Em Truende, tomamos o café da manhã com o comandante do batalhão San Andrés, um nacionalista basco. Antes de beber, Rezola fez o sinal da cruz. E depois de ter bebido, os bombardeiros sobrevoaram nosso chalé, despejando muitas bombas à direita e à esquerda. Mas Rezola e o comandante continuaram a beber, impávidos. Eu me joguei no chão, assim como o velho Corman.

Saímos dali e descemos a pé pela frente montanhosa até Sollube. Adoro observar as tropas se dispondo para uma batalha. Logo a seguir topamos com o batalhão Munguía: um batalhão ruim, com o moral lá embaixo, e oficiais escassos, sujos e mal-humorados. Soldados falando em retirada imediata se não chegasse de Madri nenhum avião. Estavam sentados entre os pinheiros sem cavar trincheiras, sonhando de maneira vaga em voltar para casa. Foram retirados da linha de frente assim que passamos por lá, substituídos por um batalhão novo.

Era impossível galgar até o topo do Sollube, mantido por um batalhão da Ação Nacionalista Basca: as tojeiras eram cerradas como uma selva e chegavam à altura do peito; durante três meses convivi com os espinhos em meu corpo. A encosta tinha trincheiras e estava ocupada. Caminhamos sob a chuva rosada de metralha mal lançada: as granadas zuniam sobre nós, não muito rápidas, e explodiam alto demais.

Naquele dia eles voltaram a atacar, agora em uma frente menor, pois haviam aprendido a lição. Sollube, Truende, Machichaco, rumo ao norte, uma extensão de 6,5 mil metros; mais de 3 mil italianos participaram da investida contra as duas primeiras posições, e outros mil contra Machichaco.

O bombardeio aéreo começou às oito da manhã, após a retirada do batalhão Munguía, e prosseguiu com o revezamento dos aparelhos durante o dia todo. O céu, pano de fundo sem nenhuma nuvem, jamais ficou vazio, sem os grandes bombardeiros que arrancavam jorros de fumo da comprida serra montanhosa, ou sem os caças metralhando a estrada que levava a Munguía. As encostas do Sollube voltaram a se tornar um grande incêndio florestal africano, e a fumaça evolou-se para o alto em imensa onda através das tojeiras e pinheiros, tentando sufocar os bascos no topo, mas eles mantiveram obstinadamente a posição. Os canhões de quatro polegadas na estrada de Pedernales, e os de seis polegadas na outra margem do esteiro malhavam as cristas; antes do pôr do sol, o *Almirante Cervera*, fundeado ao largo da baía de Bermeo, atrás da íngreme ilhota que lembrava o dorso de uma baleia, ajudou com seus canhões pesados.

Às dez da manhã, a infantaria insurgente, dividida em três colunas, começou a galgar as encostas a oeste de Bermeo e de Pedernales. Uma das colunas seguiu para noroeste de Bermeo, rumo ao cabo Machichaco, mas aqui as posições bascas estavam bem ocultas acima dos campos de milho do vilarejo, no limite da mata. Logo os italianos tiveram de recuar para o cemitério de Bermeo, e ali ficaram sem se mover pelo resto do dia.

Outra coluna tentou abrir caminho pelos contrafortes do Sollube, através de barrancos recheados de tojeiras, e por terraços montanhosos ocupados por pinheiros. Sob a crista, Anetu foi tomada, mas ali eles caíram entre dois fogos e, apesar das reiteradas intervenções da aviação, não conseguiram mais avançar.

A parte principal do ataque, contudo, recaiu sobre Truende, onde os bascos ocupavam trincheiras rasas em ambos os lados da estrada Bermeo-Munguía. Era uma área bem íngreme, e quatro dos novos Schneiders foram colocados no alto do desfiladeiro, contemplando a baía e as bandeiras italianas, mas disparando raramente, pois os olhos do inimigo, sua aviação, estavam sempre atentos, tudo descortinando com a mesma facilidade das estrelas eternas.

A estrada de Bermeo, uma boa superfície asfaltada um pouco amolecida pelo sol, fazia curva em ângulo reto perto de Truende. Aqui os bascos limitaram-se a bloquear a estrada com três troncos. Foram alvo do reconhecimento dos caças Heinkel durante uma hora. Às nove, os bombardeiros jogaram as primeiras bombas incendiárias, mas começava a se dissipar o terror desses mísseis em meio aos pinheirais. Colunas esbranquiçadas elevaram-se atrás dos batalhões UGT-8 e San Andres, os quais foram então fustigados pela artilharia durante duas horas. Cessada a barragem de fogo, a infantaria passou a avançar desde Bermeo.

Os italianos chegaram ao topo da colina na formação mais ridícula já vista em combate. Em termos estritamente militares, o general italiano em Bermeo deve ter sido o maior imbecil da Espanha no dia 7 de maio.

Pela estrada estreita e sinuosa surgiram dezoito tanques, em pares. Os Fiat-Ansaldo foram subindo a colina, mas jamais abandonavam a estrada. Faziam um alvoroço terrível durante esse deslocamento, e talvez imaginassem que os bascos sairiam correndo só de ouvi-los. As bandeiras italiana e insurgente estavam pintadas em cores vivas nas carcaças. A infantaria seguia em formação pelas plantações de milho em ambos os lados da estrada, abrindo caminho cautelosamente pelas valas de água entre as plantações balouçantes.

Estavam assumindo um risco terrível: se os bascos, no topo, tivessem uma arma antitanque, a pequena procissão mecanizada seria gloriosamente destroçada. E os bascos tinham de fato uma arma antitanque de cano longo. Que momento de glória para o atirador! Ele tentou disparar. A arma emperrou.

Com a sorte ainda sorrindo para as esteiras móveis, os Fiat-Ansaldo continuaram a se aproximar. Não podiam se afastar para a direita ou para a esquerda da estrada, antes ou depois da curva acentuada em que haviam sido dispostas as trincheiras bascas. Os campos se erguiam ou tombavam de modo íngreme. Por isso os tanques tinham de se restringir à estrada, na qual não estavam adaptados para o combate em fila e lado a lado. Pois ali onde a estrada era paralela às trincheiras, e eles podiam girar para dar o recado da temível fuzilaria de suas metralhadoras duplas, as guaridas ficavam muito acima dos tanques para que estes pudessem atingi-las. As balas só conseguiam resvalar no parapeito. E quando, por outro lado, haviam passado o ângulo reto, toparam com os três troncos, formando uma barreira alta demais para ser transposta pelos pequenos tanques de dois tripulantes; nesse desconfortável *cul-de-sac*, podiam apenas usar as armas do par de tanques à frente, pois, ao virar em ângulo reto, a estrada conduzia frontalmente às posições bascas.

Por esses motivos, considero o comandante italiano em Bermeo o maior asno militar que conheci na Espanha — note que lá estive por um ano e conheci muitos oficiais cujas orelhas eram inequivocamente grandes. Os tanques italianos não conseguiam passar pelos troncos, não podiam evitá-los, tampouco tinham condições de disparar contra as trincheiras bascas mais abaixo. Para isso, esse engenhoso oficial regular enviou os dezoito carros de combate como se fossem a um desfile.

Era de fato muito assustador para os bascos. Trinta e seis metralhadoras alinhadas disparando sobre sua cabeça não são de fato letais, mas produzem um ruído e uma música atordoantes, como se o céu todo estivesse sendo dilacerado acima de você. Talvez tenham imaginado que sua própria infantaria ia se encarregar do assalto enquanto mantínhamos abaixadas as cabeças. Mas a infantaria italiana preferiu também se manter de cabeça baixa, nos barrancos inferiores. Metralhadoras matraqueando desde os bosques mais altos, que os italianos nos tanques não podiam localizar por causa do ruído infernal que estavam fazendo, mantinham os narizes italianos bem junto ao chão nos campos de milho. Das trincheiras, homens lançavam granadas colina abaixo, e quando um deles se dava ao trabalho de erguer a cabeça acima do parapeito não podia deixar de sorrir ao ver os tanques avançando e recuando nervosamente enquanto as bombas rolavam em sua direção. Evidentemente, o som de algumas explosões lembrava a artilharia, pois se retiraram ao meio-dia, para voltar às quatro.

A defesa agora estava muito animada; mas, como era típico dos arranjos do Estado-Maior em Bilbao, nenhuma arma antitanque havia chegado. Perto das cinco e meia, acompanhado de um oficial de ligação, viajei em um veículo perigoso, com a traseira carregada de granadas antitanque especiais, fabricadas em Bilbao e de alta penetração.

Os aviões nos bombardearam e metralharam durante todo o trajeto. Nunca antes eu havia feito uma viagem tão desagradável, mas era o único meio de chegar a Truende, e por mais preocupado que estivesse pela minha segurança meu maior desejo era ver os pequenos Fiat-Ansaldo tomando o rumo de casa.

Demoramos muito para chegar a Truende. Por vezes, tivemos de nos esconder atrás de rochedos e, em outros momentos, o motorista decidia que não dava mais para avançar com o carro. Quando passamos por trás de um monte Sollube tomado pelas chamas, o *enlace* disse: "Talvez seja tarde demais e Truende tenha caído". Havia sinais de contentamento no horizonte.

Em Truende, os homens dos batalhões UGT-8 e San Andres estavam bebendo vinho de odres e dançando de maneira bem viril. Uma hora antes, contaram eles, haviam arrebentado o coração de todos os carros de combate, com exceção de meia dúzia. E aí um basco se mostrara arrojado. Agarrando uma granada, ele se esgueirara até o carro da frente no lado direito, pelo seu ponto cego, e, com mão delicada, colocara a granada sob a traseira do veículo, antes de escorregar para dentro de uma valeta. Como costuma ocorrer com as granadas, ela explodiu; após os fracassos do dia, esse transtorno foi a gota d'água para o tanque da frente, que deu meia-volta e apressou a descida dos outros. Vaias generalizadas foram ouvidas em Truende.

Os rapazes, portanto, não necessitavam com tanta urgência das granadas no carro do oficial de ligação, e bebiam e dançavam em roda de maneira louvável, após uma vitória mais grandiosa que a de Davi contra Golias.

A despeito dos incêndios, da artilharia e dos tanques, a linha estava firme. E naquela noite um batalhão asturiano foi deslocado para a posição de Sollube.

O que fizeram talvez jamais seja revelado. O que disseram que fizeram foi o seguinte:

Entre as seis e as sete da manhã, contaram os pesarosos asturianos, estavam desfrutando de uma agradável xícara de café nos abrigos atrás da crista de Sollube. O café estava quente e maravilhoso, e não foi por culpa deles que, de repente, olharam para o alto e toparam com vinte rostos mouriscos nas trincheiras mais acima e um pavilhão monarquista sendo içado em um mastro. Não houve nenhum ataque de aviação ou de artilharia; foi tudo uma terrível surpresa, que os deixou sem fôlego. E por isso todos desceram pelo lado de trás da colina.

Em Bilbao, também se sustentava que os asturianos, temerosos de um dia de bombardeio como o que a Ação Nacionalista Basca sofrera sem se abalar durante cinco dias, se retiraram ao romper do dia sem até mesmo a desculpa de terem sido surpreendidos. A posição deles foi ocupada pelos italianos.

A perda do Sollube, a bandeira vermelha e amarela tremulando no ponto mais alto e visível desde quilômetros, levou ao caos completo. Em Truende e no cabo Machichaco, temendo que a retirada fosse interrompida e sem receber ordens (pois a estrada para Munguía logo ficou sob o alcance das metralhadoras inimigas instaladas no Sollube), os homens recuaram ao longo da costa. Os quatro canhões Schneider foram retirados, e ainda se tentou levá-los embora pela estrada; mas aos pés do Sollube o motorista do caminhão à frente foi abatido, e o comandante, que era irmão de Rezola, foi gravemente ferido no peito. Com isso, abandonaram os canhões na estrada e partiram com o oficial que gemia por entre os pinheiros mais embaixo, rumo à planície de Munguía.

O rompimento da frente ocorreu com aterrorizante rapidez. Mesmo ao sul do Sollube, os batalhões se dispersaram. As colunas italianas, derrotadas continuamente em combate equilibrado, exploraram ao máximo a debilidade asturiana. As posições em cabo Machichaco, Truende e Sollube foram de imediato consolidadas, e os insurgentes passaram a avançar constantemente pelo litoral.

Aguirre teve um raro ataque de fúria ao ser informado da queda do Sollube.

Um Conselho de Guerra formou-se para julgar os asturianos, e alguns foram fuzilados. Em 10 de maio, como responsável pela defesa, Aguirre demitiu Montaud, o chefe do Estado-Maior. Em seu lugar foi nomeado o comandante Lafuente, uma criatura alta e esguia, com o olhar inquiridor de um novo Fabiano e ombros caídos, mas não passava de uma nomeação formal, pois o próprio Aguirre respondia pelo comando supremo, e o restante deles agora deixaram de ser colegas de pranto para se tornar conselheiros. Essa mudança radical tinha como objetivo eliminar toda a discussão, argumentação e apatia que até então imobilizara o Estado-Maior.

Aguirre solicitou um novo general a Madri, com um novo chefe de Estado-Maior; e ordenou um vigoroso contra-ataque a Sollube.

Os desastres devidos à perda do grande *massif* ainda não haviam terminado. Em 10 de maio, Rigoitia e Morga, ao sul do monte, foram abandonados pelos asturianos. O batalhão Asturiano 23 resistira em Rigoitia a ataques incessantes durante dez dias, e estava particularmente orgulhoso de ter, por meio da concentração de tiros de fuzil, abatido um caça que tentava metralhá-lo, algo que vislumbrei desde um campo através do vale.

Na manhã do dia 11 de maio ocorreu um desastre horrível: aproveitando a vantagem, forças não italianas a serviço de Franco investiram ao sul de Morga e a leste de Mugika a fim de ocupar a grande cadeia montanhosa de Vizkargi, que ia se revelar essencial para o *cinturón*. Pois foi desse magnífico ponto de observação, do qual o *cinturón* distava apenas 3 mil metros, que se planejou a operação de 12 de junho e a artilharia pôde ser concentrada e direcionada para destroçá-lo.

O combate corpo a corpo continuou no Sollube por quatro dias, e por sete no maciço de Vizkargi. Sem aviação e com um mínimo de artilharia, contra caças em voos rasantes dos quais abateram outros três, os nacionalistas bascos se esforçaram vez após outra para retomar as coroas de Biscaia que seus aliados haviam deixado escapar.

Dois caças inimigos se estatelaram em chamas atrás do Sollube; um terceiro foi derrubado a oeste de Vizkargi. Era um Heinkel 51, do qual saltou o jovem alemão Hans Joachim Wandel, que arrebentou a cabeça ao pousar, pois os milicianos destroçaram alegremente a tiros o paraquedas enquanto pairava. Hans era uma personalidade dúbia que me deixou bastante intrigado, e sobre ele vou falar mais adiante.

Em conformidade com os métodos usados em Gernika, mas

talvez temerosos de provocar outra comoção internacional, no domingo, 14 de maio, bombardearam Amorebieta com bombas incendiárias, mas não de maneira contínua: não queriam começar outro enorme incêndio e outra história desagradável. Vi esse bombardeio, e recolhi bombas incendiárias não detonadas. Eram alemãs, de tipo um pouco menor que as usadas em Gernika. Segundo Delicado, o inventor, a mistura de termita era mais potente. No total, os alemães usaram em Biscaia três tipos de bombas incendiárias de um quilo (aproximadamente). Era óbvio que estavam empenhados em um experimento medonho. Na sequência das tentativas, as bombas ficaram mais leves e as cargas mais potentes. O último tipo foi usado em Amorebieta; o segundo fora despejado em 29 de abril sobre Galdakano, onde Corman, acompanhado de outros jornalistas, recolhera cerca de uma dezena de bombas que não explodiram.

Os incêndios continuaram por mais quatro dias em Amorebieta, que voltou a ser bombardeada no dia 16. Em seguida, eles tomaram a cidade, e disseram que os "vermelhos" haviam sido os responsáveis por aquilo.

Em 19 de maio, no dia seguinte à perda de Amorebieta, depois de abandonada a contraofensiva que levara os nacionalistas bascos quase ao topo do Sollube, o batalhão 105, de Santander, sem ser atacado, abandonou suas posições em Gondramendi, a última serra antes do vilarejo e da planície de Munguía, que se estendia suavemente até o setor norte do *cinturón*. Os santanderinos podiam ser vistos recuando por toda a estrada até Bilbao, bem carregados de galinhas e produtos frescos do campo, e contando uma irresumível quantidade de mentiras sobre a natureza alarmante do ataque que jamais haviam sofrido. Por fim, os italianos acabaram se dando conta de que as trincheiras estavam vazias, pois naquela noite ocuparam toda a serra sobre Munguía, assim como o monte Jata ao norte, onde os bascos haviam resistido imóveis a uma semana de bombardeios e incêndios, mas agora haviam ficado com o flanco desprotegido após a retirada dos aliados.

Não seria nada fácil avaliar a ojeriza dos bascos pelos santanderinos naquela noite. Aguirre não perdeu tempo. Gomez, um esquálido e incompetente tenente dos carabineiros que comandava a 1ª Divisão Basca submetida a tais infortúnios, e que pouco fizera para impedi-los, foi despojado de metade de seus homens. Beldarrain foi colocado à frente da divisão reconstituída, agora rebatizada como a 5ª Divisão Basca, e, após apressada reunião com Jaureghuy naquela noite, decidiu-se manter Munguía a todo custo. Para reforçar os preparativos, quatro blindados russos com armas antitanque foram deslocados para Munguía, e um contra-ataque a Gondramendi foi planejado para o dia seguinte. Um batalhão de socialistas bascos retomou metade da serra e capturou duas metralhadoras e dois fuzis automáticos italianos.

Fiquei assombrado ao ver a mudança do carabineiro Gomez, confuso, para o pequeno torneiro Beldarrain, silencioso e metódico. Embora Munguía fosse tida como indefensável pelo Estado-Maior, que pretendera evacuá-la na noite de 19 de maio, não só ela, mas toda a linha de frente foi nesse dia reorganizada e defendida por Beldarrain até a semana anterior à queda de Bilbao, que ocorreu um mês depois. Só então ele se retirou, obedecendo ordens.

Esse era o limite do serviço ativo dos italianos contra a capital basca. Em duas noites distintas após o 19 de maio, houve uma tempestade de nervos no quartel-general em Bilbao, pois a polícia motorizada interceptara, em duas ocasiões, mensagens do general Mancini ordenando que as tropas italianas no norte da Espanha tomassem Munguía sem mais demora.

Beldarrain nem chegou a piscar. Disse que estava perfeitamente preparado. Tudo o que fizeram os italianos foi se acomodar bem nas trincheiras e disparar contra Munguía com toda a violência de que eram capazes os fuzis. Em outras palavras, fizeram o maior alvoroço possível, mas não se moveram.

Todo dia, a partir da noite de 20 de maio, granadas incendiárias eram lançadas por morteiros desde as trincheiras sobre o pequeno vilarejo basco. O fogo se espalhou porque ali era a linha de fogo e nenhum bombeiro se atrevia a ir para apagá-lo. A má consciência do outro lado tinha de continuar buscando uma explicação para Gernika: tinha de mostrar uma quarta cidadezinha queimada pelos bascos vermelhos em sua retirada. Eu e os outros jornalistas nos divertimos seguindo os primeiros passos dessa propaganda pueril enquanto contávamos as granadas incendiárias que caíam à nossa frente. Todo dia, a rádio insurgente anunciava inocentemente: "Incêndios se alastram em Munguía, e teme-se que os Vermelhos estejam queimando todo o vilarejo antes de abandoná-lo". Crianças e fósforos.

Bloqueados que estavam por Beldarrain entre Munguía e a costa de Plencia, pode-se fazer uma ideia da contribuição dos italianos para a tomada de Bilbao. Em termos ativos, não se mostraram muito eficientes; e, como disse o alemão já tocado pelo vinho, enfiaram o Exército em um buraco em Bermeo, e foi preciso a aviação alemã para arrancá-lo de lá. Embora mais equipados com armas automáticas do que as tropas navarresas de Mola, não foram capazes de nenhum arrojo como elas, que conquistaram a serra de Vizkargi. O uso que fizeram dos tanques revelava inexperiência e inconsciência, pois em Truende acabaram bloqueados por três troncos de árvore e, em Munguía, por quatro carros de combate russos, cujas armas de tiro rápido instilaram um arraigado temor nos italianos, tão profundo que jamais ergueram os pobres narizes diante das tropas de Beldarrain.

A infantaria italiana titubeava; seus avanços não se deviam ao empenho de confronto, que parecia evitar, mas à atuação da

Força Aérea alemã, que se mostrou corajosa; ao espírito egoísta e regionalista dos asturianos, e ainda mais dos homens de Santander; ao tremular da bandeira vermelha e amarela no alto de um monte, com todos os temores de captura e fuzilamento que inspirava esse tremular.

Em termos passivos, porém, os italianos foram de enorme valor para Mola, pois estavam bem equipados para uma guerra defensiva e podiam manter uma frente que se estendia por quilômetros, uma tarefa impossível para as tropas insurgentes. Esse, portanto, foi o papel deles — o poder de fogo passivo da defesa. Pouco a pouco, se deram conta disso e, desde Gondramendi até o mar, as colinas bascas se enrijeceram com o brilho metálico do arame farpado italiano.

24.

Estou convencido de que os bascos, se pudessem contar com aviões bombardeiros, teriam aniquilado a divisão italiana dos Flechas Negras nos dias cruciais de 1º a 3 de maio, e que tal desastre teria cancelado a ofensiva sobre Bilbao. Vamos ver de que modo o mundo conspirou para impedir esse revés dos objetivos fascistas.

Já fora acertado que, apesar das dificuldades de acomodação em Biscaia, a República enviaria aviões para a defesa de Bilbao; em mensagens secretas, o número mencionado era de sessenta aparelhos, dos quais quarenta seriam caças e os outros vinte Katiouskas (bimotores Martin, de patente russa sb, capazes de alcançar mais de 425 quilômetros por hora, o que fazia deles os bombardeiros mais velozes na Espanha).

Agora o problema era levar esses aviões desde o leste até o norte da Espanha. Os bombardeiros não poderiam ser enviados em segurança a menos que pudessem ser protegidos pelos caças, sobretudo por causa da ausência de defesa antiaérea. Os caças, portanto, tinham de abrir o caminho, mas o caça russo I-15, voando de Madri ou Aragão até a pista de pouso mais próxima a

Bilbao, ia, segundo os cálculos, chegar ao fim da viagem com apenas quinze minutos de combustível para lutar, caso fosse atacado. O tanque de combustível não era grande o suficiente e, se no trajeto fosse perseguido, sua velocidade superior sempre o livraria do inimigo; por outro lado, tal aceleração reduzia ainda mais a autonomia de voo.

Cisneros claramente não queria enviar os aviões por uma rota direta. Que opção restava? Ele pensou na França. Sobre essa parte da história não estou tão bem informado. Basta dizer que Cisneros não foi desestimulado em seu objetivo de enviar os aviões através da França, onde podiam reabastecer e decolar em seguida rumo a Bilbao atravessando a baía.

A execução desse plano foi adiada no período crítico da batalha de Bermeo pela guerra supercivil dos sindicatos em Barcelona, pois decidiu-se que a aviação catalã, havia muito ociosa, seria mobilizada em favor de Biscaia. Uma vez mais, a extrema esquerda concordou com os asturianos e os santanderinos no sentido de submeter os bascos a uma tortura lenta.

Todavia, por fim, em 8 de maio, o pior havia passado. Quinze aviões militares pertencentes ao governo espanhol pousaram em impecável formação no aeroporto de Toulouse, às nove e meia da manhã. Os pilotos informaram que haviam deixado Barcelona rumo a Bilbao, mas, ao topar com fortes ventos frontais, temeram ficar sem combustível sobre território inimigo e viram-se obrigados a pousar em Toulouse. Haveria algum impedimento para que prosseguissem viagem depois de encher o tanque?

Com exceção do emprego dos Fiat-Ansaldo em Truende, essa deve ter sido a manobra mais inábil da Guerra Civil Espanhola. Os franceses, claro, estavam dispostos a dizer sim; e já estavam com a gasolina pronta. No entanto, os oficiais do Comitê de Não Intervenção, baseados em Toulouse, também estavam preparados e completamente despertos às nove e meia da manhã, e dificilmente teriam deixado de ouvir e avistar os quinze aviões militares em formação, mesmo que não tivessem sido alertados de antemão do esquema pela dissolvida Croix de Feu, a serviço de Franco. Em suma, os espanhóis estropiaram todos os arranjos. Chegaram em plena luz do dia, e não de madrugada. Vieram em formação militar, e não um a um. E pousaram no aeroporto errado, pois teriam de reabastecer ainda outra vez na França se quisessem chegar a Bilbao, e isso ia sem dúvida provocar muito incômodo e preocupação aos franceses, sem falar no desconforto de afastar os democratas do muro sobre o qual tanto adoram ficar.

Por isso, o Comitê de Controle e as autoridades do aeroporto de Toulouse iniciaram uma cerimoniosa conferência, lançando um véu sobre o que sabiam ser as atividades de cada qual, e acabaram decidindo que os espanhóis receberiam autorização para voltar a Barcelona, sendo escoltados até a fronteira por aviões franceses. Eles decolaram na manhã seguinte; os bascos estavam furiosos. "Essa é a Espanha", disseram. E, rindo, respondemos: "Assim é".

Uma semana depois, encontrei Mendiguren em seu gabinete na Presidência, em Bilbao, com ar travesso. Estava lendo o boletim das notícias confidenciais que recebíamos todos os dias por rádio — as alegações de Madri, as alegações de Franco, as alegações alemãs e italianas, e, vez por outra, até as alegações do sr. Eden em tom menor. "Você viu", perguntou-me, "que perdemos nossos aviões?" Fiquei um tanto intrigado, até que vi seus olhos.

Da França viera o anúncio de que um grupo de doze caças Boeing (I-15) e cinco Katiouskas haviam pousado em Pau na manhã de 17 de maio. A coisa estava esquentando: Pau fica um pouco a oeste de Toulouse. De acordo com o oficial responsável, os aviões haviam decolado de Santander em um voo de reconhecimento e acabaram perdendo o rumo em meio a um forte nevoeiro. Os franceses estavam dispostos a permitir que os aviões retornassem a Santander, mas agora o Comitê de Controle estava plenamente desperto.

O coronel Lunn, responsável pelo Comitê de Não Intervenção na divisa franco-espanhola, foi até Pau. Houve um entrevero com o comandante da esquadrilha espanhola; aparentemente alguém não tinha certeza de que toda a verdade estava sendo dita. Por fim, Lunn se opôs à liberação dos aviões, e a questão foi levada ao governo francês. No dia 22 de maio, os aviões foram mandados de volta a Barcelona, escoltados como antes, e todos, com exceção de três, despojados de metralhadoras e munição. E o governo espanhol foi informado de que, se tentasse enviar aviões a Bilbao dessa forma, ficariam retidos na França.

A situação de Bilbao era agora de fato muito grave. Cisneros decidiu correr o risco e enviou dez caças em voo direto, sobrevoando o território inimigo. Um deles foi abatido tentando proteger os outros que pousavam perto da cidade, mas dois acabaram se estatelando na pista durante o conturbado pouso.

Eles combateram durante uma semana e pouco, com os escassos e precários aeródromos sempre em perigo. Então, um dia, houve uma incursão súbita e inesperada, do tipo que Cisneros temera, na pista em La Playa de Somorrostro.

Dessa vez foram os italianos, com bombardeiros Savoia 81, escoltados por caças Fiat. No dia 5 de junho, caíram sobre a pista de La Playa, e lá encontraram seis caças agrupados no solo; em vinte minutos, com metralhadoras e bombas leves, todos os seis haviam sido consumidos pelo fogo. Uma patrulha de quatro caças, baseados em Santander, impôs uma vingança imediata, abatendo um Savoia sobre o mar e derrubando um dos caças Fiat na praia da bela baiazinha.

Com o piloto morto — Guido Piezl, de Bolzano — foi achada uma carta... Seus pais haviam escrito a carta, que lhe fora enviada pelo ministério do Ar, em Roma. Nela se mencionava o salário do jovem tirolês e revelava quão surpresos estavam de saber que o ministério enviaria o soldo dele aos pais enquanto estivesse fora. Eles estavam orgulhosos diante da *grande honra* que lhe fora concedida e de "seu corajoso empenho em favor da Pátria e do Duce".

No dia seguinte, os jornais romanos anunciaram a morte de Guido Piezl, "um grande piloto italiano que abatera 23 inimigos", e a quem fora concedida uma medalha pelo Duce. Depois daquele dia, os bascos não usaram mais aviões. E os bombardeiros jamais chegaram.

Agora vamos considerar o caso de Hans Joachim Wandel, abatido em um Heinkel 51, entre Vizkargi e Larrabezúa, no dia 14 de maio. Tal como Hans Sobotka e seu Dornier 17, ele proporciona indícios valiosos sobre o funcionamento do Acordo de Não Intervenção.

Franzino, com 23 anos, Wandel era oriundo da Silésia. Em seu diário constava a palavra "Garnika" (sic) em 26 de abril, data em que a cidade foi destruída. Todavia, enquanto Kienzle mostrara-se afável ao ser questionado e Schulze-Blanck, brutal, Wandel tinha um método capcioso e absolutamente desleal. Alegou que Garnika era o nome de uma jovem — o que talvez agora seja verdade — na Alemanha. Wandel admitiu que Gernika fora bombardeada, mas, como piloto de caça, não tomara parte no ataque. Sobrevoou a cidade no dia 26, "mas ela ainda estava de pé". Ele havia escoltado os bombardeiros alemães em outras incursões, nas quais destruíram pinheirais bascos com bombas incendiárias, as quais relatou serem muito eficazes. Parecia ao mesmo tempo muito nervoso e muito sincero, mas à medida que sumia o calombo em sua cabeça começou a mentir cada vez mais e a me fazer lembrar dos santanderinos.

Ao contrário de outros alemães derrubados, Wandel afirmou que não fora destacado pela Força Aérea alemã para servir na Espanha, mas era arquiteto de profissão e voava como diletante. Mais tarde, desconfiamos dessa alegação. Depois de fotografado, o diário foi devolvido a ele, que caiu em uma armadilha cuja astúcia eu imaginava além da capacidade dos bascos. Suponho que estavam começando a cultivar a malícia. Wandel alterou algumas palavras escritas a lápis e aí, para seu horror, o diário voltou a ser confiscado e mostraram-lhe fotos das páginas originais.

Ele havia alterado anotações da sigla alemã SA para "Estado--Maior"; era evidente que pertencia a uma organização alemã antes de chegar à Espanha, e queria ocultar esse fato.

O diário confirmava a declaração de que fora recrutado em Berlim, para servir na Espanha, em meados de abril, alistando-se em um escritório perto da Wilhelmstrasse, e que "está sempre mudando de local". A oferta era de seiscentas pesetas mensais enquanto estivesse na Espanha e um bônus quando retornasse à Alemanha.

Ele e o diário me informaram que saíra de Berlim no dia 22 de abril, seguindo para Roma em voo comercial. No dia seguinte, voou de Roma para um aeródromo espanhol, desde o qual fez uma viagem de trem de duas horas até Sevilha, onde ficou hospedado em "um albergue estrangeiro". No dia seguinte, decolou com um Heinkel 51 (segundo ele, pela primeira vez) e treinou disparos com a metralhadora contra um alvo fixo desde altitudes que variavam de mil a cem metros.

Sobotka, cabe lembrar, deixou Berlim no dia 5 de abril com o bombardeiro Dornier 17, mais de um mês após ter sido firmado o Acordo sobre Voluntários, e chegou a Sevilha, via Roma, em 6 de abril. Wandel admitiu que, mesmo depois disso, deixara seu país pela mesma rota. E, de fato, era algo bem sabido que os céus nessas regiões fediam com a passagem de bombardeiros alemães e italianos a caminho da Espanha.

* * *

Este é o breve relato de como a diplomacia mundial conspirou para impedir Bilbao de receber aviões, ao passo que o inimigo estava recebendo aviões e pilotos mesmo após a assinatura do Acordo sobre Voluntários e a imposição do Controle do Acordo de Não Intervenção.

Aviões adquiridos pelos espanhóis, e pilotados por espanhóis, não podiam passar pela França rumo a Bilbao. Mas aviões estrangeiros, nem sequer pintados ainda com as cores de Franco, e pilotados por alemães e italianos, podiam a qualquer momento voar entre a Itália e Sevilha.

O Controle era muito zeloso de sua jurisdição sobre os aeroportos franceses, mas, no Comitê de Não Intervenção, nem por um instante alguém sonhou em estabelecer, ou mesmo sugerir, uma interferência sobre os aeroportos italianos. Tal igualdade de tratamento para uma democracia e uma ditadura era algo inimaginável.

Caso isso ocorresse, teria despertado a fúria de Mussolini, e era essencial que ele permanecesse calmo, acontecesse o que acontecesse em Bilbao. Pois era sabido que, quando Mussolini ficava furioso ou magoado, o resto do mundo passava as noites em claro. E todos queriam dormir.

Um isolamento especial era, portanto, necessário no ambiente das democracias. Quem poderia empenhar-se nisso era o Comitê de Não Intervenção, que, como toda autoridade, exibia um nome comprido. Era composto de pessoas que concordavam em discordar. Em uma clara inversão das paralelas de Euclides, por mais vezes que se encontrasse, o comitê se esquivava a qualquer entendimento.

25.

No dia 29 de maio, os bascos perderam a Peña Lemona após o costumeiro ataque maciço com aviação e artilharia, não da própria posição, erguida que estava em um ponto culminante de onde se espreitava o inimigo em Amorebieta. As bombas e obuses caíram sobre a linha de árvores diante da elevação e, ao chegar a noite, o inimigo avançou pelo terreno dominado e rodeou a própria Peña, conquistada num ataque surpresa em meio à neblina e aos gritos de *Viva España*.

O terror de ser feito prisioneiro mais uma vez desempenhou papel fundamental no progresso da guerra. Os milicianos se dispersaram como lentas ovelhas entre a névoa das terras altas, envoltos em cobertas de lã e calças largas e espessas. Mais uma vez os bascos viam-se diante de uma posição a reconquistar, pois a Peña Lemona era extremamente importante. Com 368 metros de altura e a uma distância de apenas cinco quilômetros do *cinturón* em El Gallo, constituía um magnífico posto de observação para um bombardeio inimigo das linhas antes de Bilbao, ali onde supostamente eram mais resistentes. Ainda que somente para adiar o dia considerado por todos inevitável, a Peña tinha de ser reconquistada.

Às sete da noite de 30 de maio, estávamos com Goritxu em seu posto de comando, em uma casa rural branca na linha de frente da colina 306, defendida pelos anarquistas do batalhão Malatesta. Mais adiante, como uma ferradura aberta em nossa direção, erguia-se a Peña, uma longa crista ao espalhada pelo horizonte, em cuja franja se podia avistar a olho nu as estacas que mantinham no lugar o arame farpado, fincadas descuidadamente em todas as direções. Os mapas assinalavam a crista 368, e os dois contrafortes da ferradura, que se projetavam em nossa direção, 306 ao norte e 365 ao sul. O 306 deles estava diante do nosso 306, separados por pouco mais de 350 metros de terreno no cume, e um terreno ressequido e com árvores apenas nos barrancos. Buscamos abrigo no bosque de pinheiros.

Ao sul, elevava-se o monte 365 em repentino e dominante granito desde o luminoso terreno da colina, e do cume rochoso, sob duas solitárias figueiras de pés espalmados, as metralhadoras inimigas, depois de longos intervalos de silêncio, cuspiam sobre nós o rijo metal.

Atrás de nós, e além do vale em cuja beirada superior nos agarrávamos, viam-se as poeirentas e nítidas linhas de El Gallo, as pequenas e cinzentas casamatas de cimento, a terra revirada pela longa escavação de nossos sapadores. Milhares de pinheiros plantados meses antes, agora com tonalidades pardas e achocolatadas, como a do velho feto outonal que os bascos recolhem com carroças nas encostas para servir de forragem de inverno. Um vale profundo, confortavelmente revestido de pinheiros que se moviam lentamente ao vento, separados de nós pelo *cinturón*.

Duas das nossas baterias abriram fogo lá embaixo. As granadas passaram sibilando sobre nossas cabeças e foram cair na Peña, coberta aqui e ali por uma gaze esbranquiçada, entre as sete e meia e as oito. Em seguida, elas se calaram.

O ataque teria de ser realizado por três batalhões. O Bolívar, dos nacionalistas bascos, contra o monte 365 ao sul; o 225º Asturiano, num ataque frontal ao 306; e o 230º Asturiano, que investiria contra a retaguarda do 306 e tomaria o flanco do 368. Todos os batalhões teriam de avançar encosta acima.

Às oito horas, o Bolívar e o 225º já estavam posicionados, e o 230º podia ser visto, com os pardacentos quepes apertados do uniforme asturiano, avançando desordenadamente por entre a vegetação rala. Um avião inimigo, alertado por nossa artilharia, sobrevoou velozmente o terreno sem nada fazer. O pânico tomou conta do 230º, que começou a descer correndo a encosta. Não conseguíamos ver nenhum oficial tentando impedi-los, todos corriam e se escondiam convulsivamente, se escondiam e corriam.

Cerca de cinco minutos depois surgiram quatro outros aviões de caça, que metralharam a encosta na faixa de 350 a 450 metros de altitude. No 230º, continuava o pânico, mas não houve nenhuma baixa. Às 8h20, os aviões haviam se afastado. Porém, como o 230º não estava pronto para atacar, na verdade nem sequer estava visível, o comandante Goritxu enviou uma ordem ao sujeito de barba preta e quepe asturiano que chefiava o batalhão: após reagrupar os homens, devia restabelecer a ligação com o 225º e o avisar assim que estivesse pronto para entrar em ação.

A névoa desceu às 8h45, e a brigada poderia ter atacado de imediato, mas não houve movimento no terreno. Às nove e meia escureceu, e ainda nenhum movimento. Uma hora depois, o homem de barba preta apareceu no posto de comando de Goritxu, dizendo que não conseguira estabelecer contato com o 225º. Tampouco reorganizara o próprio batalhão, como vimos mais tarde naquela mesma noite, quando tropeçamos em seus homens, dormindo entre os pinheiros bem atrás da linha de frente e mastigando nacos de carne de ovelha.

Goritxu convocou os comandantes do 225º e do 230º, a fim

de lhes transmitir as instruções finais para o ataque, que seria realizado às quatro e meia da manhã do dia 31.

Às quatro e meia, em meio à escuridão e à névoa, o Bolíbar, que perdera a Peña de Lemona, lançou-se ao ataque, sozinho, encosta acima. Conseguiram chegar às trincheiras e penetraram pelo arame em três pontos; liderados em pessoa pelo comandante, Etxegoyen, tiveram de enfrentar uma hora inteira de combates com granadas. Do outro lado do topo inclinado e escuro da colina, durante esse tempo foram ouvidas as explosões cavas e avistou-se a luz difusa e opaca que iluminava a obstinação e a perseverança com que se batiam.

Nem o 225º nem o 230º se moveram. Às seis, Goritxu recebeu a mensagem seguinte do comandante do 225º: "Diante do perigo imediato do dia que se aproximava, minhas forças recuaram ao pé da colina sem que eu houvesse ordenado, deixando as encostas da Peña de Lemona. A situação do batalhão que lá ficou sozinho está assim um tanto comprometida". Do comandante do 230º, não se soube nada.

Os dois planos iniciais de ataque concebidos por Goritxu haviam sido previstos para os horários em que a aviação inimiga supostamente não estaria ativa. Se a artilharia abrisse fogo meia hora depois — entre oito e oito e meia, por exemplo —, os aviões não teriam vindo. Esse foi o erro dele. Mas todos os outros erros seriam atribuídos aos asturianos, a sempre aberta porta dos fundos, como viemos a saber. Fora de sua região, eles se revelavam inúteis. Abriam boas trincheiras e trabalhavam duro na linha de frente. Mas tratavam Biscaia como terra estrangeira e consideravam a guerra da perspectiva mesquinha de todos os regionalistas. Para eles, a Peña de Lemona não tinha o menor significado, tal como os montes Sollube e Rigoitia. Não é que fossem covardes, mas o objetivo deles no longo prazo era voltar para Astúrias com a maior quantidade possível de vacas e galinhas que pudessem obter nas províncias vizinhas.

E se justificavam dizendo, como os santanderinos, que o nacionalismo basco era um movimento tão fascista quanto aquele contra o qual lutavam. Minha impressão desses homens é que eram sinceramente de esquerda, firmemente marxistas, antirreligiosos e anticapitalistas até a morte. Mas bem que gostariam de adiar ao máximo esse momento penoso. Não tenho dúvida de que lutariam como demônios caso fossem encurralados, mas seria preciso toda a engenhosidade de Franco para colocá-los nessa posição final, tão evasivos eram em campo aberto.

No dia 2 de junho, eu estava com o comandante do 8º Batalhão Asturiano, às quatro da manhã, diante do esporão sul da Peña de Lemona. Entre as colinas 306 e 365, o pequeno *caserío* reluzia opacamente através da cortina de visibilidade anterior ao amanhecer, e o retângulo de pinheiros acima parecia estrangular o pescoço da montanha com um peso morto de escuridão espessa e imóvel.

Às quatro e meia, o 8º Asturiano deveria avançar pela direita através das rochas do morro 365, enquanto o 25º Asturiano, após amplo movimento curvo, investiria desde o norte.

O 8º assumiu a liderança às quatro e meia, e seu avanço logo foi interrompido por granadas e fogo cruzado de metralhadoras ao pé do desfiladeiro. E o 25º? Ninguém sabia o que ocorrera com ele. Não manteve contato com o 8º, e não era possível ouvir, por mais que se apurassem os ouvidos, nenhum tiroteio ao norte. Os combates cessaram. Foi então que me dei conta de que o alto-comando havia, desde o início, perdido todo o interesse em seu progresso. O chefe da brigada prestes a atacar a Peña permaneceu durante toda a ação em Bedia, um povoado a oeste, à beira da estrada Lemona-Galdakano, sem qualquer contato com os batalhões. A tropa ficou muito deprimida com o fracasso do seu comando e muito decepcionada com a ausência de apoio da artilharia.

Cristóbal, o comandante comunista do batalhão Rosa Luxemburgo, que, desde suas aventuras na frente de Gernika, fora alçado a chefe de brigada, foi encarregado de conduzir as operações na Peña de Lemona e, para tanto, recorreu a três batalhões: o 4º, o 22º e o 35º.

Sem demora, preparou meticulosamente o plano. Insistiu no emprego de duas companhias de morteiros de trincheira, de fabricação basca e calibre de 81 milímetros, assim como dois tanques ligeiros espanhóis, do tipo produzido em Trubia, nas Astúrias. (Foi a primeira vez que os bascos usaram tais blindados.)

O êxito do ataque de infantaria ia depender de uma falsa demonstração de força no início, levando o inimigo a se desviar e se concentrar em resposta; essa concentração inimiga, por sua vez, seria alvo de nova demonstração de força, tendo à frente os tanques que atuariam de surpresa, disseminando o pânico. Às sete e meia, a artilharia e os morteiros bascos abriram fogo, tendo como alvo o centro do cerro principal, o 368, e o flanco avançado do rochedo 365, ao sul.

Às oito, dois batalhões avançaram até essa posição à direita dos bascos, o 22º penetrando na mata cerrada, com as metralhadoras na vanguarda, seguindo pelo lado sul do 365 e o desfiladeiro relvado com pinheiros que a ligava ao cerro principal; enquanto isso, o 35º avançava pouco a pouco através de campo mais aberto até os pés do 365, onde a encosta se voltava para dentro e as rochas erguiam-se íngremes. Um caminho oculto estendendo-se como trincheira do 306 ao 365 proporcionava cobertura, e o fogo dali era vigoroso.

Era possível avistar a movimentação inimiga desde o norte até a extremidade sul do cerro 368. Eles estavam se concentrando. De repente, às oito e meia, surgiu o 4º Batalhão, correndo entre os dois tanques ligeiros e subindo pela encosta do 306; ali o inimigo não recebia fogo de cobertura do 368, e decidiu correr quando os tanques romperam o bloqueio de arame. Era evidente que não haviam imaginado que usaríamos tanques em Peña de Lemona. O 365 foi tomado pelo fogo das metralhadoras e dos morteiros vindos de três lados, e acabou sendo evacuado às 9h10. O combate e as perseguições eram próximos demais para permitir o uso da aviação.

O 22º desviou-se para a direita através da rota seguida pela guarnição em fuga do 365, e se abrigou no retângulo de pinheiros. Agora o inimigo não podia mais distinguir o fogo amigo do adversário; nesse instante apareceram os dois tanques, disparando ferozmente contra o 368, seguidos pelo 4º Batalhão, que tomou a posição às 9h20. A operação foi perfeitamente cronometrada e concluída.

Cerca de sessenta mortos pelo fogo de artilharia foram encontrados no morro, e um atordoado *requeté*, feito prisioneiro, descreveu o terror que tomou conta dos companheiros quando viram os pequenos tanques surgirem às suas costas. Eles haviam deixado para trás seis metralhadoras quando fugiram para a mata, recortada por pastos, que descia até Amorebieta. Dava para avistar o perfil dos bascos no topo, dançando de alegria.

Foi muito divertido observá-los enquanto subiam até a posição. Sem treinamento, não avançavam de modo ordenado em uma escaramuça nem em seções distribuídas de forma precisa. Era óbvio que as patentes de sargento e tenente eram inexistentes no Exército basco. Mas avançaram com vontade, de modo silencioso, e cumpriram as ordens que Cristóbal enviava rapidamente por telefone; pareciam formar uma infantaria flexível e firme, e os oficiais não tinham dificuldade de fazer com que os homens deixassem os abrigos sob a metralha. Em seguida, escalaram o morro, como centenas de entusiásticos caçadores de cervos. Também constatamos que os morteiros haviam feito um estrago na colina 365, onde se viam muitos corpos despedaçados por trás das pedras. Cada vez mais ficava claro que essa era uma guerra dos bascos, e que os amigos de fora, o Estado-Maior e os aliados de Santander e das Astúrias jamais seriam elementos cruciais para que Biscaia alcançasse a vitória.

A única exceção referia-se ao novo Estado-Maior, que, sob o general Gamir y Ulibarri — com Lamas, um jovem santanderino de faces rosadas, na função de chefe de Estado-Maior —, acabara de chegar de Valência. Esses homens representavam o novo Exército Popular, formado sob Prieto em seguida aos desastres que levaram as colunas insurgentes a Madri. Eram vigorosos e resolutos.

Para eles, o trabalho do Estado-Maior não se resumia a tomar café. De repente, tornou-se perceptível que Arbex e os outros estavam envergando uniformes em vez de ternos mal passados, e que se barbeavam com mais frequência, que passavam menos tempo às refeições e, por fim, que haviam desaparecido.

O general decidira transferir o Estado-Maior do conforto do Carlton e acomodá-lo em uma rua estreita nas proximidades que dava no rio; pois ali havia mais salas e cadeiras menos confortáveis, e ele podia ficar de olho neles, com um olho ao mesmo tempo paternal e severo. Um velho de excelente aparência, tinha uma voz que às vezes fazia pular os subordinados.

Três dias depois, a Peña de Lemona foi perdida de novo, para uma enorme concentração de artilharia e aviação, seguida por quinze tanques — que os próprios bascos haviam ensinado o inimigo a usar naquele terreno. Ficou óbvio para os milicianos que isso ia ocorrer em toda parte: por mais bem-sucedidos que fossem os contra-ataques, não tinham os meios, nem os aviões, tampouco as baterias de artilharia, e muito menos as armas antitanques necessárias para impedir o avanço dos adversários em campo aberto.

Dois dias após a perda final da Peña, Jaureghuy e eu fomos examinar essa frente. Um anarquista encantadoramente inocente do batalhão Malatesta comentou que devíamos ver um obus italiano que não explodira e ali caíra no dia anterior. Para nosso pânico e nossa absoluta consternação, o ingênuo revolucionário nos conduziu para a terra de ninguém entre as linhas, a cerca de trezentos metros de um ninho de metralhadora inimigo, em campo aberto e desprotegido. Jaureghuy e eu nos entreolhamos. Não, não íamos nos mostrar covardes diante do inimigo, tínhamos de seguir adiante. Tremendo espasmodicamente, e contendo o riso, caminhamos até o obus.

Ninguém fez nenhum disparo. Nesse momento, mais do que qualquer outro em um ano, percebemos quão entediados estavam os espanhóis com a guerra. Exceto sob ordens, não estavam dispostos a dar nenhum tiro.

26.

Sempre se dizia que os aviões estavam para chegar. No derradeiro instante, iam salvar Bilbao. Bem, eles nunca chegaram. Pelo menos tivemos o prazer de conhecer Lezo, embora ele não nos recebesse com palavras de boas-vindas. Lezo era um basco desiludido. Dizia que todos os ingleses, franceses, estrangeiros, jornalistas etc. não passavam de porcos. Em seguida cuspia, para reforçar o efeito cômico.

A cidade dele, Bilbao, cabe explicar, sempre tivera o mínimo necessário de armas, graças ao rio Nervión e, em grande parte, ao poderoso e corajoso Lezo. Certa vez ele havia, de maneira bem literal, escapado da prisão entortando as barras o suficiente para dar passagem ao corpo igualmente musculoso.

Isso fora em 1934. Pois Lezo, além de contrabandista e empregado da empresa importadora de petróleo Campsa, era um sujeito de sólidas convicções políticas. Em outubro de 1934, como um dos mais ativos membros do Partido Nacionalista Basco, esvaziara um cinema com um revólver numa das mãos e nada na outra. Com o fracasso do movimento, Lezo fora detido, conseguira escapar... e acabara no estrangeiro, onde aprendera francês. Lá também aprendera a comprar e contrabandear armas. Ao eclodir a rebelião de 1936, era um dos tipos durões à disposição do Partido Nacionalista, pronto para o que desse e viesse.

A aparência de Lezo, além do rosto simpático, moreno e lupino, era composta quase só de pelos, todos pintados de preto. Mas ele não estava de luto. A cor preta era obviamente da bandeira pirata, a Jolly Roger, e ficava-se com a impressão de que, no caso dele, tinha um caráter mais engraçado que ameaçador. Na boca, sempre meio aberta, reluziam os dentes, e os que não eram de ouro pareciam caninos. Os lábios curvavam-se nas pontas em uma expressão de humor de pirata, do tipo que ri alto quando a sentença de um prisioneiro condenado a morte é adiada para o dia seguinte. Os olhos eram de um azul profundo e vivo, rodeados de preto como os de um mineiro, em seu caso devido ao excesso de trabalho à noite. O casaco e a camisa sempre estavam abertos sobre o tapete peludo que cobria seu peito agressivo. Fiquei surpreso ao notar que as calças proporcionavam uma cobertura decente. Só eram sustentadas pelo cinto, e Lezo era da classe de campeões cuja cintura é metade do tamanho da parte superior, e cujo quadril parece ainda mais estreito. De alguma maneira, as calças não caíam.

Lezo salvara Bilbao no final de setembro de 1936, ao trazer da Alemanha e de Bayonne um carregamento de armas que interrompeu o avanço dos rebeldes em Eibar. Era um negócio arriscado. Naquela altura, o *Canarias*, o *España* e o *Almirante Cervera* vagavam todos pelo litoral, enquanto os bascos dispunham apenas de duas traineiras armadas. Lezo, porém, estava bem familiarizado com a foz do Nervión (na época ainda não protegida por baterias costeiras). Ao contrário de capitães mais tímidos, esquivou-se ao risco de ser espionado ao não fazer solicitações insensatas de local para atracar. Simplesmente esgueirou-se pelo porto à noite, sem contar com outra iluminação além dos holofotes dos navios de guerra que impunham o bloqueio a Bilbao.

E agora estava de volta em um navio que ostentava o orgulhoso pavilhão da República do Panamá, com uma carga de 55 metralhadoras pesadas tchecas, duzentos fuzis automáticos também tchecos, uma série de armas antiaéreas, 10 mil fuzis tchecos e 20 milhões de balas. Além disso, trazia caixas e mais caixas de instrumentos ópticos alemães novos, periscópios cinzentos tão esguios quanto juncos, miras de todos os tamanhos. Que bons negócios se fazem durante as guerras, sobretudo quando se trata com ambos os lados.

No departamento de Defesa, todos ficaram muito contentes e deram vigorosos tapinhas nas costas de Lezo. Era algo perigoso de fazer, pois caso ele decidisse responder da mesma forma seus tapinhas iam fazer com que os dos outros parecessem uma carícia inofensiva.

Todos na cidade ficaram sabendo das armas, e nas docas os espiões logo estavam informados, sem qualquer custo. Afinal, o navio anterior (também de Lezo) havia atracado quase três meses antes, e essa era uma grande novidade.

Nos muros dos armazéns portuários havia belos cartazes alertando os bilbaínos dos perigos da espionagem. Traziam, no fundo, uma paisagem sobre a qual avançava na direção de Bilbao um enorme navio, cuja carga, dependendo da imaginação das pessoas, era constituída de todo tipo de armamento letal necessitado pelos bascos. Em primeiro plano, no cais, via-se um basco idoso, mas satisfeito, exprimindo seus sentimentos com uma concertina; atrás dele, uma carantonha de ogro com dentes rapaces voltava a orelha pontuda para entreouvir a canção entoada pelo velho. E a frase arrematava:

ALEGRIA NO PORTO,
MAS SILÊNCIO,
O FASCISTA ESTÁ ATENTO.

O cartaz foi admirado por todos, e de fato sua falta de ambiguidade impressionava. Mas Bilbao continuava muito espanhola, e sua atitude era desfrutar ao máximo da exortação pública, e não lhe dar a menor importância.

Acompanhei os testes das novas metralhadoras tchecas; belas armas, com disparos muito rápidos, e estalando de novas. Por algum motivo obscuro, Lezo simpatizou comigo e me convidou a adotar a profissão dele, que lhe parecia mais independente e honesta que a minha.

Foi mais ou menos por essa altura que o inimigo começou a lançar obuses antiblindagem de 320 milímetros, os quais caíram no rio diante de Bilbao, não muito longe do barco de Lezo. Os derradeiros dias da cidade estavam se aproximando. Cinquenta e cinco metralhadoras! Os bascos deviam estar muito mal equipados para fazer uma *fiesta* por isso. Conheci uma brigada ao sul que até então se virara com apenas três metralhadoras em uma frente de treze quilômetros.

A direção do ataque inimigo agora era óbvia. Iam arremeter com força contra o *cinturón* no trecho entre Artebakarra, onde a estrada de Bilbao desembocava na planície de Munguía, e Larrabezúa, onde a linha de frente girava para oeste, na direção das fortes defesas erguidas ao longo do Nervión, em El Gallo.

Os desertores, que chegavam todos os dias sem parar nesse setor, contavam a mesma história a respeito da concentração de tropas e canhões atrás de Vizkargi. Desse observatório elevado, o inimigo divisava nossas linhas até a pequena Ermida de San Salvador, onde o ângulo reto do *cinturón* acompanhava a encosta da colina.

Uma penetração em Gastelumendi, por exemplo, logo ao norte da ermida, deixaria vulnerável a retaguarda de ambos os vértices e romperia o *cinturón* a oeste e ao norte; seria o caminho para a manobra predileta dos insurgentes, uma penetração vigorosa, seguida do alargamento do saliente até o máximo de tensão.

As baterias recém-instaladas da artilharia inimiga começaram a despejar obuses sobre a ermida, sobre Gastelumendi, sobre Cantoibaso, sobre os cumes gêmeos de Urrusti, e por todo o caminho ao norte pela crista do *cinturón* até Berriaga, que ficava em meio à sólida massa de vegetação rasteira e de castanheiras acima da estrada de Munguía. As tentativas de disparos, corrigidos pelo posto de observação na arruinada ermida em Vizcargui, tinham como alvo mais frequente Gastelumendi.

Tivemos alguns dias úmidos para examinar o terreno. Havia muito Jaureghuy profetizara que a ofensiva final se daria por ali, e o coronel Montaud, agora chefe das fortificações e não mais do Estado-Maior, dissera ao presidente que, nesse trecho, o *cinturón* fora bastante modificado desde a época em que Goicoechea bandeara-se para o outro lado com as plantas no bolso. Mas o que notamos não foi bem isso.

Uma quinzena se passara desde que Jaureghuy estivera na área, e não se viam muitas melhorias. Então, no dia 25 de maio, ele relatara:

> A linha principal de resistência estende-se ininterrupta desde a costa até Artebakarra — ou seja, na retaguarda da divisão de Beldarrain.
>
> Todavia, ela é muito precária ao sul desse ponto. Poucos ninhos de metralhadoras, trincheiras retilíneas demais, arame farpado insuficiente. Um trecho especialmente carente de reforço é a montanha a leste de Gastelumendi, onde não há nenhuma defesa e seria excelente frente de ataque para o inimigo.

(E foi exatamente nesse ponto que o inimigo rompeu o *cinturón* no dia 12 de junho.) No que se refere à principal linha de defesa, é preciso construir refúgios para as guarnições na contraencosta do morro, e ampliar as linhas de arame farpado. Não consigo entender por que, no país de vocês, o arame farpado sempre tem de ser fixado a estacas de ferro. Sempre que houver abrigo diante de uma posição, a parte de baixo das árvores ou arbustos deve ser desbastada e os troncos unidos com arame farpado. Esse é um tipo de trabalho que pode ser realizado efetivamente à luz do dia. E tem a grande vantagem de que o inimigo não vê o arame e, ao achar que o refúgio está mal defendido, tenta se infiltrar por ali e fica sob o fogo das nossas metralhadoras.

Esse trecho, de concepção digna de um Ulisses, era típico de Jaureghuy.

Relatórios dos batalhões que ocupam o *cinturón* indicam a construção de abrigos. Na realidade, porém, trata-se de abrigos contra a chuva, e não contra o fogo de artilharia. Os abrigos das guarnições devem ser construídos solidamente em galerias; tenho certeza de que, dados os contornos do terreno, seria viável fazê-los com entrada em um dos lados da montanha e saída no outro. E, para realizar tal obra, contamos com material suficiente.

Sugiro que todas as propriedades rurais isoladas sejam organizadas como centros de resistência. Não é tarefa difícil. Largos trechos de arame farpado, construção no interior das casas de cobertura protetora para metralhadoras, feitas de cimento e dotadas de bom ângulo de tiro e refúgios para a guarnição. Esse é um tipo de trabalho que pode ser realizado durante o dia sem que o inimigo perceba. Uma vez concluído o posto defensivo, se este for bombardeado pelo inimigo, os destroços só ajudam a reforçar as defesas.

Tal como está, me parece que, do ponto de vista da instalação militar do *cinturón*, reina a mais completa desordem, e nada foi organizado no que se refere a postos de observação, de comunicação, estradas etc.

Enquanto andávamos pela lama, sob a chuva, entre Gastelumendi e Berriaga, constatamos que pouco havia sido feito nas duas últimas semanas.

Talvez essa ociosidade tivesse sido forçada pelos aviões inimigos. Eles sobrevoavam com frequência esse trecho do *cinturón*, após o longo e perplexo reconhecimento da frente sob o comando de Beldarrain, ao norte de Munguía. Os sapadores, mesmo sendo agora uma força militarizada, não se animavam a trabalhar quando os aviões estavam por perto, tão terrivelmente a imprensa de Bilbao havia incutido o poderio aéreo alemão como justificativa para todo recuo lamentável.

Só havia duas mudanças notáveis. Fora instalada uma quantidade maior de ninhos de metralhadoras, fabricadas por Gamboa, o cunhado de Mendiguren; seguiam um padrão mais simples do que os ninhos anteriores e tinham um teto de cimento com espessura de sessenta centímetros. E eram poderosamente reforçados com nova estrutura de ferro, da qual Gamboa conseguia produzir cinco por dia.

Porém, os ninhos haviam sido obviamente instalados por engenheiros civis. Com isso, persistia a principal falha do *cinturón*, que remontava à traição de Goicoechea. Concebido no papel pelos militares, fora executado no terreno por gente que mal conhecia as necessidades da guerra.

Nossos ninhos de metralhadora podiam ser avistados a quilômetros de distância.

Continuavam lá as velhas trincheiras retilíneas, mas certas modificações haviam sido adotadas em obediência aos conselhos de Jaureghuy. Em três ou quatro pontos ao longo da frente de quatro quilômetros, os típicos "centros de resistência" por ele propostos foram erguidos adiante da linha principal. Consistiam em pequenos sistemas de trincheira autoconcentrados, fortalezas circulares de terra. Na retaguarda de cada um deles havia um reduto de base, com o abrigo à prova de bombas para a guarnição ainda incompleto. Três ou quatro trincheiras projetavam-se à direita e à esquerda, onde eram arrematadas em forma de T por duas outras trincheiras menores. Desde as extremidades internas desses Ts cruzados estendiam-se outras trincheiras de comunicação, por sua vez cortadas pelos Ts que formavam a linha de frente. O sistema todo era não apenas rodeado, mas como que costurado com arame farpado, instalado entre toda a junção e a linha dessas letras. Era um sistema que podia ser defendido de qualquer ângulo e se encontrava nos limites do alcance de qualquer arma antitanque que o comando quisesse instalar nas linhas mais acima.

Enquanto caminhávamos pela crista desde Gastelumendi para o norte, vimos apenas um número muito pequeno desses postos avançados no esquema de defesa. E quanto às trincheiras antigas, aqui e ali dava para ouvir os compressores a vapor usados na escavação dos abrigos antibombas, e em duas ocasiões topamos com sapadores que abriam buracos com dinamite.

Todavia, no que se refere às obras na contraencosta, que permitiriam a mobilização das reservas sob fogo, nada havia sido feito. Não havia organização militar do terreno, construção de postos de observação, de comando e de controle de artilharia. Tudo estava por fazer. Os abrigos ainda eram raros, mas o temor dominante de ser visto pela aviação levara à colocação de troncos sobre as trincheiras, que foram recobertas de terra, folhas secas e sacos de areia disfarçados sobre chapas de ferro.

Jaureghuy estava furioso. Outra vez o Estado-Maior havia

blefado e feito nada. O sistema linear de defesa que deixara os bascos na mão vezes sem conta teria mais uma oportunidade de fazer isso em Gastelumendi. Não se via nada da organização em profundidade que Jaureghuy e Beldarrain haviam implantado ao norte da estrada de Munguía, e que a infantaria inimiga contemplava com tanto desânimo.

Diante de nós, fracamente delineado em meio à névoa através do vale íngreme cujo fundo era esponjoso e salpicado de tons pardos por causa do feto úmido, erguia-se a crista de Urkulu, que agora era a linha de frente — a derradeira linha antes do *cinturón*. Apenas meio quilômetro de céu engalanado de cinza e tremelicando com o chuvisco separava as duas cristas. Projetando-se da encosta de Vizkargi voltada para o norte, onde controlávamos o desfiladeiro de Morga na estreita junção de crista e montanha, Urkulu erguia-se cheia de arestas em paralelo ao *cinturón* até ficar diante de Cantoibaso. Em seguida, a estreita espinha rochosa, projetando-se como a própria fome da carcaça ressequida e pardacenta da encosta, rompia-se afinal em pedaços trincados de vértebras rochosas que tombavam na planície de Munguía. Dois morros, agora muito baixos e modestos, recobertos de esparsos pomares com macieiras, indicavam que o corpo ressecado de Urkulu, do qual as duas colinas haviam se tornado os túmulos verdejantes e festivos, tivera antes outra cabeça. E mais atrás, junto ao *cinturón*, estava o povoado de San Martín de Fika, com roseirais de carmim vívido entre muros abandonados, e uma igreja quadrada de tom ocre ainda em pé, com três enormes buracos no coro, abertos por bombas que dispersaram paramentos, imagens sacras, veludos dourados e arroxeados aos quatro cantos do céu.

Era no outro lado dessa nossa linha de frente que o inimigo preparava o ataque contra o *cinturón*. Em seu elevado posto de observação, no alto à direita, onde nesse clima pegajoso não dava mais para ver a escalavrada e esburacada ermida de Vizkargi, tudo estava sendo planejado.

Descemos para o vale por um caminho oculto e agradável que conduzia através de bosques viçosos até os fetos no fundo, e até Fika. Olhando para trás a apenas trinta metros da linha de frente do *cinturón*, de repente percebemos que estávamos invisíveis; que ali havia, pronto e transitável, um caminho oculto ao qual podia recorrer o inimigo. O único ponto em que podia ser barrado era no próprio vilarejo de Fika, onde todas as estradas se juntavam para circum-navegar a violenta e íngreme encosta de Urkulu. Jaureghuy ficou muito interessado na posição de Fika. Erguemos a vista para Urkulu, cuja crista erguia-se angulosa no alto. Toda a encosta ao redor fora calcinada pela aviação alemã; as grandes manchas quadradas de pinheirais que antes haviam recoberto as encostas agora estavam secas e apodrecidas, negras e acinzentadas, perfuradas aqui e ali por pequenos anéis prateados onde as bombas incendiárias penetraram entre as copas encharcadas dos pinheiros. Eu presenciara três desses bombardeios em Urkulu, onde pretendiam destruir as reservas bascas, sem saber, à sua impregnável maneira teutônica, que só nos dias de gala, se tanto, os bascos recorriam às reservas. A imagem era de terror e beleza, enquanto enormes línguas de fumaça branca elevavam-se às nossas costas, e o misterioso véu da guerra se erguia em ambos os lados, perpassado por um fogo fraco demais para parecer malévolo, e esparramado demais para não preocupar. Tossimos enquanto o cheiro de resina incandescente e alada com cinza passava por nós, e nos perguntávamos se havíamos sido capturados. Mas o fogo acabou cedendo, e nada acontecera além da queima da encosta montanhosa.

Agora o Urkulu estava desnudado, mas ainda sob o domínio basco. Uma vez nas mãos dos insurgentes, constituiria um posto de observação bem mais próximo e valioso que o de Vizkargi, além de poder abrigar todas as tropas necessárias para a investida contra o *cinturón*.

Eles iam passar entre as duas extremidades, no vale de San Martín de Fika e pelo desfiladeiro de Morga.

Jaureghuy passou muito tempo ali. O agradável batalhão da Acción Nacionalista Vasca (nacionalistas não católicos) estava posicionado em Fika; foi esclarecedor saber que o chefe de brigada deles não visitava a frente havia três semanas. Na crista elevada atrás de nós podíamos ouvir, abafado através da névoa, o som dos compressores em obras tardias no *cinturón*.

Fizemos o caminho de volta enquanto o inimigo começava a escalada rumo ao *cinturón*. Ali estava ele por fim, visível de perto na medida que o caminho oculto ficava menos íngreme do que o normal através da encosta. Em todo o nosso âmbito de visão, havia um "*système* Jaureghuy", dois postos de metralhadora em concreto, e a interminável trincheira linear. Duas vias de comunicação subiam pela encosta mais atrás, mas sabíamos que não dariam passagem a tropas de reserva, pois os abrigos onde estas ficariam ainda não estavam prontos, e talvez estivessem apenas começando a ser preparados.

De repente, nos ocorreu o quanto isso se devia à traição. Desde a época de Anglada e Goicoechea até a organização atual do *cinturón*, os bascos haviam sido traídos, de maneira intencional ou técnica, pelos militares a quem haviam confiado sua defesa.

Mas na imprensa europeia continuavam a falar com loquacidade do Círculo de Ferro e da Linha Maginot basca. Por várias vezes, Jaureghuy alertara o Estado-Maior sobre o risco que estavam correndo em Gastelumendi; e antes da queda dessa posição, em 12 de junho, nem um único oficial do Estado-Maior a visitou.

A grande investida ocorreu com a volta do tempo bom em 11 de junho. Esse era o ataque que Jaureghuy havia previsto. Na opinião dele, o inimigo ia seguir o conhecido sistema alemão — não assumindo riscos, mordiscando essa ou aquela posição, combatendo em frentes restritas, tomando todos os postos de observação possíveis até alcançar plena visibilidade de seu objetivo. Só aí lançariam na batalha toda a devastadora massa de homens, metal e terror, mobilizando uma força esmagadora. Até então não haviam corrido nenhum risco. Tinham como tomar Bilbao em 28 de abril, e também logo após a captura de Vizkargi, e outra vez depois do tumultuado recuo para Munguía. Todavia, embora tivessem nas mãos o destino de Bilbao por três vezes, nunca se preocuparam em aproveitar uma vantagem que teria abreviado a guerra em quase dois meses. Era o típico sistema alemão, possivelmente de pouca conveniência para as finanças do general Franco. Era satisfatório, contudo, para os meticulosos instintos conspiratórios de Mola, o diretor-geral de segurança que se tornou diretor-geral de operações. Um policial nato, sobretudo se alcança a posição de investigador, jamais assume riscos. Prefere antes relacionar todos os indícios, o que, na realidade, o diverte mais que a captura da presa. O sentimento de que tudo está correndo bem, de que novos elementos vão sendo acrescentados ao quebra-cabeça, é a principal motivação que o faz levar adiante o jogo. Essa era a atitude de Mola diante da guerra; apesar da maciça superioridade de meios materiais com que contava, o *gendarme* nele sempre sussurrava: "Avance lentamente, destrua Biscaia pouco a pouco".

E agora Mola estava morto, num acidente aéreo em meio à neblina durante um voo para Salamanca, seu corpulento cadáver em tantos pedaços mutilados quanto o de Sobotka, o de Felipe del Río e o do alemão efeminado, e o de todos os outros membros anônimos da gloriosa companhia dos carbonizados. A mão com a almofada de gordura na extremidade do braço longo, longo demais, jamais voltaria a levantar o telefone para enviar mensagens cifradas para essa ou aquela guarnição; o rosto pesado e feio, como o de um cão de guarda por trás dos óculos profissionais, jamais voltaria a se debruçar de sua altura sobre o mapa a fim de justificar o próximo movimento junto aos aliados alemães ou italianos. O uniforme cingido na cintura com a faixa de general espanhol jamais voltaria a apertar o corpo comprido e desajeitado, cujo estômago começava a afrouxar por causa do excesso de trabalho burocrático.

Curioso como o destino, em geral tão desfavorável aos bascos, arrebatou antes seus conquistadores. Primeiro Beorlegui, em San Sebastián; em seguida Mola, em Bilbao. Mas este cuidara para que as *minúcias* bélicas estivessem todas encaixadas umas nas outras. E agora chegara o momento de atacar, com toda a força.

Subi até Urrusti, no *cinturón*, por volta das nove horas do dia 11 de junho. O grande ataque havia começado.

O céu estava repleto de aviões. E contra ele reluziam os perfis de dúzias de peças de artilharia. Um após outro, os relâmpagos sacudiam o horizonte entre Rigoitia e Morga, com os raios caindo sobre a crista de Urkulu, bem à nossa frente. Tudo tremia.

Os aviões — Junkers 86, Junkers 52, Heinkel 111, Dornier 17, Heinkel 51, Heinkel 45, Savoia 81 — preenchiam o ar com o assobio celeste dos motores. De três em três, sobrevoaram a serra de Urkulu, despejando bombas e metralhando, sacudindo, destroçando e torturando a terra, os grandes bombardeiros com sadismo triste e deliberado, os caças de maneira mais sonora e prazerosa, como crianças pequenas dançando e gritando em torno dos carros mais lentos e monumentais em um desfile carnavalesco.

Na serra de Rigoitia e Morga prosseguia o faiscar dos canhões, mudo e fantasmagórico, atrás do ruído e do tormento de Urkulu.

Agora sem oposição e já descuidada, a aviação rebelde pouco se importava com o que fazia. Trouxeram os velhos bombardeiros Breguet e os colocaram nas mãos dos pilotos italianos. E, desde o *cinturón*, acabaríamos contemplando algo incrível.

Fruniz era um povoado sob controle rebelde, a alguns quilômetros do outro lado de Urkulu, bem atrás do ponto de partida do ataque. Vimos os seis Breguet se debruçarem sobre Fruniz, enquanto os outros bombardeiros continuavam a circular pesarosos ao redor, voltando automaticamente para fustigar Urkulu.

De repente, Fruniz converteu-se em uma maçaroca de bombas. Ajustei os binóculos. Do vilarejo começaram a sair homens agitando lençóis brancos enquanto os bombardeiros retornavam ao alvo e então desviavam.

A polícia motorizada, em Bilbao, interceptou uma mensagem de rádio enviada pelo comandante em Fruniz. Suas tropas, de reserva, estavam no vilarejo aproveitando o sol generoso. "Bombardeados por aviões amigos que provocaram muitas baixas. Favor ordenar que se afastem." Mais tarde soubemos que 116 foram mortos em Fruniz.

Desertores contaram como o comando insurgente procurou evitar incidentes desse tipo, que haviam ocorrido antes e, em uma ocasião, conseguiram dispersar completamente sua infantaria. Panos brancos foram presos aos cintos dos soldados e amarrados às costas; a faixa branca, mais larga na cintura, ia se afinando de modo a apontar para a cabeça do sujeito. A ideia era que, quando este estivesse de bruços no chão, os aviões amigos soubessem em que direção estava o inimigo.

Na realidade, os mapas de voo alemães e italianos eram muito precários, e bem que necessitavam de ajuda dessa espécie.

Grandes panos brancos também eram fixados no terreno logo atrás da linha de fogo, dobrados como setas que apontavam para o inimigo. A infantaria tinha um meio de mostrar onde era mais forte a resistência basca; eles estendiam na horizontal um grosso pano branco, como o traço superior de um T diante da seta. Isso significava "inimigo precisa ser bastante bombardeado aqui", e a aviação, esperava-se, logo atenderia ao chamado.

Por volta do meio-dia, a artilharia inimiga, que havia disparado contra um ponto e outro da crista, começou a se concentrar.

O ponto focal era a extremidade sul da crista, onde a estrada subia até o desfiladeiro de Morga e ficava sob o fogo das metralhadoras no monte Vizkargi, que se erguia abruptamente à direita. Eles despejaram obuses explosivos em uma frente que, nesse ponto, estendia-se por quinhentos metros. Os disparos eram incessantes; os canhões italianos carregavam e lançavam oito obuses por minuto. Os canos das armas fumegavam.

Nosso batalhão Prieto guardava o desfiladeiro. Eu já estivera com eles em duas ocasiões. Formavam um excelente e disciplinado corpo, e costumavam saltar das trincheiras e disparar contra os aviões quando estes se aproximavam para bombardear. O frágil arame farpado diante de suas posições foi destroçado em meia hora.

Não houve apoio nem contra-ataque de sua própria artilharia. Os Dornier 17 e Heinkel 111 sobrevoaram nossos canhões, que se calaram sem que fosse preciso bombardeá-los. Foi isso que tirou o ânimo dos homens do batalhão Prieto.

Eles suportaram o bombardeio até o final. Em seguida, por volta das duas da tarde, quando haviam perdido metade dos homens, embalaram as armas e abandonaram o desfiladeiro de Morga. Eram em número insuficiente para defender a posição contra o esmagador fogo de metralhadoras que se despejava agora desde Vizcargi, enquanto os atacantes escalavam a colina através dos pinheiros e dos espessos abrigos.

Muitos mais foram metralhados enquanto recuavam. Às duas da tarde, o passo de Morga caiu nas mãos do inimigo.

Sob um sol tórrido, à medida que o feto úmido no vale embaixo exalava vapor ao secar e enrijecer, a artilharia rebelde voltou-se para o norte ao longo de Urkulu, abrindo as rochas como se fossem nozes e estilhaçando lâminas de pedra que zuniam ao serem arremessadas pelo ar claro. E a infantaria deles também tomou o rumo norte, ainda sob a proteção das matas de pinheiros.

Em Bilbao, a polícia motorizada interceptou as mensagens de campanha. "Tomado o passo de Morga; favor encaminhar artilharia para direita." "Tomada a colina 371; ainda há resistência na 370; favor concentrar artilharia." "Duas e quarenta e cinco. Tomada a colina 370. Rumando para a direita. Comandante Tutor ao Chefe de Brigada."

Para os bascos, o mais trágico foi que conheciam os meios com que se defrontavam: a quantidade de aviões e de aeródromos, o peso da artilharia e sua localização, o rádio que funcionava incansavelmente em mãos alemãs e falava em espanhol descodificado, mantendo-os informados na base sobre as mudanças de hora em hora no campo de batalha, muitas vezes até mesmo dando as baixas inimigas. Mas nada disso estava ao alcance dos bascos, que não tinham aviões, o que emudecia sua artilharia, e cujo rádio servia apenas aos quartéis-generais divisionários. Se tivessem dez vezes mais daquelas armas leves contrabandeadas por Lezo, ainda seriam mais fracos do que o exército que enfrentavam.

A eles restava apenas ouvir em Bilbao os sinais em staccato das vitórias, ao passo que no *cinturón* víamos as bandeiras escarlates e douradas tremulando sobre os rochedos de Urkulu, preenchidos pelas cores adversárias qual janelas e varandas de uma multidão assistindo a um desfile triunfal. Ao longo da escarpada encosta de granito, a onda alargava-se festivamente em vermelho e ouro. Atônitas, nossas tropas de infantaria tropeçavam de volta por entre trechos cinzentos e troncos destroçados e negros mais embaixo.

Eles desceram e se dispersaram rumo aos pomares de maçã de Fika.

A aviação inimiga voltou-se para leste, para o próprio *cinturón*; e para a estrada principal que o acompanhava em paralelo, entre os povoados de Derio, Lezama, Zamudio e Larrabezúa. Essas eram as áreas de retaguarda das posições que havíamos examinado dias antes, desde Artebakarra até Gastelumendi.

Segui de carro de Urrusti até Lezama, pela sinuosa estrada na montanha, depois virei para o sul pela estrada principal que acompanha, a uma distância de dez metros, a pequena ferrovia em Larrabezúa. O trajeto ainda fumegava e fedia por causa das bombas que haviam caído; eram os buracos quentes abertos por mais de cem bombas de noventa quilos, mas nenhuma interrompera as linhas de comunicação. Em Larrabezúa, Gomez, agora no comando da 1ª Divisão, que acabara de perder Urkulu, era a própria escuridão e o desalento vestidos com uniforme espanhol. Nunca vira um comandante de divisão tão sujo, tão ineficiente e de lealdade tão pálida quanto esse antigo capitão dos carabineiros. Esse era o sujeito que havia perdido Gernika e Sollube, e quase Munguía; fora necessário um Beldarrain para evitar o recuo ainda maior da linha; e agora a má sorte dos bascos os deixara diante da artilharia mais poderosa e da maciça aviação do inimigo; as quais, enquanto conversávamos desesperançados, quase indiferentes, sobre a guerra, malhavam barbaramente sua supremacia sobre nós, pobres cativos das bombas explosivas.

Com o largo quepe torto sobre os escuros caminhos de rato do cabelo, o lábio frouxo e caído, Gomez nada tinha a me dizer sobre a batalha que eu já não soubesse. Por isso voltei a Urrusti, para ver o final. Percorremos bem depressa a estrada até Lezama, porém mais rápidos ainda seguiram as carruagens aladas de cinco potrancas alemãs de Pégaso, bombardeando de novo a estrada sobre a qual passávamos. Mais uma vez, sem atingi-la.

Cinco outros bombardeiros seguiram em paralelo ao oeste, despejando bombas incendiárias sobre os densos pinhais que se dispunham em degraus pela encosta posterior do *cinturón*, desde o vale até o topo. Tudo ficou iluminado pelo fogo, acre após acre.

Um único ponto de fogo caiu do céu como um meteoro, de ponta carmesim e arrastando atrás de si louca cauda de chamas; e por um instante parecia como se o céu tivesse se partido em dois acima do *cinturón* fumegante, enquanto o bombardeiro alemão atingido pelo nosso fogo antiaéreo caía como pedra incandescente na terra.

Ao redor, os homens, esquecidos no mesmo instante do perigo, deram vivas e começaram a dançar. "Miserável", gritavam, "foi derrubado e está sendo queimado vivo."

E então uma esquadrilha de aviões pesados mais uma vez passou sobre nossas cabeças no rumo de Derio. Ali se cruzavam as principais estradas entre Bilbao e Larrabezúa, e Bilbao e Munguía, assim como as pequenas ferrovias. Um alvo magnífico. Eles jogaram toda a carga sobre Derio e, ainda que pareça exagero meu, o tremor provocado pelo impacto e pela dispersão das bombas lançou o carro para o outro lado da estrada.

Mas não acertaram nenhuma rodovia ou ferrovia.

As bombas caíram de maneira devastadora sobre o cemitério de Derio, e ao dispersar a fumaça pícrica dava para ver a cena medonha no terreno cercado, no qual estavam enterradas tantas famílias ricas. Enterradas? Não, esse foi o dia da ressurreição em Derio. Os túmulos foram arrebentados, expondo os caixões, que também foram arrebentados, expondo corpos desde muito mortos e decompostos; alguns poucos um tanto mais frescos foram destroçados, deixando à mostra ossos frágeis e pútridas partes internas, pois Derio está situada em um vale úmido. O grande quadrado para sepultamentos exalava o cheiro de uma mistura macabra, desconhecida pela química de guerra normal: decomposição antiga e TNT novo. Colunatas rachadas, cruzes e anjos despedaçados caíram em crateras das quais se projetavam mortos incontáveis, em camadas sem fim. Pois essa foi a noite em que os bascos de uma geração mais velha se reviraram nas tumbas.

Os netos deles consideraram o bombardeio do cemitério de Derio com mais seriedade do que a perda da linha diante do *cinturón*. Foi algo que tocou profundamente seu sentimento religioso. Não poderia ter acontecido em nenhum outro país, mas, em Bilbao, o próprio presidente sentou-se para escrever uma nota, enviada a mais de vinte nações, protestando contra esse ataque criminoso contra os mortos sagrados. Minha própria tendência, e certamente a dos alemães, era ver o lado humorístico do episódio, mas na Presidência era preciso manter o semblante sério, pois as feições alheias estavam rígidas de tanto pesar e fúria. Os olhos do próprio Mendiguren faiscavam horrorizados, e não havia como fazê-lo parar de falar sobre aquele ato de tremendo horror até o momento em que nos recolhemos.

Durante toda a noite, o fogo se alastrou pelo *cinturón*. Ergueu-se como rígida bainha recortada e escarlate que se movia apenas nas pontas, sondando o monótono céu noturno. Não se via nenhuma estrela, e a lua estava oculta pela fumaça. Em meio ao caos, o incompetente e derrotado Gomez tomava decisões para a batalha da manhã seguinte. Três mil homens foram reunidos no fogo atrás da ponta de Gastelumendi, e três baterias de artilharia ligeira foram deslocadas para a crista.

De manhã, o grande incêndio saciara a garganta seca e se extinguira. Ainda de manhã recebemos informações de Bilbao sobre o avião derrubado no dia anterior. Os documentos vieram do macacão de um homem semicarbonizado e irreconhecível, coberto de sangue e com o corpo dilacerado — como os duplamente mortos do cemitério de Derio — pela queda de seiscentos metros. Os documentos estavam sujos de sangue. Duas tiras de papel impresso na Alemanha, sem interesse imediato, um mapa Michelin da Espanha de grande escala, e uma lata de cigarros comprada em Viena. Não carregava passaporte ou passe; imagino que o Estado-Maior alemão deva ter fechado as bibliotecas ambulantes que seus aeronautas costumavam ser.

Todos os disparos noturnos ocorreram entre postos avançados. As novas metralhadoras, de tiro rápido e cor verde-oliva, foram levadas para as bases de concreto na ermida acima de Larrabezúa, em Gastelumendi, Cantoibaso e Urrusti, onde a crista do *cinturón* erguia-se até os picos, dominando o vale que se estendia até Urkulu. E o outro vale na retaguarda, onde ficavam as linhas laterais de comunicação que atendiam a frente, estava repleto, entre Lezama e Larrabezúa, com caminhões e trens transportando munições e tropas. Passavam pelas tristes áreas de concreto abandonadas, que haviam sido o aeródromo de Sondika, com algo muito similar a uma premonição da derrota. Em seguida, subiram a crista e ficaram à espera do que o dia lhes reservava, protegidos apenas pelos pinheiros calcinados.

Em ambos os lados da frente deve ter havido enorme tensão e estresse durante essa noite. Todos sabiam que no dia seguinte seria decidido o destino de uma das maiores cidades da Espanha. Nossas defesas estavam exaustas, e eram muito mal lideradas, mas estavam dispostas a lutar. Gomez e seus oficiais se recolheram no começo da manhã, tentando descansar um pouco antes da eclosão da grande batalha.

27.

Sábado, 12 de junho: o dia do *cinturón*. Um céu debilmente iluminado aquecia a leste. Mas os aviões que esperávamos de Madri não haviam chegado. No lugar deles, nuvens ligeiras moviam-se preguiçosamente, como botes na correnteza sossegada, ou barcos de papel, deslizando em cristal colorido, graciosamente suspensos sobre nossas cabeças.

Corman e eu levantamos bem cedo. O velho e conversador porteiro do Torrontegui nos contou que *ele* sabia de tudo, *ele* sabia onde estava o inimigo, e que não era nada longe. Todos no hotel ficavam cada vez mais soturnos; estavam convencidos de que Bilbao logo cairia nas mãos de seus aliados, mas eles mesmos jamais veriam isso, pois os anarquistas iam se levantar e roubá-los e violentá-los e queimá-los e decepar seus membros essenciais e enfiar dinamite em seus bolsos e explodir o que ainda restasse deles.

Escoltados pela polícia motorizada, fomos até o *cinturón*, no monte Urrusti, em cuja extremidade norte esperávamos o ataque. Já às oito da manhã, a crista acima do *cinturón* estava emplumada com o fogo dos disparos, mas no lado oposto, em Urkulu, não se via nenhum sinal de movimentação. Reflexos indicavam que haviam instalado quatro peças de artilharia ligeira no pomar de macieiras situado no morrinho que dominava Fika. Pareciam canhões de 75; atiravam diretamente contra nós, a uma distância de cerca de um quilômetro.

Atrás de nós, no topo do Urrusti, disfarçada por um estreito renque de figueiras, também tínhamos uma bateria de 75, uma das três mobilizadas para a defesa do *cinturón*. Esta, porém, não se preocupou em dar as caras.

Entramos nas trincheiras e seguimos a pé para o sul, na direção de Cantoibaso. A manutenção delas era precária. Só agora as novas metralhadoras começavam a chegar à linha de frente. Os homens debruçavam-se sobre elas ao longo das trincheiras, que ainda exibiam trechos enlameados após dois dias de sol.

Os policiais motorizados pararam no primeiro posto pequeno de concreto e disseram que iam ficar por ali. Como tínhamos interesse em ver a batalha toda, prosseguimos adiante até Cantoibaso. Agora os obuses zuniam com frequência. Os preparativos para o ataque estavam se aquecendo, dava para ver o brilho das armas inimigas por todos os lados, de norte a sul, através da vasta planície de Munguía, marcada por pequenos vilarejos e torres pardacentas de igrejas, ao longo da crista de Rigoitia, sobre as colinas arredondadas de Mendigane Meaka e Morga; e, adiante de nós, na linha de batalha desde Fika até Vizkargi.

Ainda não havia por que buscar abrigo, pois o primeiro plano cintilava como se repleto de diamantes diante de nossos olhos. Os disparos ainda eram elevados demais para a artilharia ligeira, e baixos demais para a média.

Fiquei atônito ao não topar com nenhum oficial na linha de frente, mesmo depois de percorrer cerca de 1800 metros. Os soldados estavam sem comer; assim era Gomez.

Mas havia muitos oficiais subalternos de olhar resoluto, sargentos e cabos. Eu me aproximei de um deles, um jovem basco francês no comando de uma seção de metralhadores, o qual, apesar do pessimismo traçado em letras enfáticas sobre o rosto, preservava a autoridade sobre os homens, expressa em ordens transmitidas a cada minuto. Eles apreciavam receber orientação de cima, movendo-se prontamente de um lado para o outro com a metralhadora e a munição, informando a respeito da artilharia inimiga — cinco peças sob as macieiras no morro em forma de seio a meia esquerda perto de Gamiz, e três outras um pouco recuadas, atrás da pequena colina com pinheiros que encobre Fika. Era algo contrário à tradição de Gomez, receber instruções. E eles gostavam disso.

Tudo o que os bascos queriam era ter algo para fazer. A prolongada guerra defensiva estava dando nos nervos, por mais impassíveis que fossem os bascos.

Havia poucos abrigos na crista, e mesmo estes foram concluídos de modo inadequado. Dos seis ninhos de metralhadora pelos quais passei em uma caminhada de quase dois quilômetros, dois ainda apresentavam a estrutura de madeira, e apenas o piso fora cimentado; um terceiro fora erguido apenas com troncos.

Bastava uma granada de seis polegadas para despedaçar todos os redutos, exceto duas pequenas galerias capazes de abrigar uma centena de homens.

Todavia, ao norte de Artebakarra e a sudoeste de Gastelumendi, onde o *cinturón* ficava sob controle da Segunda Divisão de Vidal, o sistema estava completo: galerias, ninhos de metralhadoras, organização em profundidade e abrigos de reserva estavam disponíveis. O inimigo devia estar bem informado para atacar em Gastelumendi — sua aviação proporcionava-lhe olhos e mãos errantes.

Por volta das dez horas, os obuses começavam a cair com maior rapidez. A cerca de trinta por minuto, segundo meu relógio, no setor de Cantoibaso, e acelerando a cada quinze minutos. Por todos os lados, canhões recobraram vida; mais tarde ficamos sabendo que o inimigo reunira ali 45 baterias de artilharia.

A única coisa que me restava fazer era abrir uma pequena edição de George Herbert e ler seus versos serenos e bem-compostos. Seu quietismo sempre me fascinou. Ele ajusta as manobras verbais a um humanismo imaginativo com aquela precisão encontrada apenas em um bom clérigo rural — e em um violinista rematado. Seus conceitos são antiquados, mas brotam do coração; ele abrevia, mas com um toque sutil. Os poemas com anagramas e enigmas, e os metros cujas linhas breves e longas traçam, na página, os contornos da ideia que deseja nos transmitir, de asas de anjos ou ampulhetas, tudo isso entedia os ouvidos do mundo impaciente, ensurdecido por tanto tempo e de modo tão inconsciente pelo ruído da artilharia pesada — mas, para mim, esses poemas são meu abrigo. Quem jamais conseguiu se aproximar da pureza, da deliberada delicadeza de Herbert? De sua perseverante negligência em termos linguísticos, do seu recurso a frases ligeiras e monossílabos unidos que quase se tornam uma conversa banal, mas sem nunca recair nela? Tudo nele me agrada: as vestes comuns e bem cuidadas, a metáfora doméstica e inocente, a clareza, a concisão e a facilidade paroquiais. É a virtude dedilhada em cordas de violino estreitas, mas bem esticadas, e afinadas com versos impecáveis. Gostaria que ele tivesse conhecido Cromwell: talvez então a democracia inglesa tivesse tomado um rumo melhor.

Enquanto os canhões revolviam a terra e ribombavam em trovoadas teutônicas ao redor, escolhi uma alcova com cobertura dupla de sacos de areia e me pus a ler. Era como me despir sobre as rochas incandescentes à beira de um lago africano e mergulhar em água límpida sem correr o risco da bilhárzia.

O poema mais reconfortante para se ler durante um bombardeio é "O piso da igreja":

Notou o piso? Essa pedra quadrada e salpicada,
  Que parece tão firme e forte,
    É a Paciência;
E a outra, negra e grave, com que cada qual
    se distingue,
    É a Humildade;
A suave elevação, que em ambos os lados
    Leva ao coro mais acima,
    É a Confiança;
Mas o doce cimento, que em faixa certa
    Ata a estrutura toda, é o Amor
    E a Caridade.
Às vezes o pecado se introduz, furtivo, e macula
Do mármore as veias nítidas e singulares;
Mas tudo se depura quando este chora.
Às vezes a Morte, ofegando à porta,
Dispersa a poeira no piso;
Mas enquanto crê estragar o aposento, ela o limpa.
Abençoado o Arquiteto, cuja arte
pode construir tão firme em coração tão débil.

E enquanto contemplava os arruinados jardins de San Martín de Fika, por onde passavam os tanques inimigos, agora cinco, depois oito, nada como a "Virtude" para confortar:

Doce rosa, cujo tom irado e bravo
  Clama ao admirador temerário que seque o olho;
Tuas raízes restam para sempre em tua cova
    E tu deves morrer.

E a paisagem, conflagrada pela aviação alemã bem ali onde deveria ser mais bela, também mereceu o etéreo lamento:

Doce primavera, com rosas e dias ternos,
Uma caixa repleta de doces;
Minha música mostra que todos têm fim,
E todos devem morrer.
Apenas a alma doce e virtuosa,
Como a árvore madura, jamais cede;
Ainda que o mundo todo vire carvão,
Aí, sobretudo aí, ela sobrevive.

Para mim, era evidente que isso não se aplicava a Gomez, cujo quartel-general em Lezama era alvo da termita líquida despejada pelos alemães.

A aviação estava em plena atividade, enquanto, ao longo do vale, os tanques avançavam em formação quadrada como frágeis insetos articulados, esmagando os caules rígidos da vegetação e refletindo opacamente o sol nas carcaças encouraçadas. Sobre nós, os aviões sobrevoavam em formações de flecha, não no círculo religioso adotado no dia anterior, mas em estreita e interminável cadeia, virando de repente na extremidade da linha e retornando depressa quase encostando umas nas outras as asas. Um trabalho sistemático, do qual participavam cerca de 55 aviões, quase todos bombardeiros. Era meio-dia e a artilharia, aquecida, chegara a oitenta disparos por minuto. Esse foi, até as batalhas de Arxanda e Brunete, o bombardeio mais pesado da Guerra Civil.

Gastelumendi, à direita, era o alvo principal da artilharia e da aviação; a primeira golpeava a linha de frente, ao passo que a segunda destroçava nossas reservas sob os pinheiros queimados, atrás da crista.

O incêndio que provocaram em Cantoibaso ao norte, e na ermida ao sul, era uma tremeluzente cortina de aço, impedindo os movimentos das tropas de reserva nos flancos. Muito teutônico.

Os aviões despejaram todas as bombas secundárias. Elas caíram dispersas, assobiando; em seguida, o chão tremeu, e a trincheira foi tomada pela poeira. A leitura se tornara impossível, e George Herbert estava agora sujo e malcuidado.

Minha leitura fora perturbada primeiro pela linguagem usada pelos milicianos durante a aproximação dos aviões. De repente, ficaram muito impacientes e faladores, e à medida que se aproximavam as sombras gigantescas começaram a xingar e a imprecar horrivelmente. "Excremento de Deus", gritaram (bem, o termo era mais grosseiro do que "excremento"), "esses malditos alemães e italianos que vêm nos aborrecer de novo. Todo dia, todo dia. E nossos aviões, nada além de promessas. Aí vêm eles, os malditos hunos, e os italianos em sua segunda Abissínia."

Que me seja perdoada a inclusão de termos tão desagradáveis em um livro sobre a guerra no País Basco. Mas a intensidade da reação deles era para mim ainda mais espantosa ao considerar que eram bascos. Em épocas normais, eles são uma raça que jamais prageja, mesmo do modo mais ligeiro; e, antes da ofensiva, foram colocados cartazes nos alojamentos interditando as blasfêmias, como a mera menção da Divindade junto a um ponto de exclamação.

O jovem cabo voltou-se para mim e disse: "Achei que seria uma guerra rápida. Se soubesse que ia se prolongar tanto, jamais teria saído de Bayonne. Mas" — e aí ergueu os ombros — "precisamos resistir". Então todos os homens voltaram para o abrigo inadequado sob meio metro de terra e ficaram fumando, deitados na penumbra, sob a fina camada de poeira das explosões.

Escapei de uma boa por pouco. Cansado de contar os aviões e anotar o modelo, guardei no bolso o livro de Herbert e saí do recesso. Acabara de passar por um canto da trincheira, nove metros adiante, quando uma granada de quatro polegadas destroçou todo o pequeno nicho de sacos de areia. Foi o primeiro tiro no alvo em nossa trincheira naquele dia.

No outeiro mais embaixo, os tanques começaram a avançar para além do vilarejo de Fika, no vale entre o Urkulu e o *cinturón*. Naquele trecho, não contávamos com armas antitanques. Corman me deixou para ver o que nossa artilharia estava fazendo entre os abetos. Justamente quando passava pela trincheira de comunicação, um dos nossos canhões de 75 fez três disparos contra um grupo de cinco tanques, parados na encosta. Que guerra, essa! As tripulações saltaram para fora e escapuliram correndo. Quatro minutos depois, a aviação deles sobrevoava nossa bateria desmascarada e coberta pela fumaça cinzenta. Dali a dez minutos, os obuses de artilharia estavam caindo ali, ao ritmo de oito disparos por vez.

Cinco dos nossos artilheiros foram mortos pela aviação. Corman teve de se esconder em uma cratera de bomba por duas horas, rezando para que não usassem granadas de fragmentação, enquanto jorros escuros de terra pipocavam ao redor.

Agora haviam alcançado um ritmo de oitenta disparos por minuto. Nosso pessoal corria de um lado para o outro na trincheira em busca das bananas especiais de dinamite contra tanques que Gomez deveria ter enviado a eles.

O calor, a poeira e o fedor, assim como o excesso de cigarros, despertaram em mim uma terrível sede. Mas não havia como conseguir vinho ou água. Os milicianos apontaram uma poça numa cratera de bomba, na borda da qual havia uma lata de sardinha aberta — "é aquilo que bebemos", disseram. Estava cheia de coisas estranhas, algumas das quais boiando, outras no fundo, e mal se distinguia a cor, mas serviu para umedecer a garganta.

Recuperadas suas tripulações, os tanques agora começaram a descer pelo vale, no qual dava para ver desembocar a infantaria, ao norte, para além das rochas caídas de Urkulu, e também a cavalaria — "os mouros", gritaram os milicianos, mas tudo o que consegui distinguir foram homens de cáqui-claro com capacete de aço, trotando em pequenos cavalos, ao longo do caminho entre os fetos, bem lá embaixo.

Metralhadoras à direita visaram os cavaleiros, atingindo alguns; o restante logo sumiu pelo caminho encoberto que Jaureghuy e eu havíamos explorado dias antes.

Olhei ao redor. Não, nem um único dos *systèmes Jaureghuy* — construídos para enfrentar essa ameaça — estava guarnecido de homens. E do desfiladeiro de Morga para a direita, dava para ver os tanques descendo, um após o outro, seguidos por centenas de homens. Nossa artilharia, porém, não se atreveu a perturbar essas concentrações.

Mais embaixo, adiante de Fika, via-se uma casa que deveria ter sido ocupada. Duas metralhadoras ali teriam interrompido o fluxo de tropas que agora escorria por Urkulu, a mil metros de distância.

De repente, adiante e à nossa volta tudo estava em movimento. A artilharia adversária disparava com mais rapidez do que nunca, os aviões retornavam outra vez em uma procissão monstruosa, a encosta em frente de Gastelumendi cobriu-se de uma fumaça quase impenetrável.

Granadas de tanques atingiram nosso parapeito.

Mais à frente, homens e tanques corriam. Nossas metralhadoras abriram fogo, eles se imobilizaram e depois seguiram para a direita. Os obuses agora caíam sobre a trincheira, e à minha esquerda um deles explodiu numa das áreas de matagal cerrado. Dali dois bons rapazes disparavam. O rosto de ambos foi arrancado, e sob o couro cabeludo deles nada mais restou além de farrapos vermelhos de carne.

Era algo doloroso de ver. Muitos tipos de ferimentos e mortes não me revoltariam, mas o rosto humano, origem de todo o encanto visual e do sentido, versátil, inteligente e afetivo, sorridente e decidido — não, isso não, isso me deixava enjoado. Até um minuto antes, aqueles eram rapazes decentes, e agora estavam mortos, com um rosto que não passava de uma massa destroçada, avermelhada e vazia, movendo-se apenas com o sangue, que brotava pulsante enquanto os corpos ainda tremiam um pouco, sem qualquer propósito, incapazes de continuar apreciando Herbert ou os poetas bascos.

O matagal ralo fechou-se sobre os corpos tombados. Os obuses agora caíam como chuva ao redor, e tudo era sacudido para cima e para baixo. Os rapazes que guardavam a trincheira empalideceram, os lábios frouxos de medo. Nosso buraco começava, pouco a pouco, a desmoronar.

Nesse momento, um sujeito chegou ofegante, correndo pela trincheira da direita. Era o primeiro oficial que eu via naquele dia, e ele sussurrou ao cabo: "Há tiroteios na retaguarda; dizem que chegaram a Gastelumendi".

Todos ficaram sabendo disso em um instante. O cabo gritou "Silêncio!" e cessou o tumulto. "Precisamos confirmar isso", acrescentou, e um homem seguiu pela trincheira de comunicação até o alto da crista para fazer uma inspeção. E não voltou.

Mas aí já estávamos todos convencidos. Balas silvavam através das árvores no cume, surpreendendo-nos com o fogo de revés. Haviam penetrado nossa linha em Gastelumendi.

Chegaram pelo caminho encoberto, através dos arames rompidos, com tanques em ambos os flancos. Em Gastelumendi toparam com pilhas de mortos de Biscaia, os raros ninhos de metralhadoras pulverizados por centenas de obuses, e a trincheira retilínea desmoronada e reduzida a fragmentos sobre as silhuetas desfiguradas e imóveis de homens em cáqui. Gastelumendi ficou toda sufocada pela poeira e pelos estilhaços de árvores e metal.

Com a exceção de Cantoibaso, onde nossas metralhadoras entoaram pela última vez seu canto, o correspondente do *Daily Telegraph* no outro lado tinha razão ao dizer que as tropas franquistas foram recebidas com nada além de tiroteios intermitentes. E no entanto foram alvo de um fogo letal.

Ao galgar aos tropeços a colina, vimos as trincheiras cheias de terra até a altura de um homem, saltamos para fora delas e avançamos descuidadamente pelo campo aberto. Os homens empurravam a boina para trás na cabeça, tanto era o calor. Não havia ninguém que desse a ordem de proteger nosso flanco direito; e à esquerda, pois em agitadas asas circulavam os rumores, constatamos que as linhas estavam todas vazias, ocupadas apenas pela terra inanimada. O sistema linear foi mais uma vez posto à prova, mas esse era o dia decisivo.

Sobre nós, os aeroplanos passavam metralhando, mas não prestávamos muita atenção, estávamos recuando. A artilharia logo se deu conta e ampliou o alcance. Fomos recuando de modo constante, em pequenos grupos com os fuzis pendurados nos ombros e virados para baixo, atravessando a cortina de explosões, tombando para a frente quando os pés sentiam o impacto de uma bomba no solo, até alcançar o topo da crista pardacenta.

Passamos por nossa velha bateria, calada desde os disparos contra os tanques, e com os mortos silenciosos e piedosamente deitados de costas ao lado das rodas. Todos os artilheiros haviam partido, com exceção de um oficial e três homens, que perguntaram por que todos estavam se retirando. Sorrimos e não dissemos nada: as balas que ricocheteavam pelos montes de agulhas secas de pinheiros eram eloquentes o bastante.

Tudo parecia seco e insosso na língua e nos olhos velados, a não ser o próprio ar que machucava com sua claridade brilhante. Todavia, através dela distinguiam-se poucos detalhes, especialmente à direita e à esquerda; pois a cabeça parecia contida por antolhos, e um condutor invisível parecia nos encaminhar com rédea fácil para Bilbao. Estávamos recuando, em meio a dúzias de explosões.

Não havia ninguém que nos ordenara tal coisa, tampouco nada que nos impedisse. Sumira todo vínculo entre um e outro indivíduo, com exceção daqueles que unem a manada e a encaminham em uma única direção.

Não estávamos desmoralizados. Não estávamos recuando em desordem. Tampouco estávamos recuando em ordem. Estávamos recuando, simplesmente.

Levou algum tempo até que ficássemos fora do alcance da barragem inimiga. Mas não nos incomodava. Alguns tombavam, mas o restante seguia a uma velocidade normal. O bombardeio nos ensurdecera e embrutecera de tal modo que simplesmente avançávamos pesadamente sem nos preocupar, com as costas vulneráveis.

Além da colina, estava mais tranquilo. Meu automóvel não estava mais lá, assim como Corman. Caminhei pela estrada sufocante e sinuosa até um mar impassível de pinheiros. Os persistentes aviões nos avistaram, e se aproximaram em fila com as metralhadoras pipocando em nossa direção. Buscamos abrigo atrás das pedras e depois seguimos adiante.

Quando a batalha ficou bem para trás, notei que estava com dor de cabeça, os olhos latejantes e os ouvidos moucos, insensíveis. Até então havia sentido apenas um enrijecimento da língua. Perto de Zamudio cruzei com um oficial, e ele ainda não sabia que o inimigo rompera o *cinturón*.

O ruído da artilharia começava a morrer. Em Zamudio, topei com Dominech, comandante da brigada em Urrusti, e com Larrañaga, o principal comissário político comunista no Estado-Maior basco. Eles me deram uma enorme quantidade de vinho.

Enviaram patrulhas para as estradas que desciam do *cinturón* em Urrusti e Cantoibaso, com o objetivo de impedir o recuo generalizado. Incansáveis experimentadores, os alemães voltaram a bombardear as linhas de comunicação entre Larrabezúa e Derio. De saída para Bilbao, onde relataria a perda de Gastelumendi e Cantoibaso, pois o telefone não funcionava direito, Larrañaga me ofereceu carona. Subi e me acomodei ao lado desse emaciado e belo jovem que antes havia sido sacerdote.

28.

Naquele final de tarde, às seis e meia, saltei do carro de Larrañaga diante do pórtico da Presidência. Era outro mundo. O cônsul e o vice-cônsul estavam de pé nos degraus do meio da escadaria, bem-vestidos, calmos e encantadoramente amistosos. Sacudi minha poeira sobre ambos e tivemos uma longa conversa. Em Bilbao, a tranquilidade era total; não se sabia que o *cinturón* fora rompido e depois amassado como papel higiênico usado. O *cinturón* agora estava na lixeira. Subimos para o andar superior.

Continuava a sentir uma sede incrível e, ao beber o pálido xerez de Mendiguren, fiquei pensando na poeira, nos frágeis aeroplanos, nos tanques parecidos com besouros crepitantes, na artilharia vigorosa e nos rostos desfalecidos, bombas secas, pó dos blindados e pedras arremessadas por todos os lados, cortantes como metal. Eu me senti em três mundos: no da guerra de verdade, com seus movimentos e contramovimentos, submetidos a mentes, proposições, condições, juízos, contrajuízos; no do gabinete de Mendiguren, com o xerez amarelado, encarando esse rosto pálido, magro e jovem demais que me perguntava: "Mas o que houve, de fato, o que houve?"; e na minha lembrança imediata, povoada de objetos brilhantes e idiotas mortos e caídos, e recordava, entre todas as coisas, o ninho de uma gralha, pois o mundo todo é um jardim de gralhas, repleto de coisas duras e cortantes que refletem luz, e de miseráveis vermes e larvas mortos, e dos insetos destroçados que lhe servem de alimento. A guerra era minha gralha, brincando com todos os elementos, os duros e os quebradiços. Ajeitei-me numa poltrona macia e mergulhei no sono.

Uma explosão me acordou.

O inimigo estava bombardeando o centro de Bilbao com obuses antiblindagem de doze polegadas. Por um instante, fiquei de novo todo animado, mas me virei na poltrona e voltei a dormir.

Outra granada explodiu no Fronton Euzkalduna, atrás de nós. Deviam estar visando a Presidência. Ainda coberto de poeira e com gosto amargo na boca, de sono empoeirado, de xerez e de uma adstringente queimação no estômago, juntei-me aos outros na janela do gabinete de Mendiguren. Lá debaixo, policiais gritaram para que retornássemos para dentro. Bilbao estava prestes a deixar para trás a normalidade. Com boinas rubras e impecáveis luvas brancas, os *mikeletes* começaram a fechar os portões de ferro da Presidência. Um ruído sibilante no ar, como o de um fantasma atravessando o palco, e outra granada atingiu uma casa mais embaixo na rua.

Todo o prédio voou em pedaços. Despedaçou todos os que lá estavam em fragmentos invisíveis e irrecuperáveis. Eles se confundiam com a poeira fina e espessa a que fora reduzida a própria casa, uma poeira que veio pairando em nossa direção pela linha do bonde. Era a poeira mesclada a um corpo — não, a muitos corpos —, e eu bem que gostaria que o xerez de Mendiguren fosse o mesmo.

Agora toda a extremidade da rua estava pardacenta, opaca e em movimento. Viaturas de polícia corriam de um lado para o outro, assim como as da Cruz Vermelha, e todos os carros dos curiosos foram engolidos pela nuvem de poeira nascida de forma imaculada nas entranhas de um obus de doze polegadas. Caíram mais granadas, e voltei a dormir.

    Naquela noite, o inimigo empurrou o *cinturón* na direção de Larrabezúa, desceu pelos bosques de pinheiros e pelas maciças colinas que conduziam a Lezama. A brigada de Cristóbal seguiu para Urrusti e, milagrosamente, o retomou; o comandante comunista foi ferido no pé, mas retomou as armas pelas quais eu passara naquela tarde em meio à confusão enfumaçada. As brigadas de Dominech e Goritxu mantiveram Lezama e a linha até Erleches, a fim de compensar o prejuízo que o inimigo fizera no *cinturón*. Mas ele sofreu a noite toda, e os morteiros explodiram constantemente até o romper do dia.

    Essa foi nossa derradeira noite de sono. O Estado-Maior Geral ainda desfrutava de um resquício da nossa confiança, e acreditávamos que suas decisões seriam levadas a cabo. Trincheiras e ninhos de metralhadora em linhas secundárias, assim como a serra íngreme de Santa Marina, ainda se interpunham entre o inimigo e Bilbao. Dois batalhões estavam sendo deslocados como reserva para Santa Marina, onde os largos bosques de pinheiros se cobriram nessa noite de sábado de um sono azul profundo, tão pesado quanto o nosso, e as encostas descansaram do eco cavo da artilharia.

    Jaureghuy levantou em silêncio às cinco e meia na manhã do domingo. As mulheres e alguns milicianos iam à missa, e ouviu-se o ruído de passos sob os arcos das igrejas de Bilbao; os véus tombavam alinhados e virtuosos sobre os cabelos morenos franzidos. Cruzando a cidade silenciosa, ele seguiu de carro até a serra de Santa Marina pela estrada da Comissão Florestal da Província.

    Constatou que os milicianos não haviam ocupado Santa Marina. Não havia tropas de reserva, nem batalhões; não havia ninguém por ali. No vale do outro lado da serra, onde ficava o povoado de Lezama, semiadormecido, metralhadoras crepitavam, disparando umas contra as outras após intervalos lentos, explorando aqui, cutucando ali. De tempos em tempos, a artilharia inimiga disparava um tiro de visada contra a colina na qual ele estava. De péssimo humor, retornou para fazer a barba e o cabelo do Estado-Maior Geral. Não havia dúvida de que era preciso fazer algo. Mas os milicianos eram lentos, disseram. Mesmo assim, eles os apressariam para que subissem a Santa Marina. De qualquer modo, Dominech e Goritxu eram capazes de manter a linha. Os membros do Estado-Maior condicionavam toda declaração, por mais evidente que fosse. É extremamente difícil convencer um espanhol de que ele cometeu um erro.

O dia estava ficando muito quente, como na véspera. O céu abriu um olho franco e azul sobre tudo, e no meio estava a serra de Santa Marina, onde as agulhas dos pinheiros enrijeciam secas com o calor.

Às dez e meia, os aviões surgiram do sul e bombardearam a estrada da Comissão Florestal da Província. A comprida linha de fumaça ergueu-se na encosta de Euzkadi pela centésima vez: uma fumaça amarelada que fazia o céu parecer ainda mais quente. Fui de carro até Santa Marina. Pouco depois das onze, alcançamos uma coluna de ônibus cinzentos, reduzindo a velocidade a fim de parar antes do topo. Em meio ao calor, os motoristas trocavam xingamentos por trás dos para-brisas empoeirados enquanto desviavam dos buracos recém-abertos pelas bombas. O batalhão desceu lentamente dos veículos e permaneceu apático à sombra das árvores. Fragmentos de bombas voavam sobre a outra encosta da colina; mulheres sapadoras, em macacões folgados, desceram pelas trincheiras de comunicação a fim de descansar à beira da estrada.

Que alvo perfeito éramos para a aviação! A poeira que levantávamos na estrada avançava pela encosta, movendo-se com a cabeça da coluna para avisá-los que estávamos chegando.

Pouco a pouco, os motoristas deram marcha à ré até a frágil proteção dos campos de cultivo. Segui em frente para ter uma visão mais clara.

Estava se tornando difícil entender essa batalha. Havia homens aqui e ali pelo vale, mas muito poucos. Não havia linha nem formação em suas escaramuças. Na colina baixa do outro lado, sobre Lezama, duas metralhadoras adversárias emitiam um clarão tremelicante, disparando contra a estrada no vale de posições expostas. Mas não se viam nossas tropas. À direita, perto de Larrabezúa, esparsos tiros de fuzis. Desde a véspera, ninguém parecia estar muito preocupado com a guerra.

Fiquei a cavalo entre Santa Marina e a série de pequenos morros que constituíam uma serra à direita e até o *cinturón*. Não pareciam estar ocupados.

Mais embaixo na estrada, na direção de Bilbao, dava para ver nossos homens recuando de maneira desordenada, como animais exaustos, através dos pinheirais. Sem ter disparado um único tiro. Dava para vislumbrar as formas de cor cáqui dispersando-se com os ombros caídos entre os troncos de pinheiros, como cabras tangidas em manadas, clareando o bosque à medida que avançavam com uma vida pálida e transitória, uma espécie de debilidade amarelada nos movimentos. Era o caso de maldizer Gomez — pelo caos que havia instilado em tropas dispostas e competentes.

Bolas rosadas de metralha multiplicavam-se diante de Santa Marina, dissolvendo-se em tramas que alisavam os níveis superiores da floresta. As explosões agudas agora eram mais frequentes.

Com os binóculos dava para divisar o vale adquirindo forma. No outro lado, as duas metralhadoras disparavam com ferocidade contra o vilarejo de Zamudio para cobrir alguma movimentação do inimigo. E lá estava ele, no campo aberto além da estrada, junto de Lezama. Homens corriam ao lado de uma sebe e cruzavam a estrada agachados; estavam sob nosso fogo. Uma vez do outro lado da estrada, retomavam a formação e reagrupavam-se numa pequena coluna ordenada; um minúsculo quadrado com as cores vermelha e amarela tremulava acima des suas cabeças; dezesseis burros de carga acompanhavam aos pares os combatentes que formavam uma longa fileira. Pequenos pinos humanos seguiam sossegados o estandarte no calor do meio-dia, passando pelos níveis ondulados da nossa crista, ali onde ela descia até a estrada. Eu os perdi e voltei a vê-los, mais próximos, quando subiam pelos pinheirais na encosta à direita. Agora pareciam maiores, e a bandeira parecia mais larga. Avançavam em ordem e com propósito evidente: ocupar Santa Marina e controlar todo o bolsão sudeste do *cinturón*. Ao mesmo tempo, outros destacamentos voltavam a se distribuir por Urrusti no trecho leste do *cinturón*, na direção de Berriaga e Artebakarra. Em visita a Butrón naquela manhã, Arbex os vira enxameando na retaguarda do *cinturón* como incontáveis abelhas. A divisão de Beldarrain recuou imediatamente a fim de bloquear a movimentação dos adversários, que podiam ser vistos se arrastando para o norte aos milhares por cima da crista ainda marcada por nossas fortificações inúteis.

De repente, as tropas inimigas eram visíveis por toda a parte, avançando de acordo com um plano único: a ocupação de todo o setor leste e sudeste do *cinturón*.

Constatei que éramos o último posto avançado de Bilbao e recuei para trás dos outros. Paramos para colher saborosas cerejas em um jardim esburacado por bombas naquela manhã.

Ao passarmos de carro atrás de Santa Marina, vimos que o batalhão de transporte seguira adiante em um túnel montanhoso de poeira. A posição parecia abandonada, e bombas explosivas e de fragmentação haviam-na enfeitado com belas impressões de preto e rosa.

Mais ao norte, as formas cáqui deixaram de se mover pelos pinheiros desmazelados, que jaziam inclinados uns contra os outros, com os galhos emaranhados na mais lamentável desordem. Os obuses se seguiram à retirada, fulminando apenas as árvores.

Agora caíam à nossa frente e atingiam dois carros em movimento, fazendo com que capotassem. Passamos por eles apressados e nervosos. No gabinete presidencial de Rezola, o pequeno telefonista aleijado ligava para o posto de observação em Santa Marina, que normalmente nos transmitia relatórios sobre os aviões que se aproximavam. Mas ele não conseguiu nenhuma resposta até as duas e meia. Então ouviu a voz de um estranho, que cometeu um engano. Tratava-se de um *requeté*, que imaginou estar sendo chamado por outros *requetés* à esquerda, nas posições recém-conquistadas.

"Sim", disse ele, "chegamos aqui sem problemas, sem muitas baixas. Os artilheiros italianos estavam disparando melhor do que o normal e não houve muita resistência." "Resistência!", rimos. Ainda restava alguma em toda Bilbao? A mal traçada linha secundária do *cinturón* foi varrida por uma lufada de metralha; a 1ª Divisão foi desbaratada. Era impossível acreditar que Bilbao conseguiria resistir muito mais. E todavia foi o que ocorreu, pois Putz chegou naquela tarde de avião, e Gomez perdeu o comando para ele e tornou-se seu chefe de Estado-Maior.

Não reinava em Bilbao a tranquilidade do dia anterior. Muitos daqueles que encontrei no início de noite já estavam secretamente preparando uma fuga para a França. Naranjo, o cínico andaluz com cara de cocker spaniel, no departamento de Guerra; Gerrika Echevarría, o atônito chefe de artilharia com olhos azuis; e todos os chefes de polícia.

Pela primeira vez, naquela tarde, os aviões vieram metralhar

Bilbao. As fuselagens compridas e esguias dos Heinkel 111 giravam como tubarões no ar transparente sobre a cidade. Enquanto se voltavam ou se inclinavam sobre o centro de Bilbao, continuaram a nos metralhar sem piedade. A cidade tremia diante da tempestade de metal produzida por aquelas barbatanas rígidas e deslizantes.

A população passou grande parte da tarde em abrigos e porões. De um momento para o outro, todo mundo sabia que Bilbao estava prestes a cair. Perto da meia-noite uma conferência foi convocada no comprido salão do presidente no Hotel Carlton. O general Gamir e os chefes de seção estavam presentes. Três ou quatro ministros, assim como os assessores estrangeiros dos bascos, Gurieff e Jaureghuy. Candelabros de vidro reluziam sobre as poltronas douradas e as mesas polidas; toda essa luz parecia incongruente com o ânimo das pessoas lá reunidas. Eram homens sombrios.

Aguirre perguntou o que achavam; a preocupação aprofundara as linhas retesadas e maleáveis de seu rosto, e ele parecia bem mais velho e pálido.

Primeiro, Lafuente, o ex-chefe do Estado-Maior, relatou as condições nas quais encontrara as várias divisões. A Quinta, no litoral, intacta e sob o comando de Beldarrain, mas necessariamente recuando; a Primeira, à direita, destroçada — onde estava? quem sabia?; e a Segunda, comandada por Vidal, em ordem e sem ter sido atacada, à direita da Primeira. Havia tropas por todo o caminho entre a Quinta e a Segunda, mas nenhum tipo de ligação ou coordenação entre elas. Lafuente fez o relato à sua maneira lenta e reservada, um tanto oriental, sem mover os olhos.

Aguirre pediu então que se tomasse uma decisão. Em termos militares, era ou não possível defender Bilbao?

O general estava em dúvida. Como está a artilharia?, perguntaram a Gerrika-Echevarría. O chefe da artilharia respondeu com nervosismo, remexendo-se na cadeira, que, dos oitenta canhões de 75 milímetros, cinquenta estavam sem munição, e o restante dependia do que era produzido diariamente nas fábricas. Os de 155 milímetros estavam em melhor situação, mas era preciso deslocá-los para novas posições. Ele aconselhou a retirada.

Indagaram então a opinião de Montaud, agora responsável pelas fortificações. Ele disse que ia guardar silêncio, e seu espesso pincenê engoliu seus pensamentos. O coronel Montaud ali estava com roupas civis bem passadas.

Afundado no sofá, Arbex de repente levantou um rosto escuro, excitado e fez um discurso no qual quase implorava pela rendição de Bilbao. "Qual é o sentido de ser morto aqui?", perguntou. Estava tomado pela emoção, o pobre Arbex, um feixe de nervos, sempre pronto a tombar de sua langorosa rede veranil de otimismo na terra realista, de um clima alegre e indolente para as maiores profundezas da depressão. Dez dias depois, ele passou para o lado inimigo. Não tinha outro princípio além do ritmo do seu pulso, que mudava a cada minuto.

Arbex havia rodado filmes. Esse primeiro plano de desespero era muito impressionante. O general russo, muito calmo e contido, aconselhou a defesa de Bilbao, afirmando que isso era possível caso houvesse disposição para tanto.

Jaureghuy perguntou se os bascos tinham equipamentos. Contavam ainda receber aviões ou metralhadoras?

Ao que Aguirre deu uma resposta franca, com apenas uma sombra de sugestão de que havia sido traído: "Sempre estamos esperando por aviões; há muito esperamos por eles".

Então Gurieff comentou: "Nas três primeiras semanas da defesa de Madri, nós o fizemos com apenas dezesseis caças; só depois havia 32".

Outros estrangeiros fizeram colocações empoladas e de mau gosto, incentivando os bascos a defender a capital até o último homem. Jaureghuy, no entanto, foi mais sutil: afinal, não era Paris, e sim Bilbao que seria perdida. Bilbao não era sua cidade; só os bascos podiam decidir se queriam ou não ver a cidade destruída — pois estaria em ruínas dali a três semanas. Os franceses haviam visto suas cidades em ruínas — era melhor deixar que os bascos decidissem por si mesmos. Bilbao podia ser defendida a um custo que apenas os partidos políticos poderiam decidir pagar. E assim passou a questão de volta às mãos do governo basco, o que era a única coisa decente a ser feita por um estrangeiro.

Montaud rompeu o silêncio para pronunciar a derradeira palavra na discussão. Estivera esperando pelo momento de fazer sua peroração, pois, como todo o antigo Estado-Maior Geral, desde o princípio vinha jogando para perder. Era um despropósito medieval falar da defesa do rio Nervión, disse. As milícias eram incontroláveis e não havia meios de manter a serra sobre Bilbao.

"Mas é uma *contraescarpa*", exclamou Monnier. "Eles só podem usar a artilharia pesada." Montaud graciosamente admitiu o ponto, e os dois fingiram ser grandes amigos pelo resto da noite, com uma polidez e um requinte linguístico genuinamente gálicos. Sorriram um para o outro da maneira mais cativante.

Leizaola não exprimiu nenhuma opinião. Todavia, pelas intervenções que fez para estabelecer os limites do debate — "Tudo o que queremos saber de vocês é o seguinte: a) e b), sem outras questões" —, era evidente que Leizaola estava se tornando o espírito diretor de Bilbao.

A conferência se dispersou.

À meia-noite, os conselheiros do governo basco se reuniram para jantar com o presidente. Leizaola assumiu o comando.

Às quatro da manhã, anunciaram a decisão de defender Bilbao. A população civil seria evacuada *en masse* para o oeste; entretanto, solicitaram ao governo britânico que exigisse garantias do general Franco de que não ia bombardear a cidade com aviação ou artilharia. Eles se comprometeram a evacuar os moradores no menor prazo possível, e solicitaram a presença de observadores neutros para acompanhar o trabalho.

Era mais do que hora de ir para a cama. Jaureghuy estava muito satisfeito. "Isso demonstra presença de espírito", comentou. A partir de então, deixei de tirar a roupa durante a noite, embora Jaureghuy tivesse dito que o cheiro seria terrível.

O cônsul britânico retirou-se de Bilbao e embarcou em um destróier no dia seguinte, quando os diários locais refletiram a situação crítica reduzindo pela metade o tamanho de suas páginas. E essa metade foi preenchida com tipos enormes: CONTRA A PAREDE.

29.

A tensão só aumentou na segunda-feira. O inimigo espalhou-se desde Santa Marina, ao longo da crista que dominava Bilbao, até San Roque.

A crista era dele; a *contrapente*, contraescarpa, nossa. Ele podia avistar a cidade apenas de Santa Marina; em todos os outros trechos, a encosta à margem do Nervión erguia-se em pequenos morros enrugados, e embora ocupasse os pontos mais altos poucas centenas de metros a leste dos morros, eles bloqueavam a visão que tinha de Bilbao lá embaixo. Os poucos morros ondulantes do sul ao norte, a estação de rádio, o cassino de Arxanda, Arxandasarri e Fuerte Vanderas estavam em nossas mãos e impediam o avanço do inimigo.

Desde o rio, era uma coisa barulhenta e invisível; mais acima, avistava-se esparsa movimentação de homens nos pinheiros, as pequenas bandeiras vermelhas e douradas penduradas e as balas que assobiavam. Beldarrain se retirara com sua divisão para o trecho norte do *cinturón*, entre Sopelana e Artebakarra. Vidal iniciara um recuo com típica incoerência, deixando de comunicar isso a toda uma brigada que ocupava a posição avançada de La Cruz II; naquela noite, teve de se esgueirar e serpentear por entre duas colunas inimigas, só conseguindo escapar por milagre.

E os relatórios não paravam de chegar: "Retomamos Santa Marina. A crista é nossa. Bravo Vidal...".

O bravo Vidal... Naquele dia lançaram uma bomba de 45 quilos bem no teto de seu abrigo de trincheira, em Galdakano. O local aguentou o impacto: o homenzinho foi bem sacudido, e acabou mais uma vez com o estômago virado. Seus homens agora estavam ao sul de Santa Marina, mal se aguentando nas encostas que desciam até o Nervión. Viam-se soldados desgarrados no caminho para Bilbao, cheios de histórias estranhas sobre como estavam voltando com mensagens importantes, ou procurando batalhões, ou buscando suprimentos; todos desertores que tomavam o rumo de casa.

Havia muita discussão sobre um contra-ataque em Santa Marina. Mas isso estava além da capacidade de Vidal. Alguns morteiros da 2ª Divisão foram disparados contra as encostas. Os batalhões avançaram de modo disperso, em longas filas indecisas, subindo o morro por entre os pinheirais. Mas quando chegavam ao campo aberto e quente, os oficiais não mais sabiam o que fazer; a Divisão Divina havia dado as ordens mais vagas possíveis. Os homens acabaram descendo de volta aos poucos para conseguir comida. Estavam esfomeados, como todas as tropas mal comandadas e sem objetivo.

Beldarrain não se conformou com o recuo. Como sua divisão estava descansada e bem organizada, queria contra-atacar e salvar a situação no centro. Mas o Estado-Maior Geral nem considerava a possibilidade de um contra-ataque. Insistia para que retornasse.

À esquerda da 1ª Divisão, pelo menos foi o que ouvimos naquela tarde, Putz descobriu, ao assumir o comando, que o batalhão Gordexola fora deixado para trás, sem ordens, por 48 horas. Um batalhão inteiro perdido adiante da linha de frente — assim era Gomez. Um batalhão inteiro intacto, sem ter sido cercado, atacado ou mesmo notado em seu isolamento — esse era o inimigo. Eram a Itália e o velho Exército espanhol conduzindo uma guerra contra um antigo tenente dos carabineiros. Cansado de ficar esquecido, o Gordexola saiu naquela tarde do vácuo e juntou-se a Beldarrain.

Mas havia uma esperança no ar. Jaureghuy seguiu para Begoña, o novo quartel-general da 1ª Divisão, e constatou um clima diferente. Um oficial magro e incansável estava no comando, o coronel Putz. Bem, Putz não é espanhol, e sim oficial combatente. Notícias a respeito dele chegaram aos poucos: Brigada Internacional... Comandante de Ralph Fox... Conselheiro municipal na França e capitão da reserva, com experiência na Grande Guerra... E conduziu uma brigada à assombrosa vitória na batalha de Guadalajara.

Na tarde de segunda, Jaureghuy soube que Putz fizera pessoalmente o reconhecimento de toda a linha. Havia distribuído os batalhões e determinado ele mesmo os pontos de reserva. Essa foi a primeira vez que, na guerra basca, víamos um comandante de divisão assumir o risco, com a exceção de Beldarrain, o líder natural, que o fazia em épocas mais tranquilas. Nesse dia, Putz circulara com bombas nas mãos, tentando localizar as metralhadoras inimigas.

"Tudo vai bem hoje à noite", comentou Jaureghuy, "podemos dormir tranquilos. Putz vai dar conta, ele sabe o que faz."

Quando caiu a noite, Beldarrain recebeu ordem de recuar outra vez e alinhar sua ala direita com a 1ª Divisão em Arxandasarri.

O clima estava péssimo no Estado-Maior Geral, pois Beldarrain retrucara que não estava disposto a fazer isso. O velho general caminhava entre os homens de uma sala a outra, bamboleando como uma cacatua inquieta, enquanto o general russo adotava a sólida opinião de que ordens são ordens. Jaureghuy defendeu Beldarrain. Esse recuo incessante é despropositado, disse; a divisão ainda está em condições de combate. Ela precisa mesmo é investir contra o flanco inimigo, pois tem como vencer. Mas ordens são ordens, repetiu inabalável o general russo.

Sim, o clima estava péssimo entre os membros do Estado-Maior. No passado, nunca tinham dado a impressão de se importar muito quando uma ordem de contra-ataque era executada de modo inepto, ou cumprida dois dias depois, ou ainda desconsiderada por completo. Mas uma ordem de retirada era uma questão bem diferente, cujo desobedecimento configurava rematada indisciplina.

Todos os oficiais que não haviam posto os pés na linha de frente durante meses concordavam que era preciso enquadrar Beldarrain. (E, de fato, após a queda de Bilbao, conseguiram afastá-lo da divisão. Nesse meio-tempo, havia destruído uma bateria italiana, feito 75 prisioneiros, aniquilado duas companhias espanholas, garantido a retirada da 1ª Divisão de Bilbao e demolido, para a proteção desta, as pontes sobre o rio Cadagua. Por isso, o Estado-Maior o demitiu.)

Em um momento de desespero, dava para ver como funcionava o sistema todo; como a aviação e a artilharia inimigas haviam atacado; como os membros do Estado-Maior se impressionaram, tais quais soldados puramente mecânicos, diante do impacto desses meios mecânicos; já o moral, sua destruição e sua recuperação, isso não os interessava. Estavam convencidos, e haviam jogado como perdedores desde o princípio. E o que os convenceu foi a eficácia e o estrondo das máquinas no campo adversário.

Por isso, sempre haviam recuado: as ordens de contra-ataque eram dadas em voz baixa, quase na expectativa de que não fossem ouvidas. Lafuente se esforçara ao máximo, e quando o novo general e Lamas, o chefe de Estado-Maior, chegaram, tarde demais, haviam tentado incutir um espírito ofensivo. Mas logo submergiram em meio à maré geral de derrotismo.

O Estado-Maior não era formado por combatentes de primeira, nem por bascos. Estavam unidos pelos laços comuns de raça, patente e formação às pessoas contra as quais lutavam, mais do que aos homens que comandavam. Não eram traidores, tampouco entusiastas. Nada tinham a perder além da vida, no longo prazo. E esse prazo ainda estava distante o suficiente de Bilbao, passando por Santander até Astúrias, com a eventual oportunidade no meio do caminho de um embarque na calada da noite em algum navio com destino à França.

Eles haviam transmitido o derrotismo aos oficiais em campanha. Não removeram os comandantes de divisão incompetentes até que fosse tarde demais, pois os incompetentes partilhavam da opinião de que o melhor era recuar.

Os milicianos, com os temores aguçados por uma aviação e uma artilharia que jamais haviam visto antes, estavam baseados em Bilbao. Ainda não constituíam um exército regular completo. Quando regressaram à cidade, eles se dispersaram por suas casas. Ali contaram aos parentes sobre os perigos da frente, e os parentes lhes falaram de todos os mortos nos ataques aéreos ao longo do rio. Todos foram invadidos pelo espírito da retirada.

Somente dois homens os seguraram — Putz e Beldarrain. O exército semicivil, dotado de excelentes qualidades físicas e resistência combativa, foi arruinado desde o alto pela indecisão do Estado-Maior.

Seus piores temores agora se difundiam entre o restante da população; enquanto tombava a noite e o último avião desaparecia de vista, os moradores de Bilbao começaram a grande fuga para o oeste e para o mar aberto.

Em um instante, com a chegada da escuridão, as largas ruas

de Bilbao, entre bancos, repartições públicas e altos prédios residenciais de granito e vidro coberto de papel, e entre as espessas e opacas fileiras de sujos sacos de areia, ficaram repletas de caminhões, dúzias e dúzias deles. As calçadas lotaram de gente, mulheres e homens carregando crianças ou colocando-as para dormir no chão. As portas de entrada estavam entulhadas de móveis, com pernas e braços se projetando, que, depois de passarem com dificuldade por entre centenas de corpos humanos, acabavam empilhados em montes precários à beira do calçamento. Colchões se acumulavam por todas as partes, e as ruas sob os plátanos estavam coalhadas de uma humanidade exausta, mexendo a cabeça sobre o pescoço e lutando contra o sono em meio aos caminhões que passavam sem cessar.

Era o início da evacuação de Bilbao. Desde as janelas, dava para avistar, enquanto seguiam através do brilho do tráfego noturno como compridos brinquedos mal articulados, comboios ferroviários com artilharia ligeira seguindo para Retuerto, a fim de guardar a margem oeste do Nervión.

O rio pululava de agitação, parecia estremecer com tantas sirenes. Toda a esquadra de Bilbao estava sendo mobilizada. Havia ordens para transferir todos os barcos da margem leste para a oeste, onde recolheriam os refugiados e os levariam para Santander e para a França. Em enferrujadas falanges de uma centena de barcos, as traineiras de pesca, trazidas de San Sebastián, haviam permanecido oito meses ociosas, encostadas umas nas outras. Agora as fileiras se rompiam e se abriam em leque, com pequenas torres de vapor lançadas ao céu e dissipadas na escuridão. Uma enorme multidão juntou-se no cais dos Altos Hornos, e de Sestao e Santurce no outro lado — homens, mulheres e crianças.

Pranchas de embarque foram instaladas nos destróieres *Ciscar* e *José Luis Diez*. Com a nova pintura de guerra, iam levar mulheres e crianças até a França. Uma multidão irreprimível embarcou aos trambolhões nos destróieres e, no meio de tudo, estavam as bagagens e pessoas de Gerrika-Echevarría, o comandante da Artilharia; Pikaza, o chefe da Polícia Motorizada; Mendiguren, o diretor de Assuntos Externos; Unzeta, o chefe da Sanidad Militar, que era o corpo militar médico basco; e Naranjo, o membro do Estado-Maior agregado ao departamento de Defesa.

O capitão do *Ciscar* soube dos desertores e telegrafou a Bilbao em busca de orientação. Disseram que os prendesse e os levasse de volta. Porém, ao chegar a um porto francês, as autoridades locais concederam-lhe apenas quinze minutos para desembarcar todo mundo, e disseram que se segurasse alguém teria de ficar com todos.

Nos conveses, em meio à escuridão, dava apenas para vislumbrar as centenas de cabeças. Os pés eram invisíveis, os lábios em movimento nervoso e indistinto, explicando coisas. Com o convés repleto de pinos de boliche em formação cerrada e instável, o *Ciscar* e o *Jose Luis Diaz* levantaram âncora. A água balançou as quilhas aguçadas em uma parábola de luar, enquanto se afastavam cada vez mais rápidos.

Por toda a beira do rio, em mais de dez quilômetros, mulheres, crianças e velhos se empilhavam sem controle nas traineiras que partiriam rumo a Santander. Era noite de lua, e ela iluminou uma interminável ida e vinda de gente, vestida de preto, com cabelo brilhante e rosto pálido, homens com melancólicas boinas escuras que se moviam lentos pelas docas negras e sob guindastes, cristas e fornalhas negros até a beirada do rio tremeluzente de movimento e luz espelhada.

O que mais impressionava era a solenidade da cena, e a triste e humilde dignidade dos atores. Era uma peça simplória, na qual atuavam com um tema único: todos queriam escapar para bem longe dessa guerra terrível, para a comida e a paz em Santander. A luz que desafiadoramente dançava diante deles no Nervión era a luz dessa esperança; perdida e recuperada outra vez, perdida e sempre recuperada. Mas todos os rostos estavam na sombra; era uma massa, não eram homens; um mar negro em débil movimento após a tempestade.

Na cidade, nas pontes sobre o Nervión, a evacuação em terra havia se acelerado. Durante toda a noite, caminhões passaram roncando de uma ponta a outra de Bilbao, carregados de cadeiras e estrados de camas e trouxas disformes, aos quais se agarravam as pessoas e sob os quais se encolhiam. As ruas de Bilbao eram como ruelas de uma fábrica, com veículos manobrando e esfalfando seus músculos por toda a parte. Somente os faróis e as luzes de rua iluminavam essa movimentação de um submundo infeliz. Acima dos muros cegos dos prédios, e apesar da lua, a noite parecia se estender opressivamente sobre a cidade que estávamos a ponto de perder.

Ao ar livre, era grande o nervosismo, o impulso irresistível de seguir para Santander. O capitão Alambarri, o bem-apessoado oficial do Estado-Maior, postou-se sob o luar à janela do gabinete de Rezola para contemplar os que se atropelavam e se apressavam nas ruas. As dragonas douradas que pendiam de seus ombros faziam de Alambarri um herói de cinema, um Douglas Fairbanks, um atleta moreno engalanado de ouro e cáqui para algum romance impossível. Mas o romance que contemplava era o da desmoralização de todo um povo, e ainda não parecia se dar conta de que *seu* Estado-Maior tornara esse romance algo tão melancólico de ver. "Digam o que for", comentou, "*Bilbao se ha perdido.*" Espreitava furiosamente na escuridão. Milicianos das Astúrias passavam embaixo. "Desertores", acrescentou, com um movimento abrupto de cabeça, indicando que estava vingado. Pobre, romântico, ignorante Alambarri, a quem nunca ocorreu uma maneira de impedi-los.

Entretanto na *plaza* e nas ruas principais continuavam o barulho e a agitação; escuras formas humanas circulavam diante de luzes, que delineavam com rapidez ainda maior formas escuras de homens exaustos. Linhas de movimento brilhante em torno de quarteirões de morte obscura e monumental. A evacuação e seus ruídos, o ronco dos caminhões e o choro das crianças alarmadas, com os tons mais próximos e mais insistentes do murmúrio de centenas de pessoas, enquanto abríamos caminho pelas ruas sarapintadas.

Nessa noite, os aviões inimigos aproveitaram o suave luar e, em voos rasantes, metralharam toda a extensão da estrada que levava a Santander. Usaram balas tracejantes, que iluminavam o céu mais baixo com súbitas faixas de fogo, delicadas como seda, e vergastavam a terra em ambos os lados dos refugiados tomados de terror. Esses eram os látegos sob os quais tinham de viajar, até alcançar abrigo em Castro Urdiales ou Laredo ou Santoña, e saltar dos caminhões para dormir pesadamente à beira da estrada, todos os sexos e idades misturados em uma única cama de relva. Estavam de tal modo exaustos que continuavam a dormir quando os aviões voltaram a iluminar, com os tracejados horríveis e sutis, os povoados onde se encontravam antes do amanhecer.

E no mar, a improvisada esquadra seguiu para Santander e Santoña, retirando milhares de pessoas de Bilbao. Um navio de guerra inimigo chegou a intervir e capturar dois barcos; o restante seguiu adiante pelo simples fato de serem muitos.

A retirada prosseguiu noite após noite até a sexta-feira, com intensidade decrescente à medida que cada vez mais caminhões não retornavam da região oeste. Foram evacuadas quase 200 mil pessoas, mais de metade da inchada população de Bilbao.

Isso tornou impossível o sono. Eu conseguia dormir em meio ao ruído, mas permanecia desperto por causa da estranha e curiosa inquietação transmitida por essas pessoas. Me perguntava como haviam arrumado esses caminhões, como podiam embalar a mobília e se mudar com tanta rapidez. Queria ver se o terror delas ia se transmitir aos combatentes.

Enquanto eu me fazia essas questões, Arbex chegou em pânico à Presidência. Ao entrar no gabinete de Rezola, estava com o rosto meridional pálido, e detrás viam-se as camadas de seu cabelo siciliano desgrenhadas e desordenadas. Falava sem parar a fim de disfarçar o temor. "Estou vindo do Estado-Maior Geral", começou, "para lhes dizer que uma brigada asturiana recuou diante de Asua. Há uma enorme brecha entre as divisões de Putz e de Beldarrain logo acima de Bilbao. O inimigo está avançando com tanques desde Asua, e pode entrar na cidade em uma hora. Já ligamos pedindo dinamite dos depósitos em Bilbao, a fim de explodir as pontes. Mas disseram que não resta mais nada. O único lugar com dinamite é Galdakano, e vai levar mais de uma hora para trazer de lá."

Arbex contou tudo isso de modo brusco, com voz tensa e rígida, como uma mulher dando ordens. Como mencionei, nosso velho Estado-Maior somente acordava quando se tratava de organizar uma retirada. E Arbex estava mais do que tenso; estava quase partindo ele mesmo para Santander, de tal modo tremiam suas pálpebras com medo dissimulado. Pobre Arbex, fumava demais. Rezola o fitou com os olhos azuis diretos, esticou o queixo, curvou um pouco a boca, postou-se acima dele de modo imperioso e disse: "Bobagem, deve haver dinamite em Bilbao".

"Não sobrou nada", respondeu Arbex. Mas estava enganado, havia montes de dinamite em Bilbao. Esse breve diálogo ficou na minha lembrança, assim como a imagem dos grupos que se confrontavam no gabinete de Rezola naquela noite. O espanhol todo nervoso, e o basco, um obstinado incrédulo de olhos azuis. Déficit e superávit de moral: eles vinham de mundos distintos.

Mas a crise prosseguia. Havia uma brecha, pela qual, segundo Arbex, estavam passando as tropas inimigas, e estas não mais podiam ser detidas.

Jaureghuy prontificou-se a ir até a frente de batalha, em Artxanda, a fim de recolher informações. Ele se ofereceu para me levar. Sempre odiei manobras noturnas. Seguimos pela estrada sinuosa de Begoña com as luzes apagadas.

Nuestra Señora de Begoña é a padroeira dos pescadores bascos. A igreja dela agora servia de quartel-general da 1ª Divisão. Longos vultos em mantos cáqui emaranhados dormiam no grande pórtico quando ali entramos, tropeçando neles e nos degraus irregulares e escuros. Os homens não se moveram.

Na igreja, a luz das velas assinalava o altar na distância, e um ligeiro balanço diante do púlpito revelava o misticismo do teto imponente, o restante mergulhado em trevas profundas. O chão de pedra da nave estava vazio e nos sobressaltou com a dura reação aos nossos pés. Camas, colchões e enxergas alinhavam-se nas naves laterais, todos ocupados por homens adormecidos. Passamos por eles na ponta dos pés, assim como diante dos brilhantes ornamentos no altar, e a Cruz iluminada, em um diamante de fogo.

Alguns dos sujeitos conversavam com vozes roucas, os cotovelos apoiados no piso de pedra, os cigarros entre os dedos. Um guarda com baioneta calada estava à porta do cabido e nos deixou passar.

Outras luzes opacas iluminavam o vitral, sob o qual jazia Putz, enrolado no casaco após o dia exaustivo. O mapa do setor estava todo desdobrado em uma mesa ao lado, uma confusão de linhas de giz vermelho e azul meio apagadas que embotavam a luz; as linhas vermelhas haviam se movido constantemente para trás, e as azuis, para diante. Um belo rosto esguio tinha Putz, um sujeito de boa aparência, ainda que não de cavalheiro. Um olhar de humanidade entre a testa e a boca, do tipo de humanidade da qual um cavalheiro poderia se envergonhar. Não sei qual era sua modesta profissão antes da guerra, mas sobre os pés protegidos por botas de montaria pendia um crucifixo empalado com o corpo do Cristo Carpinteiro que olhava para baixo com compaixão. Não tenho dúvida de que Putz era mais graduado do que um carpinteiro.

As granadas que não usara durante o dia rolaram para debaixo do banco em que dormia. Acordamos o ajudante de ordens e lhe perguntamos como estavam as coisas.

Bem ruins. Os asturianos haviam de fato abandonado o campo, mas a história dos tanques era ficção de Arbex. Uma dúzia de tanques aparecera em Asua, no outro lado da crista na direção norte, mas o pessoal de Beldarrain os expulsara de novo com bombas, e Asua fora retomada. O problema está aqui, apontou com o dedo: uma brecha continuava aberta à esquerda, em Berriz e Arxandasarri. Estavam tentando reunir dois batalhões para fechar o buraco.

Tudo isso em linguagem sonolenta, com muita esfregação de olhos e desajeitados rabiscos equivocados sobre mapas e papéis. A brecha se estendia por dois quilômetros. Limpamos a testa com a mão e saímos para dar uma espiada.

Fico inquieto com operações noturnas, mas a igreja sombria com os vultos adormecidos logo ficou para trás, com Jaureghuy seguindo à frente todo animado, a boina inclinada sobre a orelha direita.

No caminho, topamos com um posto camuflado e bafiento, cujos guardas se comunicaram conosco através dos cobertores. Depois, o caminho estava vazio. Continuamos ao longo das trincheiras abaixo da linha do céu — trincheiras rasas e incompletas dos últimos dias nas quais se amontoavam os homens. Ao redor o silêncio era total; difícil dizer se as sentinelas estavam acordadas ou adormecidas. Na distância vaga a leste, ouviam-se disparos, mas acima deles nossos próprios corações marcavam o tempo. E adiante, sob a estação de rádio, com o esqueleto azulado ao luar, atravessando árvores macilentas até o grande bloco de estuque do

Cassino, um pouco mais adiante. Um homem nos parou. "Este é o último batalhão", disse, e jurei para mim mesmo que de fato era assim. Calados e imóveis, estavam todos muito despertos, com as pupilas dilatadas sob o luar como lêmures. Sabiam o perigo que estavam correndo, mas se mantinham firmes.

Fitamos adiante a escuridão vazia. Sem nenhum ruído ou movimento, nem mesmo o do vento. A imobilidade nos penetrava; sentíamos mais medo do que se tivéssemos ouvido a movimentação de tanques e seus vultos achatados reluzindo em manobras desajeitadas no horizonte próximo. Mas o desconhecido é sempre mais atemorizante que o conhecido, mesmo quando se sabe o suficiente para não povoá-lo com os próprios temores.

Não havia nenhum homem ali, e não ouvíamos nada indicando que estavam subindo desde Bilbao. Era o que bastava. Ficamos ouvindo os tiros, agora distantes e pouco convincentes.

Os disparos vinham da divisão de Beldarrain, que naquela noite realizou uma brilhante incursão na direção do antigo *cinturón*. Em Lañamendi, a colina a noroeste da entrada do *cinturón* em Artebakarra, abriram fogo sobre duas companhias inimigas e fizeram 75 prisioneiros, novos recrutas galegos, pertencentes ao regimento de Zamora. Beldarrain, um bom soldado, decidira retomar o controle de toda a brecha à direita por meio de um ataque vigoroso desde o centro. Nessa noite, fez mais prisioneiros do que todas as outras divisões nos dois meses e meio que durou a ofensiva.

Mas ainda não sabíamos disso. Havia uma brecha de dois quilômetros bem acima de Bilbao, e o inimigo poderia chegar até o rio e ocupar as pontes a qualquer momento, caso decidisse lançar um repentino ataque noturno.

Cabia a Jaureghuy alertar os membros do governo sobre o perigo que corriam ao permanecer em Bilbao. Ele os encontrou no início da manhã e descreveu a situação. Então partiram em carros rumo a Trucios, na região oeste de Biscaia, onde se instalaram em um pomar de macieiras e um adorável e esparramado *caserío* de pedra, deixando atrás uma Junta de Defena em Bilbao, que ainda podia ser mantida caso a 1ª e a 2ª Divisões aguentassem firmes.

Leizaola, ministro da Justiça e nacionalista basco, juntamente com o socialista Aznar e o comunista Astigarrabia, ficaram responsáveis pela cidade, assim como o general Gamir Ulibarri. No dia seguinte, suas lacônicas ordens foram coladas nos muros.

Eu disse a outros jornalistas que o perigo era excessivamente grande, e convenci Monzón, o ministro do Interior, a ceder-lhes um automóvel potente. E assim partiram apressados para a província de Santander, deixando-me de posse do relato da queda de Bilbao.

30.

Na terça, pela manhã, nossa linha parecia mais reforçada. Beldarrain estava firme e contente após a aventura da noite anterior: mostrara ao Estado-Maior como haviam sido burros ao não aceitar antes seus planos de contra-ataque. Putz convenceu as tropas asturianas a retornar à linha de frente, parte delas ao menos; com um batalhão basco e metralhadoras apontadas para seu rabo a fim de mantê-las lá. E Vidal continuava em Galdakano.

Apresentávamos uma linha de frente definida diante do inimigo. Era o que bastava após o caos da noite anterior. Em Bilbao, pude escovar os dentes. Tudo corria bem; a boca estava cheia de espuma quando a água secou na torneira antes da lavagem e do gargarejo finais. E a descarga do sanitário perdera força, respondendo com débil alento às adulações. Exasperado por essa investida subterrânea contra a higiene, Jaureghuy escreveu um encantador aviso militar e o fixou sobre a tampa do vaso: "Não usar... sob pena de morte".

Aquilo estava ficando desconfortável demais. Naquela manhã, haviam bombardeado o suprimento de água nas colinas, destruindo os encanamentos, "de modo irreparável", disse Montaud, que sempre se rejubilava com a perspectiva mais soturna.

Então saímos em busca de água. E a encontramos bem perto. Havia um lago ornamental com fonte arqueada na baixada do jardim público entre nosso apartamento e o Nervión. Foi uma revelação esse belo lago, situado em uma falsa bacia de lava, entre o gramado verdejante e recém-cortado e os arbustos opacos o suficiente para outros propósitos. Em um bambuzal permitimos que a natureza seguisse aquele curso que nos teria custado a vida no apartamento da Gran Vía, 60. O lago proporcionava uma visão encantadora, e nele se debruçavam os milicianos e as jovens, para se lavar e beber água, fazer a barba e pintar os lábios, enquanto imaculados cisnes brancos deslizavam com ar de desfaçatez, o pescoço empertigado e sem uma única pena fora do lugar.

Dali em diante, passamos a nos lavar no lago e a encher ali baldes de água toda manhã. Ele era alimentado com o licor musgoso e esverdeado do Nervión, e as mulheres iam e voltavam de lá o dia todo, mesmo com as balas de metralhadora zunindo por entre as árvores exóticas, cujas folhas espatuladas colocávamos sobre os baldes cheios, a fim de evitar que transbordassem enquanto voltávamos triunfantes à cidade. Que água era aquela! Com todo o cuidado, nós a derramávamos na banheira, e metade se solidificava no fundo.

Entre torvelinhos de nuvens baixas, os aviões retornaram mais uma vez para nos metralhar. Completaram um círculo ao redor da cidade, disparando sem nenhum critério. Não vi ninguém ser atingido, mas a tensão quase chegava ao ponto de explodir. Uma jovem teve um ataque histérico na rua diante do apartamento, e mesmo da distância artística da nossa janela não foi nada agradável ver a pele dela tornar-se úmida, rosada e inchada, com os membros tremendo enquanto os homens tentavam levantá-la. Ela gemia "Deixem-me... deixem-me" de um ponto muito profundo, perto do coração.

Jaureghuy descobriu que havia outro sistema de abastecimento de água. Os antigos equipamentos da época anterior à Grande Guerra podiam ser reabilitados para extrair a água diretamente do rio e distribuí-la pelos encanamentos da cidade. No entanto — acrescentou num tom que podia muito bem delatar certa satisfação — seriam necessários ao menos oito dias para engraxar o maquinário e deixá-lo em condições de funcionamento. Enquanto isso, achava ele, havia certo risco de epidemias.

A conversa de Jaureghuy, tão curiosamente preocupada com a inevitabilidade de causa e efeito, era acentuada pelo estrépito surdo das metralhadoras aéreas sobre Bilbao. Pela primeira vez notamos que nossas armas antiaéreas, que antes muitas vezes soavam como sacos de papel sendo rasgados por um especialista, haviam deixado de disparar. Para sempre. Estávamos de bruços sob as asas inimigas.

Falta d'água, histeria, aviões constantemente sobre Bilbao, jornais reduzidos, decretos lacônicos colados nos muros sobre o nome de Leizaola. Esses eram agora os elementos do cotidiano, quando o inimigo deu início à derradeira investida que levaria à queda de Bilbao. Ao constatar que a divisão de Putz estava forte demais, os franquistas a fustigaram com explosivos o dia todo a fim de que mantivesse o nariz no chão e, ao mesmo tempo, escolheram Vidal como alvo do assalto da infantaria. Pobre Vidal, ele não estava preparado para lutar, e concedeu a honra dessa condição ao adversário. Foi isso que fez o abnegado Vidal. Ele não estava bem.

Começaram com uma barragem de artilharia na encosta sul de Santa Marina. A milícia, sem comunicação com o quartel-general, sem ordens superiores, deslocou-se canhestramente para trás. Tal movimento foi notado pela aviação, e os caças conduziram os bombardeiros para a faixa nua de encosta acima da estrada de Galdakano. Os relâmpagos rubros no chão, a cortina de fumaça, o ruído e a colina caindo uns sobre os outros... Ou, como diziam os milicianos, a mesma velha história. Não havia ninguém como Putz para sair entre eles com granadas nas mãos e gritar "*En avant, mes enfants, cherchez les Fascistes!*" [Adiante, meus garotos, atrás dos fascistas!] e dar tapinhas nas costas de uns e chutes nos traseiros de outros. Não, Vidal não se sentia bem-disposto, e estava transferindo seu quartel-general. Com isso, os milicianos também não se sentiram muito bem e, à sua maneira mais modesta, cada um deles mudou seu quartel-general de lugar.

Uns poucos metralhadores galantes, veteranos dos dias de Irún, quando as escopetas ainda estavam na moda, ficaram para trás como esportistas e firmaram a retirada, que terminou no Nervión.

Vidal relatou ao Estado-Maior a difícil situação. E eles? Bem, naturalmente recorreram a Putz, que lhes cedeu dois dos seus melhores batalhões, assim como outro, de novos asturianos. Ao tcheco "Pablo" coube o comando dessa brigada de emergência, que deveria apoiar o recuo de Vidal à esquerda, em ligação com Putz, à direita. A alta e cônica elevação de Malmasín e a pequena e irregular colina da Casa de Máquinas, na outra margem do Nervión, seriam suas duas posições principais, e caberia a ela guarnecer a vila industrial, eriçada de chaminés, de Dos Caminos, bem adiante deles. Pablo recebeu cargas de dinamite e a ordem de demolir as pontes do Nervión assim que as tropas tivessem cruzado o rio.

Nunca chegou, porém, a tal ponto. Sofreu intenso bombardeio enquanto fazia com que os homens ocupassem as posições, e acumulou baixas, muitas das quais por causa de barrigas dilaceradas pela metralha. Estilhas como lanugem de cardo, causadas por artefatos alemães, revoluteando desde Los Caminos. As tropas de Vidal passaram a se mover mais rápido. Golpeadas pela artilharia e borrifadas por rajadas dos aviões, cruzaram aos magotes as pontes do Nervión e correram pelo terreno plano até o abrigo de vilarejos e colinas.

Era a debandada, concertada e sem constrangimento. Uma verdadeira debandada à italiana, todos correndo pelo campo aberto e tentando chegar antes do vizinho. Não sofreram muitas baixas. A relação de prisioneiros publicada pelos adversários na manhã seguinte era uma lista falsa com números falsos. Mas perdemos bem mais do que prisioneiros, perdemos a própria Bilbao. A 2ª Divisão comandada por Vidal foi pulverizada, e jamais voltou a se reagrupar.

Enquanto contemplava desde o morro da Casa de Máquinas o terreno inclinado à beira do Nervión, e via os homens de boinas e capacetes de aço se dispersando, correndo, se escondendo a partir das cabeças de ponte, eu me dei conta de como um indivíduo pode fazer diferença na vitória ou na derrota de uma batalha. Dois dias antes, foram os batalhões de Gomez que tomaram o caminho de casa, e Putz viera e os incentivara e lhes dera o exemplo, e na passagem da noite para o dia, voltaram a ser combatentes, bascos obstinados e valorosos. Agora chegara a vez de Vidal. E a inatividade deste imobilizara as fontes de decisão em todos os oficiais, até mesmo em Pablo. Era difícil achar alguém que pudesse cumprir com seu dever, ou mesmo que soubesse o destino de seus homens.

As pontes estendiam-se desimpedidas e convidativas diante do invasor. Nosso plano era defender Bilbao ao sul, assim como ao norte, ao longo do Nervión — uma bela barreira. Agora esse plano havia se desfeito no ar, juntamente com Vidal e Pablo, e com a 2ª Divisão. Em última análise, a responsabilidade pela queda de Bilbao era de Vidal e Pablo.

Naquela tarde, quem tivesse gosto pela guerra, seja qual for sua opinião sobre a guerra na Espanha, não teria como deixar de sentir comiseração pela milícia basca. Eram uns sujeitos excelentes, e haviam dado o máximo de si, com muita bravura. Tinham circulado de uma posição a outra durante quase oitenta dias.

Bem que mereciam líderes melhores, não havia dúvida, do que o coronel Vidal.

Nessa noite, Jaureghuy o visitou em seu novo quartel-general, em Arrigorriaga. Foi uma pequena e atrevida aventura. Ninguém, com exceção do Estado-Maior, sabia onde estava Vidal. E isso acirrou ainda mais a curiosidade de Jaureghuy.

Como estava cada vez mais difícil conseguir carros e gasolina, só pudemos partir no começo da noite. Só então saímos com escolta completa através do Nervión, e seguimos pela sinuosa estrada do sul apertada entre montanhas e salpicada de minas desativadas, atrás do cone escuro de Malmasín, na direção de Buia. Ele poderia estar por ali.

No caminho cruzamos com dois batalhões recuando ordenadamente: o Mateos e o Rosa Luxemburgo. Os faróis iluminaram as grandes estrelas vermelhas nos capacetes dos comunistas. Não tinham notícias de Vidal; tinham enviado mensageiros a diversos vilarejos para encontrá-lo, mas não sabiam de nada. E estavam sem ordens. Voltamos para o Nervión, viramos à direita na estrada para Galdakano e atravessamos a nova ponte para Dos Caminos. Logo fomos parados.

Grupos de homens que recuavam taciturnos disseram: "É perigoso seguir em frente". Depois do terrível bombardeio daquela tarde, o pânico tomara conta tanto das tropas como da população civil de Dos Caminos. Não era certo que o inimigo entrara lá, mas já cruzara o Nervión.

Demos então meia-volta.

Soldados e civis vagavam pela estrada de Buia enquanto a percorríamos pela segunda vez. Milicianos esparsos pareciam estar tomando posição, de modo relutante e lento, nas colinas à direita. Sim, haviam recebido ordens.

Em Buia, ninguém sabia de Vidal. Seguimos em frente por um silencioso caminho de pedra dura, com o telefone mudo. Na sombra que dominava as encostas à noite, não havia como evitar o nervosismo, mas chegamos incólumes a Arrigorriaga. "Tem um coronel aqui", revelou um miliciano de vigia, com indiferença. Era Vidal e um comando reduzido, diante de um mapa repleto de cruzes vermelhas — e rasuras. Vidal devia estar usando a borracha sem parar naquele início de noite. Mas o cabelo do pequeno coronel ainda reluzia de brilhantina. E que linda estava a lua lá fora, delineando o perfil de prata viva da crista que havíamos perdido. Fiquei ao ar livre, sob o luar, enquanto lá dentro Jaureghuy interrogava o chefe da 2ª Divisão. Vidal foi explícito. O inimigo estava em Dos Caminos ao norte, em San Miguel de Basauri no centro, e ocupara a colina de Upo ao sul. Ou seja, Vidal levara uma boa surra em toda a linha de frente, e recuara sem demolir uma única ponte. Ele ia defender uma linha assim, e seu dedo gorducho passava sobre o mapa de uma cruz vermelha a outra — colina 247, colina 200, colina 351, Malmasín, colina 200, Arbolica, San Juan de Munguía a noroeste de Miravalles. Depois de empurrar os óculos para a testa, examinou de perto as posições no mapa — ideais. E ele próprio, bem, ele mesmo ia recuar um pouco para outro posto de comando mais próximo de Bilbao. Jaureghuy saiu ao luar: quase sempre exibia um rosto corado, e nessa noite nem mesmo a brancura da lua parecia atenuá-lo. Tinha coisas horríveis a dizer sobre a 2ª Divisão... Fomos embora de carro, pensativos, de volta a Buia.

No caminho, cruzamos com outros milicianos sem líderes, em duplas ou trios e de mau humor. E nos paravam para perguntar sobre os postos de comando de seus batalhões, sobre comida, sobre ordens. Seguimos adiante e atravessamos um vilarejo deserto.

Uma pequena placa azul no muro anunciava San Miguel de Basauri. Se Vidal estava dizendo a verdade, então agora deveríamos estar no centro das linhas inimigas. Por isso, demos meia-

-volta como lebres, e ficamos à espera atrás do muro. Mas não se ouvia nada; o vilarejo estava despovoado, até mesmo os cães haviam fugido ou sido devorados.

Tínhamos ali a prova definitiva da incompetência de Vidal. Seus batalhões não tinham a menor ideia de onde ele estava. O Estado-Maior não sabia onde ele estava. Ele próprio não sabia onde estavam seus batalhões. E agora havíamos comprovado que ele também não sabia onde estava o inimigo. Faltava algo?

Entre risos, protestos e sono, voltamos de carro a Bilbao. O Estado-Maior já se dera conta de que nem Dos Caminos nem San Miguel de Basauri, tampouco Upo estavam ocupados pelos inimigos. Vidal recebera ordens para guarnecer os três pontos. Sabíamos que essa ordem não seria cumprida.

31.

Se até então estávamos atrasados na explosão das pontes, a partir da manhã de quarta o processo se inclinou para o outro extremo, pois o Partido Comunista resolveu ajudar na demolição. Justificadamente incomodados com a lentidão dos engenheiros de Vidal, seguiram rio abaixo até Portugalete no escuro da madrugada e, às cinco da manhã, explodiram o *puente transbordador*.

Este caiu direto no Nervión, deixando a ala esquerda da 5ª Divisão, de Beldarrain, à direita da foz do rio, sem caminho de retirada. A todos nós, isso pareceu uma obra de fenomenal inteligência.

Por vários dias, esquadrões de bombardeiros lançaram cargas sobre o *puente transbordador*. Essa antiga maravilha mecânica era a primeira coisa que se notava ao entrar no porto de Bilbao. Pendurada entre dois pares de mastros em cada margem do Nervión e sustentada pelos cabos de um elevado sistema ferroviário, o trecho utilizável do *puente transbordador* cruzava rapidamente o rio com uma gaiola repleta de bascos e carros. E depois em seguida, na outra direção, ruidosamente.

Os aviões haviam provocado poucos danos. Reviraram os subúrbios de Portugalete (de classe baixa) e de Las Arenas (de classe alta) em ambas as margens, lançando as bombas de maneira imparcial. Haviam dizimado grande quantidade de civis; demolido a residência do cônsul britânico; e, na verdade, um pequeno projétil até emperrou o funcionamento da ponte espetacular. O conserto teria levado um dia, até que os comunistas resolveram a questão impulsivamente ao lançar a gaiola, os cabos e todo o resto no Nervión.

Como um imenso espantalho, os destroços da ponte agora bloqueavam o porto, e Beldarrain viu-se obrigado a montar duas pontes flutuantes com barcaças de minério de ferro que jaziam sem uso no cais, a fim de assegurar a passagem para a outra margem.

O batalhão Malatesta, anarquista, posicionou-se em Portugalete, a fim de vigiar o outro lado da entrada do porto.

Uma guerra civil eclodiu em Las Arenas, nas casas abastadas: algo conhecido como quinta-coluna começou a funcionar. Pouco mais de uma centena de jovens que haviam se esquivado ao serviço militar agora pegaram as boinas vermelhas que haviam mantido escondidas e esticadas em suas prensas de calças durante onze meses e, empunhando fuzis, subiram aos andares superiores das elegantes mansões e de lá passaram a disparar contra alvos nas ruas. Ao mesmo tempo, os italianos ocupavam Algorta, o subúrbio vizinho, a leste.

Assim rudemente abalados nos nervos, os milicianos recuaram de Las Arenas rio acima. Somente quando deixaram o subúrbio, ouviram falar da intriga que levou ao seu desbaratamento. O Malatesta, que acompanhara tudo desde o início, enviara duas companhias à outra margem em barcos a motor; elas desembarcaram sem demora e avançaram por Las Arenas. Dinamitaram quatro casas nas quais haviam sido abandonadas armas, assim como uma pequena fábrica de armamentos, disparando para cima contra todos os atiradores de boina vermelha que eram localizados. Esse era o tipo de combate de que mais gostavam: durante duas horas, Las Arenas tornou-se um dos recantos mais calorosos do mundo.

O comandante deles era irmão do sacerdote de Las Arenas, e o padre, ainda que discreto em suas manifestações públicas, era monarquista convicto, como bem sabia o irmão. Assim, antes de se retirar de volta a Portugalete, este fez questão de provocar certa quantidade de danos na igreja fraterna.

Eu não estava lá, mas nenhum desses fatos me foi ocultado pelo governo basco, que assumiu — como sempre — uma visão extremamente científica da guerra na Espanha. O carlismo e o monarquismo são fenômenos estritamente espanhóis, comentaram eles, tal como o anarquismo; assim que perdiam a fé, os carlistas viravam anarquistas. E como são espanhóis e nada mais, lutam uns contra os outros — e que lutem... Já o nacionalismo basco, por outro lado, tal como o socialismo e o comunismo, representa um conceito global. Encontramos o nacionalismo por toda a parte; nós, bascos, somos apenas uma etapa dele. Um basco que perde a fé torna-se socialista ou comunista. E como não somos apenas espanhóis, mas sempre estamos de olho no mundo externo, os fumos militaristas e o falso heroísmo da Espanha não nos intoxicam. Não lutamos uns com os outros; preferimos conciliar e, no final, acabamos abrandando o tom. E aí está, caro amigo inglês, a diferença entre nós e a Espanha, disse Leizaola.

Com base nessa filosofia ibérica, fiapos de fumo se evolavam da igreja de Las Arenas, e Caim retirou-se mais uma vez do altar de Abel para cruzar o Nervión e voltar a Portugalete. Nem toda a culpa, porém, era dele; pois o sacerdotal Abel agora envergava uma boina escarlate e um fuzil.

Beldarrain ordenou que um batalhão retornasse a Las Arenas. Dava para vê-lo desde a outra margem do rio. Em um ataque surpresa, como as tropas que tomaram Lañamendi duas noites antes, mostrou-se igualmente bem-sucedido.

A artilharia inimiga agora lançava metralha sobre o flanco de proteção de Beldarrain ao sul do subúrbio, onde começavam as colinas que iam se tornar a crista de Santa Marina. Eles estavam enviando à frente unidades mais ligeiras, quando o batalhão de Beldarrain caiu sobre elas, na periferia de Las Arenas.

Uma bateria italiana com canhões de 75,27 milímetros. A guarnição foi dizimada pelo fogo cruzado enquanto tomava posição. Não restava tempo para levar os canhões, mas alguns corpos foram pilhados. Documentos achados no falecido sargento Pompeo Belloni, da artilharia regular italiana, incluíam uma caderneta na qual estava relacionado todo o pessoal da unidade.

Com a tarefa cumprida e o inimigo abalado, o batalhão recuou para a nova linha de frente de Beldarrain, que não foi mais perturbada naquele dia. Beldarrain apenas tomara a medida de recobrir as construções das pontes flutuantes, que adquiriram comprimento e uma superestrutura de tábuas sob as próprias asas da aviação inimiga. Para um soldado não profissional, Beldarrain era uma maravilha. Comprovava de modo pleno algo que Jaureghuy sempre dizia: "Para ser um bom soldado — ora, não precisa mais do que bom senso".

Todavia, foi necessário algo mais para fazer recuar três linhas em três dias, sem ao mesmo tempo oferecer um alvo para os ataques aéreos; e, também, para contra-atacar duas vezes bem ali onde o adversário estava prestes a romper suas linhas, e impedir esse contato, confundir o inimigo, fazê-lo parar e tentar se localizar, em vez de nos perseguir e destroçar em pedaços pequenos. Esse era Beldarrain.

E quanto a Putz? Ele comia o pão que o diabo amassou. Ao meio-dia, a artilharia inimiga concentrou-se com toda a força na divisão de Putz.

E, para um tratamento especial, foram eleitos o Cassino em Arxanda e a colina de Arxandasarri. Havia nuvens de fumaça na crista acima de Bilbao.

Nossas janelas tremiam à estrepitosa oratória adversária.

Por duas vezes naquela tarde o inimigo tentou a abordagem frontal a partir de Santo Domingo, mas sua artilharia não atemorizara ninguém, e a infantaria mantinha-se acuada entre os pinheiros. A 1ª Divisão estava aguentando firme. Ninguém teria reconhecido nesses soldados as tropas de Gomez de quatro dias antes.

Não se ouvia a explosão de granadas; nada que indicasse o combate próximo. O inimigo foi bloqueado e obrigado a voltar a seus redutos.

Um alarme falso anunciou que 32 carros de combate inimigos aproximavam-se de Fuerte Banderas, o ponto mais setentrional da serra sobre Bilbao. O próprio presidente, que passara o dia na cidade, ordenou que armas antitanque fossem levadas até o alto pela estrada sinuosa. Os carros de combate, pequenos besouros rastejantes que moviam o nariz bruscamente para a direita e a esquerda, pararam com as explosões e em seguida deram meia-volta. Uma ordem fora transmitida e logo obedecida, e o ataque resultara em nada. Tudo estava correndo bem para a 1ª Divisão.

A perda de Fuerte Banderas seria fatal para Bilbao. A única linha de comunicações restante estava dominada pelo forte, na margem direita do Nervión. As peças de artilharia ali instaladas podiam golpear as duas estradas, para Valmaseda e para Santander, que ladeavam a outra margem do Nervión a oeste, distante 2,5 quilômetros. Não havia outras estradas que saíam da cidade, além de trilhas estreitas, que conduziam através da espessa proteção dos pinheiros aos nossos ombros até a altura de Pastorecorta e Pagasarri, para onde agora recuava a divisão de Vidal. Tínhamos de preservar a todo custo Fuerte Banderas e a linha do horizonte ao sul. E, de fato, pagamos um preço elevado pela breve e gloriosa ocupação desses cimos. Nós? Eu é que não! Desse momento em diante, era atemorizante demais subir até lá. Os cumes foram martelados quase sem parar, pouco a pouco, pela força da artilharia estrangeira. A fumaça se desprendia em enormes e trêmulas plumas, escuras como o pecado, e como o pecado obliterava o espírito humano; mas não havia movimento para acompanhar, com exceção das macas que voltavam da frente, e das tropas de reserva mobilizadas inexplicavelmente aqui e ali pelas ordens de Putz.

Nossa artilharia empregara quase toda a munição. Os aviões voltaram a metralhar as ruas, impedindo que o trabalho fosse retomado nas fábricas. O inimigo parecia contar um suprimento inesgotável de morte — granadas, bombas, aviões, canhões; um retorcido e interminável fluxo de fogo e trovão. Nós, por outro lado, não tínhamos mais nada.

Os milicianos bascos reconheceram seu líder em Putz, e continuaram a lutar porque confiavam nele. Não tinham mais nada com que lutar, além da crença em seu líder.

Do mesmo modo, a 2ª Divisão prosseguiu em retirada, e Vidal aproximou ainda mais de Bilbao o posto de comando. De modo inexorável, e nada lento, os milicianos que haviam sido empurrados encosta abaixo de Santa Marina e forçados a atravessar o fundo plano dos vales foram perseguidos encosta acima naquela tarde com a mesma agilidade até se aferrarem à derradeira crista a sudoeste: o grande monte de Pagasarri.

Sob o fogo da artilharia inimiga, perdemos o monte Malmasín, de topo cônico, e a enfezada e esburacada colina da Casa de Máquinas. As tropas aguentaram por três horas exatas. Vez por outra, dava para avistá-los no Malmasín, recuando e depois avançando de novo, enquanto desde o monte jorrava fogo como um vulcão impertinente contra o horizonte mais ameno de Euzkadi.

E os homens, protegendo-se em todos os desvãos da colina da Casa de Máquinas, colados a barrancos e paredões de canteiras há muito mortas, aos poucos se esgueirando de volta por sobre o ombro vincado da colina enquanto o sol se punha, e as balas assobiavam cada mais perto dos abrigos. As tropas asturianas em seus uniformes novos com elegantes complementos de couro. Porém, como os homens incertos de Malmasín ao longe — cujas pequenas silhuetas se moviam nas encostas inclinadas, estremecendo um pouco a cada explosão —, chegou o momento em que não mais conseguiam se manter firmes. Haviam sido apenas capazes de aguentar o fogo da artilharia; quando veio a infantaria inimiga, não lhes restavam forças para lutar. A liderança ruíra de cima a baixo. Os pequenos pontos humanos não eram mais as silhuetas ousadas no horizonte a oeste; eles se dispersavam e se dissolviam na encosta, e desapareceram para sempre. Brotaram de bolsões verdes no terreno e nas pedreiras, e logo a Casa de Máquinas estava fervilhando de pequenas figuras articuladas — asturianos de brinquedo — que corriam encosta abaixo, e ficavam maiores à medida que se aproximavam, e saltavam para fora das moitas de tojo, até chegar mais embaixo na estrada, diante dos agrestes penhascos avermelhados de La Peña, cuja face era sombria e enrugada como a de um guerreiro índio, e que impunha um limite à retirada deles com obstinado atrevimento.

Malmasín era nosso último reduto ao sul antes da serra de Pastorecorta. Era nossa derradeira posição, na verdade. Pois não havia estrada entre Pastorecorta e Bilbao, e assim era evidente que os milicianos não poderiam receber alimentos, o que por sua vez significava que, assim que ficassem esfomeados, sairiam a pé rumo a suas casas. Com isso, estava bem claro qual seria o destino de Pastorecorta.

O Estado-Maior ordenou um contra-ataque em Malmasín a partir das quatro da manhã seguinte, antes que a aviação inimiga pudesse intervir. Eu estava com Putz nessa noite e acompanhei os preparativos. Os exíguos estoques de granadas de artilharia que nos restavam foram lançados contra a brecha. Do outro lado de Bilbao, através da fenda do Nervión, a explosão delas traçou no céu de veludo negro grandes cones de luz, cuja chegada iluminou de repente o contracone negro do Malmasín. Era uma geometria em preto e branco; um noturno a que assistíamos do terraço no jardim de uma mansão, repleto de flores aromáticas — irreal guerra de sombras. E atrás, na penumbra do jardim, um capitão suarento apareceu para informar a Putz que não conseguiria fazer com que os homens subissem o Malmasín. Não havia oficiais em número suficiente.

Os comandantes dos dois batalhões, no Malmasín e na Casa, haviam morrido durante o bombardeio daquela tarde, que também deixara feridos muitos oficiais.

"Mas", retrucou Putz suavemente, "precisamos retomar Malmasín; é a chave de Bilbao. É preciso tentar." Disse isso como uma babá experiente diante da criança excitada, e fingindo que não tem a menor ideia disso.

O capitão saiu, repleto de dúvidas. Às quatro daquela manhã, também ele tombou morto, e os homens trouxeram-lhe o corpo para casa, desistindo do ataque a Malmasín.

E assim, após uma noite de relâmpagos intermitentes e repentinos céus com padrões geométricos, despertamos para o dia no qual se daria a batalha final diante de Bilbao. Putz transferiu seu quartel-general para o ministério da Agricultura, no fundo da cidade, de onde podia examinar a linha de frente pelas grandes janelas. Vidal, corria a notícia, estava bem perto da cidade, mas ninguém acreditava que isso tivesse qualquer importância.

32.

Essas noites foram de tensão cada vez maior. O metralhamento das ruas durante o dia era já terrível, mas agora viam-se jovens patrulhando vigorosamente em grupos de três ou quatro, armados de revólveres, atentos às janelas das quais, segundo eles, a quinta-coluna disparava contra a população. E naquela noite o inimigo começou a despejar metralha sobre o Nervión, perto do nosso apartamento. Estranhos vultos em negro, comportando-se como se tivessem direito de ali estar, chegaram e se acomodaram nas poltronas, fazendo em voz alta planos e acordos peculiares.

Acima de tudo, nunca se sabia se, ao acordar, descobriríamos que o Estado-Maior fugira sem se despedir.

Na manhã da quinta-feira, contudo, despertamos com algo diferente: um estrondo que parecia anunciar o Final dos Tempos. Às seis da manhã, a serra toda, desde Berriz até a estação de rádio, era uma fita de fumaça, e nosso prédio sacudia tanto que até as camas protestaram.

De repente, Echevarría, o jovem oficial basco que acompanhava Jaureghuy, foi tomado pelos mais tenebrosos pressentimentos. Com surpreendente vigor, exclamou: "Chegou a hora de Bilbao". Rimos dele, Jaureghuy contou-lhe histórias de Verdun e, para disfarçar a ansiedade, abri uma de nossas últimas latas de leite condensado. O bombardeio continuou com violência inaudita.

Tiramos os relógios e começamos a contar. Mais de oitenta explosões por minuto, às vezes até uma centena. Sem interrupção. Não dava mais para ver a serra, apenas um panorama de fumaça que se elevava e era substituída sem cessar.

Isso continuou durante duas horas. Era um prelúdio para o dia de combate mais pesado na guerra espanhola. Naquelas duas horas, 10 mil granadas de artilharia foram arremessadas contra a estação de rádio, o Casino, Arxandasarri e Berriz. Tombaram sobre quatro quilômetros de frente, e quase todas ao redor das quatro posições principais, que ficavam a menos de dois quilômetros acima, na encosta íngreme, da nossa margem de rio. Ninguém se moveu.

Um ataque de infantaria foi repelido entre as oito e as nove horas. Houve então uma pausa de cerca de uma hora, e em seguida a artilharia voltou a martelar a serra. Por outras duas horas. Foi terrível: mais 10 mil granadas. Ao meio-dia, outro ataque de infantaria, também repelido. Os metralhadores na estação de rádio enviaram uma mensagem animada: "Fizemos montanhas de cadáveres".

Também tivemos muitos mortos. Tropas de reserva foram enviadas encosta acima. Enquanto se moviam, a aviação inimiga interveio, e fez jorrar um fogo descontrolado pela encosta do monte, que parecia prestes a sufocar sob terra e cinza, embaixo das escuras faixas de pinheiros que nossos homens defendiam com incrível coragem.

Nossos canhões de seis polegadas fustigaram as concentrações de tropas adversárias em San Roque e Santo Domingo. Bilhetes chegavam da linha de frente pedindo mais munição —

com urgência. E os mensageiros saíam com caixas e sacos através dos pinhais envoltos em fumaça.

Fragmentos de bombas voltavam de repente à vida e tomavam forma sobre o rio. Pedaços de metal se dispersavam pelas primeiras ruas de Bilbao. Todos se amontoavam nas portas, dando as costas para a batalha. Mas na linha de frente ninguém ficava de costas nem se mexia.

As ruas da cidade se esvaziaram. Um Estado-Maior ansioso colocou a cabeça para fora da janela a fim de ver o que estava acontecendo, incrédulo. Vinte mil obuses: aquilo era um recorde para a Espanha. E os milicianos aguentando firme — e ainda viria mais.

Depois do meio-dia, os aviões permaneceram mais ou menos o tempo todo sobrevoando a linha de frente — bombardeando, metralhando, espiando todo deslocamento e ajuste, mergulhando em intervenções pontuais. Pela direção na qual se afastavam, parecia que eram reabastecidos em Sondika, nosso velho aeródromo de concreto, no vale seguinte. Marcavam presença todos os tipos de aviões alemães e italianos: Junkers 86, Junkers 52, Heinkel 111, Heinkel 51, Heinkel 45, Savoia 81, Fiat CR 32, e ainda dois outros modelos que não consegui reconhecer. Às três da tarde, recomeçou a barragem de artilharia: era o momento do vai-ou-racha para o comando inimigo. Estavam impelindo seus homens como demônios para a decisão final.

A barragem de artilharia foi mais intensa e breve que a da manhã. Parecia concentrada no Casino, desde muito tomado pela névoa pestilenta da guerra. Mais fragmentos metálicos jorraram sobre a cidade, para onde retornaram os Heinkel 111 a fim de nos metralhar. E ainda houve um terceiro ataque de infantaria; um furioso tartamudear de armas automáticas ao longo da serra elevava-se a ponto de insana insistência no Casino e mesmo assim não fazia a menor impressão, sendo respondido com igual fúria.

Muitos mortos eram carregados montanha abaixo por trilhas entre os vinhedos. Eu não conseguia despregar os olhos da encosta, houvesse ou não risco de fragmentos de bombas. A qualquer momento, começaria a derradeira retirada para o rio; os destacamentos de metralhadores haviam se instalado nos armazéns. Porém, ainda não se via nenhum movimento.

Mensagens chegavam com a solicitação de reforços. "E parem de disparar com esses malditos canhões contra nossos próprios carros." À direita, dois de nossos canhões de 75 haviam se juntado à batalha sem aviso.

Ficamos sabendo que Beldarrain recuara com todos os seus homens para a margem esquerda do Nervión, e agora estava em Retuerto. Impossível deixar essa batalha para ir visitá-lo.

A frente agora se estendia pelo Nervión até Bilbao, onde abria um bolsão rumo a leste em um semicírculo achatado que acompanhava a serra que estávamos observando, e dali cruzava o Nervión até La Peña, e se fundia na impotente divisão de Vidal, que ainda recuava de forma tão caótica que desafiava qualquer tentativa de descrição.

Na cidade, soavam os alarmes falsos: Fuerte Banderas fora tomado, Berriz caíra em mãos inimigas, os asturianos estavam se agrupando. Nada disso, porém, era verdade. Por volta das seis, os bombardeiros, voando em grupos de três que pareciam torcer as tripas do céu, passavam diante de nós para concluir a última e tenebrosa operação. Bombas incendiárias e de alto teor explosivo caíram entre as tropas de reserva, que se agitavam convulsivamente pela face do monte.

Torres brancas ergueram-se em Deusto, na outra margem do rio, subindo com velocidade louca como trepadeiras escarlate de fogo. Toda a orquestra da artilharia intervencionista foi afinada pela batida do bastão do condutor celestial. A quarta barragem de 10 mil bombas estrondeando e explodindo sobre a estação de rádio, o Casino e Arxandasarri. Parecia que se tornava evidente uma nova febre e fúria nessa canhonada, de rapidez redobrada. O inimigo ia romper nossas trincheiras frágeis de qualquer maneira antes do anoitecer.

Cruzei o rio e passei à outra margem. As balas voavam sobre a serra e passavam por nós, sibilando. Dava para ouvir as granadas de mão a explodir. A infantaria deles devia agora estar bem próxima de nossas linhas.

Sentei em uma pilha de caixas de munição, com um grupo de animados milicianos que esperavam o momento de galgar a encosta.

Olhando desde a ponte, para além dos incêndios em Deusto, podia avistar a derradeira batalha sendo travada em Arxanda. Por mim, passavam em macas improvisadas mortos e feridos, carregados com a bela solicitude das pessoas por seus conhecidos. E eram muitos. Deusto estava ardendo furiosamente, assim como as casas na encosta atingidas pelas bombas naquela tarde terrível. Eram grandes mansões em quarteirões, da década de 1920, apaineladas, estucadas e espaçosas; de suas bocarras vulgares saltavam os diabretes do fogo.

A serra, sobretudo o Casino entre os pinheiros e assentado em concreto pesado, foi sufocada pelos fumos da artilharia ítalo-germânica. Durante uma hora foi impossível marcar um segundo entre o troar das explosões. Esquadrinhei a encosta em busca de sinais de homens em retirada, mas não consegui avistar nada e ninguém. O Casino resistia com obstinação, embora as chamas num prédio à direita indicassem que os fascistas já haviam entrado ali. Eles não ousavam erguer a bandeira. Estavam sufocados por nossos morteiros incendiários.

Nossa artilharia pesada atrás de Bilbao, que durante a manhã visara as concentrações inimigas em San Roque, agora estava em completo silêncio. Acima dela pairavam, como ameaçadores mestres de escolares empunhando palmatórias, os aviões da Alemanha e da Itália. E que recompensa se descortinava diante deles! Desde o monte Arraiz até o mar, e para oeste até Somorrostro, estendia-se uma paisagem, claramente esquematizada para o aviador, de jazidas de ferro, montes de escória, de lixo, ferrovias para minérios, as chaminés e as fornalhas da indústria pesada. Toda a realização concreta e conjunta dos laboriosos bascos, construída no decorrer de séculos de meticulosa democracia; impressa sobre um largo panfleto de empoeirado vermelho de tijolos, daquele solo vermelho que apenas cede o ferro ao esforço paciente. Tudo isso para ser conquistado tão ligeiramente em dois meses e meio de pirataria. Matérias-primas! Não, antes as pérolas da Ásia bárbara e o ouro do Novo Mundo do fascismo. Todavia, para eles próprios, os aviadores diziam que ali estavam para esmagar os comunistas em Euzkadi.

Nossos canhões de 75 no parque e na margem do rio ainda não podiam responder. Havia mais de oitenta deles, mas cinquenta estavam sem munição. Como se sabe, os bascos produziam eles mesmos sua munição; eles não a compravam de países intervencionistas. Sua própria classe operária se esfalfava nas fábricas para produzir todo dia os suprimentos a serem consumidos naquele mesmo dia, e neste dia o bombardeio e o ruído haviam sido dolorosos demais — não podiam mais trabalhar. Estavam matando o tempo nos abrigos.

Outro esquadrão de bombardeiros, invisível na névoa do crepúsculo, sobrevoou em formação a serra, despejando sua carga de petardos no ponto médio da encosta, sobre nossas reservas esgotadas. E quando a cortina de fumaça subiu e se dissipou em fiapos, avistei uma bandeira vermelha e amarela içada numa cela na depressão ao norte de Arxanda. Uma repentina barragem de metralha, de pontaria certeira, expulsara nossos defensores morro abaixo. As formas cinzentas corriam pelas valas, saltando com agilidade de uma pedra a outra. Eram sete horas e quarenta minutos.

Nossos 75 cuspiram as derradeiras granadas desde a margem do rio, onde os fragmentos agora estavam sendo despejados com maior velocidade. Nossos dezessete ninhos de metralhadora retrucaram brutalmente desde uma e outra casa por sobre o taciturno Nervión. As unidades de reserva seguiram para a frente, a defesa se reorganizou. Às 7h55, a bandeira fascista fora recolhida e os bascos retomaram a posição.

Às oito e dez, em Arxandasarri, ao norte da depressão e além da elevação de Berriz, houve movimentação na linha. Esta se afrouxou, e figuras cinzentas recuaram depressa. Uma bandeira vermelha e amarela ergueu-se ali onde o caminho, paralelo à crista, cruzava o horizonte descorado. Nossos morteiros de fabricação local, de 81 milímetros, instalados mais embaixo, abriram fogo. Pequenas bolas esbranquiçadas ergueram-se de repente como cogumelos ao longo do caminho, expandindo-se e aparentemente tolhendo a infantaria fascista. A bandeira foi recolhida, as tropas seguiram pelo caminho diretamente ao norte a fim de atacar Fuerte Banderas, que no crepúsculo fora abandonado por uma brigada asturiana.

Às oito e meia daquela noite, o vale fluvial ecoava com os disparos constantes de fuzis. Agora retornei para trás da ponte, esperando juntamente com os homens encarregados de levantá--la, se necessário. Perto de nós, as tropas disparavam para a encosta, de modo um tanto caótico, contra a posição entre Berriz e Arxandasarri. Os asturianos contribuíram para o alarido, assim como a metralha que estilhaçava sobre nossas cabeças.

Os asturianos receberam ordem de seu comandante para retroceder até a linha na ponte. Um homem saiu das fileiras e o calou com um tiro.

As tropas se agrupavam atrás das primeiras casas na entrada

de Bilbao. Outras se abrigavam sob a ponte levadiça. A companhia com que eu acompanhava retirou as pedras do calçamento para fazer trincheiras e barricadas. Enquanto se empenhavam nisso, seis caças surgiram no alto da colina e mergulharam a toda a velocidade sobre nós. Eram lentos Heinkel 51, mas com um par de metralhadoras que nunca emperram.

Em formação, caíram sobre nós disparando com rapidez infernal. De algum modo, porém, após o bombardeio do dia, aquilo mais parecia uma pífia matraca. Havíamos ficado obtusos para o que antes nos teria feito correr até um abrigo. De pé no meio da rua larga e dura, duas centenas de fuzis e metralhadoras abriram fogo contra os aviões. Ah, que espetáculo! A crista da montanha em meio à fumaça como o dorso de um paquiderme, o fogo se alastrando no outro lado do rio, por toda parte o estrépito da artilharia, a metralha misturada em desordem selvagem com os caças em mergulho. A noite tombava sobre o indiferente Nervión, e no parque as mulheres se agachavam para recolher água sob os pescoços dos cisnes arrogantes. O ar ressoava com balas perdidas. E que diversão!

Entre os aeronautas, era possível até mesmo distinguir os bravos e os covardes. Dois deles mergulhavam contra nós sem cessar. Mas os outros, diante de nossas metralhadoras fixas, disparavam a munição pela baixada e desciam muito pouco. Para nós, era uma alegria vê-los logo recobrando altitude, porém os mais corajosos eram outra história: faziam com que as pedras do calçamento ao redor chacoalhassem como dados.

Deusto estava tingida de carmim pelo fogo. Os asturianos continuavam a recuar. Havíamos perdido o crucial Fuerte Banderas, onde a antiga fortaleza acima do rio proporcionava excelente posição para que a artilharia ligeira adversária malhasse os únicos caminhos pelos quais poderíamos retroceder no lado oeste. O Fuerte Banderas, o topo quadrado e pardacento da colina, atarracado e poroso com a passagem do tempo, tinha de ser retomado.

Com a chegada da noite, em meio à fumaça, às chamas e ao incessante fragor da batalha, três dos melhores batalhões de infantaria dos nacionalistas bascos — o Kirikiño, o Itxas Alde e o Itxarkundia — foram despachados para um derradeiro esforço. Na história do sacrifício de sangue humano em prol da democracia, que o nome deles viva para sempre! Enquanto os louros brotarem da terra generosa, haverá com o que coroar a memória desses homens. Saudações, heróis! Com expectativa desesperada, e bem consciente, subiram até a linha de frente, entoando as solenes canções do nacionalismo basco, que lembram os lamentos gaélicos da pré-história, acompanhados de gaitas de foles e de *txistu*. As vozes graves se perderam na escuridão.

A noite e o Casino caíram juntos, depois de outra meia hora de bombardeio intenso. Em formação de combate, a milícia basca avançou metodicamente pela encosta, armada apenas de fuzis, metralhadoras, granadas de mão e o morteiro de 81. Estes dois últimos haviam sido produzidos na agonizante cidade de Bilbao. Apenas com essas armas, abriram caminho a bala e retomaram Fuerte Banderas, Berriz, Arxandasarri e o Casino de Arxanda. Mataram muitos e capturaram prisioneiros e equipamentos. O heroísmo e o sacrifício deles foram acompanhados dos mais obtusos e pedestres ruídos de guerra, os estrondos opressivos e irregulares de granadas e morteiros, tão distintos do troar agudo e tirânico da artilharia ítalo-germânica. A luta dos bascos, como se vê, não era nada sensacional. Eles combatiam em tom menor.

Subi até Begoña para conversar com os homens dos carros blindados. Estavam exaustos e furiosos. Naquela tarde, haviam sido alvo da nossa própria artilharia, que os confundira com inimigos e provocara perdas pesadas. Em consequência, tivemos de recuar para o flanco direito do Casino, dando início ao movimento que permitiu a entrada do inimigo.

Lá fora, a estrada sob o luar era borrifada por projéteis de metralhadora, enquanto o inimigo resistia aos três derradeiros batalhões de Euzkadi.

Estavam exaustos, tendo sofrido baixas de até 50%. Às onze, o inimigo voltou a despejar obuses e granadas sobre o Casino. E por fim adentrou o grande edifício ornamentado e o vizinho bosque de pinheiros à custa de muitos cadáveres. As outras posições resistiram. Às quatro da manhã, fracassou um contra-ataque final para retomar o Casino. Nossa derradeira linha a leste, em campo aberto, foi rompida e tivemos de recuar para o Nervión e a cabeça de ponte de Begoña.

Nas ruas reinava a ordem. Enquanto passavam os asturianos, os agentes bascos da ordem pública, em uniformes azul-marinho, bonés com distintivos prateados, inclinados nas cabeças duras, patrulhavam Bilbao em grupos de três, com carabinas nos ombros. Afinal, descalcei as botas, tirei o casaco e me estendi sobre um colchão para descansar por algumas horas. O que não seria nada fácil. Jaureghuy despiu-se com cuidado e vestiu um elegante pijama, rindo e conversando o tempo todo, e, antes de mim, mergulhou num sono profundo entre lençóis limpos.

33.

A sexta-feira amanheceu cinzenta e fria. Os criados haviam partido e tivemos de preparar, à nossa maneira fria e gordurenta, o desjejum. Na condição de europeu continental, Jaureghuy foi nomeado chef; ao passo que a mim, o inglês cabeça-dura, coube arrebentar as cadeiras da sala de estar para que servissem de lenha. Além disso, era preciso nos preparar para a evacuação, uma vez que nosso apartamento ficava na continuação da Gran Vía, próxima à margem do rio e, portanto, agora na frente de batalha. Enquanto estávamos embalando o estoque de arroz e café, um obus de seis polegadas explodiu na parede, sacudindo a casa toda. Não que fosse um obus injustificável: o apartamento de cima, com vista desimpedida do pequeno parque, abrigava um novo ninho de metralhadora.

Abaixo de nós, no saguão onde se amontoavam refugiados, foi estabelecido um posto médico avançado. Macas cobertas chegaram. Era o fim das noites silenciosas no apartamento. Guardamos a bagagem no carro e saímos caminhando até o Estado--Maior.

Este estava de mudança para o Hospital Civil, em Basurto. Ainda em Bilbao, mas, por assim dizer, junto da porta de saída. Todos ali estavam empacotando coisas, como nós, e preparando-se para sair. Máquinas de escrever, arquivos secretos de interceptações de rádio, declarações de prisioneiros, toda a seção de inteligência da Secretaria Técnica eram amontoados em um caminhão. Um guarda estava sentado no topo da pilha com as botas brutalmente apoiadas sobre todo esse laborioso fruto de espionagem.

O general russo Gurieff lá estava com o largo paletó cinzento, muito calmo, o cachimbo entre os lábios firmes, discutindo a retirada com os espanhóis. Acomodado em uma cadeira, Arbex estava nervoso, fitando preocupado os próprios pés, com a coluna formando uma parábola. Os mapas, as bandeirinhas e os pequenos alfinetes haviam desaparecido. Tudo estava desmontado e vazio.

A cidade continuava silenciosa. Pouca gente nas ruas. De algum modo, a Gran Vía parecia ter aumentado em largura e comprimento, e também em desolação. Por toda a sua longa extensão, a cidade tinha o ar de um sujeito distraído, fitando calado o nada por janelas estreladas e vazias, e ignorante do que estava à espera; essa contemplação desprovida de pensamento era rompida apenas pelas rajadas dispersas de metralha sobre nossas cabeças. Os obuses abriam as mãos invisíveis e dispersavam o metal assoberbante pela cidade.

Seguimos de carro rio abaixo para encontrar Beldarrain no posto de comando da sua 5ª Divisão, em Retuerto. Ele havia cruzado o Nervión. Lacônico como sempre, Beldarrain falava em monossílabos, destilados com dificuldade. Quando passamos diante de Fuerte Banderas, notamos que o inimigo instalara ali uma bateria de 75 milímetros, com a qual disparara contra nosso carro. Jaureghuy riu como um menino, e devo admitir que eu também, pois afinal estava me divertindo à larga. Era uma bela diversão embandeirar o próprio casaco diante da artilharia italiana.

As nuvens concentravam-se na parte inferior do céu e, exceto contra a divisão de Vidal, a aviação inimiga estava inativa. Ele enfrentava dificuldades de novo.

Agora estava em Iturrigorri e, em suas mensagens para o Estado-Maior, alegava conhecer as posições dos diversos batalhões sob seu comando. Mas o Estado-Maior não confiava mais nele, sabendo de sua propensão a ficar atrás da linha, tampouco Jaureghuy e eu. Putz era o mais convencido da incompetência de Vidal. Ele enviou o 3º Batalhão Asturiano para cobrir seu flanco direito, entre as minas abandonadas que, em tons de ferrugem vermelha, estendiam-se a oeste do Nervión e ao sul de Bilbao, através das colinas densamente cobertas de pinheiros que conduziam a oeste até o pico de Arraiz, uma área de mata cerrada que avançava pela planície.

O 3º Batalhão Asturiano tomou o caminho de volta para Astúrias. Todavia, nessa altura, estava se deslocando com mais rapidez do que nossos meios de informação, e durante várias horas não fazíamos a menor ideia da brecha na retaguarda à nossa direita. Os asturianos ainda existiam como uma bela linha vermelha em meu sovado mapa de Bilbao, e esse é o único local em que eu os via vigorosos e resistentes.

Nessa tarde, saímos de carro depois de comer um pouco e tomar água do lago, e nos espremermos pelo movimentado posto médico, rumo à estrada de Valmaseda. A artilharia italiana manteve-se silenciosa quando passamos pelo rio, mas havia diversos carros destroçados por entre os quais tivemos de abrir caminho. Estavam disparando no córrego de Cadagua, mas do outro lado das pontes levadiças e dos cais desertos e silenciosos de Bilbao. Viramos no córrego e chegamos a Alonsotegui, onde Pablo, o tcheco, tentava reanimar o outro flanco na retaguarda do coronel Vidal.

Em uma usina de geração elétrica, não muito longe dos destroços de um bombardeiro alemão, Pablo estava sentado diante de um mapa do Estado-Maior, desdobrado sobre suas pernas compridas. Alto, esguio e de nariz empinado, vestia um longo casaco cáqui desabotoado que lhe chegava aos joelhos. O boné do uniforme encaixava-se com perfeição na cabeça, e ele nos mostrava a disposição das tropas no rumo sul com o dedo indicador deformado na ponta como uma pá.

Os homens não eram muito bons. Eram resquícios da retaguarda da divisão de Vidal, que haviam descido até a estrada na esperança de achar paz em Santander. Pablo encarregara um bom batalhão de conduzi-los aos vales secundários que davam para a estrada e a fenda do rio Cadagua. E ali estavam eles, colhendo os frutos das cerejeiras primaveris, o cáqui intocado pela poeira destacando-se do verde em tons rosados que lembravam o Japão. Vidal não os alimentara. Pablo conseguira reorganizar outros e os enviara adiante para ocupar Arraiz e os morros de Pagasarri ao sul. Para o oficial de ligação que surgiu suado depois de colocá-los em posição, Pablo disse em seu espanhol lento e monótono: "Obrigado, camarada". Também nós éramos "camaradas". Pablo achava que conseguiria manter a posição por mais um dia. Colina 342, Arraiz 351, colina 357, colina 494, colina 681 — estavam todas sob controle do 5º Batalhão. Mas o 691, o ponto mais alto no Pagasarri, já exibia uma bandeira vermelha e amarela. O 8º Batalhão, mais fraco, mantinha as posições 503 e 500, com a ajuda de reservas, a sudoeste, e estava sendo estabelecida a ligação com a 3ª Divisão, de Ibarrola, em Ganecogorta.

O sol surgiu para aquecer as derradeiras esperanças em relação a Bilbao. Mais acima, ao sul, ficavam as colinas mantidas por Pablo. Nos montes, tão pelados e maciços quanto as planícies de Sussex, dava para distinguir os minúsculos pontos em movimento. Pareciam inquietos; senti que não conseguiriam ficar por lá mais um dia.

Não haviam recebido comida. Em Bilbao, com a partida dos

veículos com rodas para Santander, começava a desmoronar a organização das unidades de suprimento do Exército basco. Os estoques eram distribuídos na cidade e não chegavam às posições avançadas. Deixamos Pablo sob o sol forte, contemplando analiticamente as tropas distantes, o mapa desdobrado sobre os joelhos magros.

Uma brigada asturiana aproximava-se pela estrada a oeste. Naquela manhã, haviam deixado as colinas à direita de Vidal assim que o inimigo disparou quatro obuses. Estavam bem satisfeitos com seu empenho bélico; andrajosos e ferozes, marchavam com os fuzis dos quais pendiam galinhas tomadas de fazendas, e em suas armas brancas viam-se as batatas arrancadas do solo. Voltamos a Bilbao, onde estava reunida a Junta de Defesa.

Quando virávamos na esquina oposta ao Fuerte Banderas, o canhão de 75 milímetros abriu fogo. A estrada mais parecia um pudim medonho, com carros e homens destroçados, jazendo imóveis na encosta. Pequenas baforadas de fumo. Tentaram nos atingir, mas o carro era veloz demais; ouvimos as explosões ligeiras às nossas costas, e voltamos a rir.

Em Bilbao, Leizaola estava decidido a resistir um dia mais. Estoques de material bélico precisavam ser evacuados, e na opinião dele não seria possível fazer isso em uma noite — 70 mil granadas de morteiros de trincheira, cerca de 20 milhões de tiros de munição para fuzis; milhares de granadas de mão. Uma boa metade disso fora produzida ali mesmo em Bilbao. Nos sentamos para jantar na Presidência, rações militares em lata e pequenas garrafas de champanhe. Restava um ordenança para nos servir.

Acabei contaminado um pouco pelo espírito asturiano. Depois do jantar, saqueei os aposentos do presidente, dos secretários e do secretário-geral de Defesa. Nos longos corredores agora vazios e na penumbra, via-se uma coleção de mesas polidas, poltronas, tapetes e armários sem donos, nomes ou significados. Encontrei duas fotos valiosas do início da zona de combate, e guardei no bolso a caneta do presidente e seu derradeiro bloco de notas para começar a escrever este livro.

Na varanda, onde eu o vira algumas vezes receber a saudação dos milicianos que marchavam lá embaixo, as bandeiras gêmeas da República e de Euzkadi ainda tremulavam um pouco na semiescuridão. O luar tocava aveludadamente nas dobras delas. E me ocorreu quão excessivas eram aquelas cores, o vermelho, amarelo e púrpura da bandeira da República, que lhe davam uma aparência de embalagem de leite achocolatado com amêndoas; e como era bela e fresca a cruz verde-maçã da bandeira basca. A ninguém ocorrera retirá-las de lá. Mais embaixo farfalhavam as árvores na praça, no esplendor da folhagem estival, e sob as copas farfalhavam os papéis e o lixo deixados por milhares de refugiados e milicianos de passagem, que se dispersavam sonolentos pela grama seca. As bandeiras tremulando em simbólica melancolia, as árvores e os papéis farfalhantes, mais atrás a Presidência silenciosa, com a mesa solitária iluminada e refletindo as garrafas vazias de champanhe; e lá fora, o som dos passos e dos movimentos dos milicianos em meio ao lixo, seguindo para as posições na ribeira silenciosa; tudo isso gravou em minha memória sons e imagens, um sexto sentido da expectativa opaca, que jamais serão apagados.

Rezola, a longilínea figura de ombros quadrados, olhos azuis, queixo projetado, cabelo aparado, estava sentado à mesa. Parecia muito preocupado; mas, tal como sempre ocorria com ele, era preciso pressioná-lo para que dissesse o que o incomodava. E aos poucos confessou: a falta de munições. Os trens que a levariam ainda não haviam chegado, e era quase meia-noite. Olhou melancolicamente pela janela. Tampouco restavam suficientes homens de confiança para carregar os trens. Rezola mergulhou de novo no livro sobre as campanhas de Napoleão.

Nesse momento, apagaram-se as luzes em toda a Bilbao. Antes semi-iluminada, agora a grande cidade era uma mancha de tinta cujas bordas de negro retinto estendiam-se até o horizonte. De repente, Luisa estava ao lado de Rezola, ligando para a usina de eletricidade. Aquilo era sabotagem; era preciso religar em seguida as luzes da cidade.

Lá fora, baionetas caladas rebrilhavam ao luar. De algum modo, a decidida voz da autoridade basca, nessa undécima hora, fez com que os sabotadores tímidos mudassem de ideia. Eles queriam constranger o governo na usina elétrica; sabiam, como todos em Bilbao, que o futuro da cidade estava no fio da navalha. Mas não ousavam ir longe demais. E, de modo tão repentino quanto desapareceram na noite, as ruas e as poucas janelas abertas voltaram a se iluminar.

Ninguém andava ao ar livre, com exceção dos soldados, e estes só entre os quartéis lotados. Os civis que permaneceram mantinham-se no interior das casas, atrás de portas duplamente trancadas. Ficamos esperando por muito tempo. Em Basurto, o Estado-Maior aproveitou para fazer um bom jantar com Gurieff, depois do qual emitiu ordens para que Putz preenchesse o hiato entre as jazidas e Arraiz. Em seguida, deixaram Bilbao com o general e seu chefe de Estado-Maior, que eram homens melhores que os outros, saindo por último. Seguiram para oeste.

Jaureghuy e eu fomos de carro até Putz. Quatro dos rápidos carros blindados russos, equipados com canhões de 47 milímetros, estavam parados à porta, sob o comando de Jean Laporte. Putz estava estirado em um sofá com brocado, as botas apoiadas numa das mais finas almofadas da secretaria da Agricultura. Além disso, comia de uma lata. Riu ao ouvir as ordens do Estado-Maior: os fascistas estão aqui, disse. Nessa altura sabíamos que o 3º Batalhão Asturiano tomara o rumo de casa. Na opinião de Putz e de Jaureghuy, não havia como adiar por outra noite a evacuação. As tropas na margem do rio, a galante 1ª Divisão que estava ansiosa por um confronto de metralhadoras na cidade, precisavam ser retiradas antes do amanhecer. A vida da nossa defesa nos pinheirais e em Arraiz estava se extinguindo com bastante rapidez.

Da mesma tapeçaria negra de pinheiros acima de nós, ouvimos o repentino disparo de um carro de combate, como um ruído de alerta fora do palco. O inimigo estava próximo. As pessoas moviam-se lentamente pelo posto de comando, enquanto Putz recolhia-se para dormir por uma hora. Pareciam cada vez menos ativos, comparados àqueles que eu vira por ali de manhã. Bebiam vinho de odres, em seguida juntavam papéis, e depois voltavam a beber mais vinho.

Demos uma última olhada pelas grandes janelas do prédio da secretaria da Agricultura, contemplando o grave perfil de Arxanda no outro lado do rio — perdido para sempre! "Que briga!", comentou Jaureghuy. "Heróis!" Depois riu. Ele tinha um plano, disse. Ia ficar para trás na Presidência e jogar um vaso sobre os italianos quando entrassem marchando. Havia um vaso enorme e horrível no departamento de Defesa, e defenestrá-lo não traria nenhum prejuízo à arte; por outro lado, talvez até fizesse algum bem para os italianos. Estávamos de volta à Presidência. Desde então e até sair de Bilbao, não parei mais de rir. E não restou dúvida de que eu havia acabado com a última garrafa de champanhe do governo basco.

34.

Agora cabia a Leizaola a defesa de Bilbao. Embora soubesse quão desesperadora era a situação, estava decidido a ficar mais um dia se as tropas aguentassem.

Perguntei-lhe o motivo. Para mim, era óbvio que seria melhor abandonar Bilbao naquela noite mesmo.

Havia muitos batalhões estranhos na cidade, disse ele. Os trens haviam chegado, mas não podiam levar todos os suprimentos. E, quanto aos prisioneiros, não tinha certeza de que haviam sido devolvidos sãos e salvos.

Esta foi a primeira vez que ouvi falar dos prisioneiros. Muito depois, pedi a Leizaola que me explicasse tudo. No lento desmontar da autoridade central, apenas Leizaola, Rezola e Luisa pareciam estar mantendo o Estado basco em Bilbao e, naquela altura, não era o caso de lhes propor questões de valor meramente histórico. Mas assim eram as coisas.

Leizaola estava decidido a entregar Bilbao de maneira civilizada. Ordenou a destruição das pontes, a sabotagem das fábricas de material bélico e a evacuação da população mineira para oeste.

Por outro lado, não ia tolerar nenhum tipo de incêndio criminoso ou destruição irresponsável, mesmo com objetivos estratégicos, naquela que era a maior cidade basca. Bilbao é o adorado e sujo saco de pancadas do povo basco. Se pudesse ser defendida, bem que estavam dispostos a receber uma punição. Pouco se importavam que fosse tomada pelo fogo e os escombros enegrecidos caso pudesse ser mantida; foi para evitar que ficassem presos em tal conflagração que se passou a evacuar *en masse* os civis desde a segunda-feira. Por outro lado, se a cidade não pudesse ser defendida, nem uma pedra sagrada seria tocada.

Nessa tarde, no quartel-general, Leizaola convocou o alto-comando para que apresentasse um plano para a defesa de Bilbao. Ficou sabendo que seria baseada em determinados batalhões comunistas e anarquistas na cidade, e que estavam em andamento preparativos para explodir a universidade diante da ponte levadiça de Deusto, assim como a torre da antiga igreja de San Nicolas, no outro lado da ponte do Arenal, logo que as tropas assumissem posições na outra margem do rio.

Para eles, a universidade e a torre da igreja seriam locais propícios para o estabelecimento de perigosos ninhos de metralhadoras inimigas.

Leizaola tinha outras ideias. Colocou no papel seu próprio plano de defesa. Somente os batalhões nacionalistas bascos ficariam estacionados junto ao rio, no centro de Bilbao. O edifício da universidade seria poupado, devido às 35 mil obras valiosas em sua biblioteca; e o mesmo se daria com a igreja, por sua beleza e antiguidade.

O general Gamir foi convocado à Presidência, e lá foi obrigado a concordar com as propostas de Leizaola. Como este lembrou, havia uma elevação acentuada do terreno atrás da universidade e da igreja e, se ambas fossem dinamitadas, havia casas comuns que ficariam expostas e seriam igualmente convenientes como ninhos de metralhadora.

Em seguida, Leizaola relacionou as posições dos batalhões nacionalistas bascos ao longo do rio, que percorria de norte a sul a cidade de Bilbao em um quarto de círculo, desde a ponte de Deusto até a de San Anton, uma magnífica construção antiga de pedra, tão estreita quanto a porta do Céu.

O Kirikiño, na margem esquerda, a nordeste de Deusto; o Ibaizabal, na cabeça de ponte de Deusto; o Otxandiano, entre o rio e o quartel da polícia motorizada basca; o Amuartegui, na ponte de Buenos Aires.

Na velha ponte do Arenal e na estação ferroviária central, o Itxarkundia. À direita da mesma estação, o Itxas Alde, com o Malatu na reserva, na Gran Vía. Na pequena ponte seguinte, o Marteatu, rio acima, ali onde o Nervión corria estreito e encaixado entre casas altas, veladas pela fuligem e pela noite, e os altos cais ruidosos, onde parecia haver mais pedra ressonante do que água, ecoando tiros de pistola de uma margem à outra do rio. Na ponte de San Anton, o batalhão Bolíbar. Uma unidade proletária, a UHP, foi mantida na reserva.

Dois batalhões, o nacionalista Gordexola e o socialista UGT-8 estavam por demais exauridos após os combates na quinta-feira e foram enviados a Barakaldo, perto do quartel-general de Beldarrain, para que se recuperassem.

Receberam instruções para destruir o maquinário importante nas fábricas de material bélico em Barakaldo. Mas o trabalho dos sapadores do Gordexola começou naquela noite. Peritos industriais e técnicos infiltrados na tropa convenceram grupos aqui e ali de que seria ruim infligir qualquer prejuízo ao capital industrial de Bilbao. Exaustos, os homens do Gordexola estavam prontos para ser convertidos.

Havia muitos grupos falando entre o maquinário ensombrecido. O UGT-8 estava exausto demais para intervir.

Ao amanhecer, o Gordexola havia montado os próprios piquetes diante das fábricas de Barakaldo...

Os planos de Leizaola foram aprovados pelo general. Um batalhão basco supervisionou a retirada da dinamite do edifício da universidade.

Assim Leizaola tinha condições de pôr em prática a proposta que concebera dias antes. Como ministro da Justiça e chefe da Junta de Defesa, ordenou a libertação dos prisioneiros políticos detidos em Larrinaga, na encosta de Begoña.

Ele próprio ia permanecer em Bilbao nessa noite a fim de garantir que os prisioneiros passassem em segurança para as linhas inimigas e que a ameaça de dano à cidade não fosse levada adiante. Mais tarde, soube que Leizaola recusou-se a deixar a cidade até a conclusão dessas duas missões, a despeito dos insistentes apelos dos amigos para que saísse de uma Bilbao quase toda cercada.

Em algum ponto nos bosques elevados a oeste de onde estávamos, o inimigo aproximava-se de nossas linhas de comunicação sem fazer qualquer disparo e sem topar com resistência.

Seria difícil exagerar sobre a coragem e a calma de Leizaola nessa noite. Não era, como o restante de nós, um lutador, ou alguém que apreciava os riscos. No fundo de seu coração, ele detestava a guerra; ao contrário de nós, que a apreciávamos ou a aceitávamos.

Leizaola era um advogado de renome e integridade na Espanha republicana. As linhas escuras, simples e vincadas de seu rosto, a pele morena e um tanto cheia em torno da boca, os olhos escuros e separados em um olhar de sinceridade firme e pesarosa — tudo nele era escuro, não militar, burguês no sentido mais requintado e religioso. Até mesmo as roupas eram escuras; e sempre usava uma boina preta.

O cabelo destoava de todo o resto. Partido ao meio, emergia

em desafiante trigueirice no topo da cabeça, e em seguida tombava para trás, como uma coroa de louros, sobre as orelhas. Isso lhe conferia a autoridade proporcionada de modo mais artificial aos generais romanos. Com tal aparência leonina, ele se impunha.

A rendição dos prisioneiros foi realizada exclusivamente por ordem dele. Goritxu foi incumbido de armar nove guardas e conduzir todos os *detenus* não sentenciados até a serra de Arxanda.

Estes sem dúvida se perguntaram que destino os esperava quando viram se abrir as portas da prisão de Larrinaga. Logo saíram; creio que Wandel, o aviador alemão, estava entre eles, assim como oficiais militares culpados de rebelião.

Bem que se tentou impedir que fossem liberados. Leizaola procurou Putz e explicou que a libertação devia-se a uma ordem pessoal dele.

Os prisioneiros seguiram pela estrada sinuosa em plena escuridão.

Passou muito tempo antes de chegar a notícia de que estavam em segurança. Leizaola continuou em uma Bilbao cada vez mais cercada. Sabia que, se fosse capturado, seria fuzilado, depois de longo e penoso interrogatório. No entanto, queria poupar os prisioneiros do perigo de permanecer desprotegidos em uma cidade da qual se retiravam as unidades armadas de seus inimigos de classe — e, acima de tudo, acho, queria preservar o nome de Bilbao, a cidade que tanto amava.

Afinal, os bascos eram um povo pequeno, sem muitos canhões ou aviões, não receberam ajuda externa, e eram terrivelmente simples, sem malícia e pouco versados em combates; mas conseguiram, ao longo de toda a dolorosa Guerra Civil, erguer bem alta a bandeira da humanidade e da civilização. Não haviam assassinado, torturado ou de qualquer modo se divertido à custa dos prisioneiros. Nas circunstâncias mais cruéis, preservaram a liberdade de manifestação e de crença. De modo escrupuloso e zeloso, observaram todas as leis, escritas ou não, que requerem de um indivíduo o mínimo de respeito pelo próximo. Não haviam feito reféns; e responderam aos métodos desumanos daqueles que os odiavam apenas com protestos e nada mais. Na medida em que isso é possível numa guerra, os bascos haviam dito a verdade e cumprido suas promessas.

Agora Bilbao estava nocauteada, e o advogado católico de feições tristes e terno escuro à sua frente estava decidido a preservar até o final o renome da cidade. Ficou sentado na Presidência, ao lado de um telefone.

As linhas do seu rosto fixaram-se em uma calma pesada. Não era a primeira vez que eu detectava naquela simetria oval imutável uma espécie de nobreza, uma triste rigidez de caráter raramente encontrada no mundo dos vivos. Ele era o tipo mais requintado de cristão. Até o fim, foi fiel à sua fé e à sua consciência social, e somente ele poderia saber quão difícil era servir a esses dois senhores na Bilbao de junho de 1937.

Às duas da manhã, ainda estávamos discutindo os planos de evacuação com Leizaola; as horas passavam como os exaustos e pesados milicianos de sentinela. Mais ou menos nessa hora, os derradeiros postos avançados em Begoña e no centro velho do outro lado do rio foram abandonados. Chegara o momento de demolir as pontes.

Ouvimos então uma forte explosão em frente à Presidência: era a ponte levadiça. Outra à direita, e aí rapidamente mais duas, também à direita, onde a Gran Vía cruzava o Nervión para o Arenal, para se juntar ao sombreado caminho à margem do rio, sob as copas verdes das árvores que delineavam o centro da Bilbao antiga. Inchando com os músculos de dinamite, as pontes ruíram sobre o rio. Não havia mais como atravessar o Nervión.

No mesmo instante, todas as luzes em Bilbao se apagaram, e o gás foi cortado com um soluço final.

Por mais que apreciasse os bascos, não me foi fácil engolir um riso final. Nossos bravos engenheiros, que durante dias haviam preparado as pontes para o sacrifício derradeiro e final, esqueceram que por uma delas passavam os cabos de eletricidade e os encanamentos de gás da cidade. Uma vez mais, e no restante da nossa última noite em Bilbao, a cidade foi tomada pelas trevas. Mesmo a Presidência ficou às escuras. Acendemos tochas ao longo de corredores sombrios; o telefone estava mudo; lá fora, a escuridão era total, com exceção do brilho negro dos paralelepípedos nos quais as botas com pregos arrancavam faíscas.

Muitos foram tomados de pânico. Pessoas desciam correndo pelas escadarias escuras da Presidência, entravam em carros e saíam correndo pela estrada de Santander com os faróis baixos ou desligados. Ali pelo menos havia o luar, a visão desimpedida ao longo da faixa iluminada da estrada, o companheirismo do rio que corria suavemente e de muitos outros mortais que também fugiam para o oeste.

Perambulei sozinho pelas ruas, tentando absorver esse silêncio e essa escuridão. Ali estava eu, um pequeno e inquieto animal, em uma grande cidade que só não era um deserto porque todas as esquinas ecoavam o som dos meus passos. Porém, sob outros aspectos, era de fato um deserto, despovoada de tudo a não ser uma miragem lunar, a qual, nas folhas e lixo das calçadas, fingia uma variedade desprovida de sangue ou medula vitais.

À beira do rio, a milícia nacionalista, que constituía o miolo do Exército basco, aguardava atrás dos sacos de areia, observando e esperando, com as metralhadoras apontadas para a outra margem. Nem um disparo foi feito, tampouco se via qualquer movimento. Outros enrodilhavam-se em cobertores. Não havia fogueiras para aquecê-los. Tudo era o mesmo silêncio e a mesma escuridão, na qual brilhavam apenas os canos das metralhadoras e a água encrespada.

Jaureghuy aguardava na Presidência. Ele me dissera que não sairia antes de Putz. "Abandonar um francês", exclamou Jaureghuy. "Nunca antes fugi e não é agora que vou fazer isso." Assim acabou indo dormir na Presidência, onde, às quatro da manhã, chegou Putz para estabelecer seu novo quartel-general. Um batalhão foi enviado para assegurar que o monte Arraiz era nosso. Eles chegaram às cinco e subiram a colina em marcha aberta para descobrir as metralhadoras inimigas instaladas no topo. Um mensageiro voltou correndo para a cidade. O círculo estava quase todo fechado. O inimigo controlava agora toda a margem direita do rio até as pontes destruídas. E também controlava toda a nossa retaguarda, na margem esquerda, com exceção de um trecho de dois quilômetros entre o monte Arraiz e o Nervión. Esse intervalo, estendendo-se pela trincheira do rio, era a única saída que restava — a linha férrea com os túneis, usada com tanta frequência nos bombardeios aéreos, e as duas estradas paralelas para Valmaseda e Santander. Uma vez ultrapassado o cotovelo de Arraiz, de repente elas se separavam, pois o caminho para Valmaseda fazia meia--volta de modo a seguir o vale do Cadagua, a sudoeste.

Havia metralhadoras no Arraiz e, no outro lado do rio, canhões de 75 milímetros em Fuerte Banderas. Putz começou a dar ordens para que os batalhões começassem a recuar antes mesmo do amanhecer. Senti que chegara a hora de dizer adeus a Bilbao. Fazia frio e, prestes a amanhecer, bastava fitar a correnteza do Nervión para o corpo ser sacudido por tremores. A essa hora não se via a cor esverdeada e suja que exibia durante o dia; fluía diante das fábricas e fundições abandonadas em incessante cinza metálico, avançando irredutivelmente para o mar entre canhões inimigos.

Jaureghuy desceu até as pontes para transmitir, em nome de Putz, a ordem de retirada. Um após o outro, os batalhões foram informados, mas alguns deles, aos quais foram enviados outros mensageiros, só receberam a notícia à luz do dia, quando se difundiu pela cidade.

Somente o Otxandiano recusou-se a obedecer. Seus homens disseram que tinham ouvido falar de que havia em Bilbao um batalhão, o México, que talvez pudesse causar problemas. E eles ficariam ali para ver o que ia ocorrer.

Esse era o mesmo batalhão que escoltara os prisioneiros da prisão de Larrinaga até as linhas inimigas. Haviam lutado como leões durante toda a campanha.

Saí andando pela estrada, em uma longa caminhada. Quando estava no mesmo nível de Arraiz e deixara a cidade um pouco para trás, uma metralhadora abriu fogo desde a alta depressão de Cobetas, mais perto do rio. Eles estavam descendo pouco a pouco. Por isso deixei a estrada e esperei um pouco em um túnel com alguns milicianos. Assim que a metralhadora silenciou, abandonei o túnel e, evitando a estrada, saltei por cercas de jardins e corri de uma casa a outra por quase um quilômetro e meio até alcançar segurança e proteção junto à ponte de vigas no Cadagua. Na bateria do outro lado, os italianos deviam estar dormindo a sono solto, pois nem um disparo fizeram em nossa direção.

Onde a estrada fazia uma curva em direção a Valmaseda, encontrei alguns carros. Disseram que era impossível atravessar Cobetas, mas afirmei que era bobagem e convenci um antigo motorista meu a me levar pela estrada. Fomos muito rápido. E com toda a certeza foram as mesmas pessoas que atiraram em nós quando passamos abaixo e à esquerda deles. Dessa vez duas balas nos atingiram. Mas tínhamos saído de Bilbao.

Atrás de nós veio o que sobrou da 1ª Divisão, sob o comando de Putz e Jaureghuy, pulando muros e se enfiando em túneis como uma tropa de macacos. A maioria dos policiais a pé e motorizados da Ertzana ficou na cidade e se rendeu.

Às onze daquela manhã, o pequeno Larrauri, o ajudante de

ordens basco de Putz, entrou em Bilbao num veículo blindado de ligação e ainda resgatou algumas centenas de combatentes que imaginavam ter ficado isolados. Uma hora depois, os tanques inimigos desceram para o centro da cidade em reconhecimento e nada encontraram.

Naquela tarde, a minoria direitista de Bilbao abriu hesitantemente as persianas das janelas e nelas pendurou as bandeiras vermelhas e amarelas. Às quatro, um tanque basco desceu resmoneando a Gran Vía pela última vez, disparando três tiros contra essas bandeiras. As persianas voltaram a se fechar.

Na praça diante da Presidência, cerca de duzentas pessoas começaram a entoar canções fascistas, mas foram dispersadas pela metralhadora do blindado.

Entre as cinco e as seis horas, as tropas inimigas marcharam sobre Bilbao e a ocuparam.

Durante todo esse dia, circulei de carro de um lado para o outro nas estradas de Valmaceda, Somorrostro e Baracaldo, buscando minha bagagem, Putz e Jaureghuy. Já não encontrei mais minhas coisas, mas ao meio-dia topei com Putz e Jaureghuy, animados como sempre, comendo peixe frio e bebendo vinho quente no posto de comando que Beldarrain instalara na fábrica de máscaras antigás em Retuerto. Como estava faminto, acabei com os restos nos pratos de ambos e bebi do vinho deles.

Haviam deixado Bilbao com um pouco mais de dignidade do que eu. Contaram que suas metralhadoras haviam silenciado o inimigo em Cobetas antes de se pôr a caminho. Putz agora dizia que queria dormir por dois dias antes de ver outra vez sua divisão.

Lá fora nas estradas, sob o céu limpo e escaldante, milhares e milhares de milicianos marchavam para longe de Bilbao. Na estrada de Valmaseda, contei uma divisão, e também outra tomando o rumo de Somorrostro. Passavam dúzias de caminhões pesados. Havia grandes aglomerações de carros diante dos poucos postos de gasolina que ainda tinham estoque. Os soldados caminhavam em grupos de dois ou três. Os policiais da Orden Publico de Bilbao, homens de meia-idade vestindo boinas e uniformes azuis, circulavam por ali lentamente.

O calor e a poeira eram terríveis. Os vilarejos mineiros pareciam se inclinar sobre ambos os lados dos caminhos de modo a sufocá-los. Quilômetro após quilômetro, as estradas formavam uma fina cortina com a poeira pardacenta levantada pela marcha dos homens. Por todas as colinas avermelhadas da região mineira, de um horizonte a outro, era possível avistar as pequenas colunas afastando-se para o oeste. Pensei em um bombardeio aéreo; ali estava uma excelente oportunidade para os alemães. Porém, os mesmos aviões que, cinco noites antes, haviam metralhado os refugiados civis, hoje não apareceram. Não atribuo isso a nenhuma deliberação, apenas à confusão da guerra.

Quando estávamos deixando para trás a poeira de Retuerto, passando por comboios de artilharia e pequenos tanques se esfalfando, deslizando no asfalto escaldante de Biscaia ao sol do meio-dia estival, duas companhias de um batalhão basco chegaram marchando, lideradas por três jovens esplêndidos e bem-apessoados com capacete de aço. Não me lembro mais do nome do batalhão, mas pertencia à divisão de Putz. "De onde estão vindo?", perguntamos. "De muito longe", foi a amarga resposta. Estavam enfurecidos, pois quase haviam ficado presos em Bilbao. Para Jaureghuy e para mim, contudo, o mais assombroso é que marchavam em ordem e de acordo com a disciplina militar.

Foi para nós motivo de muita tristeza contemplar aqueles soldados, ver a firmeza, a robustez e a obediência dos homens alinhados, e a bela aparência dos oficiais. E por beleza não estou me referindo apenas ao fato de terem excelente constituição física, com os longilíneos traços típicos dos bascos, peles claras e juvenis. Era algo além: havia um vigor no semblante e na postura deles que indicava não serem apenas carne para canhão, matéria bruta a ser consumida na guerra. Estavam sendo sobrepujados por uma forte emoção; sempre que se dirigiam a nós, em seus olhos reluziam ira e excitação em violenta harmonia.

Eles nos resumiram o destino de Bilbao, o último reduto da democracia pura na Espanha. Que luta ela enfrentara! E que tenacidade sua infantaria revelara no campo de batalha! Agora haviam sido derrotados pelas forças conjuntas de Alemanha, Itália e Castela, ao passo que outros, mesmo aliados declarados, esfregavam as mãos enquanto observavam de longe. Os canhões desprovidos de obuses, os aviões que não se viam em parte nenhuma, o Estado-Maior Geral em seu novo posto de comando em La Cubierta, sem telefone nem qualquer meio de comunicação com os combatentes. Todavia, ali diante de Jaureghuy, de um membro do Estado-Maior de Foch e de mim, que, no breve intervalo de nossa existência, havíamos conhecido muitos homens e mulheres corajosos, ali diante de nós estavam os últimos defensores de Bilbao ainda em formação, furiosos apenas com seus superiores, pois não haviam sido mantidas as linhas adequadas de ligação. "Vou para San Pedro de Galdames", informou Putz, "mas vocês deveriam descansar um pouco aqui."

Em seguida, eles se dispersaram à beira da estrada e entraram no ofuscante pátio branco da fábrica a fim de descansar junto aos sacos de areia. Durante meia hora continuaram maldizendo e praguejando enquanto enrolavam cigarros. Como fazia calor ali no pátio! Logo se viraram e caíram no sono. Os inquietos olhos azuis de Jaureghuy cintilaram com a admiração de velho militar. "Maravilhoso", comentou, "que outro destacamento de infantaria no mundo agiria assim?"

Fomos embora de carro, passando por Somorrostro, dois dias antes devastada por aviões bombardeiros. Sob o céu amarelado, as estradas ainda estavam cobertas de poeira, e a faixa ainda era constituída de homens sem fim. Um epilético a que demos carona até um posto da Cruz Vermelha babujou uma saliva escura sobre a gola do uniforme, agitando-se como um demente. Ali onde havia sebes ou casas desventradas por bombas à margem da estrada escaldante, viam-se homens caídos, dormindo às centenas nos bolsões de sombra. Tanto para nós como para o inimigo, estava quente demais para fazer qualquer coisa. Putz também adormeceu. Quando passamos pela costa não vinha nenhuma brisa, e o mar parecia tão rígido e polido quanto as pedras do litoral. Todas as árvores estavam opacas e mortas sob a poeira, com as colinas de minérios elevando-se em ambos os lados, ressequidos pontos rubros. Nos tanques fabricados em Trubia, todas as portinholas, no alto e nas laterais, haviam sido abertas, enquanto os tripulantes suavam e se debruçavam sobre as rodas, seguindo na retaguarda da grande retirada.

35.

Ainda vi os bascos mais uma vez.

Na quarta, 18 de agosto, o piloto francês Lebeau me levou de Biarritz a Santander. Esse agora era um voo perigoso; um dos aparelhos de serviço fora abatido, e outro cairia vítima dos caças italianos em setembro. Só restaram cinzas do piloto e do avião.

O pequeno Beechcraft deslizou sobre a água a apenas noventa metros, na altura do diáfano banco de nuvens, esgarçadas e finas, tão sutis quanto uma teia de aranha. Ficamos o tempo todo muito atentos à direita e à esquerda.

Nada avistamos a não ser os promontórios onde caminhara no passado. Lequeitio, Machichaco, Jata, Plencia, a foz do Nervión e a abertura que conduzia a Somorrostro, em cujas areias, que no crepúsculo mais pareciam ouro pálido, eu encontrara o corpo do aviador italiano Guido Piezl.

Em Santander, a confusão era total, sobretudo no aeródromo de La Albericia. Poucas horas antes, os bombardeiros rebeldes haviam se empenhado com inusitada meticulosidade a devastar o local. Das quinhentas bombas dispersas por um trecho de oitocentos metros a oeste, cerca de 25 haviam aberto buracos no campo de aviação; eles estavam sendo languidamente preenchidos. Lebeau deu uma boa olhada na pista, riu de maneira francesa (o que me fez lembrar de Jaureghuy), cerrou os olhos e arremeteu. Na terceira passada, ele localizou um trecho viável para pousar, e descemos uma quarta vez, agora para enfrentar muitos pulos e sacudidas, e uma corrida pela pista que mais parecia o trajeto de uma serpente com insolação. De um jeito ou de outro, conseguimos parar sem capotar. Ao nosso redor, em grandes intervalos, e incólumes após a investida inimiga, viam-se nove caças monoplanos russos, modelos Boeing I.16. Ali estavam como gafanhotos empinados, as fuselagens curtas e rombudas equilibradas sobre pernas arqueadas de gafanhotos, e as asas descobertas e prontas para voar. Esses eram os aviões mais velozes da Espanha, capazes de alcançar até quinhentos quilômetros por hora; haviam pousado em Santander em um voo direto desde Madri, depois da queda de Bilbao. Seus pilotos eram russos, pois nenhum espanhol era capaz de dominá-los. Lembrei então que Del Río, o melhor piloto que havia em Bilbao, preferia voar com o biplano "chato", mais lento e, segundo ele, mais estável.

Seguimos de carro até Santander: que diferença de Bilbao!

A despeito de tudo o que a imprensa mundial publicou sobre ela na época, Santander nunca foi uma cidade basca. Era a capital da província mais setentrional da Antiga Castela, e o território basco chegava até Castro Urdiales, oitenta quilômetros a leste. Ou seja, era uma cidade espanhola.

Santander e a província de amplas colinas e pastos que subiam até a cordilheira cantábrica na divisa sul tendiam naturalmente à direita, e não à esquerda. Nas eleições de fevereiro de 1936, que colocaram um governo esquerdista no poder, Santander e o interior haviam votado 60% à direita.

Todavia, diante da Guerra Civil desencadeada pela sublevação dos oficiais militares e dos partidos direitistas, a cidade e a região ficaram ao lado do governo legítimo. A polícia era leal e não havia guarnição militar; e, tal como em Bilbao, uma Junta de Defesa, reunindo todos os partidos de esquerda, assumiu o controle. Mas ali não se beneficiou da influência moderadora de uma organização como a dos nacionalistas bascos.

Um governador hesitante foi removido da função, e o *señor* Olazarán, garçom e socialista, foi nomeado para seu lugar. A ideia de um garçom no governo de um condado espanhol talvez pareça inusitada para uma mente setentrional, mas na verdade os garçons espanhóis são, suponho, as pessoas mais ativas da península. Afinal, precisam ser eficientes, conciliadores e atentos enquanto o resto da população toma café, o que costuma ocorrer entre as onze da manhã e a meia-noite.

Olazarán revelou-se um bom governador, mas acabou constrangido por um chefe de polícia fanático, Neila, que nessa altura alcançara a patente de coronel. Em julho de 1936, Neila era empregado de escritório e um dos líderes do Partido Socialista em Santander.

Neila era adepto da violência e do terror como método. Foi ele que ordenou a execução dos direitistas de Santander que no início da sublevação haviam fugido para o asilo seguro de Bilbao, para os escuros cantos sussurrantes e as portas sempre cerradas dos quartos do Hotel Torrontegui. Não demorou para os bascos expulsarem seus esbirros, mas isso não o impediu de prosseguir com o trabalho metódico na província de Santander.

Seus homens costumavam levar os suspeitos para passear à noite e de madrugada. O termo em espanhol para essa atividade é, justamente, *paseo*. O ponto favorito para terminar o *paseo* era o posto de telegrafia do cabo Mayor, no promontório a oeste do palácio de Miramar, em uma via isolada perto do vilarejo de Camargo, na estrada para Astúrias. Ali Neila dava corda às suas fantasias peculiares. No começo da manhã, transeuntes ficavam surpresos ao ver mesas postas com fartura à beira do caminho, e com o que pareciam ser cidadãos honestos ali sentados, ou apoiados nos cotovelos, ou ainda recostados nas cadeiras como se estivessem conversando. Porém, ao se aproximar do banquete, notavam a estranha imobilidade dos convivas. E, ao constatar que haviam acabado de ser mortos, afastavam-se tremendo o quanto antes. Essa era a maneira concebida por Neila para lhes abrir o apetite matinal; e teve um resultado inegável, pois até o momento em que caiu a defesa da cidade, a quinta-coluna não se atreveu a sair às ruas — embora ainda pudesse reivindicar, mesmo após 3 mil execuções, folgada maioria numérica em Santander.

Quando chegamos à cidade, o jogo já terminara. Recorrendo a uma barreira de artilharia tão intensa quanto a experimentada por Bilbao apenas na derradeira etapa, os italianos haviam irrompido pelo desfiladeiro do Escudo nos montes Cantábricos.

Ainda que débil e mal organizada, Santander não estava necessariamente destinada a cair em mãos rebeldes. Sua conquista deveu-se não só à artilharia e à aviação da Itália e da Alemanha, mas à vantagem numérica e aos armamentos mais poderosos usados pela infantaria italiana.

Santander não foi uma vitória para Franco: ela foi a derradeira, o triunfo mais descarado da nova estratégia espanhola, na qual o Comitê em Londres vinha se especializando havia um ano.

As tropas que invadiram Santander eram três divisões italianas, cada qual com 5 mil homens, duas divisões de Navarra (a 60ª e a 61ª), com a mesma quantidade de soldados, dois *tabor*. de mouros, e oito ou nove esquadrões de cavalaria mesclados com mouros e espanhóis. Em outros termos, a contribuição de Mussolini para o Exército de Franco, após um ano do regime de Não Intervenção, superava até a do próprio Franco.

Os soldados italianos, reunidos nas brigadas dos Flechas Negras e dos Llamas Negras no dia 23 de março, vinham equipados com o armamento regular do seu Exército. Cada *bandera*, ou batalhão, de 850 homens incluía um destacamento com uma dúzia de metralhadoras, e cada pelotão de trinta homens contava com dois fuzis-metralhadoras. Na realidade, a divisão aperfeiçoou uma barragem de fogo automático bem mais poderosa do qualquer coisa nos exércitos bascos ou santanderinos.

A artilharia italiana era ainda mais formidável. Cada *bandera* estava equipada com uma bateria de artilharia ligeira de 65 milímetros e dois canhões antiaéreos alemães. Dezoito baterias, variando de 155 milímetros (seis polegadas) a 75 milímetros (três polegadas), serviam de apoio a cada divisão e proporcionavam uma orquestração de fogo de artilharia duas vezes mais poderosa do que as encontradas por trás das divisões regulares que faziam manobras na Inglaterra.

Além disso, cada divisão era acompanhada de 55 carros de combate, dos quais quatro quintos eram os tanques Fiat-Ansaldo para dois tripulantes dotados de duas metralhadoras, ao passo que nove blindados maiores também levavam um pequeno canhão.

Sobre as cabeças deles também não faltava proteção. Em Villarcayo, a cerca de trinta quilômetros da linha de frente em Escudo, ficava o aeródromo controlado pelos italianos. O pessoal de terra e os pilotos eram todos italianos. Os espanhóis, nesse grande Movimento Nacionalista Espanhol, não eram lá muito bem-vindos no campo de Villarcayo, onde viam-se dispersos três dezenas de caças Fiat CR 32, quase o dobro daqueles mobilizados na proteção de Santander.

Os bombardeiros, que chegavam a cerca de quarenta e eram sobretudo alemães, operavam a partir do aeródromo de Gamoral, a três quilômetros de Burgos.

Os aviões de combate alemães, incluindo um novo e veloz

caça monoplano, estavam baseados em Aguilar del Campo, na retaguarda das duas divisões navarresas. Ali também havia uma área de reserva com tanques, abrigando no mínimo trinta carros de combate.

E Santander, o que ela podia contrapor a essa muralha de ferro e céu de aço do Fascismo Internacional? Dezoito caças russos; uma coleção aleatória de bombardeiros imprestáveis, obsoletos Breguet e Potez da antiga Força Aérea espanhola, quando estava unificada, antes da sublevação; e dezessete Gourdou ainda mais inúteis, contrabandeados para a Espanha após o início dos combates. O Gourdou foi produzido há quatro anos na França, mas mesmo quando novo era tão pouco valioso quanto agora. A especialidade dele é o bombardeio de mergulho, embora seja mais lento que a maioria; e, até onde apurei, era equipado apenas com bombas de 45 quilos. O pobre e velho Gourou não era nenhum mergulhador mortífero; a única esquadrilha Disperata na qual poderia ter se destacado era aquela comandada desde a retaguarda por Sancho Panza.

Santander contava com um exército de 25 mil homens, e no seu flanco esquerdo, a leste, estavam as tropas bascas, entre o mar em Castro Urdiales e Valmaseda no interior, com mais 25 mil combatentes. No máximo, seria possível apontar cerca de duzentos estrangeiros entre eles.

Quando se comparam tais números com os 13 mil espanhóis que lutaram por Franco na campanha de Santander, obtém-se uma proporção mais correta da reivindicação do seu movimento no sentido de ser espanhol e nacional.

As tropas de Santander estavam ainda pior equipadas que as bascas no que se referia às armas automáticas. A artilharia santanderina, até os bascos trazerem de Bilbao seus canhões de seis polegadas, somava sessenta peças — todas de 75 milímetros, com exceção de uma bateria de 105 milímetros (quatro polegadas).

Tudo isso para defender uma frente de cerca de 150 quilômetros. E os canhões tinham as origens mais diversas. Havia as pequenas peças apelidadas carinhosamente de "japonesas", por serem pequenas e inquietas, saltando no ar de tanta alegria toda vez que eram usadas. Havia uma bateria de canhões Krupp — os melhores disponíveis, o orgulho de Santander. Havia canhões Schneider espanhóis, do antigo Exército espanhol, e havia canhões Schneider franceses, do Exército mexicano, ainda com a águia mexicana sujeitando a serpente no selo de bronze na culatra. Devido a munição defeituosa, dois desses canhões foram pelos ares. Faltavam telefones e postos de observação, pois não havia fios suficientes para as linhas de comunicação; em vez disso, as mensagens eram transmitidas por sistemas de bandeirolas ou por portadores que corriam de um lado para o outro.

Tais eram as forças que se opunham, e tal era a igualdade dos termos estabelecidos pelo Comitê de Não Intervenção. Não era nada difícil romper as linhas santanderinas no Puerto de Escudo e no desfiladeiro oposto de Aguilar del Campo.

Tenho comigo a ordem de disposição da artilharia no Escudo para a 2ª Divisão italiana — a Llamas Negras, ou, em italiano, *Fiamme Nere*. O documento foi tirado de um oficial de artilharia italiano morto e, claro, está na língua dele. Com exceção de oito, todas as baterias eram comandadas e operadas por italianos; mesmo os mapas locais, encontrados com oficiais do Estado-Maior espanhol nessa breve campanha, haviam sido produzidos na Itália.

Essa ordem prevê uma hora de disparos lentos contra seis posições ao longo de uma frente de meia divisão. Em seguida, haveria um intervalo de duração indeterminada, "para a intervenção da aviação". Esta, segundo a minha experiência da frente basca, poderia durar de uma a três horas. Em seguida a artilharia iniciaria um fogo rápido por quinze minutos, um coro de peças de 75 milímetros se entusiasmando até cada qual chegar a cinco disparos por minuto. Depois de 4505 obuses e uma enorme quantidade de bombas terem sido despejadas sobre a linha defendida pelos santanderinos, a infantaria divisional italiana, com suas 24 peças de campanha de 65 milímetros cobrindo a arremetida, e sob uma dúzia de caças que metralhavam as linhas à frente em voos rasantes, e protegida por 55 tanques, passou a avançar lentamente, sacolejando sua panóplia de Guerra Mundial e os trastes das metralhadoras e dos destacamentos de sapadores, e caminhou desgraciosamente como os campônios servis e pobres que eram, até ocupar as posições há muito abandonadas pelos santanderinos.

A ofensiva começara quatro dias antes da minha chegada. Na quarta-feira à tarde, o inimigo já estava quase na metade do caminho até Santander.

Na cidade, cartazes deixavam transparecer as dificuldades que a esquerda de Santander estava enfrentando. Na opinião de Leizaola — pois o ministro da Justiça basco continuava em Santander —, exibiam o mais grosseiro apelo político já feito na Espanha. Em resumo, diziam que todo bom cidadão republicano tinha o dever de denunciar qualquer conversa derrotista ou direitista que ouvisse, e, se necessário, fazer cumprir a lei com as próprias mãos, "arrebentando com uma pedra a cabeça do traidor".

Como católico e ministro da Justiça e da Cultura, Leizaola via os cartazes com o mais profundo desagrado. "Que coisa medonha!", comentou.

Ninguém mais em Santander, contudo, parecia estar prestando a menor atenção aos cartazes. Raras foram as denúncias, e mal se ouvia a fratura de crânios. Todos estavam passeando à beira-mar, como se a linha de frente estivesse em algum ponto ao sul do Marrocos. O governo acabara de ordenar o fechamento de todas as fábricas e comércios que não participavam diretamente do esforço de guerra, de modo que os empregados ficassem livres para erguer fortificações. Porém, de um modo ou de outro, a organização para esse alentado deslocamento de mão de obra não se mostrou tão eficiente quanto devia, e os moradores de Santander aproveitaram para desfrutar de férias ensolaradas no passeio junto ao porto à custa dos recursos públicos; e acabavam esquecendo a guerra, se é que alguma vez acreditaram de fato na existência daquela idiotice.

Enquanto subíamos de carro até a vila branca no cabo Mayor que servia de sede da Presidência para Aguirre, vimos tropas marchando de volta da linha de frente, com expressões no rosto que deixavam claro quão bem sabiam a posição desvantajosa em que estavam. De volta da frente? Não havia mais linha de frente; o exército de Santander estava recuando constantemente sem lutar, bombardeado impiedosamente nos pastos abertos quando se dissipava a neblina, e deixando para trás os feridos para que morressem nos terrenos mais altos e não cultivados às suas costas. Dois dias antes, a Divisão de Ibarrola, do Corpo de Exército Basco, fora deslocada do centro da frente a fim de consolidar uma linha de defesa. Sem se mover, resistiu por 36 horas; a maioria das baixas reconhecidas pelos italianos, cerca de 1500 homens, foi causada pelo fogo dos bascos. Em ambos os flancos, porém, os santanderinos não cessavam de recuar em ritmo constante, os grupos cáqui de três ou quatro voltando para casa pelos morros despidos. E o próprio Ibarrola, por mais corajoso que fosse, não pôde mais aguentar: os bascos haviam travado sua derradeira batalha.

Logo me dei conta de que o ambiente na Presidência era bem mais calmo e reflexivo que o da cidade de Santander. Guardas bascos com boinas vigiavam os quatro cantos do muro no jardim, que dava para a pequena enseada de praia arenosa e o mar azulado. A vigilância era necessária. Em junho, quando os bascos ali se instalaram após a queda de Bilbao, o entusiástico Neila matou o motorista de Ramón Aldasoro. Ninguém soube muito bem o motivo; o sujeito nem sequer era nacionalista basco, mas socialista, pelo que se sabia. Todavia, os bascos não esperaram pelas explicações; no prazo de dois dias, tal como quase um ano antes haviam repelido o terrorismo em Biscaia, deram um fim aos dois policiais responsáveis pela morte do conterrâneo. Tal demonstração de vigor e o esquema de vigilância haviam impedido uma escalada demente dos assassinatos.

Sujeito curioso, esse Neila. No dia seguinte, fugiu de avião para a França, e todos parecíamos muito aliviados e contentes em vê-lo pelas costas, enquanto sumia pela porta da cabine naquela que era obviamente sua última aparição em Santander.

Na cidade continuava o presidente, assim como Monzón, Rezola e Basaldúa, além de meia dúzia de outros. Ainda estavam muito ocupados organizando a evacuação.

Desde o começo de julho, e a despeito de todos os obstáculos levantados pela Grã-Bretanha e pela França, haviam conseguido retirar da Espanha, por via marítima, nada menos do que 50 mil bascos.

Foi bom reencontrar Aguirre. "*Saleva*", disse ele, rindo e cerrando o punho em uma saudação cômica. *Saleva* era a versão aperfeiçoada da saudação proletária, *salud*, significando ao mesmo tempo *salud* e *evacuación*. Então apareceu Egía, meu primeiro amigo basco, agora reduzido ao comando de dez pequenos barcos varredores de minas. O governo de Santander o despojara das suas traineiras armadas e substituíra os oficiais bascos por marinheiros locais esquerdistas.

As novas tripulações que haviam treinado para os destróieres *Jose Luiz Diez* e *Ciscar*, e que haviam por fim deixado os navios em condições de navegar e sair ao mar, também haviam sido afastadas, dando lugar de novo às velhas aves de arribação anarquistas. A lavagem da semana deixou os destróieres outra vez preparados de cabo a rabo. E, de fato, em uma ocasião, quando o lançador de minas rebelde *Jupiter* despontou na ampla baía de Santander, o *Jose Luiz* se fizera ao mar com pressa e disparara duas centenas de obuses contra o barco inimigo, sem acertar um único tiro. Mas imaginavam que Egía seria um alvo bem mais fácil, e costumavam pará-lo na rua para dizer que um belo dia, não muito distante, chegaria a hora de acertar as velhas contas.

No dia seguinte, dois outros batalhões bascos receberam ordens do general Gamir Ulibarri para guarnecer os hiatos na linha de frente santanderina, por onde as tropas inimigas rumavam para Torrelavega, visando interromper a ligação de Santander com Astúrias.

Pela primeira vez, os bascos se recusaram a lutar. Não iam mais dar a vida em prol dos interesses de Santander. Haviam marchado longe o bastante de sua própria região e iam permanecer ali onde estavam, na divisa com Biscaia.

No início da noite, Leizaola me levou à última evacuação pacífica que os bascos puderam realizar. Seguimos de carro para leste, até a baía de Santoña, fechada ao norte pela grande península rochosa em cuja sombra a cidade, o porto e a maior prisão da Espanha se acomodavam em uma faixa estreita e populosa. O rochedo de Santoña era acessível por um caminho comprido e elevado entre sebes cobertas de sal e através de baixios pantanosos e salobros; e por fim chegamos lá, acompanhados da brisa marinha.

O *Bobie*, um cargueiro pequeno, estava atracado no cais. Nele tremulava a bandeira britânica, uma aquisição recente, pois fora registrado apenas algumas semanas antes. O capitão era um grego, obeso e suando de ansiedade, que a cada meia hora precisava ser mais uma vez convencido de que os navios da Marinha Real não deixariam de protegê-lo assim que cruzasse o limite dos cinco quilômetros. Em seguida ele se acalmava e sentava, mas, dali a meia hora, as velhas dúvidas voltavam a se acumular no seu sistema nervoso; ao contrário de seus compatriotas que rejeitaram são Paulo, ele sempre precisava ver e ouvir a mesma coisa de novo. Um simpático português de baixa estatura e com propensões literárias era o representante do Controle à bordo do *Bobie*. Ele estava emocionado de travar conhecimento com o eminente Leizaola, cujas obras sobre jurisprudência constitucional e teoria jurídica basca tanto admirava. Imaginei que isso não passasse de adulação, mas em seguida o pequeno português passou a citar trechos dos livros de Leizaola. Até então, não me dera conta do sólido renome do meu amigo de expressão séria e taciturna, olhar fixo e melancólico. Evidentemente, ele era um dos maiores juristas da Espanha.

Aqui e ali as lâmpadas mal iluminavam o convés do *Bobie* e as toscas escadas e corrimãos de madeira que levavam ao porão do cargueiro. Também mal iluminavam os rostos, as ataduras, as muletas, os inexistentes braços e pernas dos soldados bascos que jaziam no convés ou no porão.

Havia quinhentos homens ali. Da animação das suas conversas e da juventude dos semblantes daqueles no convés, mal se adivinharia que nenhum deles jamais seria capaz de lutar outra vez; e que muitos tampouco seriam capazes de trabalhar, ou mesmo de se locomover sozinhos. Eles eram os *grands blessés* de Bilbao, os grandes feridos, o equivalente dos inválidos da Grande Guerra, os primeiros quinhentos de um total de vários milhares. Ficávamos envergonhados ao vê-los arrastando-se pelo convés para buscar sopa e velas, fósforos e cigarros, à luz tremida das lâmpadas. Os catres onde jaziam mais pareciam a terra invernal salpicada de ligeira nevasca, com a imensidão de ataduras conferindo um tom alvacento ao navio e aliviando as trevas de uma ponta a outra. No porão, outros feridos ocupavam as toscas prateleiras junto ao fundo do barco; esses estavam atados ao leito e sofriam mais agudamente. Quando voltavam o rosto escalavrado ao fumacento lusco-fusco, dava para ver na interação de fogo e sombra sobre as armações ósseas de bochechas e olhos que todos os seus traços estavam distorcidos pela dor. Eles não queriam ser notados, queriam ser esquecidos e, incomodados, puxavam os lençóis a fim de cobrir a cabeça.

Era notável o cheiro de pavio queimado à medida que as lamparinas se apagavam, tal como a juventude deles, e nossos olhos se acostumavam à desolada estrutura hospitalar no porão do navio, tão despojado e desanimado quanto o futuro deles. Era uma gruta solene e terrível em que havíamos entrado, repleta de vidas desperdiçadas, cavidades oculares vazias que nos fitavam, corpos esticados como cadáveres sob cobertas que podiam ocultar seu sofrimento, mas não a magreza. Do casco a água escorria sob nossos pés enquanto o barco deslizava para cima e para baixo com a maré noturna. Todos estavam calados, e o que se sentia é que ninguém queria mesmo falar nada.

Voltamos a subir a escada. Na escuridão, dava para divisar as silhuetas de ônibus que avultavam, e as figuras indistintas que carregavam para o navio fardos que, içados pela amurada do barco, se revelavam ser homens, menos os membros que teriam se adequado ao modo como Aristóteles definia a espécie. Dez enfermeiras bascas, impecavelmente vestidas, subiram ao cargueiro e caminharam por pranchas suspensas até a enfermaria na popa. Depois subiram três médicos, também bascos. Tal como todos os outros navios usados na evacuação desde julho, o *Bobie* fora pago e transformado em hospital com recursos exclusivamente bascos. Centenas de milhares de libras esterlinas haviam sido gastas pelos bascos nas obras humanitárias que ainda lhes proporcionavam um prazer especial.

Agora, contudo, nos demos conta de que chegara ao fim um dos períodos de calma do capitão, e aproveitei para me despedir de alguns feridos a quem reconheci, e com quem havia estado na campanha de Bilbao. Assim que pisamos no cais, Leizaola fez algo inusitado, extraindo uma moral de tudo aquilo: "Veja você", comentou com brevidade, "é por isso que nós, os bascos, sempre repudiamos o militarismo, e por que a Espanha centralizada o glorifica. Apesar disso, creio que lutamos bem na hora H".

De novo passamos de carro pelos pântanos salinos no caminho para Santander, cujas ruas estavam tomadas por milhares de refugiados da província e das Astúrias, e também por centenas de cabeças de gado tangidas juntamente com o recuo dos combatentes.

Os italianos avançavam de modo constante, enfrentando apenas focos menores de resistência. Ainda fiquei na cidade por mais dois dias, e então tomei um avião para a França.

36.

No dia em que deixei Santander, vi sobre a mesa de Rezola as instruções do Estado-Maior Geral para a evacuação de todo o equipamento de saúde e dos feridos do 14º Corpo de Exército (Basco), então estacionado em Santoña Laredo e Castro Urdiales, para Ribadesella, nas Astúrias. Esta seria a primeira etapa de uma retirada geral da província de Santander, pois o inimigo avançava rapidamente rumo ao litoral a fim de bloquear a última saída para oeste, em Torrelavega.

Em Santander, o sistema estava ruindo. Quando o capitão Rodriguez de la Mata, da Sanidad Militar do Corpo de Exército Basco, foi à cidade no dia 24 de agosto, soube que o comandante do 15º Corpo de Exército (Santanderino) havia fugido; que não dispunha de transporte suficiente para evacuar os 6 mil feridos em suas mãos, para não falar no equipamento; e que, desde o meio-dia, a estrada para Torrelavega estava sob o fogo de artilharia, ao passo que a estrada secundária junto à costa, que passava por Suances, durante o dia ficava sob o controle da aviação. Nada poderia ser feito antes de escurecer.

De la Mata então voltou a Santoña e viu algo extraordinário. O quartel-general da Sanidad Militar estava repleto de médicos e ordenanças bascos, os muitos remanescentes do excelente sistema de hospitais estabelecido muito antes pelo compositor Unzeta; e a todo instante chegavam outros. Os milicianos, e até as três da tarde quase todos eram nacionalistas, caminhavam à vontade pelas ruas: disseram a De la Mata que, na noite anterior, o batalhão Padura ocupara Santoña, e que os outros batalhões nacionalistas haviam recuado para a região costeira de Laredo, Colindres e Santoña, em desobediência às ordens do Estado-Maior em Santander, que exigia uma retirada para as Astúrias.

Juan de Axuriaguera, presidente do comitê executivo do Partido Nacionalista Basco, saíra para negociar com o general Mancini, o comandante da divisão italiana dos Flechas Negras, os termos de uma paz em separado.

Uma antiga tradição basca, um princípio fundamental de seu pacifismo democrático, tomava conta dos pensamentos dos milicianos.

O povo basco é um dos grandes viajantes do mundo, tendo construído as embarcações com as quais mais tarde faria a descoberta do hemisfério ocidental. Grande parte da riqueza das Américas também se deve a ele: todas as grandes cidades do continente sul-americano foram revigoradas pelo capital basco. Porém, por maior que seja o amor do basco pela aventura, ainda mais forte é seu amor pela terra natal. Para ele, o ideal é voltar a Biscaia.

Contra os mouros, os godos e os castelhanos, o basco, em suas montanhas verdejantes, sempre se mostrou aguerrido lutador defensivo. Ele preservou sua cultura antiga e sua liberdade dos avanços do feudalismo, que é a matriz da luta de classes, por muitos séculos até este último. Por conta dessa cultura e dessa liberdade, ele é, no fundo do coração, um pacifista. Na divisa sul de Biscaia ficava a árvore Malatu, além da qual não era correto prosseguir perseguindo um invasor derrotado. Ali ficava a divisa do Éden, a ser guardada por espada flamejante; mas além dela vivia outro povo, mesmo que inferior, cujos direitos deviam ser respeitados. Em prol da liberdade dos mares, e da liberdade da sua própria terra, o povo basco estava pronto para lutar. Mas era-lhe impossível ser um agressor, mesmo no século XX; e, como símbolo disso, um dos batalhões nacionalistas foi batizado de Malatu.

Em 24 de agosto de 1937, após um ano de guerra, o combatente basco perdera todo metro quadrado do seu próprio território, com exceção da pequena faixa de pastagem entre Castro Urdiales e Santoña, que lhe fora tomada por Castela muito tempo antes. Agora lhe pediam que dissesse adeus à terra natal; que se retirasse para a selvagem Astúrias, onde o feudalismo havia gerado a mais impiedosa progênie; que lutasse, e não em uma ofensiva, mas em uma desesperada ação de retaguarda para além da árvore Malatu. Ele se recusou a fazer isso.

Disse que estava pronto a lutar por sua vida ali mesmo onde estava, mas que não ia mais recuar. Ele contemplou o adorável país às suas costas — em ruínas. Durango, Gernika, Eibar, Ochandiano, Munguía, Mugika, Elgeta, Markina, Bolíbar, Arbácegui e Guerricaiz; Cortezubi, Ceanuri, Dima, Villaro, Yurre, Castillo y Eleijabeitia, Amorebieta, Lemona, Fika, Rigoitia, Galdakano — povoados que foram todos destruídos, parcial ou totalmente, pelos bombardeiros alemães. Mola e seus aliados haviam cumprido até o fim a promessa de arrasar Biscaia. Ao pensar nisso, o basco saudoso foi tomado de assoberbante melancolia; os recursos do adversário e os sofrimentos próprios eram grandes demais, e não lhe restava mais nada a fazer.

E agora os italianos de Llamas Negras ocuparam Torrelavega, bloqueando a retirada asturiana que os bascos se recusavam a fazer. Aguirre embarcou em um avião para a França e abandonou a mansão na enseada de areias brancas. O Estado-Maior, o rádio e a esquerda política de Santander já haviam partido. Um incêndio descontrolado tomou conta das ruas da cidade. O velho Pursey treinou uma equipe de treze britânicos, franceses, alemães e espanhóis, entre os quais a srta. Caton, do Save the Children Fund, com remos desparelhados, para que saíssem remando pela baía de Biscaia em meio à neblina até que a sorte os colocasse na rota de um destróier britânico. Passaram por muitos barcos vazios, remos boiando e refugiados impotentes; na grande evacuação em massa de Santander para o mar aberto, centenas devem ter se afogado, e a tripulação dos treze ficou devendo ao seu destino e a Pursey, tagarela e navegador imortal, o fato de não terem engrossado o número de vítimas na névoa da baía.

E Egía, o obstinado e anglófilo capitão do porto de Bilbao que, de maneira persistente e correta, mantivera a Marinha Real a par das condições nas águas territoriais bascas — como ele escapou? Bem, Egía nomeou a si mesmo comandante da frota de Biscaia, agora muito reduzida, pois os santanderinos o haviam despojado dos seus velhos combatentes, os *bous*, as traineiras armadas. Mas ele ainda controlava dez dos varredores de minas que haviam mantido desimpedidas as águas territoriais de Bilbao. Eles não dispunham de armamentos, e Santander estava, como dizem os ingleses, *bloqueada*. Egía, contudo, envergou seu chapéu de almirante, que não passava de uma velha e empoeirada boina basca, vestiu seu melhor impermeável de marinheiro sobre o paletó azul, apanhou a gravata e a luneta, e caminhou com as tripulações e seu destacamento, da maneira mais náutica possível, até os dez varredores de minas. Metralhadoras para combates a curta distância foram carregadas para bordo. Então, ao sinal do almirante Egía, sob a forma de escancarado sorriso basco, a última das armadas invencíveis rompeu o bloqueio naval, tomando o rumo da França, sem nenhuma perda ou arranhão.

Meu amigo Rezola e o resto do Departamento de Defesa foram enviados a Santoña com os arquivos; foi dito a eles que navios britânicos viriam para levá-los à França e, até que chegassem, deveriam supervisionar a rendição do Exército basco.

Quando todas essas pessoas chegaram a Santoña, descobriram que não poderiam, caso quisessem, sair de lá, por mar ou por terra, e voltar a Santander. Os batalhões do Partido Nacionalista Basco e o Comitê Executivo haviam constituído uma Junta de Defesa para a capitulação e fechado o porto e todas as estradas com metralhadoras.

Os termos acordados por Juan de Axuriaguera, o chefe do Partido, e seu lugar-tenente, Artetxe, com o general Mancini, foram os seguintes:

Da parte das tropas bascas:
I. Depor as armas em ordem e entregar o material às forças legionárias italianas, que devem ocupar a região de Santoña sem resistência.
II. Manter a ordem pública na zona que ocupavam.
III. Assegurar a vida e a liberdade dos reféns políticos nas prisões de Laredo e Santoña.

Da parte das forças italianas:
I. Garantir a vida de todos os combatentes bascos.
II. Garantir a vida e autorizar a partida para o exterior de todas as personalidades políticas e funcionários bascos atualmente no território de Santoña e Santander.
III. Considerar os combatentes bascos sujeitos a esta capitulação livres de toda obrigação de participar na Guerra Civil.
IV. Assegurar que a população basca leal ao Governo Provisório de Euskadi não seja perseguida.

Sob tais condições, os bascos, que não se caracterizam pelo maquiavelismo, estavam dispostos a depor as armas, entregá-las à divisão italiana dos Flechas Negras e dar graças a Deus que a guerra havia terminado. A bandeira de Euzkadi foi hasteada em Laredo e Santoña, pois no intervalo anterior à rendição os bascos haviam se declarado independentes de ambas as Espanhas. E haviam se rendido aos italianos por terem sido derrotados pela Itália, não por Franco. E agora os funcionários e os líderes políticos, como Rezola, estavam à espera dos barcos que os conduziriam à França.

Eles se reuniram na sede da prefeitura de Santoña, sob o grande rochedo bronzeado pelo calor que faz desse porto uma Gibraltar setentrional. A baía profunda e turva, com baixios salgados represados por diques, estendia-se rumo ao sul até os arenais de Laredo e Colindres. O sol de agosto sobre as águas fechadas e niveladas deixava-as tão polidas que reluziam como um piso cromado. E lá ficaram à espera, sob a bandeira basca, nos dias 24 e 25 de agosto, protegendo os olhos contra a luz inclemente e sem fazer nada. Esperavam pelos italianos.

No segundo dia, uma quarta-feira, 25 de agosto, os gudaris começaram a se mostrar descontentes. Alguns diziam que não confiavam nos italianos e que temiam ser obrigados a lutar em favor de Franco; outros iam à prefeitura para exagerar a própria importância política, alegando, sem malícia, os mesmos direitos de serem evacuados com os líderes. Um grande número adotou a posição renitente de que, se não fossem evacuados, então ninguém mais seria. À tarde, o porto encheu-se de pequenas traineiras e chalupas de pesca e, durante horas, disseminou-se o otimismo, com os bascos de Santoña acreditando que talvez houvesse lugar para todos. E todos tentaram se acomodar, sem nenhum controle, embarcando até mesmo com fuzis e metralhadoras. Porém, quando os barcos estavam sobrecarregados na água, ainda restavam tropas bascas no cais, e outros soldados continuavam a chegar, além dos oficiais e políticos que ainda restavam nos diversos quartéis. Os barcos lá ficaram a noite toda sem receber permissão para deixar o porto. Não havia pressa; a Junta de Defesa confiava nos italianos.

Enquanto começava a escurecer, eles avistaram no outro lado da baía, onde a estrada de Bilbao descia serpenteando pela encosta, um longo comboio de caminhões com as luzes acesas, movendo-se rigidamente rumo ao mar. Eram os italianos que entravam em Laredo.

Um tenente-coronel italiano precedia as tropas no carrinho de uma motocicleta e, assim que ocuparam a *plaza*, os termos da rendição basca foram lidos em público e fixados sob o pavilhão italiano. Um basco menos simplório que os outros sentiu que, mesmo com as palavras e bandeiras impressas, mais valia passar a Santoña, que ainda não fora ocupada pelo estrangeiro; com um punhado de outros que não teriam a mesma sorte, o capitão Juan Marcaide Pildain desceu até a praia de Laredo e, sob o luar, foi remando num bote até Santoña.

Mal raiara a quinta-feira, dia 26, e os gudaris tiveram de se mover de novo. Por ordem da Junta de Defesa, que ainda demonstrava confiança na promessa de Mancini, os barcos de pesca e as traineiras voltaram a se aproximar do cais e desembarcaram os passageiros. Os soldados receberam ordens de voltar para as casernas e foram quase todos desarmados. Sabia-se que os italianos chegariam à tarde e organizariam o novo embarque, de acordo com listas adequadas que o Estado-Maior basco começou a coligir na Prefeitura.

Perto das cinco horas, os italianos entraram em Santoña, um batalhão de Flechas Negras com uma bateria de artilharia ultraligeira (65 milímetros) e um punhado de estropiados e mal equipados soldados espanhóis oriundos da Extremadura. Em poucos minutos, as varandas estavam cobertas de tapeçarias e bandeiras com as cores da monarquia, e ecoavam pelas ruas brados e canções fascistas, entoados sobretudo por vozes femininas. A infantaria basca deixou passar a procissão sem fazer qualquer saudação ou gesto nas ruas. Quem não conseguiu disfarçar os sentimentos ficou dentro de casa. O coronel italiano Fergosi recebeu da Junta de Defesa basca o controle de Santoña; os bascos haviam cumprido estritamente as cláusulas que lhes cabiam no acordo, depondo as armas, entregando o equipamento militar e os prisioneiros, e mantendo a ordem pública na zona que controlavam.

Foi nesse momento solene da história dos bascos que dois pequenos navios britânicos entraram na baía de Santoña. O *Bobie* vinha à frente, seguido do *Seven Seas Spray*. Haviam sido enviados de Bayonne para evacuar os *responsables*, como previsto no acordo com Mancini. O *Bobie* estava sob o comando de um francês encantador, o sr. Georges Dupuy, que no passado fornecera armas para os bôeres a partir de Madagascar. Vou passar a palavra ao próprio Dupuy, tal como ele deixou registrado:

> Às quatro da tarde na quinta-feira estávamos diante de Santoña. Dada a incerteza natural em relação aos acontecimentos naquele vilarejo, nos aproximamos do porto com toda a cautela. Às 4h20 passou por ali um pequeno rebocador, em cuja proa tremulava uma bandeira. No entanto, as condições de luz nos impediram de identificá-la. No final, vimos com certeza que se tratava das cores de Euzkadi. Com isso seguimos a toda a velocidade para o porto e lançamos âncora.
>
> O cais estava muito animado. Havia grande quantidade de barcos de pesca, cheios de gente. O *Gazteiz* [uma pequena traineira armada] e duas ou três outras embarcações pequenas também estavam ali, todas lotadas. No cais, uma multidão desfazia-se de todas as suas armas — fuzis, revólveres, metralhadoras, cinturões com munição, tudo ia formando montes. Homens armados, bas-

cos, vigiavam o cais e a área em volta. Tropas em formação chegavam pelas ruas que davam no porto, onde eram desarmadas e se dispersavam.

Desci em terra com o capitão do Gazteiz. Na cidade era grande a animação, com bandeiras, faixas e estandartes nas cores de Franco tremulando por toda a parte. Quase todas as mulheres envergavam fitas e emblemas fascistas. Em duas das praças nas quais os soldados italianos descansavam e cantavam, suas armas estavam empilhadas e desprotegidas.

Fui ao prédio da Prefeitura, que estava circundado por bascos desarmados. Lá dentro, as escadas e os corredores fervilhavam de gente, e tive dificuldade para abrir caminho até a sala em que estavam os líderes. A sala também fora tomada pela multidão, e havia pessoas feridas por quase todos os lados. Uma porta aberta no fundo deixava vislumbrar outra sala cheia de feridos.

Perguntei pelo sr. Axuriaguera, a quem haviam me recomendado que visse antes de qualquer outro, e soube que ele estava em Vitoria e devia chegar de lá a qualquer momento.

Dupuy foi então informado das condições da rendição. Pediu instruções quanto ao embarque das milícias, e lhe disseram que estavam aguardando notícias. Embora ele os tenha aconselhado a agir com presteza e mandar embora os barcos de pesca naquela mesma noite, nada foi feito nesse sentido, e as únicas ordens que recebeu, e cumpriu, foram para levar os arquivos e o equipamento de rádio para o *Bobie*.

Ao voltar não notei nada de anormal. Embora as ruas e o cais estivessem cheios, predominava a ordem. Os italianos não pareciam mais agressivos do que antes, e não se via nenhum uniforme azul dos falangistas. Às dez e por volta da meia-noite, ainda não havia notícias.

Às seis da manhã, no dia 27 de agosto, retornei ao prédio da prefeitura, e lá deparei com os italianos, além dos bascos. Os líderes não pareciam ter o mesmo controle do dia anterior sobre a movimentação dos seus homens. Nenhuma notícia do sr. Axuriaguera. A prefeitura estava cercada por soldados italianos.

Ao mesmo tempo, os bascos começaram a se apinhar no cais, de maneira ordenada, esperando pelo embarque. Às nove, recebi a ordem de iniciar o embarque de todos aqueles que tinham um bilhete especial emitido pelos líderes, ou um passaporte do governo de Euzkadi. O oficial-observador do Comitê de Não Intervenção a bordo do *Bobie*, o sr. Costa e Silva, examinava os papéis comigo e a tarefa era cumprida de maneira impessoal em ambos os barcos, o *Bobie* e o *Seven Seas Spray*.

Às dez horas, um oficial com o uniforme do Exército italiano, mas que era espanhol e exibia uma insígnia fascista, apareceu e mandou que eu interrompesse o embarque e aguardasse novas instruções. Perguntei a ele quem lhe dissera para agir assim, e ele disse que fora o coronel Fergosi, agora no comando de Santoña.

Parei o que estava fazendo e, nesse momento — por volta das 10h15 —, grupos de soldados italianos surgiram no cais, cercaram a multidão de bascos que esperava para embarcar, instalaram quatro metralhadoras em posições escolhidas a dedo e deixaram uma guarda na prancha de embarque do *Bobie*, composta de uma dúzia de soldados e um oficial subalterno. Toda comunicação entre o navio e o cais foi proibida.

Os italianos empilharam nos caminhões o equipamento abandonado pelos bascos. Pude ver quase uma coluna inteira de gudaris, desarmados, seguindo pela estrada de Laredo, e também caminhões, todos exibindo a bandeira italiana.

Às duas da tarde, Silva e eu, escoltados por quatro soldados italianos, fomos conversar com o coronel Fergosi na prefeitura. Ali não havia mais nenhum dos líderes bascos, e o prédio estava ocupado apenas por italianos.

O coronel Fergosi disse-me que havia recebido ordens formais do generalíssimo — Franco — no sentido de que ninguém, basco ou estrangeiro, deveria sair de Santoña. Lembrei-lhe então do fato de que todos os bascos que estavam nos dois navios agora estavam sob a proteção da bandeira britânica e que, se outros bascos não mais poderiam embarcar, mesmo assim eu poderia partir com aqueles que estavam a bordo — assim como o *Seven Seas Spray*. A resposta dele foi inequívoca. "Ninguém tem permissão para deixar Santoña, e o *Almirante Cervera*, que está ao largo, já foi devidamente informado." Silva também insistiu, mas em vão. Fomos separados e nossos papéis foram examinados. (Quanto ao modo como me trataram, que nada tinha a ver com a questão em discussão, prefiro não comentar os incidentes mesquinhos que se seguiram até as nove horas daquela noite.)

Voltei ao navio às nove horas. O mesmo oficial espanhol ordenou que todos os passageiros deixassem o *Bobie*. Isso foi feito de maneira ordenada e, em seguida, o navio foi vasculhado de cima a baixo por essa pessoa e por quatro outros oficiais falangistas. Depois, a identidade da tripulação do *Bobie* foi verificada e seus papéis foram examinados laboriosamente, palavra por palavra, pelos falangistas, especialmente os dos dois oficiais-engenheiros (ambos bascos) e os meus. Por fim, à meia-noite, o oficial falangista e seus asseclas partiram, depois de proibir rigorosamente toda comunicação com a terra.

No sábado, à medida que amanhecia, vi os homens que haviam sido desembarcados na noite anterior seguindo pela estrada na direção de Laredo. Havia outros em caminhões que envergavam a bandeira italiana que foram por outra estrada. Não sei para onde foram levados.

Então vi que outros bascos estavam sendo conduzidos ao cais; a guarda italiana estava sob o comando do tenente-coronel Farina. E lá estavam os coronéis Fergosi e Piesch, este depois encarregado dos campos de concentração.

Dois grupos se formaram no cais; de um lado, os bascos que haviam lutado na guerra e sido desarmados, e, de outro, os líderes políticos. Recebi permissão para me comunicar com eles e soube que:

I. Não havia notícias do sr. Axuriaguera, que deveria ter deixado Vitoria no início da noite anterior;

II. Havia esperança de que as negociações ora em andamento resultassem em uma ordem para que todos embarcassem. Pediram-me que adiasse a partida ao máximo por esse motivo.

Na verdade, a confiança e a esperança reinavam em Santoña... pelo menos entre os líderes.

Ao mesmo tempo, recebi ordens para desembarcar os arquivos e o rádio. Resisti o máximo que pude, mas não tive êxito, apesar do ardor e da engenhosidade dos meus argumentos. O desembarque teve de ser feito e foi concluído até as dez e meia.

Durante todo esse tempo, fiquei conversando com os coronéis Piesch e Farina. Este último, em um momento de franqueza, expressou toda a sua amargura, e o quanto estava furioso por ver tudo o que estava se passando. "É vergonhoso", disse Farina, "ver que um general italiano não pode manter a promessa que deu [sic]" e "jamais, em toda a história, ocorreu algo assim". O coronel Piesch aduziu palavras de assentimento.

Perto das onze, o coronel Farina disse que o *Bobie* deve levantar âncora e aguardar ordens, e o *Seven Seas Spray* deve se aproximar do cais e desembarcar as pessoas.

Antes do *Bobie* afastar-se do cais, vi o coronel Fergosi e perguntei-lhe, na presença do coronel Farina, se os bascos eram de fato prisioneiros do Exército italiano, e apenas do Exército italiano. Ele me garantiu que de fato era assim, e que não era a intenção do general Mancini entregar os bascos, fossem quem fossem, aos falangistas. Agradeci-lhe por tal garantia, e expressei uma esperança fervorosa de que essa promessa seria honrada.

No último momento, cumprimentei os líderes e perguntei-lhes se tinham alguma mensagem para a Presidência; infelizmente, o otimismo deles ainda era forte demais para que pensassem em algo a transmitir. Apenas me pediram que ficasse o maior tempo possível em Santoña, na expectativa de que as conversações chegassem a bom termo.

Ao meio-dia estávamos ancorados. Podíamos avistar a estrada para Laredo, e as colunas de homens que a percorriam, e, vez por outra, grupos de caminhões com a bandeira italiana.

Às nove da noite, um oficial italiano, acompanhado de quatro falangistas, também oficiais, subiu a bordo para nos dar a ordem de partida. Ainda fizeram outra busca no navio e, às dez da noite, este se encaminhava para o mar aberto... O restante da noite passou sem incidentes, exceto pelo aparecimento no convés de seis homens que haviam se escondido nas máquinas.* Na manhã seguinte, às 9h50, estávamos em Bayonne.

E este foi o fim dos bascos e do relato de Dupuy.

Desse modo, a mais antiga democracia da Europa foi subjugada e conduzida ao cativeiro na carroceria de caminhões romanos; os bascos foram enganados por uma nação cuja história de rompimento de promessas deveria, talvez, ter sido levada em conta. Afinal, a Itália fascista desonrara sua assinatura em muitos acordos e tratados nos dois anos anteriores à rendição dos bascos; mas nenhuma delas com tanta rapidez, sem mesmo uma tentativa de desacreditar a outra parte. Em um dia, o general Mancini

---

* Entre os quais De la Mata e o capitão Marcaide Pildain.

havia firmado o acordo de paz; três dias depois, com os bascos tendo cumprido suas obrigações e os italianos tendo ocupado Santoña com tanta tranquilidade que puderam empilhar as armas e cantar, os coronéis Piesch e Farina justificavam o rompimento do acordo com referências ao passado italiano, que podia suportar o tom, mas não as luzes da ribalta do melodrama. "Nunca antes na história", francamente. O que dizer da rendição voluntária seguida da execução dos filhos de Ras Kassa? E do tratado de amizade entre a Itália e a Etiópia de 1928?

Os funcionários, entre os quais o perspicaz e prognata Rezola, foram levados para um campo de concentração em Santoña, em vez de receber permissão para ir à França. Seria ocioso defender Mancini com o argumento de que cedeu a uma *force majeure*. O mundo todo sabia agora que não era Franco que liderava a parceria, mas os italianos; o que era alegado não só pelos seus inimigos, mas pela própria Itália. No dia 27 de agosto, por ocasião da entrada triunfal dos italianos não só em Santoña, mas em Santander, a imprensa italiana alardeou a vitória. Uma quarta divisão italiana, a Littoria, fora enviada à frente; e o próprio *signor* Mussolini enviara telegramas de congratulação aos dez generais do Exército regular italiano e da milícia dos camisas negras que permitiram a Franco conquistar essa vitória após dez dias de campanha — Bergonzoli, Biscaccianti, Bastico, Perti, Frusci, Roatta, Piazzoni, Francisci, Velarda, Manca (mas não para Mancini, o comandante dos Flechas Negras).

Nem o caráter oficial nem o valor da intervenção italiana continuou a ser negado. Para o constrangimento de Franco, eles foram alardeados.

Mancini, portanto, caso tivesse desejado, poderia ter assegurado o cumprimento das suas próprias promessas. Mas não se deu ao trabalho. Poucas semanas depois, sua divisão foi transferida com o restante dos italianos para a frente de Aragão, onde seria travada a batalha crucial da guerra. Ele nem sequer deixou os bascos sob a guarda italiana; ao contrário do compromisso feito pelo coronel Fergosi a Dupuy, eles foram entregues aos espanhóis.

Até a terceira semana de outubro, soube-se que seiscentos dos homens que os italianos prometeram enviar para a França haviam sido condenados à morte. Catorze foram executados (dois de cada partido que formava a Frente Popular) até 21 de outubro; e, enquanto escrevo isto, a promessa de assassinato em massa, aludida na moderna terminologia diplomática, está sendo posta em prática. Contra pessoas, cabe ressaltar, que não haviam assassinado, roubado ou incendiado, mas que mantiveram a ordem e libertaram incólumes seus prisioneiros, inclusive espiões como Schneider, que qualquer outro regime teria fuzilado, e homens que se tornaram membros das próprias cortes marciais que agora os enviavam ao paredão. Quando provocado, um cavalheiro espanhol pode se tornar apenas um animal, desprovido de gratidão, piedade, misericórdia, ou mesmo daquela suprema distinção entre homens e bestas, que é o refinamento da memória.

Quanto aos líderes, vários desapareceram, incluindo Rezola, meu amigo da Presidência e de Truende, que comandara a investida contra os italianos em fuga, que fizera o sinal da cruz na linha de frente antes do café e continuara a beber calmamente enquanto os aviões sobrevoavam e lançavam bombas. Dele estão gravados para sempre na memória dos meus sentidos o corpo alto e forte, o semblante composto, os implacáveis olhos azuis e a voz firme. Quantas vezes não me sentei ao lado dele no almoço e no jantar do Hotel Carlton e conversamos francamente de cada recuo, cada pequena retomada; e como sobressaía acima de Arbex, e de Unzeta ao piano, o oficial médico que lhe ordenara que desse um exemplo de higiene à milícia cortando o cabelo — o que de fato fez. Sua leitura sossegada de Napoleão na derradeira noite de Bilbao, o sorriso lento e meio constrangido na boca obstinada

— como será possível esquecer tudo isso? Uma rocha de bronze, Rezola, um indivíduo indômito, inabalável. Nele se via o tipo perfeito de fraternidade, tenacidade, gravidade e humanidade do qual todos os bascos se aproximavam de maneira espontânea. E agora ele não mais estaria lá; e os bascos, seu povo, foram condenados ao cativeiro.

Em Bilbao, o costumeiro reino do homicídio judicial fora inaugurado também contra a população civil nos tribunais militares, com sentenças de morte, baseadas em acusações fantasiosas, sendo firmadas todos os dias. O espírito brutal da tirania que, mesmo em momentos de maior crise, nas duras semanas após o ataque aéreo e o massacre na prisão de 4 de janeiro de 1937, os bascos jamais quiseram impor; a cruel supressão dos inimigos políticos da qual os bascos haviam poupado todos os membros da direita; agora se tornaram lugares-comuns bascos. Um dono de pensão que conheci em Pedernales foi condenado à pena capital "por fornecer refeições aos nacionalistas bascos"; padres, por pregar ou celebrar missas para os milicianos na frente; uma velha senhora enferma de Mundaka, a quem conheci, uma senhora católica extremamente virtuosa que cuidara de todas as obras de caridade no vilarejo, e na verdade era um tanto reacionária em seu coração apolítico, acabou condenada a seis anos de cárcere comum porque o filho trabalhara como funcionário público no governo Aguirre. Todos esses casos foram publicados na *Gaceta del Norte*, o jornal fascista agora publicado em Bilbao; para os conquistadores, tais sentenças não pareceram bárbaras, mas naturais, e dignas da atenção do mundo. A palavra "humanidade", a ideia de que as mulheres não deveriam ser mantidas como prisioneiras políticas, a teoria não muito civilizada de que as pessoas não são necessariamente punidas pelo comportamento de seus parentes, essas eram coisas que significavam menos que nada para os homens que haviam conquistado a vitória graças à ajuda da

Alemanha e da Itália. Pela primeira vez na história do mundo, o domínio do sangue e da guerra de classe foi imposto em Biscaia.

É minha convicção, e a história vai comprová-la, que essa opressão não vai durar para sempre. Séculos de luta, de aventura nos cinco oceanos selvagens, fizeram do basco um homem com infinitas reservas de força e silêncio. Seus ombros continuam livres sob qualquer regime; seu estado moral e sem classes não está inscrito em constituições, mas na história e na pré-história; e não é defendido por braços, mas pela inabalável consciência de sua superioridade sobre todos os outros. Pelo fato de nunca ter sido escravo ou vilão, o basco é melhor que seu vizinho, e bem o sabe.

E também se orgulha do ano em que governou a si mesmo; de como manteve a ordem e a verdadeira paz da Igreja, garantiu a liberdade das consciências, alimentou os pobres, curou os feridos, manteve todos os serviços de um governo sem uma única disputa, fosse entre o executivo e a população, fosse em seu próprio executivo, entre os de opiniões divergentes. O único povo em toda a Espanha que demonstrou que tinha condições de governar; enquanto outros assassinavam e massacravam, aterrorizavam a classe operária e vendiam o país a estrangeiros, o basco consolidou sua pequena nação com os fortes laços da solidariedade, tão resistentes quanto os cascos das suas grandes traineiras de aço. A Frente Popular basca foi uma legítima frente popular, sem qualquer obscuro motivo por trás de sua formação. Suas raízes eram muito profundas, e muito antiga era sua linhagem, mas com folhas repletas de viço e virtude que se renovam a cada ano; que cobram vida e saúde eternas de uma sociedade sem classes, e se mantêm inabaláveis em meio ao fogo e às explosões que proporcionam sombra aos futuros legisladores escolhidos pelo povo. O símbolo e a história deles é a árvore de Gernika.

Posfácio

George Lowther Steer teve uma vida intensa, em cuja década final se concentraram nada menos do que quatro guerras e oito livros. Morreu de modo abrupto aos 35 anos, quando sofreu um acidente em um jipe sobrecarregado no dia de Natal de 1944, em Bengala, durante a Segunda Guerra. Na época, era tenente-coronel do Corpo de Inteligência do Exército britânico, e comandava as unidades indianas de radiodifusão, que ele mesmo organizara para o Diretório de Operações Especiais. Essas equipes armadas de propaganda atuavam na linha de frente, na Birmânia, munidas de megafones que transmitiam música e mensagens aos soldados japoneses em seus redutos, tentando convencê-los a se render, além de circular pelos vilarejos estabelecendo mercados e redes de contatos, buscando a conquista "dos corações e mentes" da população civil. O impacto da colisão foi tão violento que o relógio de Steer voou de seu pulso. Quando o acharam perto do corpo, os soldados indianos puderam ler uma inscrição gravada nele: PARA STEER DE EUZKADI — ou seja, para Steer, do País Basco.

Para se entender por que o povo basco presenteou Steer com um relógio de ouro, e por que sete décadas depois foi erigido um busto de bronze em homenagem ao jovem estrangeiro dentro da república autônoma, vale lembrar o conselho dado pela correspondente de guerra americana Martha Gellhorn à sua mentora Eleanor Roosevelt, no princípio de 1938:

> A senhora precisa ler um livro intitulado *A árvore de Gernika*, de um sujeito chamado Steer. Trata da luta dos bascos — ele é correspondente do *Times* de Londres — e não há livro melhor sobre a guerra; ele expõe muito bem tudo aquilo que tentei lhe dizer quando nos encontramos, depois da Espanha. É muito bem escrito e verdadeiro, e raros livros são assim, ainda mais entre os que falam sobre a guerra. Por favor, não deixe de ler.

"A guerra" era a Guerra Civil Espanhola, que eclodiu em julho de 1936 quando o general Francisco Franco desencadeou uma insurreição de direita contra o governo esquerdista da República espanhola, um conflito que só terminaria em abril de 1939. Enquanto o país ruía e sofria com a radicalização, a República ofereceu maior autonomia às regiões da Espanha em troca de apoio militar contra os rebeldes sob o comando de Franco. As duas regiões industriais mais ricas no noroeste e no nordeste, o País Basco e a Catalunha, aceitaram a oferta. Em ambas, a população falava língua própria, desfrutava de tradições culturais distintas e acalentava o sonho de se tornar uma nação autônoma. Os rebeldes franquistas, porém, abominavam qualquer cessão de poderes por parte do governo central e, convocando a ajuda militar de potências estrangeiras, como a Alemanha nazista e a Itália fascista, estavam decididos a destruir os "separatistas vermelhos".

G. L. Steer, que retornara pouco antes da Guerra Ítalo-Etíope, relatou parte desse enfrentamento inicial no noroeste da Espanha para o *Times* londrino, e pouco a pouco foi ficando fascinado pela vida daquele povo apreciador de boinas. Em *A Árvore de Gernika*, ele conta como Euzkadi, a república democrática estabelecida pelos bascos em sua verdejante região natal junto à baía de Biscaia, lutou por sua liberdade e dignidade em uma guerra civil atroz. Após um ano de combates, bloqueados pelo mar, bombardeados pelo ar, enfrentando desvantagens extraordinárias em suas próprias colinas, os bascos acabaram derrotados pelas forças franquistas — mas perderam com honra, sem recorrer a assassinatos, torturas ou traições.

Então com 27 anos de idade, Steer era colaborador do *Times* quando escreveu a reportagem mais importante de sua vida, alertando o mundo para o bombardeio aéreo que arrasou o vilarejo conhecido como Gernika pelos bascos, e Guernica, pelos espanhóis. O relato, publicado tanto pelo *Times* londrino como pelo *New York Times* no dia 28 de abril de 1937, uma quarta-feira, descrevia de que maneira uma esquadrilha alemã tinha despejado bombas de alto teor explosivo e milhares de bombas incendiárias de termita sobre Gernika, um vilarejo indefeso cujo carvalho simbolizava a liberdade e a democracia bascas, ao mesmo tempo que, em voos rasantes, caças alemães metralhavam os civis que tentavam fugir.

Em seguida, o maior pintor do século XX entra na história. Ao ler sobre a atrocidade nos jornais e vendo as desoladoras fotos do incêndio noturno do vilarejo, Pablo Picasso decide pintar em Paris a enorme tela em branco e preto intitulada *Guernica*. A incisiva reação pública ao bombardeio de civis forçou uma mudança na política de não ingerência do governo britânico, que logo depois permitiu que 4 mil crianças bascas encontrassem refúgio, e vida nova, no Reino Unido.

* * *

O livro *A árvore de Gernika*, que tem o subtítulo *Um estudo de campo da guerra moderna*, foi originalmente publicado pela editora Hodder & Stoughton em janeiro de 1938, poucos meses após os bascos terem sido derrotados pelas forças de Franco, quando muitos foram aprisionados e milhares foram forçados ao exílio. No estudo acadêmico *The Royal Navy and the Siege of Bilbao* [A Marinha Real e o cerco de Bilbao] (Cambridge University Press, 1979), o diplomata e historiador naval Sir James Cable reconheceu o livro de Steer como "uma obra de comprometimento passional, uma defesa eloquente, emocionante e empolgante do nacionalismo basco, uma análise perspicaz, ainda que tendenciosa, das circunstâncias e causas de sua derrota, um alerta urgente para os conterrâneos da fúria que estava prestes a se desencadear". Para Cable, "o valor especial do relato [...] está exatamente em seu viés".

"É mais do que óbvio", inicia George Orwell a resenha de *A árvore de Gernika* que publicou em *Time and Tide* em fevereiro de 1938, "que todos aqueles que escrevem sobre a guerra espanhola o fazem como partidários." Por outro lado, na realidade não existe algo como uma reportagem de guerra objetiva. "Em uma guerra, é preciso odiar ou amar alguém", comentou certa vez o fotógrafo húngaro Robert Capa, "é preciso tomar uma posição, sem a qual não há como suportar o que se passa" (citado em John G. Morris, *Get the Picture: A Personal History of Photojournalism*, Chicago, 2002). Em sua biografia *Martha Gellhorn* (Chatto & Windus, 2003), Caroline Moorehead sugere que a violência homicida da Guerra Civil Espanhola fez com que Gellhorn questionasse "toda essa merda de objetividade". O primeiro artigo enviado por ela da zona de combate falava do esforço dos moradores de Madri para manter sua vida cotidiana sob um bombardeio errático e brutal; para Gellhorn, a compaixão e o terror evocados por esses eventos tornavam "desumano" qualquer ideal de objetividade.

A árvore de Gernika é uma magistral obra de narrativa histórica e reportagem testemunhal por parte de alguém que estava próximo dos acontecimentos cruciais, pois o governo basco concedeu a Steer um acesso sem precedentes. Como explicar o fato de ele ter se entendido tão bem com os bascos? Antes de tudo, eles não eram "nada muito continentais", não parecendo com os manhosos e impressionáveis estrangeiros tradicionalmente desprezados pelo que Steer chamava de o verdadeiro "inglês cabeça-dura". Cabe desde já ressaltar tais estereótipos raciais, pois Steer chama os bascos de "raça" na primeira frase de sua introdução a *A árvore de Gernika*. Embora formado em Winchester e Oxford, Steer nasceu e cresceu na África do Sul, onde predominava o pensamento em termos de "raças". Criatura de sua época, Steer generaliza e tipifica, escrevendo sobre "os bascos" e "o basco", uma vez que a diferença cultural é o eixo do seu relato. Nos capítulos 2 e 3 de *A árvore de Gernika* (foi de propósito que não adotou a forma "Guernica", a fim de ressaltar os direitos locais), ele explica que o nacionalismo e a democracia baseavam-se no sentimento da excepcionalidade basca: "a língua antiquíssima, de raízes singulares na pré-história, as práticas de posse fundiária e de governo local, as canções melancólicas e os esportes homéricos, a simplicidade contra os ardis da Espanha".

O que Steer descobre na índole basca é uma versão da índole britânica. Ali estava outro povo "profundamente náutico", que se lançara com seus barcos a mercadejar pelo mundo, e que, enfatiza Steer, foi o primeiro a estabelecer o princípio da liberdade nos mares, em um tratado marítimo firmado com Eduardo III da Inglaterra em 1351. Esses vínculos mercantis consolidaram-se, no século XIX, com a revolução industrial que transformou Bilbao. Foram os operários especializados britânicos, levados para trabalhar nos setores de mineração, siderurgia e construção naval, que introduziram o futebol no País Basco e ali fundaram o Athletic Club Bilbao por volta de 1898. (Sob o regime do general

Franco, o time de futebol foi obrigado a mudar de nome, para *Atlético de Bilbao*, em espanhol, mas depois retomou sua forma original em inglês.)

Quando Steer encontrou-se pela primeira vez com o presidente do País Basco, José António de Aguirre (ver cap. 10), e começou a estabelecer o mesmo tipo de relacionamento íntimo e produtivo que mantivera com o imperador etíope Hailé Selassié, o repórter ressaltou como o presidente "andava com leve empolamento", resquício dos tempos em que jogara como ponta-direita no Athletic Bilbao. Também notou "algo quase esportivo" na atitude humanitária de Aguirre diante da guerra. Nada estava mais distante do presidente basco do que a crueldade homicida dos espanhóis, ou o "fascismo militar externo", ou ainda a "pressão proletária interna". Na opinião de Steer, "o basco lutou contra ambos os extremos [...] a favor da tolerância e da livre discussão, da cortesia e da igualdade".

> [Aguirre] voltara a ser o capitão de um time de futebol e, mesmo se perdessem, iam obedecer ao árbitro e às regras. Sem mordidas, sem golpes baixos, sem rasteiras. Nada muito continental, na verdade. Algo que os bascos não eram. E, quando saímos para a garoa, até que lembrava um pouco Liverpool, com as lojas fechadas, os irlandeses longe em Blackpool e os protestantes decentemente em suas casas, desfrutando da Paz do Reino.

A narrativa usual do estrangeiro na Guerra Civil Espanhola é marcada pela desilusão. Jovem idealista se engaja esperançoso, descobre como a guerra é bestial e hedionda, acaba ferido em combate ou se retira transtornado. O livro de Steer não é bem assim. Ao contrário de muitos que se colocaram ao lado dos republicanos, ele não é naturalmente um homem de esquerda, mas, como anglicano moderado, também não é um crédulo da direita católica. Steer é um intelectual que, embora goste de ler George Herbert nas trincheiras, não adota uma postura neutra ou pacifista. Ele aprecia ou aceita a guerra. Por vezes, vê o fato de ser bombardeado — e esteve sob o fogo dezenas de vezes — como algo bastante divertido. Em outras ocasiões, a guerra mais parece um horripilante ninho de gralhas, "repleto de arestas duras e cortantes que refletem a luz, e de miseráveis vermes e larvas mortos e insetos destroçados que lhes servem de alimento".

Ainda que por vezes cínico, Steer jamais se mostra insensível: as descrições que faz dos civis após os bombardeios, dos jovens mutilados na linha de frente, dos últimos batalhões galgando encostas na escuridão, dos feridos calados no barco noturno à espera de serem evacuados, tudo isso desperta nele uma prosa marcada pela ternura. Nem toda ela é satisfatória: a mescla de empolamento e sarcasmo quando escreve sobre Durango não resulta tão bem sucedida, e talvez tivesse reconsiderado o tom dessa seção se não estivesse sob a pressão de escrever em meio à guerra. É provável que jamais tenha visto as provas do livro; há uma quantidade considerável de gralhas, erros tipográficos e pequenos lapsos (por exemplo, não era Albert, mas Marcel Junod da Cruz Vermelha). Apesar disso, o talento para delinear personagens e cenas de forma concisa é maravilhoso, e muitas vezes, suas imagens e ritmos verbais são magistrais. De boa formação intelectual e convincente, Steer pode lançar mão de estilos variados. Não é um mero repórter enviando notícias esparsas, mas um verdadeiro escritor, capaz de mostrar vislumbres instigantes do grande romancista que poderia ter se tornado caso vivesse mais. E a admiração pelos bascos transparece nos derradeiros parágrafos do nobre final do livro.

Sob muitos aspectos, *A árvore de Gernika* é um debate com a Inglaterra numa época em que os sucessivos governos conservadores de Stanley Baldwin e Neville Chamberlain estavam ansiosos para apaziguar a Alemanha nazista e a Itália fascista. Enquanto democracias como a Inglaterra e a França observavam uma rigorosa política de não intervenção na Espanha, as ditaduras opostas afavelmente fingiam respeitá-la, ao mesmo tempo que a violavam de modo deliberado. No início de abril de 1937, o Gabinete britânico proibiu aos navios de carga do Reino Unido que rompessem o cerco a Bilbao, por causa, alegava-se, da eficácia do bloqueio naval franquista e ao fato de as rotas navais terem sido minadas. Em Bilbao, Steer descobriu que isso não era verdade; o bloqueio era sobretudo um blefe, as minas haviam sido retiradas e a capital basca corria o risco de passar fome se não recebesse alimento do exterior. Para Steer, a interrupção do comércio pelos britânicos era equivalente a uma intervenção na guerra ao lado dos franquistas. As reportagens para o *Times* insistiam nesse ponto, e nos bastidores Steer também pressionava discretamente membros destacados do Parlamento para que a política naval fosse alterada, permitindo assim a entrada de navios carregados de alimentos. Pesquisas recentes na correspondência do deputado trabalhista (e futuro prêmio Nobel da Paz) Philip Noel-Baker comprovam o empenho de Steer em prol da causa basca.* Os ardis oficiais britânicos jamais iam impedir um repórter de cumprir sua tarefa, explica Steer no capítulo XVI:

> [...] aceito o crédito de, antes de qualquer outro, ter apontado a falsidade do bloqueio, restabelecendo assim a verdade. Um jorna-

---

* Ver cap. 2 de "Journalism at War: George Lowther Steer, Guernica and the Resistance to Fascist Aggression", em Tom Buchanan, *The Impact of the Spanish Civil War on Britain* (Sussex Academic Press, 2007); e cap. 8, "The Sentimental Adventurer: George Steer and the Quest for Lost Causes", em Paul Preston, *We Saw Spain Die: Foreign Correspondents in the Spanish Civil War* (Constable, 2008).

lista não é mero fornecedor de notícias, sejam sensacionais ou controversas, bem ou mal escritas, ou apenas engraçadas. Ele é um historiador dos eventos cotidianos, e tem um dever para com o público. Se lhe impedem o acesso a esse público, cabe a ele recorrer a outros métodos; pois, como historiador em ponto menor, ele pertence à mais honrada profissão do mundo, precisa estar tomado do apego mais passional e crítico pela verdade, e por isso o jornalista deve, com o enorme poder que detém, cuidar para que prevaleça a verdade. Não descansei até que tivesse destroçado aquela falsidade.

Talvez os britânicos devessem ter feito mais em apoio aos bascos democráticos, não só porque, na Primeira Guerra Mundial, os navios bascos se esquivaram dos submarinos alemães para suprir o tão necessário minério de ferro para as siderúrgicas britânicas, como também porque ajudar os bascos servia ao interesse estratégico britânico numa época em que a Europa estava se rearmando. Antes da Guerra Civil, cerca de um terço dos 2,7 milhões de toneladas de minério de ferro exportados pela Espanha seguiu para a Inglaterra, onde complementou as reservas de baixa qualidade do Reino Unido. Em maio de 1937, a revista *The Economist* apresentou uma interpretação materialista do conflito espanhol:

> Se o general Franco for vitorioso, obviamente a Itália e a Alemanha vão obter acesso aos suprimentos de minérios estratégicos tão necessários para sua busca de autossuficiência diante das dificuldades mercantis. Novas reservas de minério de ferro iam beneficiar enormemente os ampliados setores metalúrgicos e siderúrgicos da Alemanha e da Itália, ambos padecendo atualmente a escassez de insumos.

No dia 27 de junho de 1937, discursando em Würzburg, Adolf Hitler reconheceu isso de maneira explícita: "A Alemanha precisa importar minério de ferro. É por isso que queremos um governo nacionalista na Espanha, a fim de que possamos adquirir o minério espanhol". Foi por essa razão que a Alemanha nazista e a Itália fascista enviaram cerca de 100 mil soldados, marinheiros e aeronautas para ajudar a sublevação do general Franco contra o governo eleito (além dos 20 mil voluntários portugueses e 70 mil marroquinos que engrossavam as fileiras franquistas). Essas forças foram emprestadas a crédito, a ser pago com os minérios necessários para a fabricação de mais veículos e armamentos para a futura Blitzkrieg fascista.

Graças a Steer, o bombardeio de Gernika pela Legião Condor, no dia 26 de abril de 1937, tornou-se a *Aktion* mais conhecida da intervenção militar alemã na Espanha. Como ele vinha rastreando o emprego de armas e táticas experimentais pelos pilotos da Luftwaffe em apoio dos nacionalistas, Steer pôde relatar no *Times* o uso maciço que fizeram de bombas incendiárias de termita de um quilo, que provocavam uma conflagração no local. E, devido à sua intimidade com os bascos, também pôde explicar por que foi tão importante esse destrutivo ataque contra "o vilarejo que era o centro dos sentimentos nacionalistas [bascos]". Steer volta a descrever os acontecimentos dramáticos daquele dia vividamente no capítulo xx de *A árvore de Gernika*:

> Tentamos entrar ali, mas as ruas eram um verdadeiro tapete de brasas vivas; blocos de escombros deslizavam e caíam das casas, e, desde as paredes que ainda se mantinham eretas, o calor reluzente fustigava as bochechas e os olhos. Havia gente, diziam, a ser resgatada ali; havia as estruturas de dúzias de automóveis. Mas nada se podia fazer, e enfiamos as mãos nos bolsos e nos perguntamos por que diabos o mundo era tão insano e a guerra se tornara tão fácil.

Steer extrai alguma moral do ataque aéreo nos capítulos xxi e xxii, sugerindo que a notícia afetou muito a opinião pública britânica, evocando lembranças da Grande Guerra de 1914-8, quando pela primeira vez aviões alemães haviam bombardeado cidades britânicas, e também sugeria medonhas possibilidades futuras: "O aniquilamento de Hull, por exemplo [...]. Ou a destruição de Portsmouth". Ele lembra ainda que a destruição de Gernika levou à propagação de "mentiras horríveis e incoerentes" pelo rádio e pela imprensa nacionalistas, que desonestamente negaram qualquer bombardeio aéreo e acusaram supostos incendiários bascos pela destruição do seu próprio vilarejo com dinamite e gasolina.

Todas essas declarações foram negadas por centenas de testemunhas oculares reais com as quais conversamos [...].

Não só eu, mas também os correspondentes da Reuters, do *Star*, do *Daily Express* e do *Ce Soir* de Paris. E eles contaram a mesma história. Se houvesse uma história de "destruição vermelha" a contar, eles teriam sido os primeiros a fazê-lo. Pois eram camponeses cuja política estava mais à direita do que à esquerda, e haviam perdido tudo o que possuíam no incêndio.

Vimos as imensas crateras de bombas na praça, nas igrejas, na escola, ao redor do hospital — todos nós e com nossos próprios olhos. Esses buracos não estavam lá quando passei por Gernika no dia anterior. Até recolhemos bombas incendiárias alemãs que não haviam explodido e fragmentos de bombas, e vimos pessoas mortas por ferimentos de bombas e balas de metralhadora. Não havia o menor sinal de gasolina.*

Na introdução a *A árvore de Gernika*, Steer explica o que o levou a usar "nós" e "nosso" ao se referir aos bascos em sua narra-

---

* Ver o ainda magistral *Guernica! Guernica! A Study of Journalism, Diplomacy, Propaganda and History* (Califórnia, 1977), de Herbert R. Southworth, para todas as ramificações das verdades e mentiras.

tiva: "Faço isso porque vim a conhecer bem a milícia basca, e por ser um recurso jornalístico usual, quando estava na Espanha, referir-se de tal modo ao lado no qual se estava trabalhando. Do uso desses termos não se deve inferir que participei de algum modo do conflito".

A última sentença é parcimoniosa com a verdade. A partir da página 441, podemos acrescentar que Steer não só pegou num fuzil, como se postou no calçamento junto à ponte e disparou contra os aviões que mergulhavam. E sem dúvida estava no meio da ação quando percorreu o campo de batalha ao lado de um francês de 49 anos, a quem se refere quase sempre como "coronel Jaureghuy", mas cujo verdadeiro nome, "Monnier", deixa escapar inadvertidamente ao descrever a última conferência no Hotel Carlton, na página 402, o que ninguém corrigiu nas provas.

Robert Monnier fora um herói da Primeira Guerra, um líder nato que servira na unidade de elite dos Chasseurs Alpins. Quatro vezes ferido em combate, recebeu duas palmas e quatro estrelas em sua *croix de guerre*. No início da década de 1930, procurou um de seus antigos coronéis, o então general e membro do Conseil Supérieur de la Guerre, que por sua vez o pôs em contato com o Deuxième Bureau, o órgão do Estado-Maior francês encarregado da coleta de informações e de missões militares no exterior. Logo após o levante de Franco em julho de 1936, Monnier já atuava no País Basco espanhol, disfarçado de correspondente de guerra e enviando relatórios sigilosos a Paris. Após o bombardeio de Gernika, Monnier tornou-se conselheiro militar do presidente Aguirre, com o consentimento tácito de Paris.* Steer fez amizade com Monnier no Hotel Torrontegui, em Bilbao; depois, dividiram um

---

* Ver Coronel Yves Jouin, "Le Commandant Robert Monnier, héros de la guerre 1914-1918, organisateur de la résistance éthiopienne", *Revue Historique de l'Armée*, n. 4, 1971, pp. 38-49.

apartamento na Gran Vía, 60, mais próximo da Presidência. O que Steer não pôde revelar em *A árvore de Gernika* era a extensão do poder de Monnier, que na prática assumiu o comando na linha de frente, reconstituiu as milícias bascas com oficiais competentes, como Pablo Beldarrain e o coronel Putz, e, quando necessário para salvar a própria pele, abriu caminho a bala com uma submetralhadora F Astra, montada em Gernika com uma coronha de cabo de vassoura.

Fica bem claro, em *A árvore de Gernika*, que, quase sempre com Monnier, mas também na ausência dele, George Steer cortejava de propósito o perigo. Na introdução, ele afirma que outros jornalistas contavam com as mesmas facilidades para chegar à frente de combate: "que não as tenham aproveitado tanto quanto eu não se deve a uma falha deles, pois tinham mais a perder do que eu na linha de fogo". Essa frase oblíqua requer uma explicação. Ela na verdade significa: "Outros jornalistas preferiram não arriscar a vida na frente, pois tinham pessoas que não queriam perder". Essa é uma pista para a história oculta que há por trás deste livro extraordinário.

Quando retornou da Guerra Ítalo-Etíope, semanas antes da eclosão da Guerra Civil Espanhola, George Steer acabara de casar com a bela e talentosa jornalista Margarita de Herrero y Hassett, filha de pai espanhol e mãe inglesa. O *Times* enviou Steer à fronteira franco-espanhola para cobrir os combates iniciais no País Basco, como está descrito no primeiro capítulo deste livro. Após a tomada de San Sebastián pelas forças franquistas em 14 de setembro de 1936, Steer deixou a equipe do *Times* e cruzou a fronteira para a Espanha nacionalista, onde concluiu o livro sobre a invasão italiana da Etiópia. Em algum momento no final de 1936 ou início de 1937, os nacionalistas o expulsaram de seu território;

possivelmente porque o serviço de inteligência italiano leu e fez objeções ao livro de Steer, intitulado *Caesar in Abyssinia*.

Tal expulsão foi crucial para ele. De volta a Hendaye, para onde se transferira desde Madri a embaixada britânica, ele convenceu os diplomatas britânicos a autorizar que o levassem em um barco de guerra britânico até os limites das águas territoriais bascas, ao largo de Bilbao, entrando assim no assediado enclave de Euzkadi, onde passaria seis dias no final de janeiro de 1937 (o que descreve no capítulo ix).

Foi nessa altura que recebeu da Inglaterra a notícia de que Margarita, então em gravidez avançada, estava gravemente enferma. O governo basco colocou à sua disposição uma traineira veloz para levá-lo a Baiona, e saldou as contas pendentes da sua hospedagem. Steer retornou à Inglaterra no final de janeiro e soube que a mulher e o filho não nascido haviam acabado de falecer na London Clinic. O funeral foi adiado e o corpo de Margarita embalsamado, a fim de que a mãe de George (que nunca vira a mulher que se casara com seu filho único) pudesse chegar, viajando por mar, da África do Sul. Inconsolável, George Steer visitou o corpo de Margarita todos os dias durante várias semanas. Em seguida, chegaram outras notícias ruins: muitos dos jovens etíopes que conhecera e com quem havia feito amizade em Adis Abeba foram massacrados na brutal repressão italiana desencadeada por uma fracassada tentativa de assassinato do vice-rei, o marechal Graziani.

Steer levou o corpo de sua mulher para o sul, onde o sepultou em Biarritz, e em seguida cruzou de volta a fronteira rumo ao País Basco no início de abril de 1937, poucos dias depois de o general Mola iniciar o ataque contra Euzkadi com o bombardeio de Durango, no qual muitos civis foram massacrados. Mal dá para imaginar o pesar e o choque de Steer ao mergulhar de novo no trabalho de reportagem durante abril, maio e junho de 1937. Mas talvez esse sofrimento o tenha levado a se compadecer das tribulações de outros povos em guerra. *A árvore de Gernika* revela um coração terno e uma inteligência viva. A morte lhe arrebatara a mulher e o filho, e quase o enlouquecera. Isso ajuda a explicar por que Steer era tão descuidado com a própria vida em meio aos perigos da frente de combate. E é por isso também que este livro extraordinário, o maior relato da Guerra Civil Espanhola, traz a dedicatória "Para Margarita, arrebatada".

Nicholas Rankin

Índice onomástico

Abadiano, 201, 273, 278
Admiral Graf Spee (navio), 235
Afonso XIII, rei da Espanha, 20
África, 85
África do Sul, 503, 512
Aguirre y Lecube, José António de, 103
Ajanguiz, 316-9
Alambarri, capitão, 413
Álava, 83-4, 89-90, 209, 292
Albericia, La, 467
Albertia, monte, 190, 199, 209-10, 220
Alcalá de Zamora, Niceto (1877-1949), 20
Aldasoro, Ramón Maria de, 85-7, 94, 104, 108-9, 111-5, 129, 131, 159-60, 172, 186, 246, 476
Alemanha, 14, 95-7, 111-2, 119, 123, 128-9, 132-3, 135, 166, 190, 197, 202, 212, 227-8, 248, 296, 320-1, 350-1, 363, 380, 441, 465, 470, 497, 500, 506-8
Almirante Cervera (navio), 32, 35-8, 71, 95, 109, 185, 235, 245, 253, 257, 335, 363, 491
Almirante Juan Ferrandiz (navio), 100
Alonsotegui, 448
Amorebieta, 120, 126, 278, 314, 322, 329-30, 332, 342, 353, 359, 483
Andaluzia, 188
Andoain, 35
Ángeles Custodios, convento de, 143, 146, 148-9
Anglada, José, comandante, 88, 94, 123, 135-6, 372
Angoulême, 65
Araba (barco), 110
Aragão, 346, 494
Arana Goiri, Sabino, 83
Arbácegui-Guerricaiz, 291, 301, 309, 312-3
Arbex, comandante, 225-6, 286, 301-2, 360, 400, 403, 415, 417, 447, 495
Arenas, Las, 75, 133, 138, 155, 174, 181, 221-2, 224, 429-31

Argentina, 133
Aronategui, padre, 296, 303, 307
Arraiz, monte, 140-1, 441, 448-9, 452-3, 461-2
Arrigorriaga, 425-6
Artebakarra, 365-6, 377, 384, 400, 406, 418
Artetxe, lugar tenente, 485
Arxanda, 387, 406, 432, 440-1, 444, 453, 458
Arxanda-Mendi (navio), 111
Arxandasarri, 406, 408, 417, 432, 437, 440, 442, 444
Asensio, general, 225
Asensiomendi, 261, 264, 267-8
Astigarrabia, Juan de, 104, 126, 419
Astúrias, 40, 71, 78-9, 111-2, 115, 172, 196, 204-5, 212, 236, 254, 328, 357-8, 360, 410, 413, 448, 469, 477, 480-3; asturianos, 38, 339-41, 345, 347, 356, 417, 423, 434, 439, 442-3, 445, 448
Asua, 415, 417
Attlee, Clement, major (1884-1967), 243, 250
Áustria, 131, 133
Ávila, 191-2
Axuriaguera, Juan de, 482, 485, 489-90, 492
Ayesteran, Miguel, 71
Azaña y Díaz, Manuel (1880-1940), 93, 225, 279
Azkaray-Mendi (navio), 112
Aznar (monarquista basco), 106
Aznar, Santiago, 104, 419
Azpeitia, 23

Badajoz, 40, 173
Baiona, 512

Baker, Josephine, 117
Baker, Noel, 238
Baldwin, Stanley (1867-1947), 237, 239, 506
Baraibar, Carlos de, 106
Barakaldo, 456-7
Barazar, 211, 215
Barcelona, 40, 65, 89, 94, 112, 114, 171, 173, 177, 347-9
Basaldúa, 88, 94, 476
Bastico, Ettore, general (1876-1972), 494
Basurto, 447, 452
Beagle (navio), 234
Bedia, 358
Begoña, 110, 143-4, 228, 231, 408, 416, 444-5, 457, 459
Behobia, 29, 41, 46-8, 61, 63-6
Behobie francesa, 61, 63
Beldarrain, 262-4, 266-9, 275, 282, 317, 343-4, 366, 368, 370, 378, 400, 402, 406-10, 415, 417-8, 420, 428-31, 439, 447, 456, 463, 511
Bélgica, 133, 323
Belloni, Pompeo, sargento, 431
Beorlegui y Canet, Alfonso, coronel (1888-1936), 27-8, 30, 40, 45-7, 50, 53, 54, 58, 62, 64, 66-9, 73, 374
Berenguer Fusté, Damaso, general (1873-1953), 71
Bergonzoli, Annibale, general (1884-1973), 494
Berlim, 132, 141, 166, 190, 227-8, 351
Bermeo, 101-2, 126, 131, 176, 179, 181-2, 184, 213, 234, 294, 297, 299, 314-6, 329-31, 333, 335-7, 344, 347
Bernays, Robert, 249
Berriaga, 366, 368, 400
Berriz, 270, 279, 282-3, 286, 289, 417, 436-7, 439, 442, 444

Beunza, Joaquín, 70-1
Biarritz, 21, 225, 467, 512
Bidasoa, rio, 27, 29-30, 33-4, 39-41, 44-6, 54, 56, 59-60, 62-6, 69
Bilbao, 7, 12, 14-5, 19-20, 72-3, 75-9, 81-3, 85-6, 88-102, 105-15, 118-25, 127-9, 131-9, 141-5, 147-9, 151-7, 159-66, 168-9, 171, 173-4, 176-7, 183, 185-90, 192-201, 203, 207-8, 211-2, 215-8, 220-51, 253-9, 268, 270, 274-5, 278, 281-5, 289-90, 292-6, 300-1, 305, 311-4, 316, 321-3, 325-6, 328, 330-1, 338-9, 342-4, 346-9, 352-3, 362-5, 368, 373-5, 377, 379-80, 382, 392, 394-7, 399-407, 409-15, 418-20, 422, 424, 426-8, 432-5, 437-40, 443-5, 447-50, 452-65, 468-70, 472, 476, 478, 480, 484, 487, 495-6, 502-4, 506, 510, 512; abastecimento, 108-15, 118-20, 158-61; adere à República, 85-6; ataque de 12 de junho, 382-405; ataque de 18 de abril, 228-9; ataque de 29 de maio, 353-6; ataque de 4 de janeiro, 128, 137, 150, 158, 162, 173, 496; bloqueio naval, 234-59; evacuação de civis, 411-3; falta de aviões, 346-50, 362-3; força policial, 125-8; partida do governo, 418; refugiados em, 72, 320-8; tomada de, 446-66
Billalabeitia, Rafael, padre, 205
Biriatou, 34, 39-40, 45-6, 62
Birmânia, 499
Biscaccianti, general, 494
Biscaia, 11, 19, 25, 73, 75-6, 83-4, 88-90, 96, 100-3, 108, 113-5, 119, 121-2, 127-8, 130-1, 145, 151, 167, 171, 173, 175, 186, 189, 192-7, 201, 212, 214, 216-7, 246, 260, 292, 297-9, 304, 307, 312, 318, 325-6, 330, 341-2, 346-7, 356, 360, 373, 391, 419, 464, 476-7, 482-4, 497, 501
Bizkaya (barco), 110, 176, 178-9, 258
Blake, Geoffrey, vice-almirante, 237, 257
Blanche (navio), 234-5, 243
Blanco Garzón, Manuel, 70
Blum, Léon (1872-1950), 113
Bobie (navio), 477-9, 488-92
bôeres, 488
Bolíbar, 291, 355-6, 456, 483
Bolzano, 349
Bordeaux, 65, 95, 112, 326
Bourbon, dinastia dos, 20
Brazen (navio), 234-5
Brunete, 387
Buia, 425-6
Burgos, 32-3, 46-7, 192-3, 198, 471
Buruntza, monte, 53
Butrón, 400

Cabo de Quilates (navio), 100
Cádiz, 142
Calvo Sotelo, José (1893-1936), 22, 167, 170
Camargo, 469
Canarias (navio), 32, 40, 95, 109, 176-83, 238, 363
Cantoibaso, 366, 370, 381, 383, 385, 387, 391, 393-4
Capa, Robert, 7
Carlos v, castelo de, 72
Carlos, d., 201
Carmelo, mosteiro do, 143-4, 146, 148-50
Carrasco Amilíbia, León, coronel, 23
Cartagena, 93, 101

517

Casa de Máquinas, colina da, 423-4, 433-4
Casadevante, sr., 70, 72
Castela, 19, 22, 24-5, 47, 79-80, 82-3, 96, 102, 173-4, 465, 468, 483
Castet, comandante, 287-8
Castro Urdiales, 163, 414, 468, 472, 481, 483
Caton, srta., 484
Ceanuri, 483
Chilton, Sir Henry (1877-1954), 242
China, 325
Choritoquieta, 36
Churchill, Winston (1874-1965), 247
Churruca, Félix, 71
Cilurnum (navio), 111
Ciscar (navio), 253, 411-2, 476
Cisneros, Ignacio Hidalgo de, 216-7, 232, 347, 349
Cobetas, 462-3
Colindres, 482, 486
Colombo, Cristóvão, 76
Córdoba, 7
Corman, sr., 284, 292, 334, 342, 382, 389, 393
Cortezubi, 483
Costa e Silva, Cotorruelo, 490
Cristo *ver* Jesus Cristo
Cristóbal, comandante, 317, 358-9, 397
Cromwell, Oliver, 385
Crossley, sr., 248

Davila Arrondo, Fidel, general (1878-1962), 311
De la Mata, Rodriguez, capitão, 481-2, 493
Degrelle, Léon (1906-94), 81, 165
Del Río, Felipe, 139-41, 196, 229, 232, 254, 373, 468

Delicado, Manuel, 120, 342
Derio, 82, 113, 142, 216, 222, 377, 379-80, 393-4
Deusto, 439-40, 443, 455-6
Dima, 211, 215, 483
Docker, B. M., 252, 255
Dominech, comandante, 393, 397-8
Donostia (navio), 176, 178, 180-2
Dos Caminos, 271, 423, 425-7
Ducable, Joseph, 250
Dueñas, 174
Dupuy, Georges, capitão, 488-9, 493, 495
Durango, 101, 119, 166, 190-1, 194, 199-204, 206-9, 212, 260, 265, 273, 279, 286, 295, 297, 306, 312-4, 322, 330, 483, 505, 512

Echevarría (oficial basco), 436
Echevarría, sr., 85-7, 103
Eden, Anthony (1897-1977), 164, 241-3, 245, 250, 348
Eduardo III, rei da Inglaterra, 11, 184, 503
Egía, Joaquín de (1903-56), 111, 244, 251, 254, 476-7, 484
Eibar, 73, 88, 96-7, 116, 119, 123, 260, 265, 283, 289, 363, 483
El Gallo, 353-4, 365
Eleijabeitia, 483
Elgeta, 260-1, 264-71, 273-4, 276, 279-80, 282-3, 483
Elkano, 76
Elorrio, 199, 201, 203, 260, 264-7, 269-70, 272-4, 276, 278-82, 289
Elosegui, marquês de, 71
Emrys-Evans, sr., 248
Enderlaza, 30, 33, 35, 58
Enecuri, 142

Engels, Friedrich, 109
Erlaitz, 30-1, 33, 35, 40, 45, 49, 58
Erleches, 397
Escudo, desfiladeiro do, 470-1, 473
España (navio), 32, 35-8, 42, 44, 53, 59-60, 71, 95, 109, 154, 176, 185, 239-40, 245, 253, 333, 353, 363
Espanha, 11, 13, 15, 19-20, 25-6, 35, 38-40, 46, 50, 60, 65, 72, 75-7, 79, 83-5, 92-6, 101, 103, 106, 108-9, 112-3, 115, 117, 119-21, 123, 127, 129, 131, 139, 142, 151, 154, 157, 165, 168, 170-3, 176-7, 180, 188-91, 194, 197, 207, 212, 221, 227-8, 231, 234, 237, 239, 241, 243, 248, 252, 267, 295-6, 303, 322, 324, 327, 331, 336-7, 343, 346, 348, 351, 380-1, 424, 430, 438, 457, 465, 468, 472, 474, 476-8, 480, 497, 500-1, 503, 506-8, 510-1
Espinosa, Alfredo, 104
Estados Unidos, 128, 186
estonianos, 179
Etiópia, 106, 494, 511
Europa, 11, 15, 20, 85, 104, 248, 320, 324, 493, 507
Evelyn, John, 76

Fairbanks, Douglas, 413
Farina, tenente-coronel, 491-2, 494
Fergosi, coronel, 488, 490-2, 495
Ferrol, El, 32, 38, 185-6
Fika, 370-2, 377, 383-4, 386, 389-90, 483
Firedrake (navio), 256-7
Fletcher, vice-comandante, 245
Foch, Ferdinand, marechal (1851-1929), 284, 465
Formiguera, 177

Fox, Ralph (1900-37), 408
França, 29, 34-5, 40, 45, 64-6, 72, 85, 95, 105, 112, 119, 128, 133, 152, 158, 163-4, 172, 235, 285, 317, 323-5, 347-9, 352, 401, 408, 410-1, 472, 476, 480, 483-6, 494-5, 506
Francisci, Enrico, general, 494
Franco y Bahamonde, Francisco, general (1892-1975), 46, 73, 84-5, 87, 92, 95, 105-6, 112, 117, 122, 124, 132-3, 137, 147-8, 150, 167, 169-71, 173, 189, 191, 197, 215, 235, 237, 242, 248-9, 256-7, 306-7, 309-10, 314, 319-21, 324, 341, 348, 352, 357, 373, 404, 470, 472, 486, 489, 491, 494, 500, 502, 504, 507-8, 510
Freese, Paul, 193-4, 211
Fruniz, 374-5
Frusci, general, 494
Fuenterrabía, 28-9, 37, 41, 47-8, 50, 53, 57, 62, 66, 69-72
Fuerte Banderas, 432, 439, 442-4, 447, 450, 461

Galarza, capitão, 71
Galdakano, 229, 271, 276, 342, 358, 407, 415, 420, 422, 425, 483
Galdames (barco), 176-81
Galerna (barco), 176, 235, 238, 257-8, 333
Galícia, 78
Gamboa, sr., 81, 164, 368
Gamir y Ulibarri, Mariano, general (1877-1962), 360, 402, 419, 455, 477
Gamoral, 471
Ganekogorta, 102, 449
Gastelumendi, 314, 366, 368-70, 372, 377, 380-1, 384, 387, 390-1, 394

519

Gastinaldia, 34, 39, 41-5, 47, 50, 54, 56, 59-60
Gay, sr., 306, 309-10
Gazteiz (barco), 488-9
Gerahty, sr., 307
Gerediaga, 101
Gernika, 19, 81, 101-3, 108, 119-20, 285, 289, 291, 294-5, 297-302, 303, 305, 309, 311, 313-6, 329-30, 334, 341-2, 344, 511
Gerrika-Echevarría, comandante, 239, 401-2, 412
Gibraltar, 40, 93, 115, 237, 486
Gijón, 32, 38, 154
Goicoechea, capitão, 123, 187-8, 190, 209, 314, 366, 368, 372
Goizeko-Izarra (navio), 324-5
Gomez, Gondramendi, tenente, 343, 378, 380-1, 383-4, 387, 389, 399, 401, 408, 424, 432
Gorbea, 90-1, 102, 137, 210
Goritxu, comandante, 354-6, 397-8, 458
Grã-Bretanha, 77, 95, 112, 114, 128, 164, 235, 245, 248, 257, 320-1, 325-6, 476
Gracia, Juan, 104, 109
Guadalajara, 189, 192, 333, 408
Guadalupe, forte de, 28, 33-4, 36-7, 66, 69
Guilherme II da Alemanha, imperador, 180
Guipúzcoa, província de, 11, 19, 21, 23-7, 30, 35, 38-9, 50, 53, 68, 73, 83-5, 88, 94, 109, 146, 161, 164, 167, 190, 199, 201, 221, 254, 260, 269, 271, 273-5
Guipuzkoa (barco), 110, 178-80
Gurieff, general, 124, 402-3, 447, 452

Habana (navio), 324-6
Habsburgo, dinastia dos, 20
Haia, 221
Hamburgo, 97, 112, 116, 142
Hamsterley (navio), 256, 258
Harling, Garsten von, capitão, 191, 211
Hendaye, 28-9, 35-6, 40, 50, 65-6, 69-70, 95, 242-3, 245, 308, 512
Henderson, Arthur, 242
Herbert, George, 385, 388, 391, 505, 509
Hermann, Adolf, 141
Hitler, Adolf (1889-1945), 142, 209, 507
Hoare, Sir Samuel (1880-1959), 236-7, 239, 241, 243, 245-6, 249, 251, 255
Holanda, 112, 323
Holme, Christopher, 302, 308
Hood, HMS (navio), 237, 245, 256
Hull, 321, 509

Ibarrola, Juan, 449, 475
Inchortas, as, 262-4, 266-8, 270-1, 280, 282
Indauchu (navio), 111
Inglaterra, 11, 77, 92, 112, 122, 131, 170, 184, 186, 246-7, 258, 302, 323, 325-6, 471, 503, 505-7, 512
Ipareko-Izara (barco), 258
Irala, Antonio, 90-1, 95, 302
Irlanda, 99, 108
Irún, 12, 25-9, 31, 33-5, 39-41, 44-5, 50-3, 57, 59, 61-2, 64-8, 70-2, 94, 96, 242, 245, 308, 423
Itália, 14, 95, 106, 111, 119, 123, 129, 154, 190, 352, 408, 441, 465, 470, 473, 486, 493-4, 497, 500, 506-8
Iturrigorri, 448

Jacinto, monte, 190, 199, 209-10
Jaime Primeiro (navio), 97, 100-1, 110, 173
Jaizquibel, monte, 29
Japão, 449
Jata, monte, 342, 467
Jaureghuy, 283-6, 288, 311, 314-8, 343, 361, 366-7, 369-72, 390, 397, 402-3, 405, 408-9, 416-8, 420, 422, 425-6, 431, 436-7, 445-8, 452-3, 461-5, 468, 510
Jáuregui, Julio de, 106
Jesus Cristo, 26, 98-9, 205, 416-7
Jones, "Potato", 246, 249, 251
José Luis Diez (navio), 109, 411
Junod, Marcel, 105-6, 505
Jupiter (navio), 111, 154, 239-40, 477

Kampantzar, 265, 272-3, 275
Kauldi (navio), 111
Kenfik Pool (navio), 112
Kienzle, Walther, 190-1, 211-2, 292, 350
Kinderlen, general, 191

La Cosa, Juan de, 76
La Cruz II, posição de, 407
Lafuente, comandante, 286, 340, 402, 409
Lamas, chefe de Estado-Maior, 360, 410
Lamiako, 216, 229
Lañamendi, colina de, 418, 431
Laporte, Jean, 452
Laredo, 414, 481-2, 485-7, 490-1, 493
Largo Caballero, Francisco (1869-1946), 109, 281
Larrabezúa, 350, 365, 377-9, 381, 393, 397, 399

Larrañaga, Jesús, 31, 66, 72, 393-5
Larrauri, ajudante, 462
Lebeau, piloto, 467-8
Leizaola Sánchez, Jesús María (1896-1989), 94, 104, 125-6, 129, 136, 148, 167, 171, 404, 419, 422, 430, 450, 454-9, 474, 477-8, 480
Lemona, Peña de, 120, 353, 356-60, 483
Lequeitio, 110, 132, 467
Lezama, 377-8, 381, 387, 397-400
Lezo, pirata basco, 95, 97, 260, 362-5, 377
Libertad (navio), 97
Llobregat, conde de, 71
Lloyd George, David (1863-1945), 245
Logroño, 192-3, 268
Londres, 242, 244, 470, 500
Los Toyos, Juan de, 104
Luís XIV, rei da França, 61, 169
Luisa, 452, 454
Lunn, coronel, 349

MacGregor (navio), 256-8
Machichaco, cabo, 175, 177-9, 242, 252, 315, 335, 340, 467
Madagascar, 488
Madri, 19, 26, 53, 73, 83, 85, 89, 96, 101, 109, 124, 129, 132-3, 140, 148, 173, 188-200, 209, 216-7, 225, 276, 334, 341, 346, 348, 360, 382, 403, 468, 502, 512
Magalhães, Fernão de, 76
Málaga, 188
Malmasín, monte, 423, 425-6, 433-5
Man, ilha de, 165
Manca, general, 494
Mancini, general, 343, 482, 485, 487-8, 492-4

Manning, Leah, 326
Manu (navio), 112
Maria Vitoria (navio), 111
Markina, 265, 289, 291, 294, 301, 308, 312, 483
Marmiz, 317
Maroto, monte, 190, 199, 209-10, 220
Marrocos, 29, 92, 111, 171, 474
Marvia (navio), 258
Marx, Karl (1818-83), 109
Mata Hari, 193
Matos, Leopoldo, 71
Maura y Gamazo, Honorio (1886-1936), 70
Maura y Gamazo, Miguel (1887-1971), 70
Maura y Montaner, Antonio (1853-1925), 70-1
McEwen, Thomas Blazquez, 252
Melilla, porto de, 112
Memaia, monte, 266, 269, 272-82
Méndez Nuñez (navio), 97
Mendiguren, Bruno, 80, 81, 164, 166, 284, 348, 368, 380, 395-6, 412
Mendirichaga, Julio Hernández, 135
Mendizuko, serra de, 283, 287
México, 108, 119, 186, 462
Miguel de Cervantes (navio), 97
Miramar, palácio de, 20, 469
Miravalles, 426
Mola Vidal, Emilio, general (1887-1937), 14, 20, 22, 26, 32, 86, 108, 188-9, 191-2, 197-8, 209-12, 215, 227, 264, 275, 283, 289, 314, 323, 329-30, 333, 344-5, 373-4, 483, 512
Mondragón, 189, 194
Monnier, coronel, 404, 510-1
Monpás, 36
Montalembert, 99

Montaud, Gustavo, coronel, 276-8, 282, 314, 330, 340, 366, 403-4, 421
Monzón, Telesforo, 94-5, 104, 125, 128-9, 134, 137, 147-8, 158, 304, 419, 476
Morga, 341, 370, 372, 374, 376-7, 383, 390
Morilla, Carlos, padre, 204-5
Mugika, 299, 322, 341, 483
Mundaka, 315-6, 333-4, 496
Munguía, 81, 120, 305, 314, 318, 333-6, 340, 342-4, 365-6, 368, 370, 373, 378-9, 383, 426, 483
Munsuri, Julián, 135
Múrcia, 78
Murga, Pablo, capitão, 134, 136
Mussolini, Benito (1883-1945), 352, 470, 494

Nápoles, 331
Naranjo, 401, 412
Nardiz, Gonzalo, 104
Navarra, 14, 25-7, 30, 53, 56, 85, 96, 163, 167, 470
Neila, chefe de polícia, 469-70, 476
Nervión, rio, 75, 77, 92-3, 97, 102, 110-1, 120, 131, 137, 139-40, 149, 153, 155-6, 159, 161, 164, 177, 181, 197, 216, 221-2, 224, 229-30, 232, 239, 254, 256, 258, 271, 362-3, 365, 404, 406-7, 411-3, 421, 423-5, 428-30, 432, 435-6, 439, 442-3, 445, 447-8, 456, 459, 461, 467
Nicholson, Harold (1886-1968), 247
Nuestra Señora de Begoña, 110, 416
Nuestra Señora de Guadalupe *ver* Guadalupe, forte de

Ochandiano, 12, 91, 135, 190, 199, 210-1, 213, 220, 265, 483

Oitz, monte, 102, 294, 313, 317, 332-4
Olavus (navio), 249-50
Olazarán, Juan Ruiz (1901-99), 469
Onaindía, Alberto, 307
Orduña, 194
Orozco, 89-90
Ortega, tenente, 32
Ortúzar, Luis, 131, 136
Oyarzun, 27-9, 33, 35, 37, 40, 45, 68

"Pablo", o tcheco, 423-4, 448-50
Pablovitch, 230
Pagasarri, 141, 432-3, 449
Palencia, 47
Palma de Maiorca, 111
Pamplona, 22, 24, 26, 30, 34, 46, 56, 59, 86, 173
Panamá, 364
Paraguai, 135
Paris, 84, 95, 99, 162, 308, 501, 509-10
Pasajes, 29, 32, 75, 79, 110-1, 176-7, 179, 183, 185, 197
Pastorecorta, 432, 434
Pau, campos de, 65, 348-9
Paulo, são, 478
Pedernales, 330, 332, 335, 496
Penarth, 251
Perti, general, 494
Piazzoni, Sandro, general, 494
Picasso, Pablo, 501
Piccard, professor, 28
Piesch, coronel, 491-2, 494
Piezl, Guido, 349-50, 467
Pikaza, comandante, 127-8, 412
Pikoketa, 31, 33
Pildain, Juan Marcaide, capitão, 487, 493
Pireneus, 30, 85, 95, 115, 323
Plencia, 131, 344, 467

Poitiers, 65
Portelet (navio), 258
Portsmouth, 321, 509
Portugal, 209
Portugalete (Biscaia), 155, 222, 325, 428-30
Pozoblanco, 188-9
Prieto, Indalecio (1883-1962), 101, 109, 279, 360, 376
Primo de Rivera, José António (1903-36), 20
Punta de Galea, 110, 153, 155, 177, 237, 239, 256-7
Puntza, 29, 34, 41, 46-7, 53-60, 62-3
Pursey, H., comandante, 240, 250, 484
Putz, Joseph, 401, 407-8, 410, 415-7, 420, 422-4, 431, 433, 435, 448, 452-3, 458, 461-6, 511

Queipo de Llano y Serra, general Gonzalo (1875-1951), 23, 186, 209, 306

Rankin, Nicholas, 513
Ras Kassa, 494
Reino Unido, 321, 501, 506-7
Rentería, 316-8
Retuerto, 411, 439, 447, 463-4
Rezola, José, 331-2, 334, 340, 401, 413, 415, 451-2, 454, 476, 481, 484, 486, 494-6
Rigoitia, 332-3, 341, 356, 374, 383, 483
Roatta, general, 494
Roberts, Fifi, 251-2, 254-6, 302
Roberts, W. H., capitão, 251-4, 301
Roma, 230, 349, 351
Rosa Luxemburgo (navio), 316-8, 425
Rússia, 112, 116, 119, 122, 195, 323, 325

Saez, 71
Sagrado Coração de Jesus, 26
Salamanca, 47, 106, 157, 170, 194, 208-9, 306-8, 373
Salengro, 113
San Marcial, 29, 35, 39, 44-7, 50, 52-5, 58-9, 61-4, 68
San Marcos, 28, 36
San Miguel de Basauri, 426-7
San Roque, 406, 437, 440
San Salvador, Ermida de, 365
San Sebastián, 12, 19-29, 31-3, 35-40, 44, 50-1, 53, 66, 69-70, 72-5, 94, 96, 106, 109-11, 113, 130, 135, 145, 154-5, 157, 167, 173, 176, 181, 183, 185, 276, 374, 411, 511; ataque a, 27-44; evacuação, 50-2; queda, 71-4
Sandri, Sandro, 309
Sangroniz, 106
Santa Marina Zar, colina de, 283, 286, 287, 289
Santander, 20-1, 89, 109, 111-2, 115, 138, 154, 169, 172-3, 196, 212, 223, 234, 240, 254, 328, 332, 342, 345, 348-9, 360, 411-4, 419, 432, 449-50, 460-1, 467-77, 480-1, 484-5, 494; defesa e queda, 467-83; fuga para, 410-5; santanderinos, 89, 329, 342-3, 347, 350, 357, 360, 471, 474-5, 484
Santo Domingo, 432, 437
Santoña, 414, 477, 481-8, 490-4
Santurce, 326, 411
Schiff, Victor, 28
Schmidt, Karl Gustav, 142-3
Schneider, Emil Schaeidt, 134-6, 495
Schulze-Blanck, tenente, 211-2, 292, 350

Seven Seas Spray (navio), 112, 251-2, 301, 488, 490-2
Sevilha, 23, 142, 173, 186, 209, 227, 351-2
Sheaf Field (navio), 258
Sheaf Garth (navio), 258
Simancas, quartel de, 38
Simon, John, Sir, 236-7, 239, 241, 243, 246
Sinclair, Archibald, Sir, 243
Sobotka, Hans, 227-30, 265, 350-1, 373
Sollube, monte, 102, 314, 330, 332-5, 338-41, 342, 356, 378
Somorrostro, 123, 217, 349, 441, 463, 465, 467
Sondika, 149-50, 216, 381, 438
Sopelana, 123, 406
Soria, 192-3
Sota, Manuel de la, 127, 186
Sota, Ramón de la, 326
Sota, señora de la, 326
Southampton, 327
St. Jean de Luz, 133, 236-7, 241-4, 246, 251-2, 256, 258, 330
Stanbrook (navio), 256, 258
Stephens, Pembroke, 40, 54
Stesso (navio), 258
Stevenson, Ralph, 133, 166, 234-5, 326
Stoneham, 327
Suíça, 133

Talavera de la Reina, 191, 225
Tchecoslováquia, 248, 323
Tejo, vale do, 191
Tellamendi, 264-5, 268-9, 283, 289
Terra Nova, 76, 110, 178, 182
Thorpehall (navio), 112, 234-6, 258
Thurston (navio), 258

Toledo, 87, 173, 278
Tolosa, 31, 35, 94
Torre, Heliodoro de la, 104
Torrelavega, 477, 481, 483
Torrubia, conde de, 106
Toulouse, 347-8
Troncoso, comandante, 242-5, 258-9
Trubia, 358, 466
Truende, monte, 331-2, 334-6, 338-40, 344, 347, 495

Udala, 190, 261, 264-5, 269, 279
Ulia, 28
Unzeta, Fernando, 233, 412, 482, 495
Upo, colina de, 426-7
Urgull, 28, 32, 36, 38
Urkiola, 201, 211, 215
Urkulu, 370-1, 374-8, 381-2, 389-90
Urresti, Pepi, 187
Urrimendi, 314, 329, 332-3
Urrusti, 366, 374, 378, 381-3, 393, 397, 400

València, 98, 106, 112, 115-6, 119, 159, 170-1, 173, 252, 360
Valladolid, 47, 174, 307
Valmaseda, 432, 448, 461-3, 472
Velarda, general, 494
Velasco (navio), 32, 35, 95, 109, 176
Venta de Baños, 174
Vera Cruz, 175
Vera de Bidasoa, 27, 30, 33, 69, 175, 194-5, 317
Verdun, 437
Vergara, 94, 194-5, 260-1, 265, 269, 280
Vickers (canhões), 93, 111, 239

Vidal, tenente-coronel, 87-8, 91, 269, 272-6, 278-9, 282, 384, 402, 406-7, 420, 422-8, 432-3, 435, 439, 448-50
Vidios, cabo, 242
Viena, 132, 380
Vigo, 173
Villabona, 31
Villarcayo, 471
Villareal, 91, 188-90, 194, 199, 209, 229
Villaro, 483
Vitoria, 27, 88-91, 96-7, 137, 139, 187, 190-5, 198-201, 211-2, 227, 265, 292, 307, 309, 489, 492
Vizcaya (navio), 111
Vizkargi, serra de, 341, 344, 350, 365, 370-1, 373, 376, 383

Wakonigg, Wilhelm, 131-6, 173, 188
Walsingham, 184
Wandel, Hans Joachim, 341, 350-1, 458
Wellington, duque de, 198

Yanguash, 91
Yartz, coronel, 316-9
Yurre, 483

Zaldibar, 286-7
Zamudio, 136, 377, 393, 399
Zaragoza, 278
Zarauz, 20, 193
Zita, ex-imperatriz, 132
Zubelzu, 29, 35, 44-6, 48-50, 53-5, 57-9, 63
Zugazteitia, 332

ESTA OBRA FOI COMPOSTA EM MINION PELO ACQUA ESTÚDIO E IMPRESSA
PELA LIS GRÁFICA EM OFSETE SOBRE PAPEL PÓLEN SOFT DA SUZANO
PAPEL E CELULOSE PARA A EDITORA SCHWARCZ EM FEVEREIRO DE 2017

A marca FSC® é a garantia de que a madeira utilizada na fabricação do papel deste livro provém de florestas que foram gerenciadas de maneira ambientalmente correta, socialmente justa e economicamente viável, além de outras fontes de origem controlada.